蔣經國的台灣時代

中華民國與冷戰下的台灣

THE CHIANG CHING-KUO ERA

THE REPUBLIC OF CHINA ON TAIWAN IN THE COLD WAR

林孝庭 著

目次

導論 007
早年經歷 008
初試啼聲 011
步履維艱挫折多 022
在中國大陸的最後時刻 028
台灣：歷史的新起點 032

第一篇 軍事情報・敵後・政工 041

第一章 崛起於情治系統 043
另起爐灶 043
政工制度 053
白色恐怖與「孫立人案」 057
「劉自然案」的挫折 066
屢試屢挫的敵後工作 073

「特務性格」再思考　080

第二章　中央情報局　085

從「西方公司」到「海軍輔助通訊中心」　085
「摯友」克萊恩　090
台北、華府的「特殊管道」　096
納爾遜與傅德：被弱化的中情局台北站長　104
馬康衛：蔣經國眼中的邪惡特務　117

第三章　主政後的難題　125

台灣「非法」採購魚雷案　126
諜影重重的核武研發計畫　131
「劉少康辦公室」　144
一九八〇年代的政治案件再思考　154

第二篇　對外關係　165

第四章　台灣與蘇聯　167

抗戰結束前後的對蘇交涉：一段不愉快的回憶　167
紐約與墨西哥城：台、蘇秘密接觸　172

KGB特務在台北：魏景蒙、路易斯管道的建立 176
「柏林管道」 187
美、中關係正常化與台北的「蘇聯牌」 194

第五章 歷次訪美 201
初次訪美的「學習之旅」 202
一波三折的再次邀訪 209
一九六〇年代兩次訪美：權力接班外交秀 216
「畢業之旅」 228

第六章 風雨飄搖中的台、美關係 237
對美外交的內憂與外患 238
乍暖還寒或迴光返照？ 245
隱晦不明的美、中關係 253
邦誼走向盡頭 258
忍辱負重的關係調整談判 267

第七章 亞洲鄰國 277
台、日關係：國仇家恨與國家利益 278
台、韓關係：兄弟之邦？ 288
中南半島：一段獨特的經歷 295

印尼與新加坡：務實與意識型態的糾結 305
轉入檯面下的東南亞外交 318

第三篇 本土化・民主化・民生建設・兩岸關係 323

第八章 蔣經國眼中的台灣、台獨、本土化與民主化 325
台灣：準備長期流亡的異域 326
「雷震案」中的台籍政治人物 331
建立新形象 336
蔣經國眼中的「台獨」與外國勢力 343
「本土化」與兩條路線之間的難題 350
國際孤立下曲折的民主化進程 361

第九章 民生與經濟建設 375
「建設新贛南」與「上海打虎」 376
退除役官兵輔導委員會：建設台灣之始 380
一九七〇年代經濟建設再思考 391
贛南與上海的陰影 398
成就、挑戰與衝擊 405

第十章　兩岸關係 413
再探「國共密使」傳聞 415
形勢變遷下兩岸關係的演進 426
台、美斷交後中共對台統戰 434
美國對台軍售與兩岸關係 440
「一國兩制」的衝擊與大陸政策的轉折 447
結語　如何評價台灣時期的蔣經國？ 459
權力路上的政治特質 460
父親的陰影與人格雙面性 467
接班人之謎 469
謝辭 477
蔣經國大事年表 480
參考文獻 484

導論

二〇二〇年二月，美國史丹佛大學胡佛檔案館正式對外界公開蔣經國私人日記，這是繼二〇〇六年蔣介石日記開放後，另一件受全球華人社會與學術界矚目的盛事。一九八八年一月十三日蔣經國在中華民國總統任內離世後，三十餘年來，其歷史地位與評價仁智互見，也引發不少討論；在台灣，懷念他的人，感念寶島在其領導下，安然度過內政、外交與經濟上的重重難關，至今仍屹立不搖，特別是他在七〇年代行政院長任內推動「十大建設」，帶領台灣邁向經濟起飛，成為亞洲四小龍之一，又在政治上啟動本土化工程，大量提拔本省籍菁英，並於晚年解除戒嚴，開放黨禁和報禁，開啟兩岸交流之窗；對他懷有敵意者，視其為早年台灣「白色恐怖」的主使者與執行者，主導情治工作，以國家安全之名，行破壞民主與人權之實，並要他為「孫立人案」、「雷震案」、「林義雄滅門血案」、「陳文成命案」與「江南案」等重大政治案件負起責任。海峽另一端的中國大陸在過去一段時間，民間輿論也曾出現一股「蔣經國熱」，小蔣在台灣的治理經驗是否可能成為未來中國的一面鏡子，頗引起討論與關注。無庸置疑，隨著蔣經國私人日記的公布，以及近年來中、外相關檔案陸續解密公開，吾人得到了走進其內心世界的寶貴機會，據此，以較為理性客觀的態度來深入理解與研究蔣經國，提出新的歷史敘述、詮釋與觀點，不但成為一個可能，更有其必要性。

早年經歷

一九一〇年四月二十七日，蔣經國出生於浙江奉化，父親蔣介石、母親毛福梅，從六歲到十二歲，他在家鄉接受中國傳統的啟蒙教育。一九二二年至一九二五年間，先後在上海與北京完成小學與中學教育之後，他決定前往蘇聯留學，並獲得父親的同意。此時正值中國國民黨推行「聯俄容共」政策，蔣介石所效力的廣州國民政府內部充斥著俄籍顧問，中國各地不少有能力與影響力的家族都紛紛把子弟送往莫斯科的中山大學就讀，學習並感染俄國大革命之後新蘇聯的進步氣息與革命思潮。[1]一九二五年十月十九日，年僅十五歲的蔣經國告別上海，搭乘輪船經海參崴轉往莫斯科，由於他是當時中國政壇明日之星蔣介石的兒子，加上其本人對馬克思主義的堅定信仰，因此他在進入莫斯科中山大學後不久，便被吸收加入蘇聯共產主義青年團，此一時期其同窗友人包括鄧小平、葉劍英、烏蘭夫、林伯渠、董必武、廖承志、卜道明、王新衡、嚴靈峰、黃中美、鄧文儀等人。[2]往後的漫長歲月裡，由於時勢造化，這批熱血澎湃、具異鄉革命情誼的同窗之中有半數以上都成了兩蔣父子在政治上的敵人，其餘則在蔣經國權力之路上各個階段裡追隨並襄助之。

一九二七年春天，掌握國民政府軍事權柄的蔣介石羽翼漸豐，他發動「清黨」，驅逐俄國顧問，並掃除國民黨內的左派份子與中國共產黨員。蘇聯當局與國民政府交惡之後，決定把莫斯科中山大學大部分的中國留學生遣送回國，然蔣經國卻未在遣返名單之列，當時中共派駐蘇聯代表團從中干涉阻撓是原因之一，對蘇共領導人史達林（Joseph Stalin）而言，在與蔣介石決裂之後，將其公子扣留下來，或許可作為日後雙方交涉時的棋子。[3]在無法被允許返回故鄉的情況下，蔣經國申請加入蘇聯紅軍，獲准後被分派至莫斯科紅軍第一師，研習軍事、政治與意識型態等課程。一九三〇至一九三二年間，他先被分發到莫斯科一所電子機械工廠擔任學徒，同時在列寧大學進修，後來又在郊區一處落後的集體農場裡擔任勞工苦力。這段時間他與中共駐莫斯科代表團成員交惡，而被指控受父親之命，在蘇聯境內秘密組織「江浙同鄉會」反革命團體，因此受到猜疑與排擠。一九三三年初，在中共駐蘇聯代表王明（陳紹禹）的敦促下，蘇共中央把蔣調離莫斯科，送往西伯利亞烏拉山一個重機器廠擔任技師，後來晉升副廠長。在這座偏遠的工廠裡，他結識一位名叫芬娜（Faina Ipatevna Vakhreva）的白俄女子，孤兒出身的芬娜，在小蔣最落寞的時候給予他同情、安慰與照顧；交往兩年後兩人於一九三五年三月結婚，同年底長子孝文誕生，這或許是小蔣被流放西伯利亞多年以來，少數令他感到快慰之事。[4]

一九三六年十二月十二日，國民政府西北剿匪副總司令張學良與西北軍將領楊虎城在西安發動兵諫，挾持蔣介石，此一震驚中外的「西安事變」，成了蔣經國得以回到中國的轉捩點。當時日本在亞洲的軍事擴張政策，已嚴重危害蘇聯的遠東利益，史達林認定中國共產黨尚未成氣候，唯有蔣介石的聲望足以領導全中國，產生對抗日本的槓桿作用，因而指示中共派員前往西安調停釋放蔣介石，促成國、共合作一致抗日。[5]國民黨、共產黨與莫斯科三方關係出現微妙的轉折，也為蔣經國的命運帶來戲劇性發展；一九三七年春

1 袁南生，《史達林、毛澤東與蔣介石》（長沙：湖南人民出版社，一九九九年），頁一八七—一八九；Wen-Hsin Yeh, *The Alienated Academy: Culture and Politics in Republican China, 1919-1937* (Cambridge, MA: Harvard University Asia Center, 2000), pp.173-176.

2 彭哲愚、嚴農，《蔣經國在莫斯科》（香港：中原出版社，一九八六年），頁六—一〇；Jay Taylor, *The Generalissimo's Son: Chiang Ching-kuo and the Revolutions in China and Taiwan* (Cambridge, MA: Harvard University Press, 2000), pp.27-33.

3 漆高儒，《蔣經國的一生：從西伯利亞奴工到中華民國總統》（台北：傳記文學出版社，一九九一年），頁一〇—一二；茅家琦，《蔣經國的一生和他的思想演變》（台北：台灣商務印書館，二〇〇三年），頁五一—五五。

4 肖如平，《蔣經國傳》（杭州：浙江大學出版社，二〇一二年），頁二三—二四。

5 劉維開，《國難期間應變圖存問題之研究：從九一八到七七》（台北：國史館，一九九五年），頁四九九—五七七。

1937年春天蔣經國夫婦自俄歸國前夕，與中國駐蘇聯大使館員合影。（胡佛檔案館提供）

天，蘇共當局允許小蔣一家人返國，三月二十五日他離開生活了十二年的俄國，經海參崴回到上海，四月十九日下午小蔣夫婦在杭州拜見父親蔣介石與後母宋美齡，老蔣在當天日記裡寫道：「經兒由俄歸家，一別十二年，骨肉重聚，不足為異，而對先妣之靈可以告慰。」[6]兒子回到故鄉，蔣介石終於可放下無以面對母親王太夫人、無以面對蔣家列祖列宗的沉重的精神負擔。

在父親指示下，蔣經國與妻小回到奉化故里，芬娜也有了一個中文名字「方良」，小蔣與母親毛福梅享受天倫樂，也在蔣介石的秘書徐道鄰、汪日章以及故鄉奉化武嶺學校國文教師黃寄慈等人指導下，重新學習中文，詳讀國學典籍與孫中山著作；在父親要求下，他還著手撰寫蘇聯生活的回憶錄。小蔣日後憶及此段往事時曾委婉解釋，「父親因為我童年就已出國，而在國外時間又太長，怕我對中國固有的道德哲學與建國精神，沒有深切的了解。」[7]蔣介石顯然對這個在異國接受馬列主義洗禮長達十餘年的兒子，已無法全然放心，因而有意對他先進行一番觀察與思想改造。

初試啼聲

七七盧溝橋事變爆發後，中、日兩國全面開戰，蔣經國無法繼續隱居故鄉閉門讀書、置身事外。時任江西省主席熊式輝主動向蔣介石提議，讓小蔣前來江西任職，置於其麾下。熊早年參加同盟會，後東渡日本，一九二五年自日本陸軍大學畢業後，返國追隨蔣介石參加北伐；一九三〇年起主持江西省政以來，負

6 《蔣介石日記》，一九三七年四月三十日〈本月反省錄〉。

7 蔣經國，《風雨中的寧靜》（台北：黎明文化，一九七四年），頁八三。

責匱剿紅軍，厲行保甲政策，積極推動「新生活運動」，甚受蔣介石器重和欣賞，將自己歸國不久的兒子置於熊式輝身旁學習成長，老蔣是可以放心的。[8] 一九三八年新年過後，蔣經國即從奉化來到江西省會南昌，他的第一個職務是省政府保安處副處長，兼任政治講習學院總隊長與新兵督練處處長，熊式輝自記初次見到小蔣時，「余無勉勵語，但略略指示今後工作，而於舊日規模，則無一語提及。」似乎擔心以長輩姿態提示教誨過甚，恐讓年輕氣盛的小蔣認為是老生常談，心生厭煩。[9]

初踏入江西政壇的小蔣，有著初生之犢不畏虎的氣勢；一月十日首次出席省政府工作會報時，他侃侃而談，主張政治訓練班課程應符合時代化與實際化，宣傳工作應多招募一般民眾加入，才能有具體成果，令主持會議的熊式輝留下不錯的印象，暗地裡讚美他「發言簡要」，而其他列席省政府官員的表現，皆不如小蔣「平易發言」來得可貴。此後一段時間裡，熊進一步觀察考核小蔣，認為他表現沉厚，公開發言頗能掌握要領，因而在兩人單獨晤談時開始面授一些從政要訣，還把一九二九年他如何協助其蔣介石應付唐生智叛變的經歷提出來炫耀一番。老謀深算的熊式輝特別囑咐這位後生晚輩，政治圈裡「人心難測」，因此日後「用人宜注意觀其行，不可專聽其言」。[10]

翌年（一九三九）春天，熊式輝把蔣經國從南昌調任江西第四區（贛南）行政督察專員，兼任贛縣縣長，轄區涵蓋十一個縣份，面積達兩萬三千平方公里，約台灣三分之二大小。這個地方自然條件貧瘠，經濟落後，直到一九三五年為止皆由紅軍掌控，當地官員貪汙腐化嚴重，煙館與賭館公然林立，地方豪紳囂張，土匪與民團公開械鬥，著實一片化外之地。熊式輝在蔣經國就任儀式上的訓詞意簡言賅：「贛州是贛南重鎮，地方猶有殘餘封建勢力存在，宜恩威並用」。[11] 來到贛南之後小蔣顯然無所畏懼，他以迥異於傳統國民黨的非典型作風，把在蘇聯學習的那套社會主義治理風格注入贛南。短短數年內，該地區的變革，不論是教育建設、經濟政策、社會革新乃至幹部訓練，成果有目共睹，一時之間「建設新贛南」不只是一句空洞口號，還成了抗戰時期媒體矚目的焦點。[12]

贛南時期蔣經國異於舊國民黨的特立獨行作風，曾為他添了不少麻煩。他以強制手段禁煙、禁賭、清鄉與改革當地「土匪式」民團等老問題，得罪不少地方政治勢力，人身攻擊的黑函滿天飛，政敵們甚至打算利用他喜好輕裝簡從，深入民間，放消息要暗算他。一九四〇年夏天，小蔣在贛南各地探訪民情，抵達安遠縣時，該縣新田鄉有一位綽號「唐老虎」的大土豪唐立靖，蔣久聞其名而且恨之入骨，他帶著一群手下，臨時找上門，在唐宅內搜出槍枝二十餘枝，銀幣數百枚，當即下令交出所有軍火財寶，「唐老虎」抗拒不從，蔣竟當場賞他數個耳光，然後將其強制拘捕。[13]此事隨後在江西政壇傳開來，但不知何故，卻被描繪成「蔣專員遭土匪包圍，經衝鋒始脫離危險」。此一誤傳，加上欲謀刺小蔣的謠言不斷，讓江西省議會議長彭凌霄不得不請求熊式輝親自出面，規勸小蔣保重生命，不要再輕易冒險。[14]

多年以後，當蔣經國回憶起這些往事時，反省自己犯了「力求新奇」作風的錯誤，「求奇以動人，乃是自

8 陳守雲，《走進蔣經國》（台北：秀威資訊，二〇一二年），頁一四三—一四五。

9 熊式輝著，洪朝輝編校，《海桑集：熊式輝回憶錄（一九〇七—一九四九）》（香港：明鏡出版社，二〇〇八年），頁二〇九。

10 《蔣經國日記》，一九三八年一月十日；熊式輝，《海桑集》，頁二一〇—二一一、二一四、二三〇。

11 《贛縣蔣經國關於就代理四區專員職的電》（一九三九年六月九日），檔號：J016-3-00272-0014；熊式輝，《海桑集》，頁二五二。

12 江南，《蔣經國傳》（台北：前衛出版社，一九九七年），頁一〇一—一〇五。

13 《蔣經國日記》，一九四〇年六月三日、六月四日；章微寒、賈亦斌等著，《親歷者講述蔣經國》（北京：中國文史出版社，二〇一〇年），頁一六八—一七三。

14 熊式輝，《海桑集》，頁二五六—二五九。蔣經國本人也數次提及贛南民眾對其人身攻擊或威脅恐嚇，參見《蔣經國日記》，一九三九年十月六日、一九四〇年六月二十二日。

1941年在贛江上的蔣經國（左一坐者）。（胡佛檔案館提供）

我表現」，不禁慚愧當時其作為實在太幼稚了。[15]然無庸置疑，三〇年代蔣經國在贛南所展現的施政作為，極大程度形塑了往後半個多世紀裡，他那具有強烈個人色彩的領導風格；由於看不慣中國舊官僚養尊處優的習氣，小蔣以身作則，勤跑贛南各地視察，他不擺架子，短裝草履穿梭在黑巷農村內巡行，與民眾天南地北任意交談，早年俄國生活的刻苦經歷，讓他比一般官僚對於民間疾苦有著更深層的體悟。這一時期，他多次在私人日記裡真情流露出體察民瘼、濟弱扶傾，感慨：「不憂社會上有貧富之分，而憂富者欺貧，富者愈富，而貧者愈貧。」[16]抗戰時期中國各地因民生物價上漲所帶給民眾的痛苦，他比任何人都要來得敏感；一九四一年初，在日軍嚴厲封鎖下，贛縣米糧供應出現嚴重短缺，導致糧價高漲，而江西省政府又無具體對策，這令坐困縣城的小蔣憂慮非常，心神不安，最後以「計口授糧」緊急措施來度過難關。[17]此種不以「官二代」自居的親民作風，延續了四十年之久，即使在台灣時期他當上了行政院長、總統之後依然不變，而小蔣對於民生物價的高度敏感與處置反應，以及他在贛南所提出的諸多社會革新構想，在往後不同的歷史階段與場景（上海、台灣），將繼續不斷地呈現出來。[18]

贛南時期一些蔣經國所結交的人物，在往後半個世紀裡，對其公私生涯乃至台灣政治發展，皆有深遠的影響。一九三九年春天，一位名叫章亞若的女子透過友人介紹，進入行政專員公署服務，隨後擔任小蔣秘

15 《蔣經國日記》，一九六一年月十七日〈上星期反省錄〉。

16 《蔣經國日記》，一九四二年二月十四日〈上星期反省錄〉。

17 《蔣經國日記》，一九四一年二月十七日、三月十三日、三月十七日。蔣經國對平抑贛南物價的努力，另參見《江西省贛縣縣長蔣經國關於平定物價案乞將各項辦法賜下的代電》（一九四一年十二月二日），檔號：J045-2-01057-0300。

18 以社會革新為例，贛南時期蔣經國所提出集團結婚、杜絕鋪張浪費、幫助犯人改過自新與預防犯罪等概念，和三十年後他擔任行政院長時推動的台灣政治與社會革新，幾乎如出一轍，參見漆高儒，《蔣經國的一生》，頁一五四—一五六。

書，同年底並參加小蔣新創辦的三民主義青年團（簡稱「三青團」）江西支部幹部訓練班，蔣對這位曾經有過一段婚姻的女僚屬動了感情，兩人墜入愛河，展開一段婚外情。這段時期方良不會體貼丈夫，也不太會過日子，時常因細故與小蔣爭吵，難獲丈夫歡心。[19]相形之下，章亞若的聰明、能幹與可愛，皆讓小蔣迷戀不已；一九四一年春天的一段時間裡，蔣在私人日記裡以「慧雲」稱呼章亞若，毫無保留地記載他對章的愛戀，坦言「感情之力量大矣」，一到沒有上班的星期假日「即自覺精神無寄託之處，心甚不定」，以不能與章見面而深感痛苦。蔣自認他愛章亞若乃「出於至誠，發於內心」，然因大環境因素，有許多對不起她的地方，蔣心中有愧，並自問「不知其能諒我之苦心乎？」[20]

這一段地下情讓蔣經國愛得刻骨銘心，他一度以身為蔣委員長之子，無法做一個平常人自由自在生活而感到痛苦：「如慧弟能常時見面，則定能解悶。我不想名利，只想有自由呼吸，自由做人之可能。」對於無法與章亞若一起生活，他抱怨：「天下之事實在太不公道，為何不能使我滿足此小要求？雲弟如能同我在一起，則工作效力定可增加數倍。環境既然如此，惟有望雲弟幸福快樂。」[21]一九四二年初，已懷上小蔣骨肉的章亞若自贛南前往桂林待產，此時蔣一度準備向妻子全盤吐實，並認真考慮兩人七年婚姻是否畫上句點，他所擔心的是兩個未成年子女孝文、孝章未來的生活與前途。[22]三月一日，章在桂林生下一對雙胞胎，取名孝嚴、孝慈，五天後小蔣於贛南接此消息後，在當天日記裡寫下「心中喜極」四個字，並於兩星期後利用前往重慶公差的機會，途經桂林探視母子。眼見孩子日漸長大，章亞若對於名分的問題日益焦急，五月間她寫信給在桂林協助照料母子三人起居的小蔣舊部桂昌宗，表示內心的痛苦已到了極點。在贛南的小蔣讀到此信後，自記「心中有不安之深感」。[23]不幸的是，章亞若於該年夏天突然亡故，其死因無確切的答案，成了一樁懸案，有傳聞指她遭到小蔣身旁「護主心切」、具有特務工作背景的僚屬所殺害，亦有稱她確實是病死而非遭到謀害，至今真相依然無解。[24]

微妙的是，檢視蔣經國一九四二年日記原件，原本極可能記載他數次停留桂林的活動情形，以及該年八月章亞若去世前後數十天的相關頁數，如今卻不見蹤影。一九五四年十月間，小蔣曾在該年（一九四二）日記本首頁補記以下一段話：「翻閱舊日記，發現卅與卅一年之日記中，被人偷撕甚多，實為奇事，可能於卅八年侍父至馬公時被偷。因抗戰期間之日記六本，當時曾帶在身邊，置於一箱中，並未加鎖，而且曾有一次奉命赴廈門公差，離馬公寓所有二天之久，想必於此時被偷。雖已不記得其中所記為何事，但決無愧心事，故於心亦甚安也。」[25]同月底，小蔣又有如下一段不尋常記載，否認孝嚴、孝慈為其庶出，而是已故摯友、贛南時期上猶縣長王繼春與章亞若所生：「繼春為人忠厚，生活樸素，為一最難得之幹部，他在

19 《蔣經國日記》，一九四一年八月七日、八月三十一日、十月十二日；章微寒、賈亦斌等著，《親歷者講述蔣經國》，頁106-107。

20 《蔣經國日記》，一九四一年三月十六日、三月三十日、四月六日、六月十三日。

21 《蔣經國日記》，一九四一年七月六日、七月十二日。

22 蔣於一九四二年一月十三日自記：「本想將一年來想講而未講之話告訴芳良，但一開口即引起其怒氣，究竟不知誰是誰非，見之心痛。我為家庭之幸福，始終讓步，但不知要忍至何時。」二月二十四日又寫道，「我與方良今後表面上或可和好，但心中必將不樂，家中之事，亦只有我一人知之，兩人關係，總有一日將發生破裂，所憂者乃文、章兒女之前途幸福。」參見《蔣經國日記》，一九四二年一月十三日、二月二十四日。

23 《蔣經國日記》，一九四二年三月六日、三月二十三日、六月四日。

24 有傳聞章亞若是遭時任贛南公署特務處主任黃中美所殺害，但無確切證據。蔣經國本人於一九四二夏天在日記裡對黃中美有一段評論，似可看出他對黃的不滿：「黃中美來贛之後，不但對於工作無幫助，反而引起許多糾紛，心中非常痛恨，此人雖忠，但毫無用處，可憐，此種人不但無能力，且野心甚大。今日正[真]能忠心做事者，寥寥無幾。管閒事，講閒話，害人害事，此種人實應除之。」參見《蔣經國日記》，一九四三年八月三十一日。此方面討論可參見周玉蔻，《誰殺了章亞若》（台北：麥田，一九九三年）。

25 參見《蔣經國日記》一九四二年日記本封面內摺頁。

1945年蔣經國（中）校閱青年軍。（國史館提供）

生時曾與章姓女相識，未婚而生孿子，當在桂林生產時，余曾代為在醫院作保人，後來竟有人誤傳此孿子為余所出，後來章姓女病故，現此二孩已十有餘歲，余仍維持他們之生活，並望他們有如其父一樣的忠心，為人群服務。」[26]

五〇年代的蔣經國已居國民黨權力接班梯隊之林，在內外政敵環伺下，他絕無可能讓早年這段無疾而終的婚外情，成為其政治事業更上一層樓的阻礙。除此之外，小蔣也無法不考慮父親蔣介石對此事的觀感，因而必須矢口否認他與章亞若這段往事，在日記裡撒謊。儘管如此，真相終究無法被永久遮掩，早在八〇年代中期，華府外交與情報圈即認定這對雙胞胎確為蔣經國所生。[27]蔣經國去世後，其子孝武、孝勇也逐漸接受父親早年外遇生子此一事實。一九四九年後這對雙胞胎兄弟輾轉來台，儘管從未被父親公開接納，卻依然在刻苦環境中力爭上游，日後分別在學、政界有所成就。一九九四年底，章孝慈於東吳大學校長任內訪問北京時，因腦溢血中風陷入昏迷，一年之後辭世；蔣孝嚴則自九〇年代起活躍於政壇，經歷諸多黨政要職，其子蔣萬安在二〇一六年踏入政壇，也被視為台灣政壇的明日之星。[28]

贛南時期一位名叫曹聚仁的新聞工作者，是蔣經國當時往來密切且尊敬有加的友人。一九〇〇年曹生於浙江浦江，早年曾在上海擔任中學教職，抗戰爆發後改任中央社記者，於一九三八年四月七日率先報導轟動海內外的「台兒莊大捷」。同年底他因在南昌採訪而結識蔣經國，除了結交國民黨要員外，曹聚仁於一九三九年前往皖南地區進行戰地採訪時，也與駐守當地的中共新四軍將領葉挺、陳毅等人相識。一九四〇年

26 《蔣經國日記》一九五四年十月三十日。

27 CIA Memorandum, Subject: The Political Succession on Taiwan, January 1985, CIA/FOIA, no. CIA-RDP86T00590R000100010001-3.

28 有關蔣與章的婚外情與章所生雙胞胎的成長經歷，參見周玉蔻，《蔣經國與章亞若》（台北：聯經出版社，一九九〇年）；蔣孝嚴，《蔣家門外的孩子：蔣孝嚴逆流而上》（台北：天下文化，二〇〇六年）。

春天，曹攜眷定居贛南，與小蔣開始深交，兩人維持亦師亦友的關係，蔣在推動地方政務之餘，時常向他口中的「曹老師」請益，力邀他擔任專員公署參議，但被曹婉謝。極為重視新聞與宣傳工作的小蔣，於一九四一年秋天著手改組《新贛南報》為《正氣日報》，曹不但積極協助，翌年起並擔任《正氣日報》總主筆。一九四三年初，報社遭日軍轟炸後，曹聚仁受小蔣之託，一肩扛起艱困的復原工作，同年春天，蔣經國自贛南前往重慶謁見父親蔣介石時，他帶著曹同行，並將其引介給國府要員。[29]如此一位相交甚深的摯友，到了五〇年代卻成了蔣經國眼中的「流氓」與「盜賊」；本書稍後將論及中共高層如何透過當時以「自由媒體人」身分旅居香港的曹聚仁，作為向國府高層傳達信息、進行和平統戰的重要管道，而曹本人對此事的積極活躍，一度讓台北政壇與美、台關係掀起萬丈波瀾，並對蔣經國的名聲帶來不少傷害。

與章亞若同為三青團江西幹部訓練班同學的王昇，也是在此一時期與蔣經國結下深厚淵源；幹訓班結業後，王昇因成績優異而受到小蔣重用，被派往贛南地區幾個最偏僻艱困的縣份，推動清鄉保安工作，頗有成效，此後追隨蔣經國長達半世紀之久。章亞若去世後，王昇擔負起與章家聯繫、私下關照孝嚴、孝慈兄弟的特殊使命，一九四九年國府遷台後，他協助小蔣推動國軍政戰業務不遺餘力，成為兩蔣父子將意識型態與政治忠誠深植軍隊的頭號反共健將。一九七五年夏天，隨著王昇出任國防部總政治作戰部主任，地位益加重要，在軍中已凝聚成一股龐大勢力，加上外界對蔣、王之間私交深厚的主觀印象，讓政壇上下對王昇極為敬畏與忌憚。台、美斷交後，王昇奉命籌組「劉少康辦公室」，統籌台北對北京政治鬥爭與反統戰的重任，這段期間他的權勢達到顛峰，甚至被西方國家視為蔣經國的接班人，最後他因位高權重，樹敵太多，遭蔣經國放逐至南美洲擔任巴拉圭大使。王昇從雲端跌落谷底，自此遠離權力核心，也結束他呼風喚雨的時代。[30]讀者將在本書接下來的相關章節裡，感受到王昇對台灣政壇的影響。

一九四四年初，蔣介石命蔣經國兼任新成立的三青團中央幹部學校教育長職務，此後小蔣往來穿梭於贛南與重慶之間。一年後，日軍進逼贛南，他被迫離開工作與生活六年之久的贛縣，遷居重慶，心中的依依不捨與對當地民眾的擔憂，充分反映在此時的日記與函電裡；在致江西省政府的離職電報中，蔣感慨：「一旦遠別，真不啻罔若失矣。弟服務贛南數載，心血今已盡付東流，往事已矣，夫復何言？」他期盼國軍早日收復失地，重建必有希望。[31]從江西來到西南大後方，蔣經國的事業也開啟一扇新窗；中央幹校的性質類似莫斯科中山大學，以培養國民黨革命幹部與專業人才為宗旨，老蔣頗有以此一新職讓其子以該校為基地，逐漸培養其個人班底的深層用意。

從一九四四年夏天起，抗戰局勢加速惡化，日軍發動「一號作戰」，深入中國西南各省，攻勢銳不可擋，甚至連重慶也面臨威脅，國府一度有遷往昆明的打算。為配合蔣介石「一寸山河一寸血，十萬青年十萬軍」的動員號召，蔣經國奉命接掌青年軍「政工人員訓練班」（後改制為青年軍「總政治部」），隸屬中央幹校，他從此開始涉入軍隊的政治工作。初掌青年軍總政治部時，小蔣曾嚴厲警告僚屬「不要在政工班內做特務工作」，可見他對情報業務與部隊政工之間的分際，有一定的堅持。[32]然短短數年後，國府遷台初期的小蔣，竟然一人同時兼掌情治與政工大權，或許是他始料未及者，而小蔣欲在青年軍內部拓展政工業務，與

29 李偉，《曹聚仁傳》（南京：南京大學出版社，一九九一年），頁一五四—一六六；曹聚仁，《蔣經國論》（台北：一橋出版社，一九九七年），頁一一一—一一二。

30 有關王昇的一生，參見陳祖耀，《王昇的一生》（台北：三民書局，二〇一〇年）；Thomas A. Marks, *Counterrevolution in China: Wang Sheng and the Kuomintang* (London: Frank Cass, 1998).

31 《蔣經國關於贛南數戰敗退深感愧疚特離贛職務的電》（一九四五年），檔號：J016-3-00306-0140；《蔣經國日記》，一九四五年一月二十九日、二月一日、二月八日、二月九日、二月十日、二月十五日。

32 《蔣經國日記》，一九四五年一月五日。

當時欲全面主導青年軍的軍政部長陳誠發生嚴重的衝突，抗戰時期兩人之間的芥蒂，在一九四九年以後繼續延續下去，讓陳誠與其追隨者，成了台灣時期小蔣政治生涯中的一個艱難考驗。

蔣經國在重慶擔任中央幹校教育長時，一位畢業於上海復旦大學、名叫李煥的學生，頗得其賞識，此後李煥一路追隨，成為日後小蔣在台推動青年與教育工作的得力助手。七〇年代起小蔣主持國政後，李煥成了國民黨內推動「本土化」與提倡開明政治路線的指標性人物，與同一時期王昇所代表的保守勢力，形成鮮明對比。[33]蔣在中央幹校的學生群當中，還有兩位日後在台灣頭角崢嶸，一位是一九四九年後成為報業鉅子的余紀忠，另一位是同樣在新聞媒體、文化與宣傳工作扮演重要角色，曾於五〇年代擔任蔣介石新聞秘書的楚崧秋，這批所謂「幹校系」成員，在國府遷台後與小蔣贛南時期的班底，同被視為台灣政壇上「太子派」的核心，在蔣經國日後的權力路上有襄助之功，卻也製造不少麻煩。

步履維艱挫折多

一九四五年八月十五日，日本宣布戰敗投降，如何與史達林交涉，接收當時已被蘇聯紅軍佔領的中國東北，成了中華民國外交上的巨大挑戰，蔣經國與留俄同學卜道明，隨同行政院長宋子文前往莫斯科進行中蘇友好同盟最後階段的談判，也成為他接觸外交事務的肇始。該年秋天，小蔣以「東北外交特派員」的身分，隨同國府接收大員前往吉林長春，與蘇方人員進行艱困的交涉；同年底又以父親「私人代表」身分，接受史達林之邀回到莫斯科，與蘇方高層協商兩國之間的各項爭議。[34]蔣介石向蘇方打出蔣經國這張牌，一來藉由派自己兒子出面向史達林釋出善意，二來精通俄語、長住俄國的蔣經國，應比其他人更能了解俄國人的想法與意圖。此番機遇讓小蔣暫時放下青年軍與中央幹校業務，遠赴關外，在中國東北另闢政治舞台。無奈形勢比人強，即使他以「太子」與「知俄派」的雙重身分出馬，欲爭取對蘇外交工作的有利地位，卻依然無法翻轉國際政治「弱肉強食」的叢林法則；從日本宣布投降直到一九四六年五月底，經過近十個月的時間，蘇聯紅軍才完全撤出國境。而在此期間蘇方已完成控制東北資源與扶持中共勢力的布局，也為短短兩年後國民黨丟失東北，乃至最後輸掉整個國共內戰、倉皇敗退台灣，埋下了遠因。[35]對蔣經國個人而言，處理戰後對蘇外交可謂一段不堪回首的經歷，由於時局演變與命運造化，在二十年之後，他竟然還要再次為退守海島一隅的中華民國政府與他年邁的父親，處理台、蘇之間一段不可能的任務。

卸下飽嚐挫折的「東北外交特派員」職務後，蔣經國將重心轉回到黨務，亟盼能在國民黨內找到一塊自己可以耕耘的政治土壤，於是他再次把眼光投向三民主義青年團。顧名思義，「三青團」是國民黨內推動青年工作的一個次級組織，一九三八年夏天在武漢成立，由蔣介石親任團長。[36]翌年夏天，在父親精心安排下，蔣經國在重慶參加國民黨黨政幹部訓練班，結訓後被選聘為三青團中央幹事，名正言順地籌辦起三青團江西省支部幹部訓練班，培養自己的班底。抗戰勝利後，小蔣無法在中國東北打開局面，因而黯然回到江南。一九四六年春天國府還都南京後，他開始在各地籌畫三青團青年夏令營，在嘉興、北京、九江等地

33 林蔭庭，《追隨半世紀：李煥與經國先生》（台北：天下文化，一九九七年），頁九九—一〇八；李松林、陳太先，《蔣經國大傳（卷下）：主政台灣》（台北：風雲時代，二〇〇九年），頁一七二—一七五。

34 王金海、佐恩，《蔣經國全傳》（長春：吉林人民出版社，一九八九年），頁二三九—二四一；蔣永敬，《國民黨興衰史》（台北：台灣商務印書館，二〇一六年），頁二三九—二四〇。

35 有關此段歷史，參見蔣永敬、劉維開，《蔣介石與國共和戰（一九四五—一九四九）》（台北：台灣商務印書館，二〇一三年），頁八六—九〇；Harold M. Tanner, *The Battle for Manchuria and the Fate of China: Siping, 1946* (Bloomington: Indiana University Press, 2013).

36 王良卿，《三民主義青年團與中國國民黨關係研究（一九三八—一九四九）》（台北：近代中國出版社，一九九八年），頁四三。

的活動，吸引了近千人參加，聲勢與規模皆浩大，其身旁幕僚大受鼓舞，敦促他應設法讓三青團脫離國民黨，自行發展成為新政黨。亟欲擁有屬於自己一片天地的蔣經國，對此議頗為動心，曾將其想法集結成一份《我們的政治意見》說帖廣為流通，父親蔣介石也不完全排斥此議，甚至在同年秋天三青團全國代表大會上，數次強調三青團的「獨立性」，宣示其為「政治性獨立組織」。[37]

然而，三青團希望獨立組黨的構想，卻遭到以陳果夫、陳立夫兄弟為首、國民黨內實力雄厚的「中央俱樂部」（Central Club；簡稱ＣＣ派）的強烈反對，ＣＣ派擔心其派系利益受到不利的影響，於是結合黨內元老，搬出孫中山遺訓，向蔣介石直言諍諫，一旦三青團由團改黨，勢將進一步擴大黨內分裂，如此將置黨國安危於何地？蔣介石迫於壓力，不得不收手阻止，因此三青團組黨一事付之東流；尤其甚者，一九四七年秋天國民黨中央決議實行黨團合併，將三青團團員一律登記為國民黨員，其原本的業務由新成立的中央青年部取而代之，成立不到十年的三青團遂壽終正寢，國民黨內政治鬥爭與局勢變化之劇，連當時西方駐華外交官都為之側目。[38]蔣經國對於無法透過三青團搭起個人的政治舞台，甚感懊惱與無奈，自記：「青年團的工作無法打開，是我內心最大的痛苦，我不能指環境之惡劣，亦不能怨人心之狠毒，只能責備自己之不努力，無辦法。」[39]

遭遇挫折的蔣經國退而求其次，欲保持其原本在中央幹校地據點，但隨後在與ＣＣ派新一輪交手之後，他又再度敗陣下來；一九四六年春天，時任教育部長的陳立夫向蔣介石建言，稱中央幹校與成立於一九二七年、歷史基礎更悠久的中央政治學校，兩者並存實浪費資源，毫無必要，建議合併改組為「國立政治大學」，直隸教育部，由原本兼任兩校校長的蔣介石繼續擔任新成立的政治大學校長。此議獲得老蔣同意，然而小蔣卻因此失去一個舞台，心中不免失落。[40]一年之後，政大教育長段錫彭因病請假，教育部奉蔣介石侍從室旨意，派蔣經國代理，並由蔣介石署名發表派任令，此舉在於讓小蔣順勢掌握國民黨幹部的教育工作。不料消息發布後，政大校園內出現嚴重的抗議風潮，學生在各處張貼標語，反對「兒子教育長」與「父子家校」，要「不學無術的蔣經國滾蛋」。[41]老蔣勃然大怒，認定是CC派在幕後煽動搞鬼，不欲小蔣插足政大，在陳立夫極力解釋澄清與重新整頓布置後，校園內一切反蔣標語全部被清除，改掛歡迎蔣經國「蒞任視事」的大幅標語，但自尊心受沉重打擊的小蔣，已決心不幹這個教育長，連蔣介石也憤怒辭去兼校長的職務。[42]

「政大教育長」的風波過後，蔣經國更加心灰意冷，感嘆「世途險惡，予以我莫大教訓」，此時此刻他只想遠離首都南京這個是非之地。[43]平心而論，當時他的地位確實微妙尷尬，雖在黨務與軍事（青年軍）業務都沾上一點邊，卻談不上是核心人物，中央政府層級的政務沒他的份，黨務也遭到嚴重排擠，軍事與情報系統更不容他有插足的餘地，如以今日中國官場的標準而言，蔣經國實在是一個混得極窩囊的「官二代」。一九四七年秋天，隨著國共內戰的局勢日趨緊張，無要職在身的小蔣，提出在各地建立「實驗綏靖區」來對付中共的構想，將華北與華東六個省份劃定數個綏靖區，再把各區中的壯丁組編成「戡亂建國義勇隊」，

37 《蔣經國日記》，一九四六年六月二十日、七月二十七日、八月二日、八月二十九日、八月三十一日。有關蔣介石對三青團談話，參見秦孝儀編，《總統蔣公思想言論總集》（台北：中國國民黨黨史會，一九八四年），卷二十一，頁四一一—四三〇。

38 John Leighton Stuart to State Department, September 17, 1947, *FRUS, 1947, The Far East: China*, Vol. VII, pp. 285-286.

39 《蔣經國日記》，一九四七年四月十九日〈上星期反省錄〉。

40 《蔣經國日記》，一九四六年七月二十八日。

41 《蔣經國日記》，一九四七年四月二十一日；陳立夫，《成敗之鑑：陳立夫回憶錄》（台北：正中書局，一九九四年），頁三五四—三五七。

42 《蔣介石日記》，一九四七年四月二十一日、四月二十六日；《蔣經國日記》，一九四七年四月二十三日。

43 《蔣經國日記》，一九四七年四月二十三日、四月二十六日〈上星期反省錄〉。

荷槍實彈，保鄉保家，以鞏固地方，根絕解放軍兵員與糧食供應。不久後此一主張獲得採納，國防部決定成立「戡建總隊」，下轄六個中隊，分別駐防蘇北、皖北、豫南、鄂北、魯南、冀東等地，直接受小蔣所主持的「戡建中心小組」指揮，該小組並肩負各地區的情報活動。[44]

早在贛南時期，蔣經國在專員公署內即設有「特務處」，由留俄同學黃中美主持，下轄情報組與行動組，而公署所屬機關與各縣城內也都設有情報網，由三青團幹訓班學員兼任情報員，因此「戡建中心小組」的情報業務，是贛南時期之後小蔣再次運作特務組織。[45]隨著大陸局勢快速惡化，「戡建總隊」的功能無法充分發揮，內部人事嚴重傾軋，可預見其最後走向徹底失敗的命運，只不過這個由小蔣一手催生的武裝力量，在國民黨統治大陸時期的尾聲，曾為他本人在上海政治生涯最後悲壯的一幕，扮演了重要角色。

一九四八年夏天，中國各地通貨膨脹嚴重，經濟瀕臨崩潰，於是國民政府決定孤注一擲，推動金圓券改革，限期內收兌民眾所持有的黃金、白銀與外匯，加強經濟管制，穩定物價，藉以平衡國家總預算與國際開支。上海乃全國經濟重心，蔣介石把整個上海地區經濟管制的重責大任交給兒子，小蔣信心滿滿，帶著「治理新贛南」的成功經驗，調來「戡建大隊」與一群舊班底作為後盾，在市中心中央銀行大樓內設置辦公室，開始他轟轟烈烈整頓金融秩序的行動。在小蔣統一指揮下，上海各地軍警單位全員出動，到全市市場、庫房、水陸空交通場所等地進行搜查，凡違背法令與觸犯財經緊急措施條文者，一律嚴懲法辦。「戡建總隊」喊出「只打老虎，不拍蒼蠅」的響亮口號，提出「打禍國的敗類，救最苦的同胞」的崇高目標。而小蔣那句「寧使一家哭，不使一路哭」的政治格言更被傳誦一時，其得意手下王昇在短時間內即號召了一萬兩千名上海青年，成立二十個「青年服務大隊」來協助整頓金融，取締囤積居奇，並同時組織擴展上海地區的群眾運動。[46]

蔣經國雷厲風行的上海「打老虎」行動，初期確實有些成效，不但嚴辦了幾個敢向中央挑戰的地方官商人士，也讓廣大的上海民眾願意放心拿出手中的黃金和美鈔來兌換金圓券；然而，當地財閥與官僚集團等既得利益者，卻始終不願真心與小蔣合作，向來以開明作風為外界稱著的上海市長吳國楨，也不滿小蔣的強勢與專擅，憤而向南京中央遞出辭呈，而種下了日後台灣時期他與兩蔣父子水火不容的因子。[47]隨著時間推進，「打老虎」的情勢開始急轉直下。九月初，小蔣為了立威，以違法囤積貨物為名，將上海青幫大老杜月笙之子杜維屏抓起來，杜月笙不服，反咬孔祥熙與宋靄齡長公子孔令侃所主持的揚子公司，非法囤積大量物資，要求蔣經國依同一套標準對揚子公司查處嚴辦。一個月後，小蔣果真下令查封揚子公司，逮捕若干職員，甚至傳聞他還打算軟禁孔令侃，人在南京的宋美齡獲報後，立即向丈夫抱怨，她本人也親自趕赴上海直接插手此案，要求小蔣放手。在宋美齡的施壓下，於華北督戰的蔣介石隨後也飛來上海，召集各方進行調解，由於後母的干涉，「揚子案」再也辦不下去了。小蔣在十月十六日的日記裡坦承：「經濟管制的工作，發展到今天，確實已到了相當嚴重的關頭。」[48]

最後「揚子案」不了了之，讓蔣經國一個多月來辛苦建立的「打老虎」聲威付之一炬，此後短短兩週內

44 張同新、李家泉，《中國國民黨歷史事件・人物・資料輯錄》（北京：解放軍出版社，一九八八年），頁一八六；許狄村，《蔣經國系史話》（台北：群倫出版社，一九八九年），頁一五九—一六〇。

45 寒山碧，《蔣經國評傳》（香港：東西文化事業出版公司，一九八八年），頁二二六—二二七；章微寒、賈亦斌等著，《親歷者講述蔣經國》，頁一五七—一六〇。

46 陳祖耀，《王昇的一生》，頁四二—五〇；漆高儒，《蔣經國的一生》，頁五九—六三；U.S. Embassy in China to State Department, September 22, 1948, *FRUS, 1948, The Far East: China*, Vol. VIII, pp. 410-412.

47 [美] 裴斐、韋慕庭訪問整理，吳修垣譯，《從上海市長到「台灣省主席」（一九四六—一九五三年）：吳國楨口述回憶》（上海：上海人民出版社，二〇一五年），頁四九—六四。

48 蔣經國，《五百零四小時》（台北：正中書局，一九八八年），頁一一五。

上海的金融情況快速惡化，通貨膨漲達十倍之譜，當地工人的生活指數也上漲了百分之一百一十。美國駐華人員觀察到這是有史以來最壞的情況，上海各地群眾騷動，流氓橫行，民眾搶購物資已成失控局面，民怨甚深，「打老虎」初期威風凜凜的「戡建總隊」與「青年服務大隊」也束手無策。[49]十月底南京立法院召開會議，要求中央立即取消限價，維持市面，行政院長翁文灝因迫於壓力，於是決定自十一月一日起取消經濟管制措施，財經改革宣告全面潰敗，所有的責任都推到蔣經國一人身上。數日後小蔣發表沉痛的《告上海市民書》，並向市民致歉，隨後悄然離滬，國民政府的金圓券改革黯然收場，民心盡失，其在中國大陸統治的終結，只是時間遲早的問題。[50]對小蔣個人而言，上海的嚴重挫折讓他在往後漫長歲月裡，心理上對孔、宋家族留下至為惡劣的烙印；政府遷台不久的一九五三年，當時正值壯年的蔣經國感嘆：「孔宋的黑影，始終緊跟著我，不知何日方可擺脫也。」[51]二十五年之後的一九七九年，已成為中華民國總統的他，只要一想起孔令侃這個人，內心的憤慨依然如昔，除私下痛批孔「非人也」，還不忘提醒自己，對於過去孔、宋家族「禍我國、害我家」的諸多往事，「何能忘耶？」[52]

在中國大陸的最後時刻

一九四九年一月二十一日，蔣介石黯然宣布下野，由李宗仁代理總統的職務，華府則準備對國民黨採取「袖手旁觀」的消極政策，靜待中國的政局塵埃落定。老蔣下野當天，正好是美國新任國務卿艾奇遜（Dean Acheson）上任首日，艾氏在辦公室聽聞老蔣下台的消息，不禁一陣欣喜，戲稱「我進來，蔣出去」（I coming in, Chiang going out），並由衷歡呼「我們過關了！」（We passed），華府高層對蔣介石與國民黨鄙夷之情溢於言表。[53]

當老蔣受到眾人唾棄，小蔣適時扮起「孝子」的角色；父親下野後近一年時光，他隨侍左右，分憂解勞，父子倆一起度過這段人生最黑暗的時光，其中一九四九年春天發生的一段驚險意外，讓小蔣深刻體悟到必須全力發展一個可以牢固掌控的特務組織，並有效地控制軍隊與青年學生。事情原委如下：蔣介石下野後，李宗仁為了向中共釋出善意，以利和談，便下令撤銷「勘建總隊」。鑒於當時國軍主力已遭解放軍擊潰，小蔣聽從國防部預備幹部局代理局長賈亦斌的建議，徵集青年軍萬餘人，在華中、華東與西南地區成立三個「預備幹部訓練總隊」（簡稱「預幹總隊」），作為日後另起爐灶、籌建新軍的幹部儲備庫，而其中華東地區預幹總隊四千人，由小蔣一手提拔且信任有加的賈亦斌兼任總隊長。二月初，華東總隊調入浙江嘉興，眼見國府朝不保夕，賈亦斌有謀反之意，他暗自與中共聯繫，準備攜手國軍傘兵總隊部分兵力於南京「起義」，最後因傘兵調派未果而作罷。三月間，蔣經國透過管道得知賈亦斌情況不穩、預幹總隊可能叛變的情報後，於是進行必要的人事布局，報請國防部將賈予以免職，並由副總隊長黎天鐸接替。[54]

49 CIA Information Report, Subject: Political Information: Pessimism of Nationalist Leaders with regard to Shanghai Situation, November 19, 1948, CIA/FOIA, no. CIA-RDP82-00457R002100040006-2.

50 U.S. Consul General in Shanghai (John Cabot) to State Department, October 7, 1948, *FRUS, 1948, The Far East: China*, Vol. VIII, pp. 418-419; Cabot to State Department, November 9, 1948, ibid, pp. 427-428; U.S. Embassy in Nanking to State Department, November 4, 1948, NARA, RG 59, Records of the Department of State, Office of Far Eastern Affairs, Division of Chinese Affairs (1944-47), Entry 399 (a). 有關此段歷史，另參見楊天石，《找尋真實的蔣介石：蔣介石日記解讀（三）》（香港：三聯書店，二〇一四年），頁一九九—二三四。

51 《蔣經國日記》，一九五三年十月三十一日〈上星期反省錄〉。

52 《蔣經國日記》，一九七九年三月四日。

53 Walter Isaacson and Evan Thomas, *The Wise Men: Six Friends and the World They Made* (New York: Simon & Schuster, 2013), pp. 474-475.

54 王泰棟，《無名英雄》（寧波：寧波出版社，二〇〇七年），頁一三〇—一三七；《蔣經國日記》，一九四九年四月八日。

四月六日，駐防嘉興的預幹總隊果然出現譁變，賈亦斌率員脅迫黎天鐸，要求部隊立即開拔至莫干山，與當地共軍游擊隊合流，向奉化地區展開行動。黎迫不得已，對部隊下達「行軍演習」指令。翌日，預幹總隊行抵烏鎮，浙江地區的國軍警備部隊趕來救援，以優勢兵力瓦解預幹總隊進一步的行動，於是賈亦斌在倉皇混亂中率領「起義」部隊分三路突圍，逃往江西。[55]引退於故鄉奉化的蔣介石虛驚一場，把蔣經國嚴厲責備了一番。蓋嘉興距離奉化僅一百七十公里，約三小時車程即可抵達，可以想見當時情況之危急。小蔣自認該事件對他打擊甚大，數日過去後「內心痛楚猶深」。[56]內戰晚期各地國軍部隊多已無心戀戰，高級將領向解放軍投誠之事頻傳，不足為奇。然而，此意外帶給蔣氏父子最大的震撼，在於「預幹總隊」乃出自青年軍與三青團的小蔣嫡系，如果連這支隊伍都可能叛變，那麼還有什麼武裝力量可讓他們放心？無怪小蔣要大嘆「世事艱險，人心難料」。[57]此風波落幕不久，蔣介石決定由其子出手整頓瀕臨瓦解的情報組織，來到台灣後，「保密防諜」工作意味著將犧牲許多無辜生命，但在蔣經國心中，為鞏固領導中心與政權安危，或許他堅信即使要付出再大的代價，亦在所不惜。

一九四九年國民黨在大陸的最後幾個月，蔣介石多數時刻都處在前途黯澹未明與驚濤駭浪的不安狀態之下。前一年秋天，妻子宋美齡匆忙離華赴美，為爭取新的美援而做最後一搏。在老蔣下野後最慘淡的時光，只有隨侍在側的兒子可以信任，蔣經國替父親分憂解勞，甚至多次出入險境，為延續中華民國的祚命而奮力不懈；五月底上海淪陷前他冒險前往督導國軍撤退，以及九月間他單槍匹馬深入虎穴，前往昆明替父親爭取態度搖擺的雲南省主席盧漢，皆是例證。[58]往後的歲月裡，小蔣還將多次擔當此類危險的任務，國府遷台初期國軍孤懸西昌一隅最後的根據地，浙江外海大陳島的撤退任務，「八二三炮戰」時金門外島戰地最前線，以及國軍游擊隊在滇緬邊境原始叢林裡的險惡據點，都曾留下小蔣的足跡。而兩蔣父子因共患難而凝聚出來的命運共同體，是老蔣其他親信僚屬無法取代的，對日後小蔣得到父親絕對的信任與其本人的接班態勢，確實有加分的效果。然而，「太子」地位是否可直接轉化為一把政治「尚方寶劍」，保證仕途一帆風順，卻是本書要進一步探究的；大陸時期的蔣經國，在政壇上曾遭遇數次挫折打擊，台灣時期的蔣經國，其權力之路也絕非吾人所認為的理所當然。

一九四九年十二月十日，在四川成都督導國軍防禦作戰的蔣介石，得知前一晚盧漢已將飛往昆明與他討論在雲南建立反共根據地的國府要員軟禁起來，盧漢不但通電宣布效忠毛澤東，還致電要求四川各國軍將領倒戈，扣留蔣介石。眼見大局已無可挽回，於是兩蔣父子在最後一刻搭上專機，從成都飛往台北，告別中國大陸。[59]對蔣介石而言，抗戰勝利後頂著同盟國四強之一的光環，卻在短短四年就丟失整片大好江山，退守台灣，這絕對是其政治生涯中最不堪的一頁。然而對蔣經國來說，國府播遷來台後，痛定思痛，重新改造並重組權力核心，不啻意味著大陸時期黨內各派系與地方勢力的消散瓦解，而這些派系與勢力被阻絕於台灣之外，實有益於緩解其日後所面臨的阻礙。整體而言，與大陸時期相較之下，小蔣來到一個新的環境，對於其更上一層樓、最終順利接班，局面應屬相對有利。

55 蔡惠霖、桑伯、魯寧、穗蓉、碧藍主編，《百萬國民黨軍起義投誠紀實：續集》（北京：中國文史出版社，一九九九年），上冊，頁一七一—一七四。

56 《蔣經國日記》，一九四九年四月七日、四月八日。

57 《蔣經國日記》，一九四九年四月八日。

58 肖如平，《蔣經國傳》，頁一四九—一六八；劉維開，《蔣中正的一九四九：從下野到復行視事》（台北：時英，二〇〇九年），頁一二四—一四六、二二一—二六八；林桶法，《一九四九大撤退》（台北：聯經出版社，二〇〇九年），頁一〇一—一〇四。

59 張玉法，《中華民國史稿》（台北：聯經出版社，二〇〇九年），頁四八四。

台灣：歷史的新起點

一九四九年以前蔣經國在蘇聯與中國大陸的各種經歷，直接或間接地影響了一九四九年以後他在台灣時期的作為，而中華民國政府撤退來台後的蔣經國，即是本書聚焦所在。數十年來，以傳記體形式、按照年代順序描述蔣經國一生的中外著作汗牛充棟，有歌功頌德者，批判嘲諷者也不少，本書無意重炒冷飯，而是充分利用台、美、日、英等地近年來新解密的檔案文獻，特別是敝人服務的胡佛檔案館新公開的蔣經國日記，來剖析台灣時期小蔣在國安與軍事情報、敵後特務、白色恐怖、政工、對外關係、經濟與民生建設、政治本土化、民主化與兩岸關係等重要領域的作為，設法還原並呈現其內心對這些議題的深層思維。這其中固然有不少鮮為人知的新故事，即使是論及吾人耳熟能詳的歷史事件，也因本書基於新史料的分析，而得以補充過去研究成果之不足。如果說十餘年前蔣介石日記的公開，在一定程度上修正吾人對於老蔣本人乃至整個中國近代史的理解，那麼這一部蔣經國私人日記，或可比擬為解開一九四九年以後台灣內政、外交與兩岸關係秘辛的一把鎖。

本書包含三大部分，第一篇以三個章節窺探蔣經國與台灣的軍事情報、軍隊政工、國家安全與敵後工作的關聯，以及他與美國情報機構——主要為中央情報局——長達三十年的愛恨糾葛，時間限度從五〇年代初期到七〇年代他主掌國政後所發生的諸多爭議。眾所周知，台灣時期蔣經國的政治生涯始於情治、特務、敵後與軍隊政工，國民黨在威權統治時期的國安議題，其內容與威脅來源由領導人定義，而後下達各部門來執行，套句小蔣本人的話，國安工作「要作領袖的耳目，對黨國負革命安全之責」[60]。以今日民主時代的標準來衡量過去這段歷史，兩蔣父子作風被視為「獨裁」，不足為怪；而小蔣受命督導情治工作，其對於五〇年代台灣「白色恐怖」所應擔負的政治責任也無從迴避，但若把時光回溯至半個多世紀以前，或許我們更想知道，當時參與其中的蔣經國，其內心的想法究竟為何？另一方面，小蔣逐步掌控台灣情治系統的經過，似足以反映其權力消長起伏，他雖貴為蔣介石之子，但在權力路上卻遠非一帆風順，免不了遭遇挫折，此一事實充分展現在小蔣初掌軍情業務過程中所面臨的挑戰，以及美國政府對他的強烈猜疑。一言以蔽之，在冷戰時期全球政治格局壁壘分明的態勢下，具有蘇共背景的蔣經國在本質上即很難獲得老美誠心接納，成為同屬「自由陣營」一員之台灣未來理想的領導人。

五〇年代起，台北與華府基於反共戰略的利益，建立起堅實的同盟關係。然而，在看似穩固的表象下，雙方為了自身利益而在各方面進行角力，蔣經國與美國中央情報局之間的互動秘辛，體現出台、美關係儘管密切，彼此卻仍依現實權力的原則來運作；以自我利益為考量，從而讓此種「盟邦」關係呈現出另類風貌。六〇年代起，當蔣經國逐漸從政治幕後走向台前、為接班做準備之際，他逐步放下見不得光的情報業務，然而從一九七二年以行政院長之姿取代父親、出掌國政，直到一九八八年於總統任內驟然長逝，來台後蔣經國賴以立足的軍事情報、國安與政工三大領域，卻屢屢出現危機，迫使他必須以國家領導人的高度親自涉入，設法管控危機並挽救危局。這些難題不但對其領導統御帶來沉重的壓力，也讓台、美關係蒙上陰影，影響所及，對八〇年代國民黨權力基礎與晚年蔣經國的人事布局，更帶來深遠的影響。

本書第二篇以四個章節探討蔣經國與一九四九年後台灣的對外關係，其中台灣與蘇聯秘密外交的開展，以及蔣經國在其中扮演何種角色，是筆者關注的焦點之一。六〇年代起中、蘇共發生嚴重分歧，雙方的關係江河日下，一九六六年文化大革命爆發後，蘇聯當局不但有意停止兩國的貿易，廢除同盟關係，還準備

60 《蔣經國日記》，一九五六年一月二十四日。

摧毀大陸境內的核武設施，甚至密謀推翻毛澤東的領導地位。[61]中、蘇關係轉壞的同時，美國朝野則逐漸改變對華政策的觀點，並謀求改善與北京關係。一九六九年春天，中、蘇雙方於中國東北烏蘇里江邊境上的珍寶島發生軍事衝突，美國總統尼克森（Richard Nixon）與國家安全顧問季辛吉（Henry Kissinger）將此事件視為打開與中共交往之門、拉攏北京對抗莫斯科及扭轉國際戰略格局的重大契機。美、中關係的改善必然對美、台關係帶來負面的影響，蔣介石對美國的不滿與不安，加上台、蘇擁有共同敵手毛澤東，讓台北與莫斯科在各自利益的考量下，逐漸接近並建立起接觸的管道，試探雙方合作可能性；而蔣介石願意放下長久以來「反共抗俄」立場，著手改善對蘇關係，此段歷史也成為近年中外學界研究的熱點。[62]

蔣經國曾在蘇聯求學與生活長達十二年，不但接受正統的馬列主義教育，還參加過蘇聯共青團，並娶俄國女子為妻。對蔣介石而言，如欲拓展對蘇關係，在他身旁大概沒有人比他自己的兒子更理解蘇聯與俄國人。於是，冷戰時期中華民國政府與蘇聯之間的地下交往，蔣經國毫不意外地扮演了關鍵的角色。國府冒著來自華府可能的不良反應，以及違背數十年來自身意識型態的教條與宣傳，而開展這段大膽的外交冒險與嘗試，其來龍去脈究竟為何？兩蔣父子內心的真實想法是什麼？七〇年代蔣經國主政之後，台、蘇關係又呈現何種面貌？這些問題都成了待解之謎，也是本篇焦點之所在。

韓戰爆發後，台灣成為美國在亞太地區圍堵共產黨勢力的前哨站，歷經國共內戰失利、退守海島一隅的蔣介石，再度成為美國的盟友。一九五四年美、台簽署協防條約後，面對來自華府壓力，老蔣以實質上放棄對中國大陸與金馬外島主權的文字堅持，來換取美方對台、澎安全防衛的承諾，而國府的正當性與國際地位也獲得強化。迄今將近四分之三世紀以來，不論雙方是否有正式邦交，「對美關係」依然是中華民國外交的重中之重，當今有意角逐總統大位的台灣政治人物，不分黨派，都以赴美訪問作為爭取華府支持與累積個人政治能量的重要途徑。然而，這絕非今日才出現的現象。回顧歷史，一九四九年後蔣經國曾五度訪美（不包括一九五六年兩次密訪太平洋美國屬地塞班島），藉由「訪美」以及環繞此議題所衍生的諸多紛爭，吾人得以一窺小蔣如何領悟台、美關係，以及這個議題如何牽動國民黨內部的權力關係，並成為海內外政敵攻擊他的焦點。持平而論，半個多世紀以來美國作為全球霸權，其對外政策經常是自身內政議題的延伸；而台灣的情況恰好相反，內部諸多政治角力與折衝，往往是對外（特別是對美）關係陰影下的投射，此種反差與對比，在小蔣歷次訪美所產生的問題上，被強烈地映照出來。七〇年代以後，隨著華府推動美、中關係正常化，蔣經國時時刻刻都處在台、美斷交陰影的煎熬中，他如何認知此種痛苦關係？他如何在困境中設法保有國家的自主性，不被美國老大哥牽著鼻子走？此刻影響美、中、台三角互動的變數有哪些？台、美斷交後複雜的雙邊關係之調整談判內幕又是如何？以上議題都將是本篇探討的重點。

一九四九年以後，因地緣政治因素，維持與亞太各國的密切關係，對國府領導人的重要性不言可喻。日本乃東亞地區的龍頭，維繫台、日邦交是蔣介石內心的重中之重，然與日本人有深仇大恨的蔣經國，又是如何看待對日關係？就反共意識型態而論，冷戰時期台灣與南韓常被喻為「兄弟之邦」，彼此同屬分裂國家，同樣面對來自北方的共產黨敵對政權；就圍堵共產勢力在亞洲擴散的角度觀之，台灣與南越的關係往往被形容為「唇齒相依」；除此之外，國府當局為配合美國的冷戰政策，曾在東南亞地區暗中支援當地的反共勢力，輸出以反共意識型態為基礎的軍事與情報外交，但同時也引發了不少爭議，蔣經國如何協助其

61 有關六〇年代中、蘇共分歧，參見Lorenz M. L thi, *The Sino-Soviet Split: Cold War in the Communist World* (Princeton: Princeton University Press, 2008); Mingjiang Li, *Mao's China and the Sino-Soviet Split: Ideological Dilemma* (London: Routledge, 2012).

62 楊天石，《找尋真實的蔣介石：蔣介石日記解讀（三）》，頁三六九—三九六；Michael Share, *Where Empires Collided: Russia and Soviet Relations with Hong Kong, Taiwan and Macao* (Hong Kong: The Chinese University Press, 2007), pp. 203-230; Xiang Zhai and Ruping Xiao, "Shifting Political Calculation: The Secret Taiwan-Soviet Talks, 1963-1971," *Cold War History*, 15:4 (2015), pp. 533-556.

父親處理台灣與亞太地區各鄰邦的關係？其內心如何看待與這些周邊國家的往來互動？本篇章節將會有生動的分析。

本書第三篇的三個章節將探討蔣經國與台灣民生經濟建設、政治民主化、本土化與兩岸關係等議題的關聯。小蔣啟動國民黨本土化的工程，以及台灣逐步自威權統治走向民主化，無疑是一條漫長、曲折而艱辛的道路。一九四九年以來，在國際社會中以代表「全中國」正統地位自居的國府當局，以「反攻大陸」的最高國策與伴隨而來的軍事、政治與社會動員，相當程度化解了各方對蔣介石威權領導的反抗暗流。一九七一年秋天起，國府先後失去聯合國的席位與世界上大多數國家的外交承認，面對此一局面，接班的蔣經國勢必要在國政大方向上有所調整。一心一意想光復大陸的蔣介石，傾向於把國共之爭視為「兄弟鬩牆」爭奪家產，兩岸之間再怎麼激烈爭鬥，但彼此對於「一個中國」的立場並無懸念。蔣經國在主持台灣政局之後，縱使無法拋棄國府已遭國際主流社會否定的「中國」之性格與元素，卻依然繼續堅持「一中」原則，然而他也開始嘗試重新去界定「中華民國」的意涵，設法在險境中爭取生存空間，其內心思維為何與如何實踐，本篇內容將有所著墨。

四十年來，蔣經國從最初主掌情治特務工作、參與「白色恐怖」政治案件，經歷七〇年代國民黨的正當性嚴重弱化，以及隨之而來風起雲湧的海外台獨運動與島內黨外勢力的急遽發展，直到八〇年代著手開啟全面民主化，從壯年步入老邁，其心路歷程與內心轉折為何？在台灣生活了大半輩子之後，他對於島上總人口佔絕大多數的本省籍民眾，是如何理解與認知？來自國際社會（特別是美國）的壓力，對於他處理省籍問題、台獨運動、本土化與民主化又發生了何種作用？終其一生，蔣經國無法全然拋開一九四九年以前大陸時期所留下來的憲政法統框架，以及父親所遺留下來具有強烈道德色彩的「光復大陸」之沉重包袱，而主政後所面對的諸多內外艱困挑戰，又迫使他必須逐步讓政治走向「可控」與「有限」的在地化，並接受伴隨民主化而來的諸多政治遊戲規則，對於出身且得益於威權體制的蔣經國，其內心的痛苦轉折與體悟為何，將是本篇關懷的重點。

蔣經國在七〇年代主政後，面對一塊面積大小與三〇年代贛南時期相差無幾的土地，如何有效治理正考驗著他。在行政院長任內，小蔣致力推動經濟建設，讓台灣在天然資源極端缺乏的不利環境下，成功創造出一番經濟奇蹟，使台灣的經濟發展達到新興工業化國家的水平，與南韓、香港、新加坡並列「亞洲四小龍」；八〇年代以後，台灣更由出口導向的勞力密集工業邁向高科技產業的轉型，而成為開發中國家典範，並為九〇年代「台灣錢淹腳目」的富裕社會奠定深厚的基礎。但多年來，台灣一直面臨著經濟萎靡不振、競爭力疲弱、出口衰退、薪資停滯、產業結構轉型與升級緩慢等問題，未來經濟發展的前景不明，讓陷入失落的台灣社會有理由深深懷念「蔣經國時代」的美好歲月。[63]然而冷靜想想，財經領域向來非蔣經國所擅長，在國府遷台後相當長一段歲月裡，各項重要財經的建設與決策討論，主要是在蔣介石充分的授權下，由行政院長陳誠帶領一批技術官僚來負責推動。從五〇年代初期的土地改革，以及隨後的工商業改革（市場經濟與計畫經濟之辯）、財政金融制度的改革（管制進口與開放出口之辯），乃至諸如台電公司在全台各地建立發電廠，以及石門水庫重大基礎建設案等，陳誠與其手下大員如尹仲容、俞鴻鈞、嚴家淦、楊繼曾、錢昌祚、江杓、李國鼎等人實為主要擘劃、參與及實際推動者。[64]

63 台灣社會此種「懷念蔣經國」的現象，反映出民眾心理的矛盾情結，一方面既無可能放棄蔣經國時代相對缺乏的開放、自由與民主價值，另一方面卻又懷念威權時代政治封閉、由政府出面照顧人民的那種安全感。參見范疇，《台灣會不會死？一個火星人的觀點》（新北：八旗文化，二〇一三年），頁二〇—二一。

64 此方面討論可參見郭岱君，《台灣往事：台灣經濟改革故事（一九四九—一九六〇）》（北京：中信出版社，二〇一五年）；張海鵬、陶文釗主編，《台灣史稿》（南京：鳳凰出版社，二〇一五年），下卷，頁四四九—四六六。

相形之下，蔣經國在上海經濟管制的失敗，間接導致國府在大陸統治崩潰這段不堪的往事，在政府遷台之後依然令人記憶猶新，而他對台灣的民生建設與整體經濟發展的思維、理念與觀點，是如何建立起來？早年在俄國、贛南與上海的經驗，對於日後他處理台灣財經建設與民生議題有何影響？原本主持情報業務的蔣經國，又是在何種機緣下開始涉入台灣的建設發展？回顧歷史，七〇年代台灣遭逢巨變，外交上的逆流讓小蔣主政下的國府，安定內部重於對外，因而鋪陳了集中精力於建設發展台灣的時空背景。本篇嘗試以大歷史脈絡與歷史延續性的視角來回答如上問題，除了重新思索蔣經國與台灣經濟發展的關聯性，也將探討他如何摸索原本並不擅長、甚至曾遭遇嚴重挫敗的財經議題，一步步地帶領台灣走向經濟起飛與發展，讀者將發覺，大陸時期小蔣諸多人身經歷，依然深刻地影響著台灣時期其決策與治理。

一九四九年兩岸分治後，雙方隔著海峽互相對抗，同時摻揉著美、蘇兩極全球性的衝突，而形成了中國近代史上空前的大決裂。它不只是兩個政權之間的對立，更是國際兩極體系在亞太地區的充分展現。台海兩岸的國、共政權一度成為美、蘇兩大強權兩極對抗的馬前卒，在政治、軍事、意識型態、社會制度與生活方式形成全方位的對峙；它不只是政權與政權之間的對抗，更是雙方人民的全面隔絕，任何官民往來都全面禁絕。六〇年代起，兩岸在軍事上的衝突逐漸減緩，彼此的競爭主要表現在外交領域上，文化大革命時期中共自陷孤立，卻造就了中華民國外交上的一段黃金時代。七〇年代起，局面開始逆轉，台北失去聯合國的席位，同時伴隨著雪崩式的斷交潮，直到一九七八年底失去了與美國的正式邦交，整個七〇年代成了中華民國外交最黑暗的時期。在這段過程中，兩岸之間依然長期隔絕，得不到溝通與瞭解的機會。

美、中關係正常化與台北在國際社會深陷孤立，反而開啟了兩岸關係的契機。鄧小平主政下的中國大陸，開始走向理性化與改革開放，而台灣在國際社會的艱困處境，也讓蔣經國必須以更務實和彈性的立場，處理兩岸與對外關係。八〇年代起，隨著國際間冷戰格局走向緩解，蔣經國以國家元首與政治強人的高度，成為兩岸融冰、終結彼此長達四十年隔絕、及奠定九〇年代雙方全面交流基礎的關鍵推手。小蔣在兩岸關係演變過程中的角色與心路歷程，四十年來國、共雙方擺盪於敵對與和緩兩端的複雜情形，以及美國政府在兩岸關係不同階段所處的關鍵地位，都是本篇最後一章所欲探究的重點。

值得一提的是，兩蔣父子處理國、共關係的歷史遺緒，在台灣全面民主化之後的一段時間裡，依然是兩岸互動乃至決策思考的重要素材，其中一例發生在一九九九年。該年夏天，李登輝發表震撼國際社會的「兩國論」，引發兩岸高度緊張態勢；十月底兩岸重量級智庫學者在北京曾有一番直接溝通，面對台海局勢出現的新變數，代表中共軍方立場的軍事科學院與國防大學與會人員，便以五〇年代國、共之間透過特殊渠道所進行的試探性接觸為例，闡述半世紀以來北京對台政策的基本軸線，而當時這些作為兩岸之間智庫交流的談話內容，隨後也上呈台北軍政高層作為參考。[65]

在蔣介石主政時期，兩岸之間意識型態的對立，蔣經國生前很難完全掙脫，然而小蔣一生與美國人交手諸多不愉快的經歷，反過來卻可能讓寓居台灣海島四十載的小蔣，深化對「中國」、或者說對「中華民族」的認同與情感。一九七八年夏天，當時身為黨外勢力的年輕成員陳菊，將一份政治犯名單透過特殊管道送交給國際特赦組織（Amnesty International），因而觸怒國府並遭到逮捕，十餘天後台北即在美政府壓力下釋放陳菊，且看此時蔣經國的反應：「為『陳菊案』美國對我加以壓力和恐嚇，其行為之卑鄙下流，令人痛恨，益增余深愛我中國之情操。國與國之間只有利益關係，不可稍存任何之幻想也。」[66]如何在政治、外交現實

65 當時中共與會學者向台方透露，周恩來於1955年提出和平解放台灣時，曾向蔣介石提出讓予福建、廣東與江西三個省份給國民黨統治的大膽構想，參見「政治大學國際關係主任何思因致國防部長唐飛函」（一九九九年十一月十一日），《唐飛檔案》。有關五、六〇年代國、共接觸情形，另見本書第十章。

66 《蔣經國日記》，一九七八年七月十四日。

與民族大義之間尋求一個平衡與出路，似乎成了小蔣主政台灣的總寫照。另一方面，在蔣經國生命的最後時刻，他能打破兩岸的敵對意識，擱置國共兩黨之間的宿怨，毅然決定開啟民間交流之門，思及至此，或許當今兩岸領導人應該思考，彼此之間似乎沒有跨不過的門檻與解決不了的問題。

蔣經國是一個中國人，晚年他提到自己也已經是一個台灣人。本書涵蓋一九四九年以後其所涉及的諸項重大議題，層面與範圍皆廣，因此這不僅是一部國家領導人的個人傳記，在一定程度上，也是台灣時期中華民國歷史的一個縮影。吾人評價政治人物，應將其置於特定的時空背景與歷史大環境來理性看待，如果您已經準備好將心中既存的意識型態、史觀與政治框架暫時擱置一旁，那麼誠心歡迎您透過接下來各個章節，一同探索蔣經國在台灣的歲月。筆者衷心期盼這本書能讓世人對台灣時期的蔣經國有更深刻的認識，進而客觀地理解台灣的過去，觀照這片土地如今所面臨的處境，同時思考中華民國未來的出路。

第一篇

軍事情報・敵後・政工

PART.1

第一章
崛起於情治系統

「我的個性是『直想直做』，從來亦不知道轉灣[彎]，如此性情，實不宜從事於情報工作，今天為了國家，為了父親，而擔負情報責任，亦只好盡心盡力去做。」1

另起爐灶

國共內戰晚期，國民黨兵敗如山倒，兩大情報機關「軍事委員會調查統計局」（簡稱「軍統」）與「中國國民黨中央執行委員會調查統計局」（簡稱「中統」）在大陸各地的組織網絡，幾被摧毀殆盡，大批人員不是遭到斃俘逮捕，就是投降共產黨，隨蔣介石渡海來台者，人心惶惶，毫無戰力。為了改變由陳立夫、陳果夫兄弟為首的ＣＣ派所掌控的「中統」，以及由「特務王」戴笠一手創建的「軍統」，彼此之間向來爭權

1 《蔣經國日記》，一九五四年四月三日。

內鬥的局面，一九四九年夏天老蔣成立了「政治行動委員會」，欲整合所有的情報工作，開設新的訓練班，重新布置淪陷區的據點，以強化大陸東南沿海與台灣島內的情報活動。[2]該委員會由「軍統」出身、曾服務於老蔣侍從室的唐縱出面統籌，成員涵蓋各單位的主要負責人，但面對這些來自四面八方、虎狼成群的特務頭目們，唐縱根本很難有效掌握，欲以當時已下野的老蔣一紙命令，即想收編各路人馬置於有效管轄，無異癡人說夢。一九五〇年初，倍感挫折的唐縱只好向老蔣報告：「數月以來，由於現有情報單位並無充分之理解，以為本身即遭歸併，對本會之一切要求，每懷觀望，致工作之推動，未達預定效果。」他還指出：「台灣原有各情報組織，無論屬於中央或地方，其共同缺點在於彼此分立，各不相謀，其上級則自成系統，缺乏一強有力之統一指揮機構，以致人事經費不能集中或布置，或權責不清，徒增紛擾，影響治安，莫此為甚。」[3]

唐縱內心的挫折不難理解。一九四九年以前「中統」和「軍統」分別只在台灣島上設立一個工作站，人員編制與配備皆僅為各該總局下轄的一個分支機構，國府退守台灣後，不但兩大情治系統總部皆漂洋過海來台，甚至各該總局原先在大陸各地所部署的人員，也都輾轉來台歸建；再加上島內原本即有的「台灣省警備（保安）總司令部保安處」等情治單位，一塊只有三萬六千平方公里面積的土地上，一下子集中了全中國一千一百餘萬方公里布建規模的特務人馬，當時情況之紊亂實可想見。為避免重蹈大陸失敗之覆轍，防範中共對這塊最後根據地的顛覆滲透，蔣決心由其子出面整頓情治系統。一九五〇年四月十一日，蔣經國接任「政治行動委員會」秘書職務，著手改革情報制度與人事，蔣介石也在復職後於台北總統府內成立「機要室資料組」，由小蔣以組長名義指揮黨、政、軍情報工作。除此之外，蔣介石還要其子出掌國防部政治部（後改為「總政治部」），強化國軍監察、保防（情治）、黨務與思想教育等業務。[4]

國府自四川成都轉進來台後，驚魂未定，風聲鶴唳，美政府又採取袖手旁觀政策，一個在內戰中土崩瓦解、潰不成軍且民心盡失的政權，究竟能否在海島一隅殘存苟活下來，仍屬未定之天。據國民黨估計，日本戰敗投降後，中共「台灣省工作委員會」在負責人蔡孝乾領導下，已有黨員一千三百多人，分別在台北、新竹、台中、台南與高雄設有數十個直屬支部。一九五〇年初「軍統」逮捕蔡孝乾，進而破獲中共在台地下組織，對於國府政權安穩，發揮不小作用。[5] 儘管如此，美國中央情報局此時評估，仍有約兩千名武裝共黨游擊隊在島內各山區裡埋伏活動，而「非武裝」支持或同情共產黨者，更高達上萬人之譜。其中包括不少台灣原住民，以及潛伏在大學校園裡、準備伺機而動的年輕知識份子，美方還研判中共可能派遣游擊縱隊，由當時海防相對薄弱的花蓮、台東地區登岸滲透。一言以蔽之，台灣的整體情況依然堪憂。[6]

對蔣介石而言，整頓情治組織與穩定轉進來台的各路國軍部隊，防止內部譁變，實屬迫切之務。只不過

2 王丰，《蔣介石父子一九四九危機檔案》（台北：商周出版，二〇〇八年），頁六七；陳守雲，《走進蔣經國》，頁二〇一—二〇二。

3 「俞濟時、唐縱呈蔣介石政治行動委員會工作報告」（一九五〇年一月二十三日），〈特交檔案／軍事／中央情報機關（一）〉，《蔣中正總統文物》，典藏號：002080102010004。

4 《蔣經國日記》，四月十日、四月十一日；茅家琦，《蔣經國的一生和他的思想演變》，頁二五三—二五五。總統府「機要室資料組」何時正式成立運作，迄今未有明確答案，有謂一九五〇年初蔣介石將「政治行動委員會」改組為總統府「資料組」，然蔣經國日記顯示「資料組」成立之後，前者依然繼續運作，兩者同時並存，而非「取而代之」的關係。小蔣參與「資料組」工作的相關記載，最早出現於其一九五〇年十二月的日記裡，在此之前並無相關線索，參見《蔣經國日記》，一九五〇年十二月二十七日。

5 司法行政部調查局編印，《台灣光復後之「台共」活動》（台北：司法行政部調查局，一九七七年），頁五三—五四；谷正文口述，《白色恐怖秘密檔案》（台北：獨家出版社，一九九五年），頁一一八—一三〇；翁衍慶，《中共情報組織與間諜活動》（台北：新銳文創，二〇一八年），頁八八—九一。

6 CIA Information Report, "Communist Indoctrination of Potential Minor Administrators of Taiwan," January 3, 1950, CIA/FOIA, no. CIA-RDP82-00457R004100190011-8; CIA Information Report, "Communist Guerrilla Activities, Taiwan," March 14, 1950, ibid, no. CIA-RDP82-00457R004500060006-4; CIA Information Report, "Communist Activities in Taiwan," June 9, 1950, ibid, no. CIA-RDP82-00457R005000310022-2.

在蔣經國看來，此刻奉父親之命出面整飭派系林立、互不隸屬、且極端重視私人效忠與傳承的特務系統，以及在部隊裡推動吃力不討好的政工制度，根本是一件苦差事，畢竟在權力道路上，鮮少有人願意到處樹敵、扮演「黑臉」。他不只一次提及接手「政治行動委員會」實在有損名譽，容易沾惹一身腥，周遭友人也紛紛勸他不要碰，以免影響仕途。而軍隊的政治工作，小蔣更認為是一件「出力而不能見效的事」，他之所以願意跳火坑，在於父命難違，同時也是為了救亡圖存，畢竟「在此國破家亡之際，生命都在所不惜，豈再有選擇工作之理？」[7]

蔣經國此番言詞似非虛矯之情，初掌情治工作時，一開始他確實面臨了許多挑戰，絕非以「太子」之身即可保證駕輕就熟，一帆風順。他首先面對的是彭孟緝所主持的台灣省保安司令部在情治業務上的衝突，以及「中統」、「軍統」兩大舊勢力的掣肘。就前者而言，彭孟緝很快即向兩蔣父子輸誠靠攏，問題不難解決；至於「中統」，一九五〇年八月陳立夫在政治壓力下離台赴美定居，開辦養雞場，遠離國民黨是非，翌年陳果夫在台病逝，CC派逐漸不再成為小蔣掌控情報業務的主要障礙。據此，一九四六年戴笠因飛機失事亡故後，以「軍統」班底為化身的國防部保密局，在戴笠手下大將毛人鳳的領導下，成了小蔣最大的絆腳石，彼此明爭暗鬥很快就進入白熱化。

在老蔣下野、李宗仁代理總統期間，由於局勢動盪，保密局的人事與預算遭大幅刪減，數千名被裁撤的情報人員不忍黨國即將毀於一旦，堅持不解散，而由已遭李宗仁免職的毛人鳳繼續指揮領導，在無編制、無經費、無資源的艱困局面下，維持布建工作，締造不少成果；毛人鳳率領舊部堅忍苦撐至蔣介石於台北復職，也獲得蔣氏夫婦高度倚重與信任。[8]或許毛自恃功在黨國且有領袖撐腰，對於蔣經國欲插手情報業務暗中抵制，甚至抓住機會來個下馬威，一九五一年春天就發生這麼一樁離奇的事：毛手下一名叫杜長城的「軍統」要員，暗中組織人馬準備綁架蔣經國，其本意並非真的要取小蔣的命，而是想自導自演一齣驚魂戲碼，由毛人鳳從這一群假綁匪手中把小蔣救出，如此不但可以向老蔣邀功，還可嚇唬小蔣，同時向情治圈傳遞「小蔣不適合擔任領導」的強烈訊息。不料杜長城謀劃此案時不慎洩密，又因涉嫌走私黃金，遭小蔣人馬查獲逮捕，小蔣隨即向父親稟報此事，並著手調查此案。[9]蔣介石雖感驚訝，然忌憚一旦查辦杜長城，恐引來毛人鳳反彈，而動搖「軍統」士氣，這讓希望反擊毛人鳳囂張氣燄的蔣經國懊惱不已，抱怨「父親又因辦杜長城而恐毛人鳳之不滿，這許多人事問題實在太煩苦了。」[10]老蔣最後下令槍決杜長城與其同夥，但未繼續深究下去，毛因此逃過一劫。此後他與小蔣關係每況愈下，雙方人馬為爭奪情報與敵後工作的主導權，幾乎撕破臉。

在大陸時期蔣經國已涉入情報業務，贛南時期專員公署設有「特務處」，各縣區也都置有情報網，而國共內戰晚期他所籌建的「勘建總隊」也負有情報活動之責，因此來台後他主持情治工作的最大困難並非缺乏經驗，而是沒有自己的班底，贛南時期協助此業務的留俄同學如黃中美等人，極少於一九四九年之後來台，因此無法形成一股力量。[11]為求逐步進入狀況、掌握局面，小蔣花費一番心思，決定拉攏同屬「軍統」、比毛人鳳資深且與毛有瑜亮情結的鄭介民，鄭滿心感激並向蔣獻策，以開辦訓練班、培訓新生的方式來培養班底，同時藉由複訓保密局與內政部調查局（原「中統」勢力）現有幹部，以將兩局人員混合編組

7 《蔣經國日記》，一九五〇年三月三十一日〈上月反省錄〉。
8 翁衍慶，《中共情報組織與間諜活動》，頁八一—八二。
9 《蔣經國日記》，一九五一年二月二十一日、二月二十六日、二月二十七日。
10 《蔣經國日記》，一九五一年三月十日。
11 漆高儒，《廣角鏡下的蔣經國》（台北：黎明文化，二〇〇一年），頁八九、一〇三—一〇九。

1949年12月，蔣經國與毛人鳳（右）。（國史館提供）

的方式來打破兩派人馬長期競爭狀態，結束情治圈「私人割據」局面。[12]小蔣聽從他的建議，從一九五一年夏天起於台北石牌開辦情治人員訓練班，調集各路人馬整訓，至於此作法是否有效，他實在不敢樂觀：「各情報單位之工作人員，成見深，習氣深，界線深，要在一個月內加以改造，實非易事，但一切在盡心力耳。」[13]

蔣經國沒有料想到，阻礙他順利開展工作的除了「軍統」舊勢力之外，竟然還有孔、宋家族及美國人。一九五〇年秋天，中共以「自願軍」的名義出兵韓戰後，華府便決定於大陸東南沿海發動突襲行動，牽制北京，以減輕美軍在朝鮮半島壓力，於是中央情報局成立「西方公司」（Western Enterprises Incorporated）統籌相關業務，在台北設立一座突擊指揮部，又在淡水成立游擊幹部訓練班，並提供大量軍火彈藥給江浙外島上的反共游擊隊，向大陸發動騷擾、襲擊與敵後滲透。台、美雙方還成立「游擊委員會」處理相關業務，「西方公司」案成為國府退守台灣後與美政府之間建立的第一個合作平台，其重要性不言可喻。[14]此合作案最初由蔣經國與鄭介民攜手爭得主導權；一九五〇年十一月二十四日，小蔣與前來台北推動此案、日後擔任「西方公司」董事長的詹斯頓（Charles S. Johnston）會晤後，便立即與鄭介民擬定各項具體執行

12 肖如平，《蔣經國傳》，頁二〇三。有關毛、鄭之間權鬥，參見馬振犢，《國民黨特務活動史》（北京：九州出版社，二〇〇八年），頁五八三—五八九。

13 《蔣經國日記》，一九五一年九月三日。

14 此一大陸沿海突擊計畫的重要性，由統計數字即可看出：一九五〇至一九五四年間在「西方公司」支持下，國府游擊隊對東南沿海進行四十一次襲擊和騷擾，動用兵力達二萬八千餘人，而一九五三年七月的東山島戰役，國軍出動十多架運輸機運送傘兵部隊，並與海軍陸戰隊協同進行登島作戰，此乃國軍戰史上唯一一次使用空降部隊。有關此一時期台、美情報合作，參見Frank Holober, *Raiders of the China Coast: CIA Covert Operations during the Korean War* (Annapolis, MD: Naval Institute Press, 1999).

方案並呈報蔣介石，提議由鄭介民負責與美方協調所有突擊行動，而中方參與「游擊委員會」成員，則由鄭介民會商「政治行動委員會」後進行選派。[15]然而，以毛人鳳為首的保密局人馬，絕不會坐視蔣、鄭兩人掌控此案，更無理由拱手讓出即將到來的美方龐大資源；毛為了反擊，私下說服宋美齡透過孔令侃向美方積極遊說，最後把蔣、鄭兩人排除在「西方公司」決策核心之外。當蔣介石任命宋美齡擔任「游擊委員會」主席的消息傳來後，小蔣的憤怒與失望達到極點，私下暗批「女人過問政治，總不是好現象。」[16]

讓蔣經國心中惱火的事還不只於此，經孔令侃在美一番運作後，華府向蔣介石推薦由毛人鳳所意屬的阮清源來主持淡水游擊幹部訓練班，忍無可忍的小蔣私下痛罵毛人鳳「卑鄙」、「腐敗」、「借外力自重」，並向父親告狀，把毛與孔令侃「勾結」以及保密局內部各種「黑暗內幕」和盤托出；只不過此時老蔣有求於美國人，對於此一重要人事安排不得不有所隱忍，故不為所動。[17]在美中央情報局的機密文件裡，生動地描繪蔣經國與毛人鳳之間因爭奪對美情報合作主導權而展開激烈的較勁：小蔣為扳回劣勢，利用政工系統設法大舉收編保密局菁英人馬；而毛為了排除小蔣，不斷利用各種機會在老美面前詆毀他，聲稱情報業務如果落在具有蘇聯共產黨背景的「太子」手中，不出三十年時間台灣將被染紅，變成另一個「蘇維埃」。[18]

蔣經國一時之間得不到父親強有力的支持，其欲有效主導國府情報與敵後工作，不意外地嘗到了苦果，他觀察江浙沿海島嶼上各路反共游擊隊紀律敗壞，希望加以整頓以納入常軌，但又擔心他介入敵後游擊業務將遭人指責「管閒事」，內心鬱悶至極；他數次以國防部總政治部主任名義，前往外島視察游擊基地，與游擊幹部召開會議，然部分幹部憑藉有毛人鳳與美國人背後撐腰，對小蔣有恃無恐，其態度傲慢自大，令他為之氣結。[19]其他反對小蔣的黨政要員也非省油的燈，一九五一年秋天行政院長陳誠與國民黨中央改造委員會的部分委員要求老蔣改組總統府「機要室資料組」，將此一無法源依據的黑機關與所轄業務劃歸保密局與調查局，此一提議讓蔣經國措手不及，美方情報單位也密切關注小蔣試圖全盤掌控情報業務的努力，是否將因此腰斬。[20]

此時，美軍駐台顧問團對小蔣主持的政工業務強烈反彈，美情報單位又直接插手國府敵後工作，讓小蔣的處境尷尬，甚至還曾遭到公然羞辱的待遇：一九五一年春天，阮清源接掌淡水訓練班後，自認獲得美國支持，竟大膽要求小蔣於半日內撤出其在訓練班內的辦公室，當小蔣隔日再去時，因通行證被註銷而硬生生地被擋在門外，無法進入；吃了一頓閉門羹後，他不發一語轉身離去，心中忿恨不平，難以自抑。翌年五月，「西方公司」的美籍顧問事先未與國防部協調，即強佔淡水訓練班內屬於政工人員專用的中山室，美方人士不但發言羞辱總政治部，還要求將派駐於淡水訓練班的政工幹部由二十人減至四人。[21]這些不愉快經歷，著實反映出遷台初期蔣經國開展情報工作時所面臨的困境。

15 「鄭介民、蔣經國呈蔣介石」（一九五〇年十一月二十六日），〈特交檔案／外交／其他：西方企業公司〉，《蔣中正總統文物》，卷八十，編號：五九七七二。

16 《蔣經國日記》，一九五一年四月二十五日。蔣介石認為當時美國在台情報人員氣燄囂張，驕傲自大，他不得不搬出宋美齡作為「約束」美方人員的手段，見《蔣介石日記》，一九五一年四月十五日、四月十八日。

17 《蔣經國日記》，一九五一年五月一日、五月二日、五月五日、五月六日、五月八日。

18 這份報告也指出宋美齡支持毛人鳳主導游擊工作，為對付小蔣，毛聯合「軍統」內部包括毛森等各派系勢力，全力爭取美國的支持，參見 CIA Information Report, Subject: Struggle for Power between Political Department and Pao Mi Chu, October 6, 1951, CIA/FOIA, no. RDP82-00457R008900090010-8.

19 《蔣經國日記》，一九五一年四月四日、六月十一日、六月十四日、六月十六日。

20 CIA Information Report, "Continued Plans for Establishment of Chinese Nationalist Central Intelligence Organ," November 7, 1951, CIA/FOIA, no. CIA-RDP82-00457R009200270013-1;《蔣經國日記》，一九五一年十月十九日、十月二十五日。

21 《蔣經國日記》，一九五一年五月二十四日、一九五九年十二月十二日〈本星期預訂工作課目〉。

蔣經國（中）主持政治部幹部訓練班檢討會。（國史館提供）

政工制度

一九五〇年秋天，蔣經國曾在日記裡寫道，他將以情報、游擊、政工和軍隊黨務作為日後的工作重心，「這四件事就是復興民族的大業之基礎。」[22]然而，他不但在情報與游擊工作上受挫，推動軍隊政工與黨務同樣也面臨艱鉅的挑戰。該年稍早，蔣從原國防部政工局局長、留俄同窗鄧文儀手中接過印信，正式接掌國軍政治工作，但他卻毫無欣喜之情，也無不切實際的幻想：當時蔣在政治部的辦公室裡除了幾張破桌椅之外，別無他物；他缺乏優秀軍事背景人才可以運用，陸、海、空三軍高階將領不但不重視政工，甚至敵視政工，視政工人員為軍中密探，專司監督部隊的指揮官，製造軍中恐怖與猜忌的氣氛。[23]蔣經國所遭遇的困難由以下例子即可窺知：一九五〇年九月，在鳳山陸軍總司令部召開政工會議並發言時，他注意到在座的陸軍總司令孫立人「處處表現消極態度，毫無支持之意」，南台灣各守備區的高階軍官們則姍姍來遲，會議上只見小蔣一人認真說明政工制度與軍中黨務的重要性，但出席者的態度冷淡沉默，無人回應。[24]此會議召開前，國軍第八十七軍發生三名政工人員因不滿部隊整編而自殺的不幸事件，會議結束不久後又傳出，駐防澎湖國軍第七十五軍的某團長因痛恨單位的政工幹部而將其毆打成傷，種種意外令小蔣焦頭爛額。[25]

到了隔年，情況仍未好轉。一九五一年五月，蔣經國前往左營海軍總司令部召開政工會報時，他根據海

22 《蔣經國日記》，一九五一年十一月三十日〈上月反省錄〉。

23 《蔣經國日記》，一九五〇年六月七日、九月三十日〈上星期反省錄〉。

24 《蔣經國日記》，一九五〇年九月二十九日。

25 許瑞浩等編，《中華民國政府遷台初期重要史料彙編：蔣經國手札（民國三十九年—五十二年）》（台北：國史館，二〇一五年），頁六五五、九五。

軍政工幕僚提供的材料，批評海總高層「重視機關，不重視部隊艦艇士兵生活」、「重陸地不重海上」、「重形式不重視批評，各級長官都不願人家向他呈訴」，小蔣用意本在關心海軍基層士兵的權益，不料此番談話卻引來總司令桂永清強烈的反彈；蔣前腳剛離開，桂立即宣稱蔣的消息來源全係「小報告」，捏造是非且毫無根據，甚至負氣聲稱他「不想再幹這個總司令，誰願意當請誰來當好了。」[26]小蔣本人也自記，國軍某單位團長曾對其政工幹部說：「我知道你是對的，但不能支持你，因為我的前途是在師長手裡，我無法得罪他。」這些坦率的發言，正是遷台初期蔣經國推動軍隊政工業務舉步維艱的最佳寫照。[27]

蔣介石若以黨政軍最高領導人地位，堅持推動政工業務，則軍方內部反彈或可逐漸消弭，但此時對政工業務極端反感的不只有三軍將領，還有台灣生存所憑恃的美國。美駐台人員在傳回華府的密電裡，生動地描繪坐落於台北市延平路（後遷至信義路）上一間不起眼且外表看起來像是雜貨店的建築物，即是神秘的國防部政治部（現稱政治作戰局）所在地，小蔣手下人馬正如火如荼偵辦每一個角落可能發生的顛覆活動。這批政工人員仿效蘇維埃制度，扮演「監軍」的角色，讓國軍部隊士氣低落，恐懼感油然而生，而且政工特務還不時往香港與澳門兩地跑，一待就是數星期。[28]毫無意外，政工制度的廢存很快就成了台、美雙方爭論的焦點，美方嚴詞批評國軍部隊以美援裝備進行整編訓練，卻仿效蘇聯紅軍政委制度，欲於部隊中另成體系，讓國軍形成二元領導，減損效率與戰力，以及政工人員監督官兵思想行為、推行意識型態與政治教育、鼓勵檢舉與揭發長官等「非民主」作為，都將讓國軍最終成為效忠兩蔣父子的私人武裝力量。[29]一九五一年夏天蔣介石獲政工人員密報，得知海軍內部出現「四維社」的次級團體組織，便嚴厲責備總司令桂永清，並一口氣將十三名海軍將領撤職，而華府卻將此事件解讀為小蔣挾私怨報復桂永清之舉，令老美感到更不可思議的是，老蔣因擔憂海軍內部可能發生叛變，竟然允許政工部門的權力超越總司令。[30]

美國人把政工視為導致國軍部隊戰力低落的重要因素，兩蔣父子則把政工看作重建軍隊士氣的基礎，如此深的鴻溝讓雙方衝突無從迴避；令兩蔣父子至感憤怒的是，部分國軍高級將領配合美方，攜手反對政工制度。中央情報局文件揭示，公開反對政工的孫立人與桂永清，都曾經私下向老美抱怨，身旁負責情報業務的幕僚遭到撤換，由蔣經國的人馬取代，而同樣對政工制度持異議的黨國大老何應欽則一度遭到形同「軟禁看管」的待遇，不被允許離開台北市。[31] 一九五二年初，國軍部隊在花蓮與澎湖兩地演習，隨同觀察的美軍顧問驚訝地發現，政工人員竟可發號施令，動員民用車輛，並在演習各階段參與部隊長會議，因而一口咬定政工制度果然已引發國軍指揮權的紊亂，於是要求國府立即調整政工職權，甚至以減少對台軍援作為

26 「海軍桂永清總司令評論」（一九五一年五月三十一日），〈忠勤檔案／國防部總政治部任內文件（三）〉，《蔣經國總統文物》，典藏號：005010000052002；《蔣經國日記》，一九五一年五月十九日。

27 《蔣經國日記》，一九五一年七月十四日。有關兩蔣父子推動政工制度與軍方反彈，另參見陳鴻獻，《反攻與再造：遷台初期國軍的整備與作為》（香港：開源書局，二〇二〇年），頁七七—一〇四；Monte R. Bullard, *The Soldier and the Citizen: The Role of the Military in Taiwan's Development* (New York: M.E. Sharpe, 1997), pp. 80-130.

28 CIA Information Report, Subject: Investigation of Communist Activity, Taiwan, March 8, 1951, CIA/FOIA, no. CIA-RDP82-00457R007100390012-2; CIA Current Intelligence Bulletin, top secret, July 4, 1951, ibid, no. 02740736.

29 State Department Memorandum, "Support of China Mainland Resistance and Use of Nationalist Forces on Formosa," January 25, 1951, *ROCA*, reel 23. 美方對政工制度的疑慮反映在一九五一年春起美軍顧問團與總政治部之間多次會談過程中，參見「美軍顧問團與總政治部會談紀要」（一九五一年五月二十九日）〈忠勤檔案／國防部總政治部任內文件（三）〉，《蔣經國總統文物》，典藏號：005010000052019；「美軍顧問團蔡斯團長與總政治部蔣主任及第五廳洪廳長會議紀要」（一九五一年十月六日），同前，典藏號：005010000052020；「蔡斯將軍與政治部蔣主任談話紀要」（一九五一年十一月十九日），同前，典藏號：005010000052023。

30 CIA Current Intelligence Bulletin, top secret, July 25, 1951, CIA/FOIA, no. CIA-RDP79T00975A000300230001-2.

31 CIA Information Report, "Plans of Whampoa Clique to Curb Pro-American Elements on Taiwan," January 7, 1952, CIA/FOIA, no. CIA-RDP82-00457R009900230002-0. 根據蔣經國的說法，何應欽對於政工推動效忠領袖的運動極表不滿，認為國際輿論已有批評蔣介石「獨裁」的聲音，倘使國軍再強調效忠領袖，無異中敵人之計。見《蔣經國日記》，一九五一年十月二十日〈上星期反省錄〉。

要脅。四月二十三日，蔣經國與美軍顧問團團長蔡斯（William C. Chase）於總政治部討論政工議題後，當天他在日記裡寫道：「蔡斯以『主人』的態度，提出要將政治部歸參謀長指揮的意見，這無異於撤銷政治部，這是共匪的主張，透過美國人來實現的。美國的胡鬧，不好的決定對策，會使國家滅亡的。」[32]

美方如此強烈反對國軍推行政工，並要求軍方調整政工職權，對蔣經國地位無異是一記沉重打擊。此後相當一段時間裡，黨、政、軍各方人士皆以他作為攻擊目標，謠言四起，彷彿政府內部突然出現一股反政治部、反蔣經國的暗流。原本對政工即無好感的參謀總長周至柔，見美方態度轉趨強硬，也開始公開抨擊政治部；而在情報工作上處於競爭關係的毛人鳳，對小蔣更不留情面，於公眾場合顯露出「粗傲」與「驕橫之氣」，種種打擊與不快，讓小蔣的情緒嚴重受到影響，日夜不安，長達數月之久。[33]台、美之間環繞在政工議題的角力持續不斷，雙方互有攻防，各自也調整立場而逐漸達成某種妥協：蔣經國同意取消部隊政工主官的「副署權」，將各單位政治部定義為「幕僚單位」，以平息美方疑慮；而美方在數次提出廢除軍隊政工遭拒之後，改提議於台灣省保安司令部內成立一個由美軍顧問組成的「諮詢委員會」，作為平衡政工勢力之計，蔣介石最後勉強同意。[34]

隨著美國國內政治環境出現轉變，台、美之間也因政工議題所產生的爭辯而逐漸發生變化。一九五二年秋天美總統大選結果，由向來同情蔣介石的共和黨候選人艾森豪（Dwight D. Eisenhower）勝選，艾氏與新任國務卿杜勒斯（John Foster Dulles）採取強硬的反共外交政策，國府從杜魯門時期的棄卒，搖身變為美國在亞太地區圍堵共產黨的最前哨與冷戰盟邦，雙方關係的改善也有助於緩和華府干涉台灣內部事務力道。在往後的歲月裡，美軍顧問團對政工運作的抱怨依然時有所聞，小蔣也不時要為政工業務而承受各方的批評，然歷經國府遷台初期各方的反彈，此項制度終究維持了下來，並持續運作直到今日。一九五六年四月二十六日，小蔣在日記裡寫道，當天美軍顧問團團長史麥斯（George W. Smythe）應邀出席北投復興崗政工幹校畢業典禮並致詞時，公開表示美政府已決定支持政工制度。[35]這段話似可為五〇年代初期台、美間環繞著政工制度所引發的爭議與角力，畫下了休止符。

白色恐怖與「孫立人案」

國府遷台後，為穩固統治，國安單位以《戡亂時期懲治叛亂條例》、《戡亂時期檢肅匪諜條例》等法律條文為憑恃，以「保密防諜」為口號，在全台各地展開大規模的清查整肅，據已出版的中外著作顯示，在一九五〇年至一九五五年白色恐怖最高峰時期，被關押於綠島的政治犯高達一萬四千人（一說八千餘人），直到一九八七年台灣宣布解除戒嚴為止，三十餘年間軍事法庭受理的政治案件達三萬件，約三千餘人遭到槍斃，受牽連的政治受難者可能更高達十餘萬人之譜。[36]白色恐怖最盛之時，國府所逮捕的人自有不少共產黨份子或者同情共產黨人士，但恐怕更多的是無辜的本省籍民眾，或是光復初期來台的外省知識份子。吾人應如何詮釋這段歷史？支持者認為兩蔣父子的鐵腕政策，實為當時處於驚弓之鳥的台灣存亡之所需，持異議者則指責國民黨作風惡劣，踐踏人權，罪不可赦。但不論如何，蔣經國本人則堅持此乃出於「革命的需

32 《蔣經國日記》，一九五二年四月二十三日。

33 《蔣經國日記》，一九五二年五月二十四日、六月一日、六月三日、七月十五日、八月十日、八月十八日、八月三十一日。

34 Report by Formosa Mutual Security Program Evaluation Team, January 9, 1953, no. 794A.5-MSP/1-953, *Formosa 1950-1954*, reel 4.

35 《蔣經國日記》，一九五六年四月二十六日。

36 Steven J. Hood, *The Kuomintang and the Democratization of Taiwan* (Boulder, CO: Westview, 1997), pp. 34-36; 吳密察主編，《台灣史小事典》（台北：遠流出版社，二〇一二年），頁一六八。

要，盡一己之心力耳」[37]。

五〇年代，蔣經國執行白色恐怖所造成的冤獄和冤案的責任歸屬，歷史終將給予評價，而其負責督導全台情治工作所應承擔的政治責任，也無從迴避；另一方面，從其日記內容所載，可以強烈感受到他經手諸多匪諜與政治案過程中的矛盾性：為確保政局穩定，他必須雷厲風行，毋枉毋縱，然與此同時，他本人既無法全盤掌握龐大的特務情治系統，又無法充分信任此一機制內、第一線執行命令者的水準與判斷能力，加上身處國民黨權鬥複雜的環境中，小蔣的焦慮、無奈與挫折，時時可見，一九五〇年夏天的「沈鎮南資匪案」即是一例。時任台糖公司總經理沈鎮南因「故意不出售糖，保留物資讓共匪接收，準備以台糖鐵路供共軍登陸用」等莫須有的罪名，於翌年初遭處決，沈妻與行政院長陳誠的夫人譚祥是舊識，沈被捕時曾請求陳誠幫忙，陳表示此案由蔣經國作主，他愛莫能助，等到沈被槍斃後，陳誠又以執法機關事先未向他報告而大發雷霆，指責小蔣濫權，但此案實際上是由沈的直屬長官、主管台糖業務的台灣省政府主席吳國楨簽具國防部軍法處批准執行，小蔣並未經手，陳誠以此案攻擊小蔣，令他憤慨不已，批陳「借此來說我的壞話」，並感嘆「工作環境之惡劣」[38]。

自贛南時期即追隨蔣經國、來台後任總政治部設計委員的黃密，於一九五一年底遭調查局舉報有「匪諜嫌疑」，小蔣聞後深感震驚，為查明此案，他雖未下令禁止拘捕黃密，但私下卻擔心這是一件冤案，內心忐忑不安。[39]黃被調查局拘留四個多月，期間遭受許多非人道的刑求逼供，承辦人員不斷要脅他承認與贛南時期舊友、當時因涉及共諜案而跳樓身亡的劉樹東，皆為共產黨同路人，經過九天不眠不休的摧殘拷問，黃密終於簽字招供，調查局如獲至寶，立即寫成一篇報告上呈蔣經國，準備以「破獲」一宗匪諜案來邀功。隨後小蔣知悉調查局人員急欲立功，不擇手段炮製逼供的事實，因而感到憤怒不已，痛批特務人員「無道德，不知造成了多少的黑暗情形」，又稱「匪諜應殺，而殺者如為無罪之人，實問心不安矣。」從白色恐怖時期蔣經國的日記，吾人感受到他私下對情治人員處理「匪諜」案確實多所不滿，他也發現不少疑點，更曾嚴厲批評調查局查案「含血噴人，令人寒心」。[40]

然而，蔣經國對諸多政治案件心生疑慮，是否就等於他本人有能力對各項案情反覆釐清，以求取公正的結果，卻仍不無疑問。就黃密案而言，在小蔣主動介入、重新調查確認並無匪諜嫌疑後，黃因而獲無罪釋放，蔣自認此案讓他內心深受刺激，並學到教訓：「黃密案發生之後，得到了很多的啟示，有許多人為了自己的『立功』，不惜犧牲人家的一切，包括生命在內，這就是所謂人吃人的社會。幹部有罪，應當嚴辦，敵人應殺，但決不可怨[冤]枉人，這是做人的基本道理。」[41]與蔣經國有交情的黃密，幸運獲得無罪開釋，但這只是五〇年代成千上萬白色恐怖案件中的鳳毛麟角，現實情況是：小蔣在名義上負全盤督導情治業務之責，實際上他不可能親自過問每一個案情的細節，像替黃密那樣來為其他嫌犯洗刷冤情。

在往後的歲月裡，蔣經國內心對特務機關一直都抱持著極為批判與懷疑的態度；一九五四年七月，他自記：「情報人員所負的責任比任何部門的人員來得重要，所以更需要有哲學的基礎，但是今日在情報方面負責的人，如毛人鳳、季源溥（時任調查局長）之類，都是用『欺騙威脅利用玩弄』作為工作的原則，經

37 《蔣經國日記》，一九五二年四月五日。
38 《蔣經國日記》，一九五一年一月三十一日〈上月反省錄〉。有關沈鎮南案，另見程玉鳳，〈一九五〇年「沈鎮南資匪案」探析〉，《東海大學文學院學報》，第四十七期（二〇〇六年），頁二三五－二七四。
39 《蔣經國日記》，一九五一年十一月二十六日。
40 《蔣經國日記》，一九五一年十二月六日、十二月八日〈上星期反省錄〉、十二月十一日、十二月十二日。
41 《蔣經國日記》，一九五一年十二月十五日〈上星期反省錄〉。

孫立人（右二）與蔣經國（右一）陪同蔣介石檢閱部隊。（國史館提供）

過四年來之相處，深知這批人的本性難改，只有將希望寄託在後起的幹部了。」[42]一九五八年三月全國情報會議開幕前後，小蔣回顧八年前首度奉命領導情報工作，感慨甚多，此時他剛讀到有關情治機關內部黑暗腐敗情形的報告，深以為憂且自感有罪，認為八年來的工作並無成績可言，痛批情報圈裡「幫會式的頭目們，自私自利，近視短見，害人害己，已成定型，決非用任何訓練方式所可轉移與改造者。」該年的情報會議上，連調查局在檢討報告中都坦承「由於工作上之錯誤，將好人當作壞人辦，反將間諜當作朋友看」，小蔣聞之，自問能不膽顫心驚？當他閱讀調查局內部人事鬥爭資料時，無奈之餘，感慨情治人員「皆重權術，為達到自私的目的而不擇手段，既無情感，亦無道德觀念，決非用情理所可說服而改變彼等之觀念。」[43]

情治案件往往與政治鬥爭分不開，蔣經國對此深有所感。一九五九年夏天，他在檢視「姚國驊匪諜案」時發現，承辦此案的警備總部副總司令李立柏，因姚國驊與時任參謀總長王叔銘頗有交情，急欲利用此案打擊向來與他不和的王叔銘，此案發展到最後，王被免職，小蔣雖未積極涉入其中，但此後他對警總印象更壞，批評該機構「驕橫不講理，目中無人，為了達到目的，不擇任何手段，因此而使政府失去民心」，他深自警惕，要求自己「對於任何匪諜案之處理，必以至公至正的態度處之」。[44]在處理諸多「匪諜」案時，或許蔣本人確實希望做到毋枉毋縱、至公至正的境界，然而理想與現實之間總有一大段距離，箇中矛盾有時連他本人也未必看透：蔣經國心裡雖對特務系統猜疑、反感且不信任，卻又必須倚賴這些情治耳目所「餵養」的政治情報，來監控政敵的一舉一動，並在必要時出手，防患於未然。透過國安與情治單位所呈報的

42 《蔣經國日記》，一九五四年七月二十日。
43 《蔣經國日記》，一九五八年三月十六日、三月二十日、三月二十二日、一九六〇年一月二十二日、一月二十三日。
44 《蔣經國日記》，一九五九年六月二十日、六月二十九日、八月十六日、一九六一年五月二十五日。

各類政治情報，蔣多次坦言「對於政府內部之情形，知之極詳」，五〇年代他關注的重點對象，包括吳國楨、孫立人與一批「擁護陳誠做領袖」的黨政要員。[45]

一九五五年「孫立人案」爆發，顯示兩蔣父子無法把政治上的恩怨，與政敵們究竟是否真正涉及匪諜叛亂案這兩者給劃分清楚。政府遷台後蔣經國與孫立人之間，因為軍中推行政工制度而引發的爭議，兩人一直處於緊張的狀態，孫不時向美國友人告狀，批評台灣在兩蔣父子的統治下，沒有真正的自由與民主，小蔣則對孫立人挾洋自重與目中無人，痛恨異常。兩人的不和，除公務外還有私怨；一九五三年春天，小蔣在出席一場軍方會議時，因與孫意見不合以及孫發言時對他冷嘲熱諷，兩人數度發生激烈言語衝突。[46] 該年秋天小蔣首次訪美歸來後，一時聲勢大漲，政壇上流傳蔣經國搭上了美國線，與老美已搞好關係。據小蔣自記，也就在此時，孫立人火力全開，以他為攻擊目標，暗中勾結美國駐台人員，對政工制度施加新一波壓力，迫使蔣介石同意成立「國軍政治工作調查委員會」，調查政工幹部是否越權。在小蔣的認知裡，此乃孫的「賣國行為」，令人恨之入骨，為了顧全大局，他決定暫時隱忍；然在其心目中，孫立人與當時在美國隔海與國府進行罵戰的前台灣省主席吳國楨同屬一類，皆為暗中與外國勢力勾搭、陰謀叛國而必須被「剷除」的對象。[47]

或許兩蔣父子需要的是一個「處置」孫立人的適當時機。一九五四年六月底，蔣經國卸下國防部總政治部主任的職位，避免繼續成為海內外攻擊的對象；該年十月總統府「機要室資料組」改組為國家安全局，由小蔣親信鄭介民主持，翌年春天國防部情報局（原「保密局」）與內政部調查局也先後完成改組工作，這些單位業務統歸時任總統府國防會議副秘書長的蔣經國，側身於幕後繼續指揮督導，或許就在此時，小蔣的幕僚認為動手處理孫立人的時機已經到來；一九五五年五月二十五日，追隨孫多年的郭廷亮於鳳山遭政工人員以「叛亂罪」拘捕，且看小蔣當天日記如何記載：「最近發現孫立人之舊幹部在軍隊中確有秘密組織，且有不軌之謀，此群賣國之徒，在我們嚴密的組織之下，決難有所作為，但是一種非常值得注意的一種現象，兩日來已採取必要之措施，以破此案。」[48]

六月六日郭廷亮接受徹夜大公審，由第十軍政治部主任阮成章擔任審判長，他要郭俯首認罪，承認孫的僚屬確實正在秘密籌劃，擬於當天（六月六日）蔣介石在屏東機場校閱演習時發動「兵諫」。但阮成章的要求遭郭廷亮拒絕，郭隨後被押至台北的情報局政治犯地牢，此後數星期，情報人員改以勸誘的方式，向郭詐稱孫立人遭到誣告，如果郭願意承認自己是匪諜，即可消除孫的嫌疑，來解救老長官，同時保證在適當時機給予郭減刑特赦，並承諾將妥善照料其一家老小。九月九日，郭在一份情治人員準備好的「自首書」上簽字，承認自己是匪諜，這份「自首書」也開啟孫立人長達三十三年的軟禁生涯。[49]

蔣經國深知處置孫立人不能不考慮美國的態度，因此案發之初即主動邀請美方派員共同調查，並不打算對美方有所隱瞞。美政府解密文件顯示，六月七日上午，小蔣主動聯繫美軍顧問團負責總政治部業務的華裔美籍軍官楊帝澤（Jack T. Young），邀他一同前往南台灣調查一宗「兵諫」案，小蔣告知部分軍官向政府提出要求每月加薪一美元，以及蔣介石任命孫立人為參謀總長，楊帝澤因當天另有要務無法隨同小蔣南下；

45 《蔣經國日記》，一九五五年六月二十日、六月三十日〈上月反省錄〉、七月九日。

46 Sun Li-jen to William Bullit, July 10, 1952, William C. Bullitt Papers, Box 80;《蔣經國日記》，一九五三年五月十日、五月十六日。

47 《蔣經國日記》，一九五三年十一月五日、十一月八日、十一月二十六日、一九五四年三月二十三日。

48 《蔣經國日記》，一九五五年五月二十五日。吾人從日記裡無從得知，究竟是由蔣經國主動下令查辦郭廷亮，還是蔣的部屬採取行動，先斬後奏。

49 沈克勤指出，此份由國防部情報局所編造的「自首書」，於七月十五日即交給郭廷亮，然郭拒絕簽字，直到九月九日行政院副院長王雲五決定親自約談郭廷亮前夕，郭在別無選擇的情況下只好同意「俯首認罪」。見氏著，《孫立人傳》（台北：學生書局，二〇〇五年），下冊，頁七二六—七三五。

九天後小蔣又主動告知美軍顧問團，國府已逮捕有意謀害蔣介石的八軍團四十九師與鳳山步兵學校數名官兵及匪諜。狀況發生後，孫立人曾於六月二十日透過秘密管道尋求中央情報局駐台北站的協助，然而美方不敢輕舉妄動，研判孫已遭國府嚴密監控，隨時都可能被拘禁。[50]八月二十日，總統府發布新聞稿，宣稱總統府參軍長孫立人因郭廷亮涉嫌通匪，已引咎辭職並靜候查處，蔣介石下令由副總統陳誠主持一個「九人調查委員會」，秉公徹查此案，此後孫被監禁在家，直到一九八八年蔣經國去世後，才重獲自由。

現今的調查報告指出，一九五五年「孫立人案」為一件冤案，是兩蔣父子因政治因素而對其整肅。然而，殊堪玩味的是，如果把時間拉回當年歷史現場，對蔣經國而言，即使他本人對孫恨之入骨，若缺乏充分且有力證據來說服黨內外各方人馬（包括其政敵），以及向來挺孫的美方人士，僅以私欲而任意羅織罪名法辦一位戰功彪炳、成就卓越的國軍將領，似乎也不盡合理。小蔣日記揭示，有關孫立人舊部確有謀反之意的「證據」，包括：六月七日即傳聞孫的支持者將於屏東機場發動「兵諫」，翌日高雄大埧湖（今澄清湖）另一個演習現場的觀禮台後方，發現了一枚埋在路旁的砲彈，頓時引發緊張氣氛，小蔣甚至勸父親臨時缺席校閱，以免遭到不測。[51]六月二十二日至二十五日小蔣前往金門視察時，還發現當地支持孫立人的「叛亂」組織，大肆造謠不久前去世的前參謀總長桂永清，是因為反對政工制度而被蔣經國「毒死」，因此小蔣主觀認定，這些「叛亂」組織「雖未深入部隊，但確已有其普遍性」。[52]

蔣經國明知此案一旦爆開，必將引發政治海嘯，各界將大做文章，也必然引來對他早已多所猜疑的美國人之震驚與關切，因此在處理孫案時他能否為所欲為，憑個人意志操縱案情，實有待吾人思考。整個一九五五年夏天，小蔣每天花費極大精力親自過問處理孫案，不時與陳誠、張群、周至柔等黨政軍大老討論案情，台北高層還特地派外交部次長沈昌煥飛一趟華府，向老美解釋此案經過。[53]在多次與情治單位負責人討論審訊結果之後，小蔣確信「有匪諜在其中策動」，然而他也深刻理解，此案不僅是單純的叛亂案，更涉及當時國民黨的權力政治與對美外交，因此內心焦慮之餘，自許盡可能做到以「最大之耐心，以求案情之深入，得到正確的結論」。[54]八月十八日，蔣經國把此案中陳良勳、江雲錦、王從善三名嫌疑犯找來進行個別談話，詳問口供之真實性；當這三人皆坦承不諱並表示「一切絕無虛構之處」後，他認為此案應可到此為止，「余處理本案已盡最大之心意，事事以求公、求真為處理案件之精神，至於人家怎樣說，這是人家的事。」[55]孫立人往後數十年的際遇，至此可說已被定調，難有轉圜餘地，剩下的只是如何進行程序處理等「技術性」的問題。

不少人相信一九四九年以後蔣介石身為台灣最高領導人，其國安情報資訊來源乃由其子蔣經國掌握與過濾之後加以呈報；回顧孫案歷史，小蔣本人也可能遭手下蒙蔽，讓虛構不實與殘酷逼供得來的「自白書」，定了孫立人的罪。不可否認，兩蔣父子對孫積怨已深，早欲除之而後快，小蔣手下的政工與國安人馬看清這點，揣摩上意，而想出各種伎倆不計一切代價來扳倒孫立人，似乎是合理的推測。微妙的是，孫出事後美方雖表示關切，但並未積極出手拯救，中央情報局認定國府當局高度關注美政府對此案的態度，因而研

50 Joint Staff Daily Intelligence Brief, Subject: General Sun Li-jen's Request for U.S. Protection and Assistance, top secret, June 24, 1955, NARA, RG 218, Records of Admiral Arthur W. Radford, 1953-1957, Box 6, 091/China.

51 《蔣經國日記》，一九五五年六月八日。

52 《蔣經國日記》，一九五五年六月二十六日。

53 FO 371/114987 FC1015/25, Report from Naval Liaison Office of the British Consulate in Tamsui to British Naval Intelligence, "The Case of General Sun Li-jen," November 7, 1955.

54 有關蔣經國處理孫立人案時的個人情緒，參見《蔣經國日記》，一九五五年七月六日、七月七日、七月十日、七月二十五日、七月二十七日、八月三日、八月四日、八月五日、八月六日、八月十四日。

55 《蔣經國日記》，一九五五年八月十八日。

判孫立人不至於被槍斃。[56]不知是否此結論讓華府未在第一時間積極營救？然誠如當時客觀「第三者」英國人指出，孫立人向來是一隻高傲的孤鳥，老美對他也有不少抱怨，美軍顧問團長蔡斯即私下向英國駐淡水領事人員抱怨，孫是國軍將領中「最不合作」（most uncooperative）的人；同樣的，當孫與英人私下晤談時，對於美軍在台顧問也吐不出什麼好話。[57]

面對棘手的孫立人案，蔣經國所背負的批評與攻擊聲浪既深且廣，當時海內外輿論對他尖銳抨擊，冷嘲熱諷，稱他挾怨報復與陷害，是十足的「陰謀家」與「野心家」，「禍國殃民」。私底下小蔣堅信自己盡心盡力處理此案，卻承受了許多冤枉，認為政府顧及國家處境，並未將孫送交軍法審判，僅予以免職的行政處分，但外界不問事實，不顧是非，反而替孫辯護：「天下竟有如此不公平之事？」[58]面對來自各方排山倒海的輿論壓力，小蔣一度請求父親考慮派他擔任福建省主席或金防部司令，讓他暫時遠離台北是非之地，前往外島沉潛一段時日。[59]

「劉自然案」的挫折

「孫立人案」發生時，美、台之間正處於一段蜜月期，雙方在前一年底剛簽署協防條約，華府考量台灣在亞洲圍堵共產黨的重要戰略地位，斷無理由為此案而與蔣介石鬧翻；而且老美也務實理解到，蔣經國已全盤掌控全台國安情報的版圖，即使對他心存疑慮甚至厭惡，但仍必須與他打交道。一九五六年可說是小蔣真正站穩島內各情治單位「最高共主」的關鍵時刻，此前與小蔣明爭暗鬥的毛人鳳以及對小蔣忠心耿耿的鄭介民，在該年春天先後因病赴美就醫，因此國安、情報兩局業務皆由小蔣代理，再也無人能挑戰其主導特工業務的地位。[60]老美不會不明白此一事實。該年六月中中央情報局特地邀請小蔣秘訪位於太平洋的塞班島，除了參觀當地美情報訓練基地之外，也討論雙方進一步的合作；美方提出包羅萬象的建議，包括協助台灣訓練一支可以投入大陸敵後任務的特種部隊，以及雙方啟動對大陸內地情報偵蒐合作（野馬計畫）等構想。[61]同年十月中情局長艾倫・杜勒斯（Allen Dulles）首次訪台，蔣經國全程接待並磋商各項重要議題，包括國府空投大陸、支援滇緬地區國軍游擊隊、秘密援助西藏境內反共游擊勢力、雙方情報合作制度化等。[62]姑且不論蔣經國是否已真心被美國人所喜愛，華府情報部門將他視為頭號交手對象，已不言可喻。

正當小蔣成為各方眼中名副其實的「秘密警察頭子」之際，一九五七年春天爆發的「五二四事件」，讓他在權力接班的過程中摔了一個大跟斗。三月二十日的深夜，美軍顧問團一位名叫雷諾（Robert G. Reynolds）的陸軍上士，在台北陽明山寓所門前開槍擊斃國軍一名少校軍官劉自然，案發後雷諾聲稱劉在屋外偷窺其妻入浴，被發現後還不離去，他從室內持槍而出，劉則企圖用木棍加害，雷諾因而開槍自衛，劉負傷逃走，

56 CIA Memorandum, Subject: Chinese Nationalists Concerned Over American Criticism in Sun Case, September 29, 1955, CIA/FOIA, no. CIA-RDP91-T01172R000300070017-5.

57 FO 371/114987 FC1015/19, M.G.M. Bourchier to Foreign Office, September 14, 1955; FO 371/114987 FC1015/24, British Consulate in Tamsui to Foreign Office, October 21, 1955.

58 《蔣經國日記》，一九五五年九月三日〈上星期反省錄〉。

59 《蔣經國日記》，一九五五年八月二十三日、九月一日、九月五日。

60 《蔣經國日記》，一九五六年五月二十日；許瑞浩等編，《蔣經國手札》，頁四九七—四九八；龍中天，《蔣經國的死後生前》（台北：新梅出版社，一九八八年），頁一一二—一二九。

61 《蔣經國日記》，一九五六年六月十六日、六月十七日、六月十八日、七月二十五日。

62 《蔣經國日記》，一九五六年十月四日、十月五日、十月六日；Ray S. Cline, *Chiang Ching-kuo Remembered: The Man and His Political Legacy* (Washington D.C.: United States Global Strategy Council, 1989), pp. 9-14.

最後喪命。當時美軍在台享有豁免權，美國官兵犯法只能由美軍在台的軍事法庭審判，國府當局無權過問。五月二十日美軍事審判開庭，循美國司法程序進行庭訊，經過三天審理，於五月二十三日上午辯論終結，八名美籍陪審員投票裁決，中午時刻美籍法官宣布審訊結果，雷諾槍擊劉自然是「誤殺」，並以罪證不足宣判雷諾無罪，予以釋放。[63]

消息傳出後，全台輿論譁然，媒體大幅報導判決不公。二十四日上午十時，劉的遺孀前往美國大使館前抗議宣判不公，使館人員欲邀她入內詳談，但遭她拒絕；正午時刻，圍觀群眾越聚越多，達兩百人左右，氣氛緊張凝重，正當此時，雷諾一家人在美方安排下已乘專機離台的消息傳開，群眾憤怒情緒開始爆發，並以石頭攻擊使館建築；下午一時四十分，數百人衝進使館內，翻箱倒櫃，任意搗毀砸爛汽車、玻璃、桌椅，甚至開始縱火；傍晚五時，台灣省警務處長樂幹宣布戒嚴，情況暫時獲得控制，然一小時後，暴民不但再次攻擊破壞大使館，還步行前往包圍美國新聞處與美軍協防司令部，並衝進台北市警察局，情勢混亂至極。當時在日月潭休養的蔣介石，兼程趕回台北，緊急下令調動武裝部隊進駐市區，執行宵禁，直到深夜局面才獲得控制。[64]「五二四事件」成了國府遷台以來最大規模的反美暴動。

台北暴動的消息傳出後，立即引發美國朝野輿論的強烈反應。美駐台人員最初拍發至白宮國安會的密電裡，堅稱此事件是一有計畫、有組織、且依恃群眾反美情緒的大陰謀，中央情報局更直接把矛頭指向「特務頭子」蔣經國。[65]五月二十六日傍晚，蔣介石在總統府接見美國大使藍欽（Karl Rankin）表達歉意，並知會美方，他已將處理暴亂不力的台北衛戍司令黃珍吾、憲兵司令劉煒與台灣省警務處長樂幹等三名治安主官免職，不料藍欽竟當場表示，美政府認為這三名首長的撤職毫無用處，並暗指蔣經國應當對全案負起最大的責任。[66]

藍欽對小蔣強烈懷疑，並非憑空而來。首先，當時全台仍處於戒嚴時期，任何抗議示威的行動皆不被允許，然而當天暴民在美使館等地搗亂長達十小時，國府竟放任之且未加以制止，若非抗議者事前得到默許，根本不可能如此。其次，暴民中包括四十餘名台北市立成功中學的學生，他們穿著整齊的制服，佩戴救國團臂章，由軍訓教官帶隊，高舉標語為暴民助陣，小蔣主持救國團，成功中學校長潘振球又是蔣的愛將，若無上級指示，潘豈敢公然派學生鬧事？第三，美方初步調查發現，部分暴民衝破警察封鎖線進入使館內進行破壞，其中有人手持工具嘗試將保險櫃打開，欲取走大批檔案文件，此手法與蘇聯特工相似，而根據大使館內攝像機的照片顯示，闖入使館內其中一群暴民，與一九五五年初宋美齡與飛虎隊創辦人陳納德（Claire Chennault）將軍的夫人陳香梅在台北共同舉辦服裝秀募款活動時，那群前來鬧場並砸爛美大使座車的無賴（美方據信是蔣經國人馬幕後指使）似乎是同一批人，種種跡象讓美方無法不把矛頭指向小蔣。[67]

對於美方指控其幕後策動這起暴動，蔣經國深感悲憤，自認他又受到一次天大的冤枉，國民黨內的政敵也不放過此機會，而群起圍攻，將一切責任推到他身上。小蔣自記，陳誠逢人就說「這都是蔣經國幹的好事」，國防部長俞大維也沒有好話，向美方強調事件發生時，聽命於小蔣的國安局曾命令憲兵不要前往大使

63 Stephen G. Craft, *American Justice in Taiwan: The 1957 Riots and Cold War Foreign Policy* (Lexington, KY: The University Press of Kentucky, 2016), pp. 7-9, 83-84.

64 Karl L. Rankin, *China Assignment* (Seattle: University of Washington Press, 1964), pp. 301-307; Nancy Bernkopf Tucker ed., *China Confidential: American Diplomats and Sino-American Relations, 1945-1996* (New York: Columbia University Press, 2001), pp. 139-141.

65 National Security Council Briefing entitled "Taipei Riots," May 27, 1957, CIA/FOIA, no. CIA-RDP79R00890A000800070038-1; CIA memorandum entitled "Taiwan Disturbance," May 31, 1957, CIA/FOIA, no. CIA-RDP80-01446R000100070011-8.

66 《蔣介石日記》，一九五七年五月二十六日、五月二十七日、五月三十一日〈上星期反省錄〉；《蔣經國日記》，一九五七年五月二十七日。

67 Tucker ed., *China Confidential*, p. 141; Craft, *American Justice in Taiwan*, pp. 131-136; CIA Current Intelligence Bulletin, top secret, June 1, 1957, CIA/FOIA, no. CIA-RDP79T00975A003100320001-1.

館維持秩序，蔣感慨政府內有不少「賣國求榮與媚外之徒，撥弄是非，捏造事實，達成其自私自利之目的」[68]。最令他難受的是，美駐台人員為釐清案情，「像審問犯人一樣天天困擾我」，幾乎已先將他定罪，種種壓力讓小蔣不禁自問：「難道我只是為背冤枉而到人間來的嗎？」並大嘆「不知天下尚有為我容身之處乎？」[69]

然而，蔣經國是否真的被冤枉，與「五二四事件」毫無關聯？案發後，蔣介石在總統府內召見參謀總長彭孟緝，詢問為何當天台北衛戍司令部所轄兩個師無法即時調動，迅速出面平息暴動？彭回答當天兩個師都被調去新店進行渡河演習，老蔣質問為何兩個師全部都去，沒留下半個人？彭支吾半天無法回答，蔣大聲再次詢問是誰下的命令，彭回稱「總政治部」，此時蔣勃然大怒，斥責總政治部何以能夠下達軍令？當彭孟緝走出老蔣辦公室時，上半身軍裝都是紅墨水，顯然蔣在盛怒之餘，向彭摔了一瓶紅墨水。[70]台北官方在回覆美方質疑當天國軍部隊何以調集如此緩慢時，也證實「是日衛戍部隊又適值參加防空演習之反空降課目，兵力正分散各地掃蕩假設之匪傘兵中，下令集結出動又必須相當時間，遂呈現遲緩之現象。」[71]只不過國府未曾向美方釐清，此次演習幕後究竟是否有總政治部與小蔣的黑手參與其中。

蔣經國本人的日記揭示，五月二十日美軍法庭開庭當天，他確實曾到救國團主持幹部會議並聽取報告，然而當時是否討論動員學生，不得而知。三天後法庭宣判雷諾無罪開釋後，小蔣情緒異常激動，痛批美「帝國主義面目之暴露」，並預言「此事恐將引起群眾之反美情緒，甚為可慮。」當晚他以短箴致救國團主任秘書李煥，稱「各校學生皆有不平之情緒，有若干學校且甚憤激」，要求李煥密切注意，以免救國團遭外人利用操縱，舉行罷課、遊行與請願，擾亂社會秩序。[72]等到隔天事情鬧大後，蔣自記他在「良心上與事實上皆應負重大之責任」，由於他的無能，「對政治情況知之不深，而造成群眾搗亂美使館而至無法控制與壓制」。[73]或許小蔣的手下原本只想給老美一點教訓，透過動員來抗議「劉自然案」判決不公，替國人出一口氣。不料現場群眾情緒失控，一發不可收拾，最後演變成反美暴動。

持以上論點最有力者，正是英、美等外國政府。當風波逐漸平息後，英國駐淡水領事館向倫敦報告，國府情治單位、救國團乃至蔣經國本人，都不曾預謀搗毀美大使館，然而發生暴動最可能的原因，是因為部分人士原本欲以一場「可被管控的示威活動」（a controlled demonstration）來向美方表達不滿之意，但演出到最後卻失控了。[74]美政府對「五二四事件」官方最後的調查結果，同樣指出並無證據顯示此事件有預謀、有職業暴徒參與、或由蔣經國等高層人士涉入其中，而是相信暴動乃群眾情緒失控所致，甚至澄清暴民衝進大使館後，並非如傳聞所言保險箱被撬開、機密文件被取走，事實上大使館人員在緊急撤離時誤認為已將文件室上鎖，其實不然，因此暴民得以進入該室，把裡頭一個保險箱往窗外樓下扔，砸毀藍欽大使座車，存放機密文件的保險櫃並無損毀，其實遭暴民破壞的是拍發電報時用來加密的裝備器材。[75]

68 《蔣經國日記》，一九五七年五月二十五日、五月二十七日、五月二十八日、五月三十一日、六月二日、六月三日。

69 《蔣經國日記》，一九五七年五月二十七日、六月二日、六月八日。

70 當時人在總統府內的國民黨中常委陶希聖，親身經歷這一幕，參見阮大仁，《放聲集：第二輯：蔣中正日記中的當代人物》（台北：學生書局，二〇一四年），頁二二六—二二七。

71 〈王叔銘、俞大維、馬紀壯呈黃少谷報告〉（一九五七年七月十九日），極機密，附於〈黃少谷致蔣經國函〉（一九五七年七月二十四日），《一九五七年台灣反美運動文件》。

72 《蔣經國日記》，一九五七年五月二十日、五月二十三日；許瑞浩等編，《蔣經國手札》，頁五六六。

73 《蔣經國日記》，一九五七年五月二十四日、五月二十五日、五月二十六日；「五二四事件報告英譯文」（一九五七年五月）〈忠勤檔案／中美關係（十七）〉，《蔣經國總統文物》，典藏號：005010100007106。

74 FO 371/127472 CN10345/36, British Consulate in Tamsui to Foreign Office, June 18, 1957.

75 From Howard Jones to Walter Robertson, Subject: Inspector Plitt's Report on the Taiwan Situation, June 29, 1957, NARA, RG 59, Records of the Department of State, Central Decimal File, Box 4258, no. 794A.00/6-2957.

儘管如此，「五二四事件」對蔣經國的名聲帶來嚴重的傷害已然造成，並且在海內外餘波盪漾，許久未能平息。此案發生前，華府本已邀請他於翌年春天訪美，但十個月後蔣即將動身之際，國務院雖已還他清白，然而許多參、眾議員對於具有「左傾反美」傾向的「蔣太子」依然多所疑慮，美國各主流媒體輿論也不放過他，行政當局最後不得不暫緩邀他訪美。[76]暴動發生後不久，蔣正式接掌行政院退除役官兵輔導委員會，將全副精力投注於領導榮民修築長達三百五十公里的橫貫公路，奔走於中台灣崇山峻嶺之中，其行蹤暫時從報章媒體上消失，也極少在公開場合露面。相形之下，事件發生五個月後，在國民黨八全大會上，陳誠被蔣介石提名為國民黨「副總裁」，又於翌年（一九五八）初二度組閣，以副總統身分兼任行政院長，明正言順成為老蔣在黨、政方面的接班人，兩個潛在權力競爭者之間形勢的消長顯而易見，而美情報單位則毫不猶豫地將陳誠的「副總裁」任命案，視為對小蔣政治前途的一大打擊，其接班地位蒙上了陰影。[77]「五二四」的風波平息後，小蔣深刻反省整個案件始末，承認他因督導全國情報業務，無形中讓國安局也開始管起警憲保安的業務，而警憲與保安單位也視國安局為小蔣的化身，樂得將大小事統統轉向國安局請示，置其各自法定上級機關於不顧，因而釀成此一意外。[78]經歷該風波，小蔣對於特務權力過度集中於一人身上所帶來的弊端，顯然感受強烈且深受其害。

屢試屢挫的敵後工作

儘管蔣經國被迫暫時隱身，然而他對情治與政工的操控與影響力並無減損。隨著毛人鳳、鄭介民先後病逝，小蔣全面督導國安、情報與調查各局的人事與業務，儘管積習一時難以盡除，然經過多年整頓，和政府遷台初期的紊亂情形相比，情況已大有改善，只不過「秘密警察頭子」形象，也成為小蔣權力接班路上一個負面因素；駐聯合國大使蔣廷黻於一九五六年春返台述職時即曾向小蔣忠告，為了前途與事業計，不應再碰政工與特務工作，並語重心長勉勵小蔣，應努力把「蔣經國的名字與人民有利的工作結合起來。」也有留學生自美返台拜訪蔣經國時，提及他因主持情報與政工業務而在海外華人圈中形象大壞，令蔣為之扼腕。[79] 一九六〇年春天，在國民大會選舉第三任正、副總統期間，小蔣驚訝地發現議場上竟有匿名的印刷品流通，上面寫著：「蔣經國以俄人為師，娶俄女為妻，以特務為業，凡反對蔣總統的國代，在國大閉幕後都要被殺頭。」[80] 小蔣堅信他個人不計毀譽為黨國奉獻犧牲，不論外界評價如何，對於十年來主持情報安全工作的成果，他感到欣慰，該年夏天其日記裡的一段記載即流露出此種心態：

「十年來安全情報工作之總結。大陸工作部門：共派遣五千五百六十六人，其中失事人員二千六百零一人，失聯人員二千二百[二]十人，現有聯絡人員一千七百四十五人。反間案共六百八十七案。破壞行動共七百八十一次。國內工作部門：偵破匪諜案共二萬四千四百三十八人，其中罪嫌不足開釋者三千三百七十六人，辦理自首者四千四百八十六人，附匪登記者五千一百五十五人，交感訓者六百二十一人，移送軍法審判者一萬零六百七十五人。在二萬四千餘被捕之匪嫌份子中，有三千三百餘人因罪嫌不足而被釋放，雖說明辦案人員不夠細心，同時亦說明了各情報機關負責任精神及處事公道，決不冤枉任何人，將近一萬之匪

76 《蔣經國日記》，一九五八年三月二十六日、三月三十日。
77 阮大仁，《蔣中正日記中的當代人物》，頁二二六；呂芳上等著，《蔣介石的親情、愛情與友情》（台北：時報文化，二〇一一年），頁一三三—一三五；CIA Current Intelligence Bulletin, top secret, October 19, 1957, CIA/FOIA, no. 03153733.
78 《蔣經國日記》，一九五七年七月三十一日〈上月反省錄〉。
79 《蔣經國日記》，一九五五年九月二十五日、一九五六年三月十日。
80 《蔣經國日記》，一九六〇年三月二十五日。

諜份子交感訓准自首，此一事實說明我情報機關之寬大，一本勸人為善，化惡為良之人道主義，非萬不得已，決不毀人之前途，余以此自慰。」[81]

也就是從一九六〇年起，蔣經國開始把相當大的精力轉移到大陸敵後工作，當時中共因推動「人民公社」、「大躍進」、「三面紅旗」而導致三年大饑荒，蔣介石認為反攻大陸的時機已趨成熟，但若無美國裝備與後勤援助，單憑自身力量，任何反攻行動成功的可能性微乎其微。老蔣的策略是寄希望於大陸同胞「揭竿而起」，待大陸內部反共抗暴力量累積一定程度時，發動反攻的時機也將到來。[82]兩蔣父子希望藉由空投敵後人員、對大陸內陸與沿海發動突襲與滲透等方式，建立起敵後反共據點，裡應外合，為日後大規模的行動奠定基礎。而此時美政府態度並不支持台灣主動向大陸軍事挑釁，因此敵後任務大都是在極機密的狀態下由國府單方面推動，其中支援滇緬地區的游擊部隊即是著名的例子（參見第二、七章）。一九六〇年至一九六四年間，蔣經國親自督導一連串的敵後行動，回顧歷史，這些任務最終多以失敗收場，不但未能替國府在大陸上建立據點，反而犧牲無數優秀青年的寶貴生命，並讓小蔣內心充滿挫折與悲痛。

一九六〇年初，蔣介石指示憑藉自身的力量，不依靠美援而推動敵後的空投任務，國府情報單位隨即於花蓮成立特種部隊訓練中心，並組織一支「武漢小組」，負責執行代號「天馬」的敵後空降計畫。當時設定的兩大空投目標，一為中國大陸西北地區，一為安徽、湖北、河南三省交界處的大別山，國府希望能在這些地區建立三個地下反共據點。[83]該年二月上旬，兩支游擊隊先後被空投到指定地點，由於這是一九四九年後首次對大陸進行較具規模的空降滲透，肩負誘發大陸內部抗暴的重要使命，小蔣內心焦慮異常，自記：「大別山情報小組空投以來，已有數日，尚未能取得聯絡，至為焦急，清晨三時醒後，久思此批同志之安全，難以入眠。」[84]此後數月，台北雖與兩支游擊隊保持藕斷絲連的無線電通訊聯繫，但並無具體成效，大別山小組甚至出現疑似遭中共破獲、小組成員被用來對台北進行反間工作的狀況。[85]到了六月底，小蔣與西北、大別山兩支游擊隊員徹底失聯，成員生死未卜，他以未能盡接濟與救援之責而惶愧不已，台北首次藉由空投行動在大陸建立根據地的嘗試也宣告失敗。[86]

一九六一年九月間，國府情報局派遣一組敵後人員滲透到廣東，對廣九鐵路進行爆炸破壞，任務結束後安全返台，蔣經國視之為該年度較有成效的敵後行動。[87]幾在此時，美國新總統甘迺迪（John F. Kennedy）上任後有意改變對華政策，主張與北京改善關係，蔣介石因而以積極動員軍事備戰作為回應，台北的反攻準備於一九六二年春天達到最高潮之際，卻遭到來自美方的強烈壓制。六月中旬，解放軍在對岸福建集結四十萬地面部隊，消息傳開後華府著手危機管控，分別向莫斯科與北京傳達不支持蔣介石反攻的訊息。[88]雖然國府大規模的軍事準備因美國壓力而被迫終止，但兩蔣父子依然不放棄利用敵後空投與沿海突擊等方式激起大陸內部反共抗暴的可能性；該年夏天，國府籌劃年餘、代號「野龍」的華中、華南地區大範圍空投計畫已箭在弦上，老蔣擬以二十至三十人為任務編組，由美方提供的C-54G運輸機，對閩、粵、浙、贛、湘

81《蔣經國日記》，一九六〇年七月三十日〈上星期反省錄〉。

82 林孝庭，《台海．冷戰．蔣介石：解密檔案中消失的台灣史（一九四九－一九八八）》（台北：聯經出版社，二〇一五年），頁一四九－一五〇；岳正武口述，鄭義編註，《反攻大陸．空降青海》（香港：自由出版社，二〇一一年），頁一五八－一七八。

83《蔣經國日記》，一九六〇年一月四日、一月九日、一月十一日、一月二十四日。

84《蔣經國日記》，一九六〇年二月七日。

85《蔣經國日記》，一九六〇年二月十九日、三月二十八日、四月四日、四月十五日。

86《蔣經國日記》，一九六〇年六月二十三日、七月十六日、七月十八日、十二月三十一日〈上月反省錄〉。

87 此案執行後情報局長葉翔之未經蔣經國同意，即在國民黨中常會上進行報告，令小蔣憤怒，批評葉「求表現」、「至為不妥」，參見《蔣經國日記》，一九六一年九月十五日、九月十九日。

88 林孝庭，《台海．冷戰．蔣介石》，頁一四〇－一六七。

五省指定地點進行約二百人次空投，各小組進入大陸之後，將設法破壞中共地方組織，誘發當地的抗暴行動，進行游擊戰，並對當地公安民兵與武裝部隊進行策反。[89]該計畫原訂九月二日實施，不料出發前有一颱風逼近台灣海峽，因天候不佳而被迫取消，經數次延期，期間還發生陳懷生所駕駛的U-2機遭擊落等意外事件，最後此案胎死腹中。[90]

既然大規模空投計畫無法實現，於是蔣經國改派遣大批特務前往香港與澳門大肆活動。一九六二年八月底，一組敵後人員利用小型機帆船裝載炸藥，自屏東出發向南駛往澳門，登岸後在澳門、廣東邊境發動一連串爆炸案，造成當地民眾驚慌與傷亡。[91]接著其他幾組敵後人員以香港為基地，先後在廣東與新界交界處發動六起爆炸事件，這些恐怖行動引來北京的憤怒以及華府、港英與澳葡政府的強烈抗議。台北顯然想利用這些人為製造的爆炸案，向全世界證明中國大陸內部確實已「民心思變」，蔣介石的預言毫無差錯。[92]十月中旬，美方向蔣經國施壓並使出撒手鐧，以停止核發對台銷售炸藥的出口證為要脅，國府當局才不得不暫時收手。[93]

儘管受到美國的阻撓，由蔣經國主導的海、陸、空敵後任務一波接著一波，絲毫沒有停止的跡象。一九六二年夏天，小蔣指示情報局選訓二千名來自各軍種菁英，準備向中國大陸長達六千多公里海岸線發動騷擾性滲透的突擊，此一代號名為「海威」的行動方案，在該年秋天開始執行，游擊隊員化整為零，以小部隊方式搭乘登陸小艇，向大陸沿海各目標地區進行騷擾、破壞與奇襲。[94]較具規模的有九月二十八日「成功隊」向馬祖對岸中共據點突擊，十月二日「行動隊」在廣東陸豐甲子港附近登陸滲透，以及同月下旬在廣東陽江地區所發動的六次登陸突襲，但這些行動皆以失敗收場，有些甚至在數小時內就被當地民兵包圍殲滅，或者逮捕策反。以陽江突襲為例，其中一組人馬上岸後不久，便不斷來電要求台灣空投接濟，蔣經國雖懷疑該組人員可能已被中共控制，但為了推進敵後工作，他仍決定派一架C-54運輸機冒險飛往廣東上空接濟，並事先與該小組約定暗號；運輸機隨後按時抵達指定地點並進行空投，然任務一結束即遭地面共軍高砲射擊，由此可知該突擊隊確實已遭控制，中共布置了陷阱，最後運輸機平安返台，虛驚一場，小蔣則自認學到一次教訓。[95]

經過一整個冬天的整補，自一九六三年起國府新一波海上突擊行動又緊鑼密鼓地展開。為因應此波行動，情報局首創「特種派遣」制度，以海、陸、空突擊最後方式，設法打進大陸並建立敵後組織，甚至有意向南越政府租借西沙群島中某一小島，作為滲透廣東、海南島突擊隊的補給據點。[96]然而，經歷前年一連串的失敗打擊，蔣經國對於幕僚所呈報的各項方案遲遲不敢批示，深怕成功的機會渺茫，犧牲更多同志。經過一番掙扎後，小蔣於五月間核定四項行動方案，包括海南島工作小組、突襲閩東地區的「太武小組」、

89 「野龍計畫新選定各空降目標區之研析及任務準備」（一九六一年八月二十日），〈黨政軍文卷／軍事建設／軍事：野龍計畫新選各空降目標區之研析及任務〉，《蔣經國總統文物》，典藏號：005010202001002。

90 《蔣經國日記》，一九六二年八月三十日、九月二日、九月三日、九月四日、九月六日、九月十五日。

91 Alan Kirk to Rusk, September 11, 1962, no. 793.00/9-1162, *USSD 1960-1963 Internal* reel 7; Richard Kirby to State Department, September 14, 1962, no. 793.00/9-1462, ibid.

92 Kirby to State Department, September 15, 1962, no. 793.00/9-1562, *USSD 1960-1963 Internal* reel 7; Kirk to Rusk, September 15, 1962, no. 793.00/9-1562, ibid.; Kirk to State Department, September 1, 1962, no. 793.00 (W)/9-162, ibid, reel9.

93 《蔣經國日記》，一九六二年十月十六日；CO 1030/1605 FED175/400/09, Colonial Office Brief entitled "KMT Sabotage Activities in Hong Kong," top secret, January 1965.

94 U.S. Embassy in Taipei to State Department, May 8, 1963, no. INT 6 CHINAT, *USSD 1963-1966*, reel 10; 翁台生，《CIA在台活動秘辛》（台北：聯經出版社，一九九一年），頁一八七。

95 《蔣經國日記》，一九六二年十一月十七日、十二月四日、十二月五日。

96 國防部軍事情報局編，《本局歷史精神》（台北：國防部軍事情報局，二〇〇九年），頁八四；《蔣經國日記》，一九六三年五月十八日〈本星期預定工作課目〉。

1962年3月，蔣經國（中）出席情報局創立三十週年活動。（國史館提供）

滲透登陸福建沙埕港的「二〇一」小組、以及空降雲南邊區計畫，除了空降雲南因故未能實施之外，其餘三項最後都以失敗收場。[97]此類行動往往出師不利，凶多吉少，國府官方卻向民眾大肆宣傳「捷報」，但這些被加工製造出來的假新聞根本瞞不了美國人，美駐台北大使館多次向蔣經國表達嚴正立場，不希望台灣繼續向大陸挑釁，卻不為小蔣所接受。[98]該年夏天推出的幾項任務，譬如突襲浙江平陽與空降廣西十萬大山等，屢試屢敗，一批又一批年輕的游擊隊員不是遭共軍擊斃，就是成為階下囚，小蔣每次獲報，精神上都受到沉重的打擊。[99]到了十月底，當突襲山東與江蘇的兩支游擊隊失利的消息傳回台北後，蔣經國內心已不勝負荷，自記：「每次派出去的突擊隊，有如一隻放出去的鳥，都不知飛往何處，無論對自己的職務、責任以及良心而言，都是無法交代。」[100]

在此情況下，國府軍事情報單位開始下令，敵後人員不要貿然犧牲性命來發動破壞行動，而是轉為設法長久潛伏於各據點，在適當情況下煽動當地民眾進行反共抗暴。華府認為兩蔣父子已開始體認到，中國大陸經歷多年饑荒後，隨著各地民生經濟有所改善，一般民眾對於國民黨的反攻訴求更無反應，敵後行動成

97 其中，「太武小組」未登岸即返，海南島小組漁船在東沙島擱淺，「二〇一」小組則漂流在公海上，最後被海軍救回。見《蔣經國日記》，一九六三年四月十五日、四月二十一日、四月二十五日、四月二十七日、五月四日、五月二十日、五月二十四日、五月二十七日、五月二十八日、五月二十九日。

98 Clough to Rusk, June 21, 1963, no. POL 27 CHICOM-CHINAT, *USSD 1963-1966*, reel 12; Jerald Wright to Rusk, July 3, 1963, no. POL 27-11 CHICOM-CHINAT, ibid.

99 《蔣經國日記》，一九六三年七月二十五日、七月二十八日、七月三十日、八月三日、八月五日、八月二十四日。

100 《蔣經國日記》，一九六三年十月十一日、十月十五日、十月二十二日、十月二十四日。

功的機會極為渺茫。[101]一九六四年間，台北透過香港與大陸東南沿海所發起的突襲活動，曾一度又活躍了起來，再次引發港英政府的關注，直到隔年北京透過華沙會談管道要求美國對台進行管控，「海威」計畫才告落幕。[102]平心而論，此類突擊行動無法產生實際的效果，充其量只讓中共感到「不堪其擾」，僅止於國、共之間戰術層面的拉扯較勁，談不上戰略層次的作戰，甚至還需擔負敵後人員被擄、暴露台灣自身機密情報的風險，殊為不值。

「特務性格」再思考

一九六〇年夏天，此時蔣經國奉命主導軍情特務工作已十年，他曾有一段深刻感想與心得總結，認為「情報」乃從事此項工作者「人格、智慧、經驗」的集體創作，絕非一般人所認為的「黑工作」；它是一門科學，但又不是一種確切的科學，情報工作不但需要處理具體事件，又必須明瞭人性的妄想與變幻不定的意志。小蔣感嘆天下有許多不可思議的事，而情報工作的準確性卻僅只是相對的，他自記：「我應從現有的事實中，儘量簡明地、客觀而迅速地提取其精華，以供決策者之參考。為國家負責者，須有受過之勇氣，決不可撰寫模稜兩可之判斷，企圖於發生不良後果時，自為掩飾。」小蔣察覺到依賴「戲劇性的謀略和詭計」來搜集情報的時代已經過去，未來應當多利用科學的途徑；十年來的經驗告訴他，好的情報工作甚少有新奇與驚人之處，正確的情報必須從沉靜、隱蔽與耐心中得來。蔣經國也體認到，「情報」的用途是預先告警、消除危機，而正正當當的情報工作絕不需要轟動社會或者公諸於世，他的結論是：「情報工作必須不斷改善，否則即無法減少判斷之錯誤，因為錯誤是無法避免的，無論處於任何的情況之下，必須要有客觀無我的態度，來謹慎地尋求事實，分析事實。」[103]

當蔣經國對情報業務的掌握到了爐火純青的地步時，卻也是他逐步離開這個領域的時候。一九六三年底，副總統陳誠因肝病惡化辭去行政院長兼職，由財經技術官僚出身的嚴家淦繼任院長，一九六五年三月陳誠病逝後，蔣經國在權力接班路上已無太大障礙，在此情況下，他若以領袖之子的身分繼續掌管特務工作，而任由他人在背後繼續指點，讓「秘密警察頭子」的惡名繼續如影隨行，對其公眾形象絕非好事。一九六四年春天，蔣經國出任國防部副部長，在十個月後接替俞大維擔任部長，標誌著他在接班路上邁出了一大步，從操縱特工的深色幃幕裡走出來，名正言順地處理國家的國防大計，並接受民意機關的洗禮與輿論的檢視。雖然軍事情報、敵後工作與政工業務仍屬國防部整體業務的一環，然而除了需要其本人拍板決定的重大議題外，他對例行工作的直接介入已逐漸減少。

從一九六五年出任國防部長起，經歷行政院副院長、院長的職位，到一九七八年春天繼任中華民國總統，蔣經國在父親的庇蔭下一步步攀上權力的最高峰，二十餘年來他長時間浸淫於軍事情報、國安、敵後與政工所養成的濃厚「特務性格」，對其主掌國政帶來何種影響？華府決策圈普遍認為小蔣早年在這些領域

101 CIA Intelligence Memorandum, "Probable Effects in China and Taiwan of a GRC Attack on the Mainland," August 18, 1965, in Paul Kesaris ed., *CIA Research Reports: China: 1946-1976* (Frederick, MD: University Publications of America, 1982), microfilm, reel 2; U.S. Embassy in Taipei to State Department, December 11, 1965, no. POL 1 CHINAT, *USSD 1963-1966*, reel 32.

102 CO 1030/1605 FED175/400/09, Colonial Office to Hong Kong Government, January 16, 1965. 一九六四年春天國府推出「海嘯」、「羅漢」等三十餘項兩棲滲透、海上襲擊與內陸破壞等行動方案，擄獲部分中共軍品文件，擊傷解放軍快艇數艘，但也損失數十名隊員性命，參見「情報局呈蔣經國檢討報告」（一九六四年七月七日）、〈專案計畫／迦南計畫桃園計畫良友計畫再興計畫光復專案等〉，《蔣經國總統文物》，典藏號：005010100003307；「情報局呈蔣經國檢討報告」（一九六四年七月十七日），同上，典藏號：005010100003307；國防部，《我突擊隊突擊福建連江鹵獲之匪方文件》（台北：國防部總政治作戰部，一九六四年），頁一。

103 《蔣經國日記》，一九六〇年七月二十三日〈上星期反省錄〉。

的歷練，確實有助於他在父親健康不佳之後的權力轉移過程中如魚得水。[104]蔣主持國政後，依然如遷台初期初掌情報工作一樣，對各方面的情資報告異常重視，國家安全局隨時將國民黨內外政治人物活動的情形與私下談話內容向他匯報；據中方解密文件揭示，七〇年代他所關切與情蒐的對象，包括國民黨內CC派要員胡健中、齊世英、梁肅戎、程滄波等人的動態，以及不斷在茁壯的黨外勢力，一九七八年春天他就任總統之前，自嘆每天在辦公室裡不知「批閱了多少令人憤怒和擔憂的情報」，而他只能以「忍字」來面對各方面的挑戰。[105]有關七〇年代以後蔣經國是否曾不經意流露出「特務性格」的一面，細心的讀者們或許可以從本書其他的章節中進一步琢磨。

蔣經國的日記只寫到一九七九年底為止，吾人很難知悉他對八〇年代許多重大政治案件的內心想法。一九八四年秋天發生於美國加州舊金山灣區的「江南案」，被視為推倒國民黨威權統治的第一張骨牌；筆名「江南」的劉宜良早年就讀政工幹校，離開部隊後曾任記者，後來移民美國，成為一名作家與政評家，該年十月十五日劉在自宅遭台北情報局所僱用的竹聯幫黑道份子槍殺身亡，國府情治首長介入此案的內情曝光後，引發台、美關係空前的緊張。多年來，傳聞情報部門刺殺劉宜良的動機之一，是因為劉所撰寫的《蔣經國傳》在修訂增補後即將出版，同時他還完成了另一部《吳國楨傳》（一說《宋美齡傳》），這些作品的內容出現大量對兩蔣父子形象極端不利的描述，因而引來殺身之禍；坊間也傳聞蔣經國二公子蔣孝武曾介入此案，目的在替父親出一口氣，更有謂劉是情報局運用人員，將他暗殺頗有「教訓叛徒」之用意。[106]此案最後以國府逮捕情報局長汪希苓、副局長胡儀敏、第三處副處長陳虎門，並將竹聯幫凶手判刑監禁而落幕，然而對中華民國政府國際形象與台、美關係的傷害，已無可挽回。案發後蔣經國曾去信人在紐約的宋美齡，稱情報首長涉入此案「令人駭異痛心」，也因用人不當而深感內疚。[107]至於蔣究竟是否會因劉宜良的寫作與出版，而指使手下報復，令人好奇。

事實上，一段與「江南案」頗類似的秘辛，早在一九六一年即已悄悄上演。該年秋天，曾在總統府「機要室資料組」任職，後轉往國民黨中央主管敵情研究、保防與心戰業務第六組（中六組）服務的孫家麒，在派駐香港期間因與上司不睦而升遷不順，故決定與國民黨分道揚鑣。孫某離開中六組之後留在香港，完成一本二十餘萬字的書稿《蔣經國竊國內幕》，內容專事攻訐小蔣，涉及孫立人案、雷震案、國民黨箝制輿論與排除異己等議題，他還以主其事者的身分，把一九四九年以後蔣經國整頓情治系統等內幕和盤托出。細讀該書內容，其對兩蔣父子的攻擊火力與勁爆程度，遠勝於十多年後劉宜良所撰寫的《蔣經國傳》，孫對老蔣治理台灣的五大批評有：最拙劣的演說家、最顢頇的行政官、最自私的當國者、最低能的軍事家、最玩法的獨裁者，而他對小蔣部署「竊國陰謀」的幾大罪狀指控則包括：竊奪軍權、建立地下小朝廷、操縱黨務、控制青年、箝制輿論、挾天子以令諸侯等。[108]在威權統治時期，此類言論尺度顯然已超過國民黨的紅線。

104 State Department memorandum, Subject: Succession in the ROC, April 5, 1973, NARA, RG 59, Records of the Department of State, Bureau of East Asian and Pacific Affairs, Subject Files (1951-1978), Lot File 76D441, POL 15 (b).

105 「王永樹呈蔣經國」（一九七八年四月十二日），〈政情／有關黨外人士活動及政情報告〉，《蔣經國總統文物》，典藏號：00501020100041004；「王永樹函蔣經國」（一九七八年十二月十日），同上，典藏號：00501020100041019；《蔣經國日記》，一九七八年五月十日。

106 David E. Kaplan, *Fires of the Dragon* (New York: Atheneum, 1992), pp. 375-408；錢復，《錢復回憶錄》（台北：天下文化，二〇〇五年），卷二，頁三九七—四〇五；薛化元，《戰後台灣歷史閱覽》（台北：五南，二〇一〇年），頁三〇七；許介麟，《戰後台灣史記》（台北：文英堂，一九九六年），頁四八四—四八六；吳建國，《破局：揭秘！蔣經國晚年權力佈局改變的內幕》（台北：時報文化，二〇一七年），頁二三八—二四二。

107 周美華、蕭李居編，《蔣經國書信集：與宋美齡往來函電》（台北：國史館，二〇〇九年），下冊，頁四七九。

108 孫家麒，《蔣經國竊國內幕》（香港：自力出版社，一九六一年）。

此書於香港出版前，孫家麒曾向台北勒索五萬美元「封口費」，並要求二十四小時內先交一萬美元。孫對友人說，他本人對蔣經國沒有惡感，但為了賺錢，不得不借蔣之名而攻擊之，冤枉他也只好冤枉了。小蔣聞後憤恨不已，然而當孫的老上司、國民黨中六組組長陳建中提議對「叛徒」動手處置時，他堅決反對，擔心在海外惹出禍來，最後竟任由該書在香港出版流通。[109]兩年後孫家麒變本加厲，又出版了《蔣經國何去何從》，並對小蔣進行新一輪毀謗侮辱，當國安單位再次呈報要求動手制裁「自己人」時，小蔣又加以否決，自記：「此一叛逆之行為，固然可惡，但我仍不同意安全局要求對於此逆加以制裁之意見，不值得也，此種賊子必將自斃而無疑，何必要我們來動手？」[110]這段發生在六〇年代鮮為人知的插曲，或許可以讓我們對晚年蔣經國如何看待劉宜良的寫作出版，以及他是否會下令以激烈的手段對付之，得出一些心得。

109 《蔣經國日記》，一九六一年十月二日、十一月四日〈上星期反省錄〉、十一月五日、十二月十二日。

110 《蔣經國日記》，一九六三年四月二十八日。

第二章 中央情報局

「國家與國家之間本來只有利害關係，根本無道義可言，兩國間之情報交換，更無信義可言，此乃另一種的買賣。多少年來，主持此一工作，無時不以國家利益為重，惟自知本性厚道，決非情報專家之對手，不過美國情報人員亦並不高明，德國、日本與英國之情報人員，遠較美國人精明。」[1]

從「西方公司」到「海軍輔助通訊中心」

一九五三年秋天，在一場由艾森豪總統所主持的白宮國家安全會議上，通過了一份162/2號文件，決定將「隱蔽（秘密）行動」（covert operation）作為對抗共產黨陣營的重要手段；美方準備採取一切可用之政治、外交、軍事與經濟手段，削弱國際共產主義的意識型態與威信，並增進全球對美國的向心力，而具體策略由

1 《蔣經國日記》，一九五九年七月七日。

白宮協調國務院、五角大廈與中央情報局等部會擬定後，交付中央情報局來執行。[2]太平洋另一端的台灣，此時蔣經國正如火如荼整頓情報工作，隨著台灣成為美國在亞太地區的冷戰盟友，小蔣與美方情報人員之間的往來，成了必然的結果。

如第一章所述，遷台初期國府與中央情報局的合作，掌握在國防部保密局長毛人鳳之手，背後有宋美齡、孔令侃與華府「中國遊說團」為後盾，蔣經國聯手鄭介民欲主導對美合作因此遭受挫折。一九五三年夏天韓戰停戰協議簽署後，由於美方在朝鮮半島的壓力大減，於是開始大幅降低對中國大陸沿海游擊活動的支持力道，「西方公司」階段性任務便告一段落。同年十月一日，蔣經國首度應邀訪美，於華府參訪中央情報局總部聽取簡報與參觀設施，並與剛接任局長的艾倫・杜勒斯晤談。（參見第五章）小蔣初次造訪美國最高情報部門，並未留下特別的印象，他在當天日記裡寫道：「九時到中央情報局參觀，該局代表說明中情局成立之經過與工作之概況，並無特殊之處，他們對情報之看法，既幼稚而又天真，不過已在逐漸改進中，亦可說慢慢的在覺悟中。」[3]小蔣對於過去數年被排除在「西方公司」決策核心之外，仍然心有不甘，特地藉此機會向杜勒斯抱怨一番，稱許多重要內情他都被蒙在鼓裡，他接著提議今後雙方共享有關中國大陸一切情報資訊，協調日後針對中共的敵後行動，並規劃一套「後韓戰」時期雙方新的情報合作關係，杜勒斯對此表示同意。[4]

一九五四年春天，中央情報局在台北市信義路三段設立一個名為「美國海軍輔助通訊中心」（U.S. Naval Auxiliary Communications Center）的新單位，由杜根（William Duggan）擔任該中心主任，成為中情局台北站首任站長，此後台、美一切情報合作的業務皆由該中心接管。[5]杜根來台履新，向來以毛人鳳為交涉對象的「西方公司」舊人馬紛紛離去，從此開啟了蔣經國與中央情報局往後二十餘年的愛恨糾結。為順利推動業務，打點好與「海軍輔助通訊中心」關係，並穩固對美情報業務的主導地位，小蔣與美方人員頻繁會面，交換意見，他費盡心思，不時安排私人餐敘聯誼活動，藉以拉近彼此的距離，消弭誤會；一九五五年八月十四日是一個星期日，當時國府上下正為「孫立人案」而焦頭爛額，小蔣依然精心安排一趟郊區野餐郊遊，邀請杜根與其幕僚眷屬同遊烏來，午後烏來下起一場大雷雨，眾人在路途遙遠、交通不便和滂沱大雨中回到台北，小蔣不禁自嘆「總算是了了一件苦差事。」[6]

爬梳蔣經國這段時間日記所載，可知他與杜根麾下一位中文譯名為「藍日會」的中情局駐台人員，維持著不尋常的私人情誼，兩人不但經常見面討論公務，兩家人之間也往來頻繁。一九五五年四月，小蔣前往烏坵視察時，邀藍氏同行，在這個孤懸於金門與馬祖之間的小島上一起歡度小蔣四十五歲生日；一年之後，藍氏奉調回美之前，特地為小蔣舉辦一場盛大的慶生宴，連美大使藍欽也意外地現身同樂，令蔣相當感動。[7]蔣經國為了替藍日會餞別，頻繁出席「海軍輔助通訊中心」所舉辦的數場惜別宴會，他私下形容此友雖為美方情報人員，卻「待我甚為友好，處處表示願意為我做事」。藍氏臨行前，以懇切態度勸蔣保重身體，勉勵他要不顧一切朝既定方針奮鬥下去，令蔣甚受感動，自記：「在今日困憂苦難之際，能聽到友人

2 白建才，《「第三種選擇」：冷戰時期美國對外隱蔽行動戰略研究》（北京：人民出版社，二〇一二年），頁八五—九〇。

3 《蔣經國日記》，一九五三年十月二日。

4 顧維鈞著，中國社科院近代史研究所編譯，《顧維鈞回憶錄》（北京：中華書局，一九八九年），第七卷，第十分冊，頁四〇九—四一〇。

5 韓戰期間，中央情報局在台北曾派駐一位名為邁爾斯（Robert J. Myers）的幹員，負責「西方公司」各項游擊突襲與訓練行動，此段歷史可參見Yuri Totrow, "American Intelligence in China," in *Far Eastern Affairs*, 2002 (No. 2), p. 110; Holober, *Raiders of the China Coast*, pp. 72-73; John Prados, *Safe for Democracy: The Secret Wars of the CIA* (Chicago: Ivan R. Dee, 2006), p. 130.

6 《蔣經國日記》，一九五五年八月十四日。

7 《蔣經國日記》，一九五六年四月十一日。

之勉勵，乃甚可自慰者，在本國友人方面，亦很少作如此勸勉者。」[8]

令蔣經國開心且意外的是，藍日會離去短短不到五個月後，又被中央情報局派回台北服務，此後兩年彼此在公私方面繼續維持密切的關係，熱絡程度遠非藍日會的頂頭上司杜根所能企及，不論小蔣前往金、馬外島或橫貫公路進行考察，或者赴日月潭度假小憩，他都邀藍日會夫婦同行。一九五七年的中秋夜裡，蔣特地邀藍氏夫婦來到家中晚餐，與妻小一起過節，待之有如親人；藍氏生日時，小蔣必定親往祝賀，藍的妻子生日時，小蔣還曾特地擺酒席邀請親友替她慶生。[9]兩人之間的私誼，讓彼此得以分享許多機密情報，譬如「劉自然案」反美暴動發生後，藍日會私下對小蔣示警，稱華府正嚴肅考慮是否在未來支持他，或者逼迫他離開台灣流亡海外，蔣聞後至為憤慨。[10]同樣的，一九五八年六月三十日上午國民黨中常會決議由副總統陳誠兼任行政院長，數小時內小蔣即把此訊息轉告藍日會。[11]姑且不論蔣經國積極經營與藍氏的關係是否帶有特殊用意，兩人之間交往之熱絡，在其一生與外國人打交道的經歷中仍屬罕見。

杜根擔任中央情報局台北站長時，正是蔣經國得以甩開「軍統」舊包袱、全面掌控情報工作之時，因此華府視他為談判合作的不二人選。一九五六年夏天，美方邀蔣前往太平洋塞班島上的秘密基地參訪，並商討協助國軍訓練特種部隊事宜。塞班島之行令小蔣大開眼界，他參觀島上中情局訓練特工人員的破壞場、射擊場與實習村，也造訪二戰時期日軍司令部的遺址，一群人在該處休憩時，小蔣與美方陪同人員竟然發現許多尚未清除的陣亡日軍骨骸，不禁有感而發：「十二年前之今日，在激烈戰火中，有誰會想到今日有人在此飲可口可樂?至於我，則更為夢想不到之事，所以世事變化之大，非人所能料者多矣。」[12]

蔣經國漸受美方重視，並不代表雙方的合作一帆風順，凡觸及具體事項時，因彼此利益與本位主義所引發的矛盾爭議仍難以避免。塞班島之行後，小蔣在台北與杜根繼續磋商訓練特種部隊等細節，頗為傷神，不禁私下痛罵老美「只知利益而不顧信義，一切都不足信」，當情緒來時，甚至考慮要徹底檢討未來彼此是否有繼續合作的必要，他批評中情局人員只重視自身利益，不顧盟邦死活，「凡對其有利者，無不急求，凡對其無所謂者，則無不拖延。」在小蔣眼中，美方人員優越感強烈、多疑心，重興趣而缺乏整體之打算，「對我高級人員採取奉承之態度，對於中級採取應付之態度，對於下級則採取引誘收買之態度，此乃美方之真面，所以在此工作上，乃因受洋氣而感苦痛。」[13]

「劉自然案」發生後，美國朝野將矛頭指向蔣經國，這段時期中情局駐台人員為釐清案情，幾乎把他視為幕後主謀而密集訊問，令他苦痛萬分，但又不得不為大局著想，忍痛含辱，放下身段，以耐心誠意與美方充分配合。他告訴藍日會，如果因為他早年留學俄國、娶俄國女為妻，就指控他「反美」，未免太幼稚了，況且俄國人之中並不是每個人都是共產黨，蔣不否認他在政壇上有許多敵人，他提醒藍日會應注意他的政敵們，正利用此事件來破壞他與美國人的關係。[14]當杜根嚴重懷疑救國團在反美暴動過程中的角色時，小蔣親自陪同他前往救國團總部與各重要僚屬見面，「強作笑容，一一介紹之」。[15]蔣心中雖忿恨不平，但為了

8 《蔣經國日記》，一九五六年四月十四日。

9 蔣經國與藍日會夫婦往來情形可參見《蔣經國日記》，一九五六年九月十六日、一九五七年一月九日、二月二十四日、六月二十九日、九月八日、一九五八年二月八日、六月二十九日。

10 《蔣經國日記》，一九五七年六月十三日。此消息很快就在台北外交圈傳開來，最後竟傳為蔣介石準備聽從美國建議，把蔣經國送往美國「改造」一段時間。見FO371/127472 CN10345/35, British Consulate in Tamsui to Foreign Office, June 17, 1957.

11 《蔣經國日記》，一九五八年六月三十日。

12 《蔣經國日記》，一九五六年六月十七日、六月十八日。

13 《蔣經國日記》，一九五六年八月三十一日、九月五日。

14 「蔣經國與藍日會會談五二四事件談話紀錄」（一九五七年五月二十七日），〈文件／專著手札與講辭／蔣經國演講稿（二十五）〉，《蔣經國總統文物》，典藏號：005010503000025003。

15 《蔣經國日記》，一九五七年六月二十一日。

重新取信於美方並修補雙方關係，他花了許多精力與杜根、藍日會以及從華府前來調查案情的多位中情局人員交心博感情，還自記與某位前來辭行、即將返國的美方人員晤談時，彼此「話不投機半句多，但又不得不假裝快樂以應對之」的痛苦情形，連他本人到後來都反省，如此苦心經營與美情報人員的關係，是否對工作有害而無益？[16]

一九五八年五月底，杜根結束任期準備返美時，蔣經國總結彼此過去四年來的互動，雖然表面上相處融洽，但此種構築於「利害」的關係乃「可用而不可信也」，坦言「大家心裡明白，口上不講而已」，小蔣並提醒自己：「同此類人來往，應有防賊的心理，不可直率，亦不可坦白，今日有此覺悟，尚不為晚也。」[17]此段話已點出他內心對於杜氏乃至其他美國駐台情報人員的真實想法。

「摯友」克萊恩

克萊恩（Ray S. Cline）接替杜根擔任「海軍輔助通訊中心」主任的職務，於一九五八年五月抵台履新，過去不少論述都把克萊恩視為蔣經國的至交摯友；的確，克氏駐台四年期間與小蔣在公私領域都過從甚密，交情甚篤，兩人經常一起喝酒猜拳行令，結伴上山下海，走遍台灣各個角落，兩家也成為通家之好，克萊恩夫人甚至當起蔣經國的英文家教，可見彼此關係之密切。多年後克萊恩自中央情報局退休，在其個人回憶錄裡毫不隱藏他與小蔣之間的深厚情誼；[18]然而實情如何，值得探究。平心而論，蔣經國身為國府情報業務的總負責人，肩負推動台、美情報合作重任，與美方維持友好互信，對於達成台北整體目標實有莫大的助益。克萊恩派駐台北時，中央情報局的聲勢與影響力正如日中天，立場強烈反共的杜勒斯兄弟，一個出掌國務院，一個總攬海外特工業務，兩人聯手掌握冷戰高峰時期美國對外政策與秘密行動，在中情局暗中策動下，牛刀小試一番即發生伊朗政變（一九五三年）與瓜地馬拉左傾政府遭推翻（一九五四年），令全世界刮目相看，深信該機構與其海外的秘密網絡，確實有著神通廣大、無堅不摧的神奇力量，讓人心生敬畏。[19]在台灣，蔣經國因受前一年反美暴動波及，被迫暫時沉潛幕後，只能在見不得光的特工領域裡繼續揮灑，蔣、克兩人在此種時空背景下交會，因而開創出一段獨特的互動經歷。

事實上，蔣經國對克萊恩的初步印象並不佳。兩人首次於一九五六年的秋天見面，當時克氏是陪同中情局長艾倫・杜勒斯首次來台考察業務的五位隨員之一，小蔣對他沒有特別的印象，也未曾在日記裡留下隻字片語；相反的，杜勒斯一行人在台北召開情報合作聯席會議時，小蔣對這群老美的「蠻橫無理與霸道」至為感冒，「幾乎發生衝突，但為大體計，不得不有所忍」。[20]一九五八年五月八、九日，小蔣與初抵台北的克萊恩連續兩天見面晤談，此時恰好有一位西德學者來訪，蔣在一天之內分別會晤克氏與德國訪賓後，留下這段評論：「兩相比較，美國人是『輕浮』、『淺薄』，德國人是『沉著』、『深刻』。」[21]此後不久，蔣經國主動要求向克萊恩的夫人學習英文，如同先前與藍日會夫婦交往的模式一樣，小蔣與

16 《蔣經國日記》，一九五七年七月十七日、八月十八日。

17 《蔣經國日記》，一九五八年五月二十五日。

18 Cline, *Chiang Ching-kuo Remembered*, pp.1-4. 有關蔣經國與克萊恩兩人的密切關係，另參見漆高儒，《蔣經國評價：我是台灣人》（台北：正中書局，一九九八年），頁六五—六六；衣復恩，《我的回憶》（台北：立青文教基金會，二〇一一年），頁二五五—二五七；涂成吉，《克萊恩與台灣：反共理想與理性之衝突和妥協》（台北：秀威資訊科技，二〇〇七年）。

19 John Ranelagh, *The Agency: The Rise and Decline of the CIA* (London: Weidenfeld & Nicolson, 1986), pp. 229-348; Evan Thomas, *The Very Best Men: The Daring Early Years of the CIA* (New York: Simon & Schuster, 2006), pp. 107-126.

20 《蔣經國日記》，一九五六年十月六日。

21 《蔣經國日記》，一九五八年五月八日、五月九日。

克氏一家人之間的社交往來也日益熱絡，儘管如此，彼此關係無可避免受到公務、甚至某些私人因素而需要磨合；此時小蔣奉父命積極推動大陸的敵後工作，克氏代表中情局立場，力主台北任何行動都應慎重行事，遲遲不願具體承諾提供必要的援助。一九五八年十二月上旬兩人在一次晤談中出現激烈爭辯，小蔣花了兩個小時與克來恩辯論大陸工作政策，終究未能說服對方，氣得他當晚在日記裡痛罵克氏「避重就輕，怕輿論，恐怕發生意外」，真是「幼稚得可笑」，他稱美政府口口聲聲說反共，心理上卻極端懼共，若非為了國家利益，根本不願花費時間精力與這位「無知無能驕傲自大的美國人」多費唇舌。[22]

翌年二月，美駐台北大使莊萊德（Everett F. Drumright）私下對蔣經國說了不少克萊恩的壞話，並「忠告」小蔣不應和對方過於接近，蔣聞之頗感吃驚，除了理解老美彼此間亦有矛盾之外，並警惕自己確實應當與美方情報人員保持距離。或許受到莊來德談話的影響，蔣一度有意疏遠克萊恩；該月底他原本已安排陪同克氏前往台中霧峰參觀故宮文物，臨時卻決定爽約，以示「不滿之意」，小蔣自我反省一番，認為他為了國家利益不得不與美方情報員來往，然而對方「在表面上看起來好像很友善，但事實上則是別有心計」，這一事實對他內心帶來極大的傷痛，「有時候在氣憤之餘，根本就想與這些騙子絕交，不再往來，但是想到事關國家利益，如此作法有害而無益，亦只好忍之再忍之矣。」[23]

可以這麼說，克萊恩派駐台北前兩年半的時間（一九五八年五月至一九六〇年底）裡，他與蔣經國的關係夾雜著合作、角力、相互利用，卻又彼此努力坦誠交心等多重面貌；克氏曾言，小蔣明知美方因其早年俄國背景而對他有所疑慮，為徹底解除中情局對他的思想檢驗，小蔣以請求擔任英文家教的克萊恩夫人，將他撰寫的《我在蘇聯的日子》中文稿譯成英文為藉口，不著痕跡地把這份自傳如同「自白書」交給克萊恩參考，讓其「反蘇反共」之堅定信念，得以技巧性地透過克氏傳回華府，連帶澄清他在「劉自然事件」中所遭受的指控。[24]

一九五九年三月西藏發生抗暴運動，十四世達賴喇嘛在中央情報局的協助下逃離拉薩，流亡印度。此次暴動發生前的數年間，華府與台北已各自和藏族地區的反共勢力秘密接觸，中情局除了在塞班島與科羅拉多州等地培訓藏族游擊隊員之外，還於藏區空投接濟人員、武器與物資，而台北也透過派駐印度的情報人員，與數支藏族游擊勢力取得聯繫。[25]克萊恩來台後不久，台、美雙方成立「中美聯合情報中心」，協調合作事宜，當藏區情勢開始出現不穩時，蔣經國透過此平台提出以「西藏」作為優先的合作項目，此時台北國安單位已訓練數十名少數民族游擊隊員，小蔣向美方要求提供運輸機，將這批人員空投至藏東地區，設法建立無線電台與地下據點；同年（一九五八）十月，小蔣又向克氏提出一份《長征計畫》，希望美方協助大規模培訓藏區敵後人員。[26]到了一九五九年二月初，國家安全局擬定《加強川甘青藏少數民族工作方案》，欲於美方協助下，空降六至八組人員至藏族地區，籌建六至八座電台，並強化藏族地區的心戰與反共宣傳，此方案經台、美雙方討論後正式定案，並等候執行的適當時機。[27]

然而，中央情報局對蔣經國所提各項藏區敵後工作方案始終有所顧忌，直到拉薩發生暴動為止，雙方仍

22 《蔣經國日記》，一九五八年十二月八日、十二月九日。

23 《蔣經國日記》，一九五九年二月十三日、二月二十八日〈上月反省錄〉。

24 Cline, *Chiang Ching-kuo Remembered*, 41-43.

25 Mikel Dunham, *Buddha's Warriors: The Story of the CIA-backed Tibetan Freedom Fighters, the Chinese Invasion, and the Ultimate Fall of Tibet* (New York: Jeremy P. Tarcher/Penguin, 2004), pp. 197-224; Kenneth Conboy and James Morrison, *The CIA's Secret War in Tibet*（Lawrence, KS: University Press of Kansas, 2011）, pp. 59-65.

26 楊瑞春，《國特風雲：中國國民黨大陸工作秘檔（一九五〇－一九九〇）》（台北：稻田出版社，二〇一〇年），頁四一一－四一四。

27 「加強川甘青康藏少數民族工作方案」（一九五九年二月五日），〈黨政軍文卷／國家安全與秩序／情報／對中共情蒐策反工作〉，《蔣經國總統文物》，典藏號：005010206000S2004；「美方所提之修正案」（譯件）（一九五九年二月十八日），同上，典藏號：005010206000S2005。

未展開任何具體行動；相反的，美國瞞著台灣，以沖繩為基地，獨自在一九五八年秋天向西藏山南地區反共游擊勢力進行兩次空投。[28]拉薩暴動與達賴流亡印度的消息傳開後，震驚全球，兩蔣父子渴望此波抗暴運動能誘發反攻大陸的新契機，因而要求中情局擴大支持的力道，不料當返美述職的克萊恩於四月四日回到台北後，竟向兩蔣父子坦言，過去數年來美方早已秘密訓練藏族游擊隊，獨自支援藏人反共抗暴，還透露達賴一行人逃亡印度過程中，即是獲得美方情報人員的協助；克萊恩還知會蔣介石，未來西藏反共運動將由美方獨力包辦掌控，不希望台灣介入，老蔣聞後氣憤難耐，痛批「美國必要獨佔西藏，不許他人插足之政策拙劣已極。」[29]蔣經國對中情局瞞著台北獨自暗助藏族的反共勢力，卻對他所提各項合作案採取敷衍態度，今後又打算排除國府參與，同樣感到憤怒，除當面向克萊恩強烈抗議外，還撂下狠話，稱即使沒有美方協助，日後台北仍將堅定支援西藏抗暴，不為所動，此番激烈言辭令克氏一度語塞，不知如何回應。數日後，雙方情緒平靜下來，兩人又有一番長談，蔣表示對彼此合作感到失望之外，也再次領悟到國與國之間往往只有利害，毫無道義可言。[30]

儘管台、美之間因西藏問題鬧得不愉快，然彼此合作之路仍得走下去；一九六〇年十月十日，蔣經國與克萊恩代表各自情報當局，簽署一份國府推動大陸敵後工作總計畫的合作議定書，代號《野龍計畫》。[31]就在雙方合作看似進入新階段之時，三個月後發生緬甸政府軍擊落台灣空軍運輸機的意外事件，又讓彼此的關係再度烏雲罩頂。一九五八年金門炮戰落幕後，蔣介石著手經營滇緬邊境國軍游擊隊的根據地，擴建當地新機場跑道並積極運補，希望將其打造成一個「陸上反攻基地」，伺機向雲南發動軍事行動；台北的大動作引來中共與緬甸政府聯手，以勘定中、緬邊界為名，對游擊隊發動清剿，一九六〇年十一月至一九六一年一月之間雙方共發生三次激烈交戰，互有損傷。[32]

一九六一年二月十五日，台灣空軍一架PB4Y型運輸機在飛往滇緬邊區進行空投任務時，意外遭緬甸政府軍擊落，機上大量美援裝備遭擄獲，隨即引發一場外交風暴，緬甸各地發生大規模反美示威，仰光當局也向聯合國控訴台灣侵犯其領土主權。此時美總統甘迺迪剛上任不到一個月，為了將外交傷害減至最低，他決定向台北施壓，要求游擊隊立即撤出滇緬地區，以平息緬甸政府的憤怒。克萊恩奉命向台北傳達美方意見，而引發兩蔣父子情緒的反彈；對老蔣而言，失去滇緬根據地，即等於失去亞洲大陸上最後一支武裝力量，未來反攻的希望必將更為渺茫，他痛批美國外交「全憑其一時利害之主觀」，對於美方「天真幼稚之言行，只有慨歎而已，不能說之以理矣。」[33]

面對華府的施壓，蔣經國同感憤怒，然而克萊恩的一番分析卻讓他比父親更快冷靜下來；克氏告訴小蔣，這支滇緬孤軍對反攻大陸所能發揮的作用不大，透過游擊隊所蒐集的情報價值也極為有限，然而游擊隊員在泰、緬、寮「金三角」地區種植與販賣鴉片，經香港流通全世界，惡名昭彰，台北若繼續與該股勢力保持關係，將對中華民國的聲譽帶來損害。[34]小蔣聞後頗能理解，只不過數年來父親苦心籌建亞洲大陸最後一塊反攻據點的宏偉目標，勢將被迫終止，其心中的苦澀可想而知，對於未能盡應盡之責，小蔣不禁「憂

28 Conboy and Morrison, *The CIA's Secret War in Tibet*, pp. 74-79.
29 《蔣介石日記》，一九五九年四月四日、四月八日。
30 《蔣經國日記》，一九五九年四月四日、四月八日、四月十日、五月十二日。
31 《蔣經國日記》，一九六〇年十月十二日。
32 Richard M. Gibson and Wenhua Chen, *The Secret Army: Chiang Kai-shek and the Drug Warlords of the Golden Triangle* (Singapore: John Wiley & Sons, 2011), pp. 198-201; 覃怡輝，《金三角國軍血淚史（一九五〇—一九八一）》（台北：聯經出版社，二〇〇九年），頁二四二—二五一。
33 《蔣介石日記》，一九六一年二月二十三日、二月二十四日。
34 Cline, *Chiang Ching-kuo Remembered*, pp. 79-81.

愧交感」。[35]但形勢比人強，在華府強大壓力下，蔣介石無奈下令游擊隊撤退來台，兩個月內計有四千四百餘人撤離，雖仍有部分隊員堅持繼續留在「金三角」，然而此後該地區的零散兵力，已不再成為一股可有效牽制中共的武裝力量。[36]

台北、華府的「特殊管道」

一九六一年初，民主黨籍的甘迺迪接替艾森豪成為白宮新主人，國府當局與這位美國史上最年輕的總統之交情，遠不及甘氏競選對手、擔任艾森豪八年副手的尼克森來得深厚，而白宮國安新團隊與台北之間的淵源，也非向來同情蔣介石的共和黨人士所能比擬。甘氏上任之始，即積極尋求更有彈性的對華政策，力主與北京建立平穩的關係，影響所及，短短數月內，台、美之間發生一連串不愉快的風波。華府首先醞釀改變聯合國「中國代表權問題」的策略，此問題源於過去十年來美方以「緩議」（moratorium）作為維護台北在聯合國席位的作法，在前一年（一九六〇）第十五屆大會遭到嚴重挑戰，甘迺迪幕僚評估美方無法繼續使用此一策略，來抵擋聯合國內有關「中國代表權」的討論，因而有意改弦更張，向國府表示應務實地以「繼續保有聯合國會員國身分」作為最高戰略目標，在此前提下，只要能成功阻止北京入會，即使台北無法繼續宣稱代表全中國，也應當能被接受。[37]接著在五月間，國務院聲稱如能斷定外蒙古具有獨立國家的屬性，則美政府準備考慮支持其加入聯合國，同時評估與外蒙建交的利弊得失，一個月後國務院又宣布同意核發入境簽證給旅居日本的台獨運動領導人廖文毅，允許其來美活動。[38]種種舉措都讓國府高層體認到美外交政策正朝向其無法接受的「兩個中國」與「一中一台」傾斜。

台、美關係出現波折，卻意外促成蔣經國與克萊恩之間堪稱空前絕後、獨特而密切的溝通渠道與合作模式。一九六一年六月間，為抗議華府一連串不友好的舉措，小蔣告訴克氏，他奉令取消延宕多年、原訂七月初啟程的二度訪美之行，此一決定極不符合外交慣例，白宮頓時感到事態嚴重，甘迺迪立即親筆致函蔣介石，除保證美方支持中華民國的立場不變之外，也期盼蔣經國訪美的計畫不致生變；老蔣衡量情況後，決定改派副手陳誠赴美，尋求商討解決兩國間各項爭議。[39]就在雙方出現一九四九年以來最嚴重的歧見之際，白宮國家安全顧問彭岱（McGeorge Bundy）向甘迺迪建議，鑒於國務院處理外蒙及廖文毅案與台北發生嚴重的摩擦，而中情局的克萊恩卻在過去數個月內成功處理滇緬游擊隊案，並與蔣經國建立良好互信，因而主張由克氏取代國務院與美國駐台北大使館，擔負起華府和台北之間「私人溝通」的渠道，藉以緩和雙方緊繃的態勢。[40]

甘迺迪對彭岱的建議未置可否，而台、美關係持續滑落。陳誠取代蔣經國訪美後，雙方的矛盾並未減

35 《蔣經國日記》，一九六一年二月二十七日。

36 Gibson and Chen, *The Secret Army*, pp. 218-224; 覃怡輝，《金三角國軍血淚史（一九五〇—一九八一）》，頁二六四—二七一。

37 Memorandum for the White House from State Department, April 5, 1961, *JFKOF*, reel 5:4; State Department Memorandum for McGeorge Bundy, Subject: Voting Estimate on Chinese Representation in U.N., April 1961, ibid.

38 State Department Memorandum for Rusk, Subject: Establishment of Diplomatic Relations with Outer Mongolia, May 4, 1961, no. 611.93C/5-461, *USSD 1960-1963 Foreign*, reel 5; Everett F. Drumright to Rusk, June 13, 1961, no. 793.00/6-1361, *USSD 1960-1963 Internal*, reel 4; Drumright to Rusk, June 20, 1961, no. 793.00/6-2061, ibid.

39 《蔣經國日記》，一九六一年六月二十八日、六月二十九日、七月一日；《蔣介石日記》，一九六一年七月十七日、七月十八日、七月十九日；「副總統接見克萊恩談話紀要」（一九六一年七月二十五日），〈文件／忠勤檔案／中美關係（二）〉，《蔣經國總統文物》，典藏號：00501010000056006。

40 Memorandum from McGeorge Bundy to President Kennedy, July 7, 1961, *JFKOF*, reel 5:4.

緩；美方告訴陳誠其願意以不與外蒙建交，來換取國府同意美方在聯合國改提出中國代表權問題乃「重要問題案」，並承諾不動用否決權來阻止外蒙入會，以免共黨集團以否決同樣欲申請入會的非洲國家茅利塔尼亞來報復，進而引發同屬非洲法語系集團成員國反彈，並撤銷其在代表權問題上對華府與台北的支持，陳誠答允將此意見轉達蔣介石知悉，然而陳回到台北後，老蔣對外蒙案的強硬立場未見緩和，讓國務卿魯斯克（Dean Rusk）大為光火、氣急敗壞，左批莊萊德大使辦事不力，右罵國府不妥協的立場無異於「政治自殺」。[41]

十月八日，距聯合國安理會投票表決外蒙與茅利塔尼亞入會不到兩星期，蔣介石即電告駐美大使葉公超，若美方無法體諒他的苦衷，不願動員一切力量來阻止中共入會，則國府只有動用否決權以阻止外蒙入會。[42]這項訊息讓甘迺迪決定捨棄國務院渠道，改由白宮國家安全會議與中央情報局出手接管對台交涉協商；十月十一日彭岱密電克萊恩，並授權他私下探詢兩蔣父子，是否同意由甘迺迪提出「私人保證」，美方承諾願不惜動用否決權來保衛台北在聯合國的席次。[43]克氏接獲訊息後立即與蔣經國會面，小蔣研判此時美方急於解決爭端，是因為體認到國府握有安理會的否決權，他深信台北如繼續堅定立場，決心動用否決權來阻止外蒙入會，將不至於對國府在聯合國的席次造成不利的影響；接連數天小蔣與克氏密集磋商，因深感責任重大，心情沉重，他自記「數夜未安眠」，曾獨自一人前往淡水，「面海而立，思慮久之」，思考如何確保國家最大的利益。[44]

十月十四日，克萊恩與兩蔣父子達成秘密協議：美政府將公開聲明國府為代表全中國唯一合法政府，堅決反對北京進入聯合國，甘迺迪將透過特殊管道向蔣介石私下承諾，美方在必要時將動用否決權以阻止中共入會，台北則允諾不否決外蒙入會。[45]細心的蔣經國向克氏要求，在甘迺迪私下承諾必要時否決北京入會一段，應加上一句「任何時間」，對於美方所提台北需承諾「同意對外蒙入聯合國棄權」的字眼，則要求改為「不使用否決權」，此兩點皆獲白宮允肯。美方原先要求台北提出書面保證，一旦甘迺迪的私下承諾不慎洩漏，華府將公開予以否認，但在小蔣力爭下，白宮最後也不再堅持。[46]至此，雙方談判大致底定，台北對「外蒙案」的妥協，也讓有關中國代表權的「重要問題案」迎刃而解，新的策略讓國府在聯合國的席次得以繼續維持十年之久。此次危機化解後，以克萊恩作為雙方重大議題協商的管道獲蔣介石高度讚賞，一來可避開他所厭惡的美國務院，以及向來由葉公超所主導的對美交涉，二來雙方之間重要問題的溝通可以逐步轉移到其子小蔣之手，並直通白宮。[47]

然而，「外蒙案」危機才剛化解，台、美雙方又因蔣介石積極準備軍事反攻而再生波瀾。鑒於中國大陸發生大饑荒，民不聊生，國府加速展開一連串反攻的準備，一九六一年四月一日「國光作業室」秘密成立，負責擬定兩階段反攻作戰籌劃，第一階段以廈門為目標，在不依靠外力條件下，由國軍突襲登陸廈門；第二階段擬在閩南地區建立長期攻勢的基地，配合各地的反共抗暴運動，以利國軍後續推進，為此蔣經國奉

41 President Kennedy to Vice President Chen Cheng, August 3, 1961, *JFKOF*, reel 5:4; Chen to Kennedy, August 4, 1961, ibid; Rusk to Drumright, September 17, 1961, *FRUS, 1961-1963*, Vol. XXII: China, pp. 137-138.

42 蔣經國日記則顯示，此時蔣介石為顧及甘迺迪之領導威望，如果美政府能公開聲明為阻止北京加入聯合國而將不惜用否決權，則國府願意重新考慮是否應動用否決權。見《蔣經國日記》，一九六一年十月七日。

43 Message from Bundy to Cline, October 11, 1961, *FRUS, 1961-1963*, Vol. XXII: China, pp. 154-155.

44 《蔣經國日記》，一九六一年十月十三日、十月十四日、十月十五日。

45 Message from Cline to Bundy, October 14, 1961, *FRUS, 1961-1963*, Vol. XXII: China, p. 156.

46 《蔣經國日記》，一九六一年十月十七日、十月十八日。

47 Message from Cline to Bundy, October 25, 1961, *FRUS, 1961-1963*, Vol. XXII: China, p. 159; 王正華，〈蔣介石與一九六一年「蒙古人民共和國」入會案〉，《國史館館刊》，第十九期（二〇〇九年），頁一三七－一九三。

命籌辦「華南戰區總司令部」，統籌反攻登陸後各「收復區」的地方重建、社會動員與黨、政、軍業務。[48]一九六二年伊始，蔣介石對反攻的準備急遽升高，蔣經國也著手起草與克萊恩談判反攻方案之相關材料，一月二十四日老蔣召見克氏，詢問台、美協商反攻大陸的時機是否已經成熟，會晤結束後克氏立即向白宮緊急彙報，並指出蔣介石並非裝腔作勢，此刻他正感受到來自海內外沉重的壓力，如果他無法把握當前大陸內部惡劣的形勢來收復故土，則國府將失去存在的正當性。[49]

華府驚覺事態嚴重，自該年二月起先後派出代表軍方的國防部副助理部長彭岱（William Bundy）與代表國務院的東亞助卿哈里曼（W. Averell Harriman）前往台北，對蔣介石軟硬兼施，曉以大義，促使他打消念頭，但老蔣態度堅決，不願停止反攻準備。[50]眼見僵局愈演愈烈，蔣經國與克萊恩的溝通管道再度啟動，三月二十一日上午兩人見面晤談後，克氏向白宮回報，小蔣要求美方提出對台三項秘密保證，包括繼續支持中華民國政府、繼續秘密支持國府的大陸敵後行動、以及「時機成熟時」支持國府發動軍事反攻。[51]不過，根據小蔣當天日記所載，彼此談話時卻是克萊恩主動告知，華府對於台北反攻大陸的初步看法有三點：支持台北發起秘密抗暴運動；當抗暴達一定程度時，美方以「默契方式」支持國府的軍事反攻；在採取行動前，雙方協商反攻的時間、適當性與可能性，蔣自記他對克氏所提各點未置可否。[52]不論實情如何，當天下午蔣介石接見克萊恩，雙方針對如上三點進一步討論後，克氏於翌日兼程返美，與華府高層進行磋商。

克萊恩回到華府後，極力向甘迺迪總統與各部會決策要員進行勸說，認為此時美方不應斷然回絕蔣介石的要求，以免他孤注一擲、鋌而走險，最終把美國拖下水，克氏建議華府模糊以對，與台北繼續周旋，以爭取更多的時間。克萊恩拋出對台「戰略模糊」的主張，雖然遭到包括國務卿魯斯克在內的其他美方高層反對，卻獲得深受甘迺迪倚重的東亞助卿哈里曼關鍵一票的支持，最後白宮同意克氏所提，對老蔣的反攻方案給予「適度」回應：提供台北渴望獲得的C-123運輸機，配備最先進的電子偵測裝備，並代訓台灣空軍機組人員，以換取蔣介石同意與美方共同磋商反攻的可行性，藉此先拖住老蔣一陣子，延遲其貿然行動的時日。[53]會後，國家安全顧問彭岱交給克萊恩一份由甘迺迪親筆簽字的備忘錄，列舉華府對於反攻行動的七點原則，要他攜回台北面交兩蔣父子。[54]對國府立場表示同情的克氏，雖然爭取到美方不強硬拒絕蔣介石的

48 「華南戰區總司令部編組簡報目錄」（一九六一年），〈文件／黨政軍文卷／軍事建設／軍事：華南戰區總司令部之編組概要〉，《蔣經國總統文物》，典藏號：005010202000085003；彭大年編，《塵封的作戰計畫：國光計畫—口述歷史》（台北：國防部史政編譯室，二〇〇五年），頁一一—一二、五〇—五三。

49 「對美試談反攻之綱要」（一九六二年），〈文件／黨政軍文卷／國際情勢與外交／試談反攻案〉，《蔣經國總統文物》，典藏號：005010205000001007；《蔣經國日記》，一九六二年一月五日、一月六日；CIA Telegram Information Report, Subject: Chiang Kai-shek's View on the Advisability of GRC Action against the China Mainland, January 26, 1962, CIA/FOIA, no. 0000107415.

50 Clough to State Department, Subject: "GRC Mainland Aspirations and US-GRC Relations: Recent Developments, Present State, and Prospects," October 12, 1962, no. 611.93/10-1262, *USSD 1960-1963 Foreign*, reel 3.

51 State Department Memorandum for Harriman, Subject: Recommendation for Meeting between You and Ray Cline of CIA, March 28, 1962, in *FRUS, 1961-1963*, Vol. XXII: China, p. 200.

52 《蔣經國日記》，一九六二年三月二十二日。

53 State Department Memorandum, Subject: White House Meeting on GRC Plans, March 31, 1962, *FRUS, 1961-1963*, Vol. XXII: China, p. 205; CIA Memorandum for the United States Intelligence Board, Subject: Probable Consequences of Chinese Nationalist Military Operations on the China Mainland, March 26, 1962, CIA/FOIA, no. 0000824362.

54 此七點原則包括：美國支持大陸人民重獲自由的發展；目前無足夠證據顯示發動大規模反攻行動之可行性已經到來；雙方應進一步調查中國大陸確切情勢並共同磋商未來計畫；美方同意國府繼續在大陸進行試探性敵後行動；美方同意提供台北所需之運輸機並代訓飛行員，此一準備與訓練需六個月時間，屆時交由國軍使用，但此乃反攻行動能力之準備，並非作戰之決定；台北對此計畫保密，美方將公開否認其在反攻議題上與台北有任何協商；美總統對於蔣介石向美方保證在反攻行動上不輕舉妄動，表示感謝。參見Memorandum by Bundy to Cline, March 31, 1962, *FRUS, 1961-1963*, Vol. XXII: China, pp. 206-207.

反攻計畫，但他所必須付出的代價，是失去以中情局台北站長的身分繼續扮演台、美秘密溝通管道之特殊角色；停留華府時，克氏被告知將轉任主管情報分析的中情局副局長職務，未來台、美重要議題的溝通任務，將回到國務院與美國大使館之手。[55]

四月三日，克萊恩帶著甘迺迪的七點原則回到台北，便立即與兩蔣父子晤面，老蔣對於美方避重就輕、有意拖延反攻行動感到失望，但仍願意相信華府對其構想並未全然否定，最後他勉強同意將行動延後六個月，改訂十月一日為「野龍計畫」空降華南各省的行動發起日，以換取雙方針對軍事行動支援與執行等細節，建立起更緊密的溝通機制。[56]蔣經國的態度則有別於父親，一言以蔽之，克氏在華府以同情國府的立場向美方同僚據以力爭，並未換來小蔣的衷心感激，他批評美政府雖未反對國府的反攻計畫，但也沒有任何肯定的答覆與承諾，「其用意在拖延時間，為之失望，但亦為意料中之事，此時要美國斷然決定助我反攻，乃是不可能的事。」得知克萊恩即將調離台北，小蔣感到相當驚訝，自認過去四年與克氏的相處，「彼此立場不同，常有爭論，且彼為一情報人員，對其始終保持距離，不過私交頗深，彼夫婦亦重感情，尤其向其夫人讀英文以來，頗有進步，聞其調職，此心悵然不安。」[57]

蔣經國利用克萊恩在台灣所剩下的最後兩星期，與他不斷溝通反攻大陸的議題，然而彼此的立場差距實在太大，因此這最後一刻的密集晤談，同時呈現出臨別依依、歧見與遺憾。四月十九日小蔣陪同克氏向蔣介石辭行前，兩人進行最後一次磋商，彼此同意設立「四二〇小組」（後改名為「藍獅小組」），共同評估空降華南地區的適切性，小蔣並告訴克氏，其父已同意接受甘迺迪所提七點原則，作為雙方協商基礎，聽聞此消息後，讓臨別前的克萊恩自認已圓滿達成任務；在向白宮拍發派駐台北任內最後一份機密電報裡，他稱「驚險情勢」已被控制住，但如果華府對台北失去「同情的諒解」，難保未來彼此的互信將再次瓦解。[58]其實克萊恩並不知道，四年來與他交往最密切的蔣經國，其實對於兩人「最後的協商」充滿失望、遺憾與不滿；小蔣認為父親的誠意難以感動華府，台北方面所展現的智慧、克制與忍讓，也無法影響「欺善怕惡」的老美，他批評美政府害人害己，因此「人間的大悲劇，可能是無法避免的了。」[59]翌日小蔣前往松山機場送行，臨別前他告訴克萊恩，美方並未理解反攻問題的重要性，也不相信中華民國政府的誠意，克氏回答他也有同感，小蔣認為如果彼此都心存懷疑，雙方將永遠無法精誠合作。[60]

克萊恩的離去，讓兩蔣父子失去與白宮重要的溝通渠道，彼此之間的爭議處理重新回到外交官僚系統；與此同時，甘迺迪任命海軍退休上將柯克（Alan Kirk）為新任駐華大使，白宮找來一位軍旅出身、與蔣介石輩份相差無幾、精通軍事戰略的將軍駐節台北，意味著決定拋棄先前美情報體系所主張的對台模糊政策，改以清晰立場，明確反對國府發動任何毫無勝算把握的軍事冒進。[61]六月間，為因應老蔣可能採取的軍事行動，中共解放軍大規模集結於福建，而導致華府加速由「戰略模糊」走向「戰略清晰」的步伐，不讓台海緊張的情勢再次出現，蔣介石欲利用中國大陸饑荒而發動的反攻構想，成了一場無從實現的夢。

55 State Department Memorandum, Subject: White House Meeting on GRC Plans, March 31, 1962, *FRUS, 1961-1963*, Vol. XXII: China, p. 205; Ray S. Cline, *Secrets, Spies and Scholars: The Essential CIA* (Washington D.C.: Acropolis, 1976), p. 194.

56 《蔣介石日記》，一九六二年四月八日、四月九日、四月十日。

57 《蔣經國日記》，一九六二年四月五日。

58 Cline to White House Situation Room, Attention: McGeorge Bundy, top secret, April 19, 1962, CIA/FOIA, no. 0000608252.

59 《蔣經國日記》，一九六二年四月十九日。

60 《蔣經國日記》，一九六二年四月二十日、四月二十一日。

61 Jay Taylor, *The Generalissimo: Chiang Kai-shek and the Struggle for Modern China* (Cambridge, MA: Harvard University Press, 2009), pp. 514-516.

納爾遜與傅德：被弱化的中情局台北站長

冷戰時期中央情報局以「反共」為名，在世界各地策動顛覆行動，剔除不聽話的各國政要，並暗中扶持親美政權，以確保美國在全球兩極對抗的態勢中保持優勢。據統計，艾森豪主政八年期間（一九五三—一九六一），中情局在全球四十八個國家或地區，發動一百七十場以上較具規模的秘密顛覆行動。[62] 對於此一事實，蔣經國不會毫無警惕，一九六〇年春天起，短短數月內台北幾個重要邦交國如南韓、日本、土耳其與南越，先後發生大規模示威運動、政潮與政變，南韓大統領李承晚被迫下野流亡夏威夷，土耳其總統拜亞爾（Mahmut Celal Bayar）被趕下台並成了階下囚，南越政變雖以失敗收場，卻足以讓吳廷琰總統坐臥難安。這些事件的背後都離不開美國駐當地情報單位的黑手，看在負責國安業務的小蔣眼裡，膽顫心驚，除私下痛批美方干涉他國內政之不智外，還暗自認定國府可能也在美方「暗算」的名單之列；為此他頻繁召集島內各情治首長並要求防患未然，甚至暫緩辭去救國團主任之職，親自監控各地青年學生的動態，確保不會發生意外。[63]

蔣經國與克萊恩彼此之間培養出來的公私情誼，相當程度上有助於緩和小蔣對美情報單位在台從事顛覆行動的疑慮，尤其是當中情局在世界各地興風作浪之際，就圍堵共產黨的全球戰略而言，華府有求於台灣者甚多。一九六〇年五月初，美軍一架U-2高空偵察機在蘇聯境內遭擊落，引發國際軒然大波，艾森豪總統不得不承認對蘇聯領空的侵犯行為，並宣布暫停一切高空偵察活動，然值此冷戰高峰時期，美政府迫切需要共產國家的情報，中情局因而尋求與台灣合作，該年十一月間，美方人員開始悄悄進駐桃園空軍基地，國府軍方也新成立「空軍氣象偵察研究組」，又稱「黑貓中隊」（卅五中隊），蔣經國與克萊恩分別代表雙方執行此項合作案，由美方提供飛機、設備與經費，由台灣挑選優秀的飛行員對中國大陸進行偵照，所獲珍貴情報由雙方共享。從一九六二年至一九七四年春天，「黑貓中隊」先後執行高空偵照二百二十次，涵蓋面積達一千餘萬平方公里，遍及大陸各省份，取得中共核武試驗場與發射陣地等重要訊息，但也因此折損十二名優秀飛行員。[64]「U-2」案的啟動標誌著一九四九年後台、美情報合作關係的最高潮。

克萊恩調離台北後，蔣經國於公於私，與其繼任者再也無法維持同樣規模的互動與互信。一九六二年五月底，新任中情局台北站長納爾遜（William Nelson）來台履新，納氏抵台時，正值華府對國府反攻意圖由原本的戰略模糊轉為戰略清晰之際，雙方無可避免地出現許多爭執，無辜的納爾遜因此成了蔣經國情緒發洩的代罪羔羊。前述解放軍於六月底大舉增兵於福建，美方掌握情報後立即透過華沙管道，向北京傳達不支持國府的訊息，堅稱若無美方允可，台北無法片面發起行動，華府既不願向台北坦承曾對北京提出秘密保證，又聽任中共單方面向國際宣傳「美國不支持蔣介石」的內幕消息而不做任何反駁，徒留國府高層一陣心急焦慮，猜不透華沙會談內情與美方心意究竟為何。[65]七月一日，沉不住氣的蔣經國當著納爾遜的面，痛批美方「動搖與等待」政策以及「安撫敵人、壓制盟友」作法，警告國府忍耐有其限度，「美國不要以為我政府真的不能或者沒有決心採取行動，即使為了生存，吾人亦只有反攻。」小蔣甚至語帶威脅告訴納氏，美

62 Jussi M. Hanhimäki and Odd Arne Westad eds., *The Cold War: A History in Documents and Eyewitness Accounts* (Oxford: Oxford University Press, 2003), pp. 445-447; Tim Weiner, *Legacy of Ashes: The History of the CIA* (New York: Doubleday, 2007), p. 76.

63 《蔣經國日記》，一九六〇年四月二十七日、五月一日、五月四日、五月五日、五月十三日、五月十四日。

64 衣復恩，《我的回憶》，頁一八八—一九五；郭冠麟主編，《高空的勇者：黑貓中隊口述歷史》（台北：國防部史政編譯室，二〇一〇年），頁一一一—一一三。

65 「國安局呈台海情勢與反攻問題」（一九六二年七月十七日），〈文件／忠勤檔案／敵後工作（一）〉，《蔣經國總統文物》，典藏號：005010100001020005；State Department memorandum by Roger Hilsman, Subject: Cabot-Wang Conversation of June 23, 1962, no. 611.93/7-1762, *USSD 1960-1963 Foreign*, reel 3; Kirk to Rusk, August 4, 1962, no. 793.00/8-462, ibid; Memorandum for President Kennedy, June 24, 1962, *JFKOF*, reel 5:4.

蔣經國與納爾遜（右）。（國史館提供）

政府如只有五分鐘熱度，他的父親或許還能忍受，但他無法保證六十萬國軍部隊與台灣人民能夠繼續容忍下去。[66]

讓蔣經國對納爾遜極端反感的關鍵因素，在於後者抵台僅短短三個月，即與負責U-2偵照任務、掌握國軍機密通訊電子設備與情報業務的空軍副參謀長衣復恩私下接觸，甚至安排衣與美大使柯克單獨會晤，小蔣掌握情資後，對於中情局竟敢如此大膽在國軍高層暗中「佈線」感到驚駭。[67]此外，納氏處事風格不若克萊恩豪邁大方，對各項合作案喜愛計較經費多寡等細節，都讓小蔣對他惡感日增，只不過為了公務，仍得與對方打交道，小蔣漸漸覺得與納氏往來，已成為精神上之沉重負擔。[68]前一章提及一九六二年夏天國府於港、澳、粵邊境發動一連串破壞行動，納氏奉華府之命轉告小蔣，美方擬禁發國府在美購買炸藥之出口證。小蔣一聽勃然大怒，當場痛責美政府「可惡」，揚言必要時將向媒體公開此事，讓台灣民眾來評理，納爾遜被痛罵一頓後，面紅耳赤，顧左右而言他，場面尷尬至極。[69]

台、美有關C-123運輸機交涉案，成了蔣經國與納爾遜互動更趨惡化的另一個催化劑。一九六二年春天，當克萊恩在華府極力替蔣介石爭取五架C-123運輸機時，美方內部出現質疑，認為五架數量太多，應該只提供兩架。而甘迺迪猶豫不決，在隨後致老蔣的七點原則裡，僅提及美方同意提供運輸機，但未清楚指明多少架，讓兩蔣父子誤以為華府已答允提供五架。此後國務院依然堅持對台不得提供超過兩架運輸機，以免

66 《蔣經國日記》，一九六二年七月二十一日〈上星期反省錄〉。
67 《蔣經國日記》，一九六二年八月六日。
68 《蔣經國日記》，一九六二年八月四日。
69 《蔣經國日記》，一九六二年十月十六日。

蔣介石誤以為美方默許其發動大規模空降行動，再次誘發台海危機。[70]在該年底一場例行協調會上，納爾遜當面向蔣經國否認美方曾答允提供五架運輸機，他稱兩架C-123將於翌年初運抵台灣，其餘三架則視日後情況而定。此時小蔣憤怒難以自抑，幾乎和對方發生肢體衝突，他努力克制情緒，但仍忍不住痛批美方背信食言，雙方不歡而散。當晚小蔣徹夜未眠，不明白「為何要如此受人之欺侮？久思難安，恐將永遠不會安心。」[71]

平心而論，納爾遜與C-123案並無直接關聯，派駐台北前他並未參與決策討論，來台後也僅是奉命轉達美方訊息。這次極不愉快的會議結束後，納氏兼程返美與華府高層商量此案，翌年（一九六三）二月他回台北後，為蔣經國帶來好消息：美政府已確認將提供台灣五架C-123運輸機，以示友好之意。[72]然而小蔣對他成見已深，難再有轉圜，直到一九六五年夏天他調離台北為止，蔣多次在日記裡寫下他對納爾遜的惡感：「納爾森每次求見，我皆以厭惡之心情接見之，但是又不得不假裝笑容，內心痛苦之深，唯有自知耳。」「接見納爾森，此人無擔當，亦無遠見，不過事務人員而已。」[73]與克萊恩相較，小蔣對納爾遜強勢且不友善的態度，美方人員看得很清楚，也替納氏抱不平。當國安局向蔣報告部分美駐台人員對其行事風格頗有意見時，他不但不以為意，還自豪「此乃很自然的事，我聽了很高興，亦證明了我的立場是站得很穩的，如果這些外國人在背後稱讚我，那麼我一定做錯了事。」[74]

克萊恩離台後，中情局駐台北站長角色遭弱化，不再肩負溝通雙方層峰的角色，其繼任者不為蔣經國所喜愛，蔣介石本人又未能恢復對國務院與駐華大使的信任，以致一九六三年一月甘迺迪遇刺身亡後繼任總統職位的詹森（Lyndon B. Johnson），在必要時仍得敦請克萊恩出馬，擔起台、美之間商討重大議題的特殊角色。一九六四年初，美方情報顯示法國總統戴高樂（Charles de Gaulle）已決定承認中共，並將於一月底對外宣布，只不過戴高樂尚不願接受中、法建交必須與台北斷交的條件，除非台北主動與法國斷交。詹森獲報後相當氣憤，認為法政府不顧美國的全球利益，卻高唱「戴高樂主義」來展現外交獨立自主，與華府抗衡。國務院立即向台北施壓，要求審慎考慮聯合國法語系非洲國家動態，不可冒進與巴黎斷交，華府還要求國府克制內部反法言論與行動，利用台、法尚未斷交的模糊狀態，考驗中共是否會與法國互派大使。[75]蔣介石認定國務院這番籲請，乃美方執意推動「兩個中國」政策，他自認三年前「外蒙案」時已做出巨大讓步，如今要他再次違背「漢賊不兩立」國策，簡直無法忍受。[76]

眼見台、美雙方關係又將陷入僵局，在詹森總統拍板同意下，魯斯克立刻敦請克萊恩出馬，希望利用他與兩蔣父子的舊情誼，規勸台北不要主動與法國斷交。[77]當時克氏正在歐洲公差，美方動用三架運輸機，把在旅途中的克氏緊急送往台灣，其座機在琉球群島上空還因天候不佳險遭空難，經過一番折騰，於一月二十六日清晨四時抵達松山機場，一夜未眠的蔣經國見到老友後，立即把他接回寓所長談。[78]克氏隨後與蔣介

70 Memorandum for President Kennedy by Harriman, August 8, 1962, *JFKOF*, reel 3:23.

71 《蔣經國日記》，一九六二年十二月二十一日、十二月二十二日、十二月二十九日。

72 小蔣得知美方將如期撥交其餘三架運輸機後，自記數月來的懸案雖告一段落，然而他絕不存任何樂觀想法，只能走一步算一步，參見《蔣經國日記》，一九六三年一月二十八日。

73 《蔣經國日記》，一九六三年六月三日、十月三十一日。

74 《蔣經國日記》，一九六三年四月十日。

75 Taylor, *The Generalissimo*, pp. 524-525; H.W. Brands, *The Wages of Globalism: Lyndon Johnson and the Limits of American Power* (Oxford: Oxford University Press, 1995), pp. 88-92.

76 《蔣介石日記》，一九六四年一月二十五日、〈上星期反省錄〉、一月二十六日。

77 華府對於克萊恩能否勸阻台北暫勿與法國斷交，並無太大把握，但認為克氏若能與蔣氏父子親自晤談，將有助於美方理解其想法，參見State Department to U.S. Embassy in Taipei, January 24, 1964, reproduced in DDRS, no. CK2349564430.

78 Cline, *Chiang Ching-kuo Remembered*, pp. 109-114；《蔣經國日記》，一九六四年一月二十七日。

石晤談，當面勸告台北應與巴黎周旋到底，讓戴高樂負起背信之責，不要貿然宣布斷交，這段期間華府將全力製造輿論壓力，使北京與巴黎無法建立全面的外交關係，藉以減少其他國家跟進的可能性。兩蔣父子很清楚美國正在依其自身利益而提出要求，並非真心顧及台灣立場，但最後仍勉強同意聽從建議，並未在台北時間二十七日晚上戴高樂宣布與中共建交時主動斷交，僅抗議法政府嚴重損害中華民國的權益，違反聯合國憲章的基本精神。[79]

此一「雙重承認」狀態僅持續兩週，直到二月十日戴高樂訓令法國駐台北代辦沙拉（Pierre Salade）通知外交部長沈昌煥，一旦北京派遣的大使抵達巴黎後，法政府將視其為唯一中國代表，屆時將不再承認來自台北的大使地位，老蔣認定法方此舉足以昭告世人，戴高樂必須承擔斷交之責，同時也可向華府表達自己已盡最大努力配合美方政策，遂於當晚宣布與法斷交。[80]事實上，兩蔣父子對於詹森要求台北配合行事，私下皆痛罵不已，老蔣甚至認為美方政策之「卑劣」尤甚於法國，小蔣則向克萊恩抱怨美國「不守信用、欺善而怕惡」且「害人又害己」，令克氏無言以對。[81]儘管如此，在華府看來，克萊恩此行仍已成功執行美方政策，迫使戴高樂展現出為了與北京建交，他必須以犧牲與二戰時期曾經並肩作戰、對抗軸心國的國府盟邦關係為代價，美方認為此一結局對於全球戰略整體布局仍屬有利。[82]

由於詹森深信克萊恩對台灣確實有些本領，因此九個月之後當中共成功試爆首枚原子彈時，他再度派遣克氏為信使，專程前往台北，安撫信心受到重創的兩蔣父子。前一年（一九六三）秋天蔣經國訪美時，曾向甘迺迪的國安幕僚建議台、美雙方構思以適當手段與途徑，盡速「移除」或「破壞」中國大陸境內的核設施，並表示國府願承擔所有政治與外交風險，不讓美國捲入糾紛，只要求美方提供技術支援，讓中共的核武企圖被有效嚇阻。[83]小蔣的籲求未被美方採納，一年後當中共核試爆的消息傳出後，台北政壇開始瀰漫著一股濃厚的失敗主義氣息，在駐華大使賴特（Jerauld Wright）的建議下，白宮立即派遣克萊恩火速馳援，保證美方對台協防的承諾不會改變。克氏面謁蔣介石時，老蔣向他表達心中強烈的「困擾與恐懼」，抱怨數年來華府遲遲不接受台北提議打擊中共境內核設施，實為一大錯誤，如今再多解釋與保證都無法彌補亞太地區民心士氣所受到的強烈打擊。[84]小蔣則比父親更直率，兩人談話時發生激烈爭論，他批評美方政策失當，指責「美國人既愚蠢而又自大，可惡亦可憐」，談到後來竟不歡而散，從寓所送走克萊恩後，小蔣自忖未來美國將更加靠不住。[85]

蔣經國於一九六五年接任國防部長後，逐漸減少與中央情報局駐台人員接觸的頻率，此時「海軍輔助通訊中心」已改組為「美國陸軍技術組」（U.S. Army Technical Group），不論在名稱或實質上，中情局台北站的規模都無法和五〇年代的盛況相比，此情形在該年夏天納爾遜的繼任者傅德（Harold P. Ford）來台履任後更為明顯。中情局為了替傅德壯聲勢，先由克萊恩親筆致函小蔣加以介紹一番，再由克氏陪同傅德飛台北，親

79 翟強，《冷戰年代的危機和衝突》（北京：九州出版社，二〇一四年），頁一二六—一二七。

80 《蔣介石日記》，一九六四年二月十日；薛化元，《戰後台灣歷史閱覽》，頁二〇二。

81 《蔣介石日記》，一九六四年二月十日；《蔣經國日記》，一九六四年一月二十九日、二月一日、二月二日。

82 Memorandum for McCone by Cline, March 2, 1964, enclosed in McCone to Rusk, Bundy, and Harriman, top secret, March 2, 1964, CIA/FOIA, no. 0000864573.

83 CIA minutes of meeting, Subject: Meeting between Mr. McGeorge Bundy and General Chiang Ching-kuo, September 10, 1963, CIA/FOIA, no. 0000608232.

84 《蔣介石日記》，一九六四年十月二十四日、十月二十五日；Jerauld Wright to State Department, October 19, 1964, NSA, Collection: Nuclear Non-Proliferation, no. NP01008; Wright to State Department, October 24, 1964, NSA, Electronic Briefing Book: The United States and the Chinese Nuclear Program, 1960-1964, Document 20.

85 《蔣經國日記》，一九六四年十月二十五日。

自將他引介給小蔣。[86]然而華府很快就發現，此時蔣經國已開始接受輿論與民意的檢視，為日後接班做準備；而且國防部的業務繁瑣龐雜，身為部長的他，其時間與精力都將無可避免地被巨大的官僚體系所吞噬，此後小蔣與美方情報人員的接觸，僅侷限在雙方最重要的幾項合作議題上。[87]

傅德擔任台北站長三年餘之際，美國正逐步陷入越戰泥沼而無法自拔。一九六五年七月，一架美軍戰機遭北越擊落，憤怒的詹森總統決定增派美軍並升高越戰規模，他致函蔣介石，希望台灣能擴大援助南越，蔣回覆表示同意。[88]此時老蔣主觀認定，經過三年的等待，向美方再次提出反攻大陸的時機已經成熟，因而派遣蔣經國訪美，推銷一套代號名為「大火炬五號」（Great Torch Five）的空降大陸西南五省方案。該年九月小蔣抵達華府，與包括詹森在內的美方高層人士晤談，他在會見國防部長麥克馬拉（Robert McNamara）時，詳細闡述「大火炬五號」內容，稱華南與西南的粵、桂、滇、貴、川五省是中國大陸與中南半島之間的緩衝地帶，國府如能拿下這五省，則中南半島乃至於整個東南亞地區的安全將可獲得保障，美國在越戰的困境也可迎刃而解。小蔣堅稱美軍不需直接介入，只需提供台灣必要的後勤與運輸支援，協助特種部隊發動空降並佔領各重要據點；為了取信美方，他動之以情，向麥氏坦言他父親甚至他本人在有生之年內，可能都無法親眼目睹光復大陸的實現，國府所希望的只是在美國協助下，把握每一次能夠削弱中共力量的機會。麥氏當場反問，是否有證據顯示只要國軍登陸西南各省，當地民眾即會揭竿而起支持國民黨？小蔣對此含糊回答，西南五省反共根基最強，其父親所享有之聲望最高，中共在當地的軍事力量也最為薄弱。麥克馬拉答應對此方案進行評估後，再給予最後答覆。[89]

此時美政府所持立場，在於避免與中共直接發生衝突，因此對於這套空降大陸方案，根本不可能接受，五角大廈進一步指出「大火炬五號」存在兩大缺陷：一是國軍出兵西南各省，肯定需要美方提供海、空掩護與地面部隊保護，此絕無實現之可能；二是並無確切情報顯示，國軍一旦空降該地區後將受到當地民眾歡迎與支持，即使美方鼎力相助，國府終究無法獲致成功。[90]在等候華府回覆的一段時間裡，蔣經國在台北向傅德繼續推銷「大火炬五號」結合越戰的宏偉構想，也曾應傅德之請，批准台灣空軍冒險深入華南與西南各省進行空中偵照的任務，以便掌握更多的情報資訊，一切作為都在於設法讓華府支持此一方案。[91]

然而，蔣經國的努力，終究未能說服因越戰而焦頭爛額的詹森行政當局。一九六六年一月二十四日，美國駐台北代辦恆安石（Arthur W. Hummel Jr.）向小蔣轉達美方拒絕支持「大火炬五號」的訊息，蔣聞後難掩怒氣與失望，但仍克制情緒與保持鎮定，表示國府與美政府坦率交心，提出具有建設性的建議，以求根本上解決越戰的問題，然美方卻不願接受，已嚴重損害台灣民心士氣。恆安石稱美方仍願擴大協商，討論國府所提的任何構想，此時蔣憤怒表示他看不出有此必要性。當恆安石再次提出雙方進一步合作來蒐集、交換與分析中國大陸情報，以確切掌握西南五省民心的歸向時，小蔣更是一口回絕，強調如無外力煽動與施壓，中國大陸內部是不可能出現大規模的抗暴運動，唯有透過國軍空降有效佔領這些地區後，當地才會出

86 "Ray S. Cline to Chiang Ching-kuo," June 15, 1965, 收錄於〈文件／忠勤檔案／蔣經國往來函電〉，《蔣經國總統文物》，典藏號：005010100000629；《蔣經國日記》，一九六五年八月四日。

87 CIA Intelligence Information Cable, Subject: Chiang Ching-kuo's Present Power Position and Prospects for the Future, September 17, 1965, *LBJ 1963-1969 Supplement*, reel 1.

88 President Johnson to Chiang Kai-shek, July 26, 1965, *LBJ 1963-1969*, reel 6; "President Chiang to President Johnson," July 31, 1965, 收錄於〈文件／黨政軍文卷／國際情勢與外交／蔣中正與甘迺迪往來函件等〉，《蔣經國總統文物》，典藏號：005010205000201。

89 CIA Intelligence Information Cable, Subject: Chiang Ching-kuo's Desire to Discuss GRC/U.S. Strategy against Communist China, September 22, 1965, *LBJ 1963-1969 Supplement*, reel 1.

90 George Ball to U.S. Embassy in Taipei, January 10, 1966, no. POL CHINAT-US, *China 1963-1966*, reel 38.

91 《蔣經國日記》，一九六五年十二月三日、十二月十五日、十二月十六日、十二月十九日、十二月二十日、十二月二十一日。

現起義熱潮，雙方會面最後不歡而散。[92]

「大火炬五號」也是國府最後一次正式向美方提出的反攻計畫，此案雖遭華府拒絕，但蔣經國早已心裡有數，並不感到意外；而令他加深對中央情報局惡感的是，該年秋天對方無預警終止與台灣空軍之間的低空偵察合作案。自一九五二年起，國府在美方資金、裝備與技術的支援下，籌組了一支空軍特種部隊，對中國大陸進行空投與滲透行動。一九五七年春天，美方協助台灣空軍執行最先進的電子偵測任務，對大陸沿海與內陸地區進行全方位的監聽與情蒐，國軍則成立「技術研究組」來統籌相關業務，該年底美方又提供最新型P2V電子偵察機。此後「技術研究組」開始使用「卅四中隊」（又稱「黑蝙蝠中隊」）番號，進行多項特種任務，地理位置涵蓋中國大陸各省份與中南半島，一九五二年至一九六六年間「黑蝙蝠中隊」共執行特種任務八百餘次，殉職人員超過百人。[93]

一九六六年十月二十八日，傅德奉命轉告蔣經國，美方決定終止該計畫，準備自台灣撤出P2V機隊，事前毫無心理準備的小蔣聞後勃然大怒，痛罵「美國人實在太壞」，最後「怒斥傅德而離座」，當天恰好是蔣介石農曆八十大壽，本應是國民黨上下一樁喜事，但因傅德的「無禮與無理要求」，小蔣自記他「終日困擾、憤怒與不安」[94]。此後一個月內美方人員屢次求見，欲商討撤離P2V偵察機與P-3A反潛機事宜，小蔣皆不理睬，連傅德要求安排簡報他最感興趣的中共核武發展的最新情報都不予理會，甚至臨時下令終止一項正在執行的海軍合作案，讓美方著實感受到小蔣這股怒氣。[95]

為了化解僵局，中央情報局副局長科爾比（William Colby）親自來台與蔣經國見面，兩人於十二月十三日談話兩小時，小蔣怒氣未消，明白表示他無法接受美方片面終止「黑蝙蝠中隊」，科爾比提議雙方共同檢討計畫成效，蔣斷然拒絕，並稱此計畫執行以來已損失了一百二十位人員，在犧牲如此多條寶貴生命的情況下，他實在不知該如何向軍方解釋此計畫必須突然停止；小蔣甚至向科爾比坦言，一旦「黑蝙蝠」倉促終止，他身為國防部長不但將失去空軍部門的尊重與支持，未來也恐難以駕馭眾多資深的國軍將領，會談最後又是不歡而散。[96]

當天夜裡，蔣經國在日記裡痛罵中央情報局的本質是「欺騙和陰謀」，他反省這些年來與美方的情報合作，本著「用人而不被用」的原則來應對，始終以國家利益為重，然而「黑蝙蝠中隊」被迫終止，讓他不得不提高對美國人的警覺。[97]此後雙方互動不見改善，兩個月內小蔣屢次否決美方所提共同執行任務之要求，而中情局的耐心也有限，在翌年（一九六七）初無預警撤走駐防台灣的四架P2V偵察機與P-3A反潛機。[98]最後彼此各退一步，同意重新協商合約內容與合作條件，台灣軍方才得以勉強保住「黑蝙蝠中隊」編制。儘管如此，小蔣對美方情報機構的成見日深，對派駐台北的傅德也更加厭惡與輕視。[99]在美方態度意興闌珊的情況下，往後「黑蝙蝠中隊」執行中國大陸偵照任務的次數大幅減少；七〇年代初期華府一度有意利用

92 Hummel Jr. to Rusk, January 25, 1966, no. POL27 CHINAT-US, *China 1963-1966*, reel 38;《蔣經國日記》，一九六六年一月二十四日、一月二十五日。

93 有關「黑蝙蝠中隊」歷史，參見衣復恩，《我的回憶》，頁一七九—一八八；郭冠麟主編，《北斗星下的勇者：空軍第三十四中隊—黑蝙蝠中隊口述歷史訪問紀錄》（台北：國防部史政編譯室，二〇〇四年）。

94 《蔣經國日記》，一九六六年十月二十八日、十月二十九日。

95 McConaughy to William Bundy, November 24, 1966, NSA, Collection: U.S. Intelligence and China: Collection, Analysis, and Covert Action, no. CI01776;《蔣經國日記》，一九六六年十一月十八日。

96 Memorandum of regular CIA-EA meeting, January 3, 1967, NSA, Collection: U.S. Intelligence and China: Collection, Analysis, and Covert Action, no. CI01785.

97 《蔣經國日記》，一九六六年十二月十三日。

98 《蔣經國日記》，一九六七年一月二十日；張維斌，《快刀計畫揭密：黑貓中隊與台美高空偵察合作內幕》（台北：新銳文創，二〇一二年），頁一六六—一六七。

99 一九六七年七月三十日傅德於返美度假前求見蔣經國，小蔣自記：「本不想接見此一無能小人，但是想起『可得罪君子而不可得罪小人』之古訓，仍予接見敷衍」。《蔣經國日記》，一九六七年七月三十日。

蔣經國與馬康衛（左）。（國史館提供）

該中隊協助美軍空投泰、寮邊境並截收北越的軍事情報，但此構想從未具體執行。一九七四年春天，當美政府積極推動與北京關係正常化之際，「黑蝙蝠中隊」被撤銷番號，正式走入歷史。[100]

馬康衛：蔣經國眼中的邪惡特務

無人可否認中央情報局對於台灣鋪天蓋地全方位情蒐的深厚功力，譬如一九六四年七月二十二日上午蔣經國進行健康檢查時，發現血糖指數飆升至一六〇，未料不久後此一個人隱私就被該局駐台人員掌握；一九六六年二月七日，小蔣又前往榮民總醫院檢查身體，得知血糖再度飆高，在父親的堅持下，他悄悄離開台北前往梨山休養，台北站高度關注國府內部動態的中情局人馬，很快又掌握此項情報並迅速回報華府。[101]一九六八年夏天，安諾德（Daniel C. Arnold）接替傅德成為台北新站長，到任之初為強化美方情蒐功力，他用盡心思拉攏台灣三軍高級將領，這些小動作看在蔣經國眼裡，徒增反感，痛罵安氏「令人討厭難忍」，認定這些美國在台情報人員成事不足，敗事有餘，並感慨：「為了不使他們危害我國家，有時候不得不裝笑容接談應付，但是在精神上所感受到的苦痛，只有我自己知道。」[102]

儘管中央情報局情蒐功夫仍維持高水準，但其派駐台北站長不若克萊恩時代可以直通兩蔣父子，已是不

100 衣復恩，《我的回憶》，頁一八三—一八四；郭冠麟主編，《北斗星下的勇者》，頁四—五。

101 《蔣經國日記》，一九六四年七月二十二日、一九六六年二月七日；CIA Intelligence Memorandum, "The Succession to Chiang Kai-shek," April 8, 1966, *LBJ 1963-1969*, reel 4.

102 《蔣經國日記》，一九六八年十二月二十九日。有關安諾德對國軍高層將領進行工作，另參見賴名湯，《賴名湯日記II：民國五十六—六十年》（台北：國史館，二〇一六年），頁二三九、二六一、二六七。

爭的事實，這也讓美國駐台北大使館在雙方情報合作業務的發言權快速提升，特別是當大使本人又是出身情報圈、了解情報業務時，情況更是如此。一九六六年夏馬康衛（Walter P. McConaughy）出任駐華大使，抵台履新不到一個月，便打破過去由中情局主導對台情報與特種合作案的慣例，直接參與台、美雙方在克萊恩離台前所建立的「藍獅小組」機密業務。[103]馬康衛派駐台北時，多次與小蔣商討重要的軍事情報議題，其任內也是華府逐步改變對華政策、降低對台軍援與協防承諾的轉捩點，美政府對台諸多不友善的決策皆透過馬氏傳達與執行。對於同一時期正逐步接掌國政的蔣經國而言，與這位美國大使交手，無可避免是充滿著痛苦、不滿與挫折。

也許是多年來從事國安情報工作所養成的習性使然，在馬康衛駐台八年期間蔣經國始終對他保持高度的警戒。一九七四年春天馬氏奉調離台前夕，小蔣自記：「馬某本來是一名製造政變的陰謀外交人員，李承範[晚]即為其推翻。美國政府派其來台，自有用意，余對其到任以來，從積極和消極兩方面加以防備，使其不能有所作為，其中用心之苦，唯有自知。」他甚至描繪：「馬某有時候所表現出來的兇相，我是看過好幾次的，為了國家的利益，我不能不容忍恥辱和苦痛。」[104]小蔣有此觀感，實不足為奇。馬氏早年接受情報專業訓練，五〇年代擔任香港總領事時，暗中參與美方扶植反共反蔣的「第三勢力」運動；一九五八年秋天派駐緬甸擔任大使時，該國軍事強人尼溫（Ne Win）發動政變推翻左派總理宇努（U Nu）；一九六〇年在他擔任駐南韓大使期間，李承晚被迫流亡海外；翌年在他出任國務院東亞助卿短短八個月期間，又先後發生南韓軍事政變與南越軍人暗殺吳廷琰未遂等陰謀事件。彷彿馬康衛所到之處或參與之事，該地就會出現離奇的政變、暗殺或其他顛覆行動，為了監控這位美國大使，國府高層甚至將國安人員偽裝成警衛、幫傭等角色，安插於大使官邸之內。[105]

一九七〇年春天蔣經國應邀訪美前，馬康衛先行返回華府預作「妥善安排」，結果小蔣造訪紐約時美方維安竟出現重大疏漏，兩名台獨運動成員黃文雄和鄭自才在酒店大門前開槍行刺小蔣未遂，虛驚一場，如此巧合讓小蔣無法不懷疑馬氏是否在幕後搞鬼。當他平安自美歸來後，私下批評馬大使：「此人陰狠，面笑心毒之徒，不可不防也。」多年後當小蔣憶及此事件時，再次感慨中央情報局「一面接待我，一面派台獨示威反對，又派人謀刺，實啼笑皆非」[106]。

蔣經國在國防部長與行政院副院長任內，曾數次與馬康衛就情報與敵後工作有不愉快的交手。一九六六年九月十九日他主動約見馬氏，針對大陸發生文革亂局，他主張台、美應有積極作為，不料馬康衛卻潑了他一盆冷水，稱華府不希望此刻出現任何與反攻大陸有關的行動，儘管當前大陸情勢混亂，華府無法確定中共政權是否即將崩潰。[107]一九六八年二月中旬，小蔣主動向馬氏透露，國府所掌握的情報顯示西藏地區因饑荒問題嚴重，當地的反共藏族人士可能轉向印度政府求援，他提請美方注意此事，把握機會設法削弱中共的力量，以強化美國在藏區的地下工作，並保護藏族異議人士免遭整肅。蔣接著談到當時廣東境內反毛澤東勢力非常活躍，國府敵後人員則集中在粵北地區，他打算策動當地的反毛運動，激化中國大陸內部混亂的形勢，不料馬康衛聽了之後非常緊張，擔心此舉將構成對北京的挑釁，引發台海緊張；小蔣趕緊澄清，這些敵後人員將以「參加文化大革命」之名行「倒毛」之實，並非打算建立反共據點，他理解美方擔

103 《蔣經國日記》，一九六六年七月十八日。
104 《蔣經國日記》，一九七四年四月五日。
105 王丰，《刺殺蔣介石：美國與蔣政權鬥爭史》（台北：時報文化，二〇一五年），頁四四九—四五〇；金信著，林秋山校編，《翱翔在祖國的天空：韓國臨時政府主席金九之子金信回憶錄》（台北：藍海創意文化，二〇一五年），頁二二三。
106 《蔣經國日記》，一九七〇年六月十二日、一九七四年九月二十五日。
107 McConaughy to Rusk, September 20, 1966, *LBJ 1963-1969 Supplement*, reel 1.

1970年代，蔣經國與克萊恩（右）。（胡佛檔案館提供）

憂，不會在越戰局勢險峻的情況下，再給華府添麻煩；蔣還稱他已下令暫停東南沿海的突擊行動，未來若打算恢復，必先與美方磋商，這時馬康衛才鬆一口氣。當天日記裡，蔣不忘批評美大使，稱一談及大陸情況，馬氏「只怕我們有所行動，一付可憐相」[108]。

一九六九年七月二日，國府未事先與美方磋商，便突然從馬祖向對岸閩江口發動武裝襲擊的行動，損毀中共海軍三艘艦艇，並活捉數名解放軍。兩天後，馬康衛緊急求見蔣經國，表達高度關切，此時尼克森行政當局正積極尋求改善與北京的關係，不願見到海峽兩岸再啟事端；小蔣辯稱此次突擊屬於「小規模勘查行動」，目的在測試解放軍沿海防衛的能力、擄獲情報並提升國軍部隊的士氣，並無任何反攻企圖。美大使當場要求小蔣承諾，未來此類行動不論規模大小，都必須先徵得美方允可，小蔣勉強表示同意，但私下又痛批美國人「無知和幼稚」，情緒來時他甚至打算對馬康衛的要求置之不理。[109]隨著華府逐步改變對華政策，美、台雙方情報合作的互信也不斷在流失中。

一九七〇年初，發生了一件令蔣經國難以置信的離奇事件；一九六四年發表《台灣自救運動宣言》而被奉為台獨精神領袖的彭明敏，竟然在國府情治系統嚴密監控下成功脫逃，離開台灣前往瑞典，並於該年秋天獲准前往美國；至今並無證據顯示美情報單位曾經參與彭明敏的逃亡，然而兩蔣父子卻堅信美國駐台人員是幕後黑手。（參見第八章）一月二十八日，在得知彭明敏潛逃出境後，小蔣不加思索立即把矛頭指向馬康衛，痛批：「彭賊之偷渡到瑞典，購機援華案之被剔除，乃是馬康衛的兩大罪行。」面對一位出身情報系

108 Memorandum of Conversation between McConaughy and Chiang C'ing-kuo, February 23, 1968, NSA, Collection: U.S. Intelligence and China: Collection, Analysis, and Covert Action, no. CI01855；《蔣經國日記》，一九六八年二月十四日。

109 The President's Daily Brief, top secret, July 5, 1969, CIA/FOIA, no. CIA-RDP79T00936A007300050001-1; McConaughy to Rogers, July 22, 1969, NARA, RG 59, Records of the Department of State, Subject-Numeric Files, 1967-1969, Box 1969；《蔣經國日記》，一九六九年七月五日。

統的美國大使，蔣的疑慮與憤恨又加深了一層：「美國人的真面目本來是如此，並非不知此情，不過為了維持某種程度之外交關係，裝得似無其事耳，心裡是明白的。」[110]

一九七一年夏天，白宮國家安全顧問季辛吉秘訪北京，並安排尼克森於翌年訪問中國大陸。此消息傳出後震驚全世界，當美、中關係正常化成為華府既定政策後，連蔣經國私下稱要把台、美關係「裝得似無其事」也變得更加困難。翌年二月，尼克森歷史性訪問中國大陸之前，與國府擁有二十年合作關係的中央情報局，竟把矛頭轉向自己的盟邦；在其內部分析報告裡，美方無法排除台北高層可能為了自身利益，利用潛伏於大陸境內的敵後人員，在尼克森來訪時進行破壞工作；中情局甚至不排除台灣某些有「極端情緒」的空軍飛行員失去理智，以戰機攔截飛入中國大陸領空的美總統空軍一號座機。[111]離譜的是，馬康衛竟以中情局內部此一假設性評估為基礎，緊急求見蔣經國，強勢溝通尼克森訪中的「安全問題」，要求蔣具體承諾不會做出任何危險的舉措。[112]隨著雙方互信不斷消蝕，以及台、美關係成為美、中建交最主要的阻礙，蔣經國與中央情報局數十年的愛恨糾纏，彷彿也走到了盡頭。

從七〇年代蔣經國內心如何看待被視為其「摯友」的克萊恩，吾人或許能夠更加客觀地評價小蔣與美國情報機構互動的本質。克氏於一九七三年離開公職後，轉往華府喬治城大學國際戰略研究中心（Center for Strategic and International Studies）擔任執行長，以智庫學者的身分在學術領域為維護台、美外交貢獻心力，他提出東、西德關係的「兩德模式」，作為突破台灣外交孤立與維繫台、美關係的新論點，並多次穿梭太平洋兩端，與蔣經國在內的台灣學、政界人士晤面，也曾數次在國會聽證會上為台北發言。[113]這樣一位堅定支持台灣、過去影響力可以直達兩蔣父子的友人，蔣經國又是如何看待？一九七三年春天，克萊恩首次以民間學者身分回到台灣，多年未見，小蔣為盡地主情誼，特地攜他同遊梨山，兩人談話時克氏不但提及美國新任駐台大使人員與美、中、台三邊關係，甚至還論及邀請小蔣再次訪美，然而蔣在日記裡卻如此寫道：「同一名美國情報人員和小政客談話，要格外小心謹慎，多聽少說為是，除了對季新[辛]吉之批評似乎過於激烈外，尚無失言之處。」[114]隔年秋天，克萊恩偕妻子再次造訪台灣，小蔣表面上熱情接待，骨子裡卻對這對夫婦防備至極，認為克氏出身情報系統，「言行不一，只可聽之而不可信也」，又稱「與此人相交為『友』，已有十餘年，此次發覺其為一口是心非的政客，宜遠而不宜近，以免上當。」[115]

或許受到美、台關係不斷走下坡的惡劣形勢所影響，此後數年間克萊恩幾次訪台，小蔣私底下對他都沒有什麼好話，更感受不到彼此曾經存在著深厚的公私情誼。一九七六年秋天，當克氏又一次結束台灣之行後，小蔣自記：「上週克萊恩來台作三天之訪問，不知其目的和作用何在，明知中央情報局人員之不可信，但是我仍待之以賓客，以免多樹敵人。」[116]雖然克萊恩不時在學、政界替國府發聲，但兩年後他與蔣經國在台再次晤面後，蔣卻批評他「空口說白話，一無新處，中外政客尤如天下烏鴉一般黑」，甚至把這位老友當作美國總統卡特（Jimmy Carter）來警告，稱中華民國正面臨生死存亡的關鍵時刻，為了國家的生存，他本人必須有所選擇。[117]

觀察蔣經國晚年對多年「摯友」的內心看法，吾人不禁要問，究竟是克萊恩變了，還是蔣經國變了？也

110 《蔣經國日記》，一九七〇年一月二十八日。
111 CIA Special National Intelligence Estimate, "Security Condition in China," February 10, 1972, CIA/FOIA, no. 0000745661.
112 《蔣經國日記》，一九七二年二月十二日。
113 涂成吉，《克萊恩與台灣：反共理想與理性之衝突和妥協》，頁二六一—二八七。
114 《蔣經國日記》，一九七三年五月七日、五月九日。
115 《蔣經國日記》，一九七四年十一月二十日、十一月二十七日。
116 《蔣經國日記》，一九七六年九月二十四日。
117 《蔣經國日記》，一九七八年六月二十四〈上星期反省錄〉。

許在小蔣心中，未曾改變的是以國家現實的利益為最大考量。從一九四九年國府於風雨飄搖之中來到台灣開始，他與美國情報單位的諸多往來應對，都不過是為了讓國家利益最大化的一種必要手段罷了。

第三章
主政後的難題

「情報調查機構，尤其是司調局，濫用職權，陷害無辜，借公濟私，且仍有刑審之事存在，聽了之後，坐立不安，夜不成眠，我心愧疚之深，實非言語和文字所可以形容的。這些幹部中的敗類，危害國家之大，再不允許其存在，應從多方面設法來加以剷除，否則後患無窮矣。」[1]

一九七二年七月二十二日下午四時，蔣介石在陽明山中興賓館休憩時突然心臟病發，生命一度垂危，此後三年間老蔣時時處在昏迷與清醒之間，無法處理國政，也鮮少公開露面。隨著蔣介石的健康每況愈下，時任行政院長的蔣經國成為黨、政、軍最高決策者，在華府情報機構眼中，其地位已是中華民國政府「實質領導人」（de facto head of the regime）。[2] 該年春天小蔣出掌閣揆後，已不再直接負責情治工作之責，改交由國

1 《蔣經國日記》，一九七八年十月六日、十月七日、〈上星期反省錄〉。

2 CIA Weekly Summary Special Report, Subject: Nationalist China Revisited, June 28, 1974, CIA/FOIA, no. CIA-RDP85T00875R001500060012-3.

防部長督導，國家安全業務除非有重大事件需呈報其本人裁決，一般例行性公務皆由國家安全局執行與推動。[3]然而，直到總統任內驟然長逝為止，蔣經國初踏台灣政壇賴以立足的軍事情報、國安情治與軍隊政工三大領域，屢次發生危機，迫使他必須親自介入、管控與解危，難題一再出現，不但對小蔣的領導統御帶來沉重壓力，也讓七〇年代風雨飄搖的台、美關係，雪上加霜，並直接影響晚年蔣經國的權力與人事布局。

台灣「非法」採購魚雷案

一九六九年元月尼克森入主白宮後，逐步改善與北京關係，推動諸如允許對中國大陸進行直接貿易、放寬美國公民前往大陸旅遊的限制、重新恢復華沙大使級會談、下令第七艦隊暫停巡弋台灣海峽等新措施。該年春天中、蘇共在黑龍江邊境的珍寶島發生衝突，與此同時，美國國內反越戰情緒也達到沸騰，在華府看來，一旦數十年來與北京的敵對狀態解凍，不僅可使美國早日擺脫越戰的糾纏，還能進一步離間分化中、蘇兩大共黨的強權關係，打「中國牌」的戰略構想已然成型。[4]

當華府開始調整對華政策，國府當局對美策略也出現微妙的變化，並具體反映在對美情報部署的行動上；國安單位決定派遣更多特務前往美國境內活動，設法反制主張美、中建交的團體與個人，並監控台獨活動。中央情報局與聯邦調查局皆充分掌握了這些國府特工的行蹤，美國媒體曾揭露，美、台斷交前計有四十五名左右的國府特工在美境內活動，這些特務與美情報單位之間關係頗複雜，既合作又競爭，譬如最初在美方安排下，有十至二十五名國府特務被安置於各大學校園內，積極招募線民，監督台灣留學生組織與華裔教授，監控、滲透與破壞親共華人或台獨社團；然而在一九七七年時，這些特務曾一度遭聯邦調查局列入監控名單，隨後監控狀態又被取消，雙方人馬恢復較為密切的往來，並將中共視為假想敵，直到一九八一年夏天「陳文成案」發生後，美情報單位迫於國會及輿論壓力，又開始嚴密監控國府在美境內的隱蔽行動。[5]

隨著台、美之間的互信不斷消融，友好關係不再，彼此圍繞在軍事情報議題所引發的爭議便無從避免，一九七五年發生的台灣「盜取」魚雷案，即是一例。蔣介石為強化台灣海軍作戰與防禦能力，在六〇年代即開始籌建首支潛艇部隊，一九六三年台北向義大利軍火商訂造兩艘袖珍型潛艇，並在對方技術指導下，推動國軍自主建造潛艇。該兩艘潛艇於一九六八年完成組裝，進行下水測試，並於隔年秋天舉行成軍命名典禮（「海蛟」、「海龍」），然而這兩艘潛艇先天設計不良，排水量少，僅能裝置六至八枚魚雷，每一艘也僅能容納六人，又因功能有限，成軍短短四年後便除役。[6]儘管如此，台灣海軍自製研發潛艦的努力，也讓美政府思考是否放寬對台的潛艇限制政策。

一九七一年春天，五角大廈同意以「有償軍援」模式提供台灣兩艘傳統動力潛艇，以強化其反潛能力；翌年三月間，首批八十餘名台灣海軍軍官赴美接受潛艇操作、作戰與接收訓練，一九七三年四月，首艘潛艇「海獅」由美國東岸啟程前往舊金山進行整修，並於一年後抵達台灣，另一艘潛艇「海豹」則於一九七

3 郝柏村著、王力行採編，《郝總長日記中的經國先生晚年》（台北：天下文化，一九九五年），頁二五一—二五二。

4 Richard Nixon, *The Memoirs of Richard Nixon* (New York: Simon & Schuster, 1990), pp. 544-556; Henry Kissinger, *Diplomacy* (New York: Simon & Schuster, 1994), pp. 703-714.

5 此報導來自《波士頓環球報》（*The Boston Globe*）（一九八六年一月五日），參見CIA news clippings, CIA/FOIA, no. CIA-RDP90-00965R000504050003-8.

6 Interagency Intelligence Memorandum entitled "Prospects for Arms Production and Development in the Republic of China," May 1976, reproduced in DDRS, no. CK3100533874; 郭乃日，《失落的台灣軍事秘密檔案》（基隆：高手專業出版社，二〇〇四年），頁一三九—一四〇。

三年秋天移交，翌年初來台服役。美方援助潛艇在於訓練國軍潛艇人員與反潛作戰假想敵之用，而非投入正規作戰，因此雙方在移交前曾簽署備忘錄，嚴格規範潛艦用途，排除台方自行將攻擊用魚雷裝置於潛艇的權力，為此美方先行移除潛艇上的機密電子裝備，並封存敏感的技術手冊。[7]

一九七五年初，一件離奇的事件突然在華府國安高層之間傳開；一月二十八日國務卿季辛吉接獲聯邦調查局的密報，稱台北正透過某特殊管道向美軍火掮客採購三十枚MK-37型魚雷，而且這三十枚魚雷是軍火商以非法手段，從紐約布魯克林軍港（Brooklyn Navy Yard）盜竊而來，國府試圖將這些魚雷武裝於「海獅」、「海豹」，使其成為具有作戰能力的潛艇。美情報進一步顯示，涉及此宗軍火案的台方人士，包括國府駐美大使館海軍武官邱華谷少將，駐洛杉磯總領事館一位許（徐）姓外交官，以及一位韓姓海軍低階軍官，美方涉案人士為洛杉磯「太平洋軍火電器公司」（Pacific Ordnance and Electronics Corporation）副總裁瑞夫金（Irvine I. Refkin），與一位名為柯立提（Ronald Colitti）的軍火商。美方調查指出，雖然台北當局知悉這批魚雷是從美國海軍基地非法流出，卻仍打算以每枚七萬五千美元的價格向軍火商購買；聯邦調查局並監控到一位戴姓台灣海軍退役將領，於一月二十日安排前述韓姓軍官由台北飛抵洛杉磯，會晤軍火商並檢視魚雷的狀況，韓某隨即向邱華谷彙報，稱此批魚雷狀況良好，可以採購，但美軍火商則堅持先付清款項再行交貨。鑒於此案證據確鑿，季辛吉立即訓令駐台北大使安克志（Leonard Unger）盡速與蔣經國交涉，並採取補救措施，以免傷害美、台關係，季特別指示安氏轉告小蔣，此案高度敏感，美方不打算公諸於世，以免危害中華民國政府的形象。[8]

此時華府雖積極推動與中共建交，然面對突如其來的軍火案醜聞，季辛吉與白宮國安團隊顯然願意顧及台北顏面，不打算利用此事打擊國府。根據白宮國家安全會議一月三十一日的機密備忘錄顯示，美方研判蔣經國本人對此案並不知情，極可能是台灣軍事情報部門急欲立功求表現、膽大妄為所致。[9]時任國府駐美採購服務團軍資組組長溫哈熊，對此案則有不同回憶，他稱該案最初是由國安局駐華府特派員汪希苓與一位猶太裔商人洽辦，然而事尚未成，汪即被調回台北，待邱華谷前往華府履任後，其手下向他彙報此案並建議應繼續推動，為了檢視這批魚雷品質，國府人員趁夜前往布魯克林軍港，結果被埋伏現場的聯邦調查局幹員當場查獲，此案因而曝光。[10]

不論實情如何，季辛吉此時透過安克志大使向蔣經國保證，不會起訴美籍涉案人士，也不欲將事端擴大，他只希望台北釐清事件原委，並承諾日後不再發生此類事端。[11]二月六日安克志與小蔣晤面並陳述整個魚雷案情形，蔣聞後顯得相當驚訝與不可置信，他表示確實知悉國軍正努力設法採購魚雷，以應付中共日益強大的海軍力量，而一切努力皆依循正常管道與美方交涉；安克志堅稱美方調查報告顯示台方人員非法行為已是證據確鑿，蔣再次強調這絕非國府當局行事的原則，他稱對邱華谷相當熟稔，認為邱品行良好，如果美方指控的三位國府官員果真涉案，那他們實在是愚蠢至極，蔣最後表示自己對此案毫無所悉，但承諾將盡快查明真相，給美方交代。[12]

7 Department of Defense "Calendar of Documents," Republic of China (Taiwan), top secret, January 4, 1973, reproduced in DDRS, no. CK3100674191; Unger to Kissinger, February 7, 1975, top secret, ibid, no. CK3100510403.

8 Kissinger to Unger, January 28, 1975, Subject: ROC Covert Effort to Acquire Torpedoes in US, top secret, eyes only, reproduced in DDRS, no. CK3100524782; Unger to Kissinger, top secret, January 29, 1975, ibid, no. CK3100510398.

9 Memorandum from Richard Solomon to Kissinger, January 31, 1975, *Gerald R. Ford and Foreign Affairs*, 1:1, reel 3.

10 劉鳳翰訪問，李郁青記錄，《溫哈熊先生訪問記錄》（台北：中央研究院近代史研究所，一九九七年），頁二二七—二二八。

11 Kissinger to Unger, February 5, 1975, top secret, reproduced in DDRS, no. CK3100521972.

12 Unger to Kissinger, February 6, 1975, top secret, reproduced in DDRS, no. CK3100510401. 蔣經國在當天日記裡僅寫道：「接見美大使談及企圖盜買水雷案。」見《蔣經國日記》，一九七五年二月六日。

接下來數日，安克志分別與參謀總長賴名湯與海軍總司令宋長志晤面，賴與宋極力撇清蔣經國與此案的關聯，並稱國軍不會愚蠢到向一位軍火商購買被非法竊取的魚雷，遑論一旦取得之後，如何將魚雷順利運回台灣是一大問題。然而，美大使並不相信這番說詞，他堅稱美司法部門已掌握涉案證據，甚至監控到邱華谷遲至一月二十七日為止，仍與軍火商秘密交涉，此時宋長志才改口說，過去數年部分美國海軍官員曾私下「鼓勵」台灣應設法武裝兩艘潛艇，強化反潛能力，但台北多次循正式管道向美方爭取魚雷未果，後來得知有軍火商願意出售「第三國製造」魚雷數枚，國軍高層才指示赴美公差的韓姓軍官「順道」與軍火商接觸，宋也連忙稱他已在一月二十七日當天電令邱華谷停止魚雷交易。賴與宋兩人不斷向美大使強調，台北堅持一切軍火交易必須合法，多次訓令在美交涉的國府官員務必查明實情，不得有任何非法行為，他們不相信駐美官員膽敢從事任何違法行動，這其中必定是出現了一些「誤會」。[13]

華府認定台灣軍方的這番解釋與澄清，毫無說服力，甚至高度懷疑宋長志本人即是幕後主使者，但仍傾向於認為蔣經國事前確實不知情，國務院也關切當時仍在美國境內幾名涉案國府官員的動向，要求台北盡速召回這些嫌疑人士。[14]二月初，聯邦調查局持續監控到美軍火商與邱華谷在華府依然有接觸，仍在秘密交涉魚雷事宜，季辛吉獲報後，憤怒不已。二月十四日安克志再次會見參謀總長賴名湯，轉告美方所掌握的最新情報，安氏威脅此案不但已嚴重損害兩國關係，恐將迫使華府重新考慮對台軍售，並要求邱華谷與駐洛杉磯的許（徐）姓外交官應盡速離境；當天稍後，宋長志緊急面見蔣經國，轉達美方強硬立場。[15]

華府的強烈不滿迫使蔣經國必須採取斷然措施；翌日台北電召邱華谷立刻返國說明原委，邱返台後向賴名湯報告，稱一月二十七日他接獲宋長志命令終止魚雷案後，如實轉告洛杉磯軍火商停止交易，然而對方竟不肯罷手，並於二月四日自洛杉磯飛來華府與他見面，兩天後這名軍火商又帶著另一名看似黑幫份子的陌生人來見，此刻邱華谷恍然大悟，原來這個軍火商也只是一個仲介，那位可能具有黑道背景的人士才是幕後操盤手，他也才理解到，這三十枚魚雷是竊自美海軍基地的贓貨，當場下逐客令並立即終止整起交易案。二月十九日，賴名湯將邱華谷如上陳述轉告安克志，為了證明邱所言不假，賴表示願意安排邱與美大使本人會面，以釐清案情。[16]

為保護此案的秘密線人不致因邱華谷與安克志對質而曝光，美方回絕賴名湯的提議，僅要求台北盡速召回涉案的駐美官員；不料二月二十四日中午邱華谷竟主動現身美國大使館要求面見安克志，解釋一切以示其清白，但美大使選擇避不見面。[17]此案發展到最後，因雙方都不欲事態繼續擴大，決定各退一步；台北同意召回邱華谷，季辛吉則透過美大使館轉達台北高層，華府相信蔣經國並未涉入此案，邱華谷等人極可能受到一些錯誤的訊息所誤導，而不慎涉入某些「不恰當舉措」（improper activities），美方寬容一個月時間讓邱在華府處理私務，並結束其駐美海軍武官職務。[18]

諜影重重的核武研發計畫

另一項影響七、八〇年代台、美關係的敏感議題，是台灣軍方秘密研發核武所引發的高度爭議。美國對

13 Unger to Kissinger, February 7, 1975, top secret, reproduced in DDRS, no. CK3100510403; Unger to Kissinger, February 10, 1975, ibid, no. CK 3100510406.

14 Robert Ingersoll to Unger, February 10, 1975, top secret, reproduced in DDRS, no.CK3100512962; Unger to Kissinger, February 13, 1975, ibid, no. CK3100510408.

15 Unger to Kissinger, February 14, 1975, top secret, reproduced in DDRS, no. CK3100518621;《蔣經國日記》，一九七五年二月十四日。

16 Unger to Kissinger, February 19, 1975, top secret, reproduced in DDRS, no.CK3100691877.

17 Carlyle E. Maw (Under Secretary of State) to Unger, February 19, 1975, top secret, reproduced in DDRS, no. CK3100641648; Unger to Kissinger, February 24, 1975, ibid, no. CK3100650378.

18 Kissinger to Unger, February 24, 1975, top secret, reproduced in DDRS, no. CK3100521974.

華政策的風向轉變與台北外交所面臨嚴峻處境，讓國府高層警覺必須保有自主研發核武的能力，方能在面對不確定的未來時，增強自身籌碼。此時蔣經國的想法，與其說想要製造與使用核武，不如說在於設法建立某種程度的「核威懾」，讓台北在面對美、中、台三方關係變局時，能夠保有某些優勢。從現實角度觀之，台灣天然資源極端匱乏，發展經濟與維持民生所需的石油、天然氣與煤炭等，幾乎百分之百仰賴進口，一旦台海重啟戰端或台灣遭共軍封鎖，所有天然資源都將斷炊，相較於傳統能源，核燃料易於裝運與儲存，實為較佳的能源選項。[19]在此思維下，國府相關部門遊走於民用與軍用的模糊地帶，全方位加速核能研發；一九七二年春天，當蔣經國考慮在屏東恆春與台灣北端貢寮興建兩座新核能發電廠時，即曾嚴肅思索這些新廠能否使用重水，「使其能與國防相配合」。[20]同年九月，位於桃園楊梅的「鈽燃料化學試驗室」（又稱「熱實驗室」）竣工啟動，翌年初桃園龍潭的中山科學研究院（簡稱「中科院」）核能研究所於數年前購自加拿大一座名義上作為研究用途的重水反應爐，首次達到運轉臨界點，這意味著台灣已具有提煉出高純度濃縮鈾的能力，有利於製造原子彈。[21]

和平用途的核能研發與核武技術的開展，兩者之間的分際相當模糊，也為日後台、美爭議埋下了伏筆。一九七二年十一月，台電公司向西德民間核能公司UHDE接洽採購一座核燃料「再處理工廠」（reprocessing plant），當西德政府向美方徵詢此項「民生」用途核能交易時，華府官員驚覺事態嚴重；「再處理工廠」不但可以使重水反應爐裡的核燃料產生再循環，同時還可將反應爐所產生核廢料中的鈽元素加以分離，從成本效應而言，除非打算推動大規模核武計畫，否則建構一座「再處理工廠」而卻僅用於核燃料再循環，根本不切實際；就開發中國家而言，「再處理工廠」的存在，足以顯示該國對發展核武具有強烈企圖。[22]此時美政府還獲悉除西德外，台電公司也向比利時接觸，欲採購核能發展的相關設備，國務院不但施壓西德政府出手阻止「再處理工廠」交易案之外，也體認到必須以更強硬手段制止台灣研發核武，否則後果不堪設想。[23]

一九七五年秋天，台電公司向英國一家民間核能公司採購民用核能設備，為此英政府向華府徵求意見，當時全球剛經歷石油危機，美方理解台灣天然資源貧乏，對於核能發電殷切需求，加上蔣經國在立法院進行施政報告時，特地把去世不久的蔣介石搬了出來，稱「中華民國不製造核武」乃父親生前訂下的基本國策，華府因而向英國表示不反對之意。此筆交易案雖順利完成，美國務院官員私下卻向英方表達擔憂，稱蔣經國本人雖承諾不發展核武，但台灣軍方一批鷹派人士卻持相反立場，華府對於小蔣能否有效壓制這群「擁核派」（pro-bomb faction），頗有疑慮。[24]

老美的擔憂很快就成真。一九七六年夏天，美駐荷蘭大使館向華府報告，台電公司正與荷蘭Comprimo及比利時Belco Nucléaire兩家能源公司秘密談判，試圖取得核燃料再處理的關鍵技術，國務院認定此事非同小

19 Nancy B. Tucker, *Taiwan, Hong Kong, and the United States, 1945-1992* (New York: Twayne Publishers, 1994), pp. 146-147; Joseph Yager, *Nonproliferation and U.S. Foreign Policy* (Washington D.C.: Brookings Institution, 1980), pp. 66-81.

20 《蔣經國日記》，一九七二年四月二十三日。

21 Albright and Gay, "Taiwan: Nuclear Nightmare Averted," *The Bulletin of the Atomic Scientists*, 54: 1 (1988), p. 57. 一九七二年五月蔣經國視察中科院時，自記「該院於最近一年來，進步甚大」，見《蔣經國日記》，一九七二年五月十八日。

22 Sharon Tanzer, Steven Dolley, and Paul Leventhal eds., *Nuclear Power and the Spread of Nuclear Weapons: Can We Have One without the Other?* (Dulles, VA: Brassey's, Inc., 2002), pp. 185-225.

23 State Department memorandum, November 22, 1972, NARA, RG 59, Records of the Department of State, Subject-Numeric Files, 1970-73, AE 11-2/China; Memorandum for Assistant Secretary of State (Marshall Green), December 14, 1972, ibid, FSE 13/China; State Department to U.S. Embassies in Bonn, Taipei, and Brussels, January 4, 1973, ibid, FSE 13/China.

24 FCO 21/1416 FEC12/2, Foreign Office Minutes, Subject: Nuclear Trade with Taiwan, November 19, 1975; British Embassy in the United States to Foreign Office, Subject: Taiwanese Nuclear Plans, November 21, 1975.

可，嚴肅考慮拉高對台交涉層級，美大使安克志也立即向國府高層轉達華府關切之意。[25] 數星期後，國際原子能總署人員在台灣進行年度例行檢查時，赫然發現中科院重水反應爐內的五百多克鈽竟不翼而飛，而且位於桃園楊梅的「熱實驗室」已有能力將美方提供台電用於民生發電的鈾燃料，以每週二十至三十公斤的速度濃縮提煉，生產鈽金屬。[26]《華盛頓郵報》（*The Washington Post*）自某特殊管道（據信是中央情報局）獲悉此消息後，立即專訪原子能總署人員，取得在台視察細節後，於八月二十九日以頭版頭條報導台灣正秘密處理可製造原子彈的鈾燃料，消息一出，舉世譁然。[27]

《華盛頓郵報》新聞刊出後，其他重要報章如《紐約時報》（*The New York Times*）與《巴爾的摩太陽報》（*The Baltimore Sun*）等也追蹤報導，鬧得沸沸揚揚，不可開交，蔣經國不禁憤怒指責美國「左派」媒體惡意中傷兩國關係，值此雙邊邦誼已搖搖欲墜，蔣痛罵美自由派人士「即是共產集團用來傷害美國及其友人的一股力量，亦就是借刀殺人之一法，惡毒如共產份子者，天下無出其二哉。」[28] 氣急敗壞的外交部長沈昌煥立即召來安克志，澄清各項不實的指控，稱原子能總署人員在台時並未提出不尋常發現，過去數年來美方人員也與台方主其事者密切溝通，他不理解此時竟出現嚴重損害中華民國聲譽與台、美邦誼的報導，並要求安氏向華府澄清，重申台灣不發展核武立場。[29] 然而，沈昌煥此番說詞卻未換來美政府的信任，國務院指示安克志利用稍早來自歐洲的情報，以台電公司與荷蘭及比利時暗中接觸、欲採購核燃料再處理設備與技術為例，向國府指控其製造核武意圖已「證據確鑿」（conclusive evidence）。九月十一日，美大使將一份措詞強烈的外交照會轉交國府，季辛吉特別提醒安克志，不論台北反應如何及是否提出更多保證，美大使都應避免表示「滿意」之意，此刻華府對國府的信任與耐心幾已耗盡。[30]

除了來自歐洲的情報之外，中央情報局極可能早已在台灣軍方布置內線，因而往往能夠在第一時間取得台灣內部研發核武的進展，當時親自上火線處理台、美核武爭議的外交部次長錢復，與八〇年代擔任參謀總長的郝柏村，皆持此類看法。[31]美國學者陶涵（Jay Taylor）更指名當時剛從美國取得博士學位、返台後於核能研究所任職的張憲義已被中情局吸收，成為美方消息管道的來源，只不過張本人堅稱中情局對他正式接觸，遲至一九八二年才開始。[32]不論實情為何，美、台之間的間諜戰，隨著彼此關係的不斷下滑，也益趨激烈與複雜，溫哈熊在訪談回憶錄裡甚至揭露，宋長志於一九七六年至一九八一年擔任參謀總長任內，中情局竟一口氣收買十餘名國軍將領，其中大多數來自海軍，當時一位派駐中情局台北站的美籍華人，返美

25 U.S. Embassy in the Netherlands to State Department, July 7, 1976, NSA Electronic Briefing Book: The United States and Taiwan's Nuclear Program, 1976-1980, Document No. 4A; U.S. Embassy in Belgium to State Department, August 20, 1976, ibid, Document No. 4E; U.S. Embassy in Taipei to State Department, August 16, 1976, ibid, Document No. 4B; State Department to U.S. Embassy in Taipei, July 30, 1976, ibid, Document No. 4C.

26 U.S. Mission to International Atomic Energy Agency (Vienna) to State Department, August 19, 1976, NSA Electronic Briefing Book: The United States and Taiwan's Nuclear Program, 1976-1980, Document No. 4D.

27 《華盛頓郵報》當天的頭版頭條為"Taiwan Seen Reprocessing Nuclear Fuel"，參見Albright and Gay, "Taiwan: Nuclear Nightmare Averted," pp. 59-60.

28 《蔣經國日記》，一九七六年九月八日。

29 U.S. Embassy in Taipei to State Department, August 31, 1976, NSA Electronic Briefing Book: The United States and Taiwan's Nuclear Program, 1976-1980, Document No. 5A; 錢復，《錢復回憶錄》，卷一，頁三三六—三三七。

30 State Department to U.S. Embassy in Taipei, August 31, 1976, NSA Electronic Briefing Book: The United States and Taiwan's Nuclear Program, 1976-1980, Document No. 5B; State Department to U.S. Embassy in Taipei, September 4, 1976, ibid, Document No. 6A; State Department to U.S. Embassy in Taipei, September 11, 1976, NARA, RG 59, Policy Planning Staff Files, 1969-1976, Box 377.

31 錢復，《錢復回憶錄》，卷一，頁三三七—三三八、三四六—三四七；郝柏村，《八年參謀總長日記》（台北：天下文化，二〇〇〇年），上卷，頁四六九。

32 Taylor, *The Generalissimo's Son*, pp. 323-324; 陳儀深訪問，彭孟濤、簡佳慧整理，《核彈！間諜？CIA：張憲義訪問記錄》（新北：遠足文化，二〇一六年），頁七六—七八。

後寫信給蔣經國，列出被美方收買的將領姓名。據溫所言，這位人士在信裡告訴蔣，他雖為華裔美人，但當他看到中華民國高階將官被美國情報單位買通，覺得這些人對國家的忠誠實在大有問題，因此在權限範圍內提供資料。此案因過於敏感棘手，宋長志左右為難，蔣經國指示低調處理，最後不了了之。[33]

一九七六年九月中旬，行政院新聞局發表聲明，宣稱今後中華民國政府將不再進行任何與「核燃料再處理」相關的行動，華府雖暫時收手，不再進一步施壓，但仍高度警戒，認定台、美關係一旦出現重大變化，國府極可能立即恢復核武研發。[34]蔣經國顯然感受到美方強烈的猜疑，於是在九月十四日傍晚主動約見安克志晤談，除重申不發展核武的基本國策，也坦承台灣正在進行的核能研究確實已有進展，不過都是民生用途性質；他承認核燃料再處理技術具高度爭議，為避免外界誤解，他已下令停止此方面研究。安克志當場詢問台電公司是否曾向歐洲國家秘密接觸，蔣回答他的確指示相關部門私下探詢自歐洲進口相關設備的可能性，但後來發覺這些設備的效果「並不顯著」；安氏又追問這其中是否包括設法取得核燃料再處理技術，蔣沒有否認，但堅稱這些接觸皆為「研究與實驗」所需，如果美方認為不妥，他會下令停止探詢。晤談接近尾聲時，蔣經國主動提議美政府派遣專家來台，進駐行政院原子能委員會、中科院與清華大學核子工程研究所等處，擔任顧問並扮演監督角色，所有開銷可由台北支付；美大使聞後感到驚訝，要求再次確認美方若真派員來台，是否將獲准前往視察島內「所有」的核能設備，蔣表示肯定，會談至此告一段落。[35]

來自美國的沉重壓力，讓蔣經國內心深感痛苦，而華府不相信其承諾，也讓他深以為恥，為了國家整體利益，蔣告訴自己此時只有「逆來順受」。美方為阻撓台灣研發核武，不但威脅停止出口核能發電廠的原料，甚至逼迫在麻省理工學院等學府研究飛彈與實習飛機設計的台灣留學生，立即終止學位束裝回國，美方態度之堅決與蠻橫，一如今日華府指控中國大陸留學生與研究人員在各大學校園竊取機密科技。蔣經國在獲悉台灣留學生無法完成學業的消息之後，憤慨至極，痛批：「美國帝國主義之真面目，於此可見矣，有何友誼可言？彼此利用而已。」[36]

美國對台灣的猜忌，在一九七七年一月二十日卡特總統上任後更形惡化，民主黨的外交政策向來對國民黨缺乏好感，華府新執政團隊認定國府因擔憂美、中加速建交步伐與美終止協防台灣，必將加快核武研發腳步，因而準備增強打壓的力道。[37]該年三月初，國際原子能總署前往台灣進行例行視察，一位專家注意到中科院內的重水反應爐，其原本應是封閉式的燃料轉運池，竟出現一個新的轉運口，現場一名在台服務的外籍技術人員透露，此一新的轉運口是最近應台灣方面的要求而建，這群專家們仔細檢查後，發現覆蓋重水反應爐表層的螺栓新穎異常，與旁邊布滿灰塵甚至有些生鏽的反應爐內梯形成強烈對比，研判燃料轉運口最近曾被動過手腳，他們還偵測到反應爐表層的核子輻射量異常升高。其中一名專家離開台北抵達東京後，立即將這些新發現告知美國駐日本大使館官員，並咬定台灣方面並未開誠布公，也缺乏合作的態度，這讓華府斷定中科院正在推動「令人極度不安與可疑」的核武計畫。[38]

33 劉鳳翰訪問，李郁青記錄，《溫哈熊先生訪問紀錄》，頁二一二—二一三。

34 Memorandum from William Gleysten for Brent Scowcroft, Subject: Taiwan's Future Relations with the U.S., USSR and PRC, September 20, 1976, CIA/FOIA, no. LOC-HAK-113-3-42-6.

35 Unger to Kissinger, September 15, 1976, NSA, Collection: Weapons of Mass Destruction, Document No. WM00193; 蔣經國在當天日記裡寫道：「抱病接見美國大使，坦誠表示我不製核子武器之政策。」見《蔣經國日記》，一九七六年九月十四日。

36 《蔣經國日記》，一九七六年九月十九日、九月二十六日。

37 U.S. Embassy in Taipei to State Department, February 17, 1977, NSA Electronic Briefing Book: The United States and Taiwan's Nuclear Program, 1976-1980, Document No. 10F.

38 U.S. Embassy in Tokyo to State Department, March 8, 1977, NSA Electronic Briefing Book: The United States and Taiwan's Nuclear Program, 1976-1980, Document No. 12.

卡特行政當局認為僅憑台北高層的口頭承諾已不足以解決問題，必須採取釜底抽薪之計；三月二十六日，國務院透過安克志向蔣經國提出嚴正要求：第一、今後台灣境內所有核能相關設施與原料都必須納入雙邊協定的規範，以確保核能研發僅限於民生用途；第二、中科院內的重水反應爐與熱實驗室必須無條件立即關閉；第三、境內所有鈽金屬原料，必須全數移交至美國；第四、中華民國政府必須「重新調整」（re-orient）未來的核能計畫，並需先與美方技術專家充分溝通，國務院還下令安克志必須取得蔣經國書面保證，同意履行美方所提各項條件。[39]小蔣收到這份措詞近乎「最後通牒」的照會，可以想見其壓力與痛苦之大，他指示外交部，既然政府已決定不生產核武器，可不必與美方計較，對國務院的要求可以同意，私底下蔣對歷年參與核能計畫人員所花費的心血和辛勞表示感佩，對於相關研發因美方強大壓力而不得不終止，又感到愧疚不已，「國力處於弱勢，面對強暴，乃是最為難受之事，不知多少苦處在心頭。」[40]

一九七七年春天，蔣經國日記裡確實有幾則不尋常的記載：四月十一日他緊急約集相關人員，「談商停止核子發展問題。對於此案之決定，極為痛苦。」翌日他寫道：「美國在核能發展方面，對我大下壓力，可惡，但是又不能因小而失大，大丈夫一定要能屈能伸也。」隔了一天，蔣又在國民黨中央黨部召見參謀總長宋長志，「談停造核武器事」。[41]可見在華府強大壓力下，小蔣確實被迫終止正在進行、極為敏感的核能（武）研發計畫，他公開宣示台灣具備發展核武的能力，但絕不從事核武製造，而維持核武製造能力以保有「核威懾」的籌碼，正是他因應日後外交與兩岸關係出現重大轉折所採取的一項策略，美國的壓力也許一時之間能達到阻撓目的，但不會讓國府真正罷手。

一九七八年夏天，美、台邦交已是風中殘燭，面對華府棄台而去的那一刻隨時都可能到來，台灣軍方主張保有自主研發核武的聲音不減反增，此時美方透過情報掌握到台灣正尋求與西德技術合作，取得最先進「激光同位素分離法」來提煉核武原料，主其事者為中科院核能研究所激光（雷射）組組長馬英俊博士。[42]

國務卿范錫（Cyrus Vance）立即親筆致函蔣經國，表達高度的關切，當九月八日安克志當面轉交小蔣此信函時，蔣的情緒突然變得激動與不耐，他告訴美大使，就任總統後已不再過問兩國有關核能方面的議題，一切交由外交部處理，最後甚至當場抱怨，由於台灣處境艱困，讓美政府可以用世界上極少國家能夠忍受的方式來對待中華民國。儘管如此，蔣經國隨後仍在回函裡向范錫承諾台灣不會從事核能源提煉、核燃料再處理與重水的生產，亦澄清中科院內的研究與核武完全無關，並再次邀請美方派員常駐台灣，以免出現誤解。[43]

一九七八年十二月十六日，美、中宣布關係正常化，台、美邦交畫下句點，然而彼此之間有關核議題的交涉並未因此而終止，十二月二十二日副國務卿克里斯多福（Warren Christopher）率團啟程前往台北進行關係調整的談判前，國務院擬訂未來雙方核能合作原則如下：第一、斷交後雙方既存的核能協定繼續有效，美方將繼續監督台灣各項核能設備；第二、美政府要求台北繼續嚴格遵守一九六三年十月《禁止核試爆條約》與一九六八年七月《禁止核擴散條約》；第三、雙方未來核能合作談判不受斷交的影響，將在日後擇期舉

39 State Department to U.S. Embassy in Taipei, March 26, 1977, NSA Electronic Briefing Book: The United States and Taiwan's Nuclear Program, 1976-1980, Document No. 13A.

40 錢復，《錢復回憶錄》，卷一，頁三四五；《蔣經國日記》，一九七七年四月一日；U.S. Embassy in Taipei to State Department, May 6 and 21, 1977, NSA Electronic Briefing Book: The United States and Taiwan's Nuclear Program, 1976-1980, Document No. 15A and 15B.

41 《蔣經國日記》，一九七七年四月十一日、四月十二日、四月十三日。

42 State Department to U.S. Embassy in Taipei, August 9, 1978, NSA Electronic Briefing Book: The United States and Taiwan's Nuclear Program, 1976-1980, Document No. 20B.

43 Unger to Vance, September 8, 1978, NSA Electronic Briefing Book: The United States and Taiwan's Nuclear Program, 1976-1980, Document No. 21A; Unger to Vance, September 14, 1978, ibid, Document No. 21D.

行；第四、美方希望獲得台北官方「書面」保證未來繼續遵守不發展核武的承諾。[44]只不過華府官員也坦承，面對內外艱困形勢，台灣內部確實有一部分人士公開提倡保有自主研發核武權利，在台、美已無正式外交關係情況下，如何確保彼此核能合作不受影響，並讓台灣核武研發繼續獲得有效監控阻絕，已成了美政府一項艱鉅挑戰。[45]

平心而論，台灣核武計畫其實是遊走在一個灰色地帶，蔣經國雖再三公開宣示「我們有此能力但不製造」，然而對部分軍方高層而言，只要沒有跨過「不製造」的紅線，核武能力的「研發」必須繼續進行，方能符合國家利益，一九八一年底出任參謀總長的郝柏村，即認為「有能力」與「是否製造」是兩回事，某次視察中科院時，他公開為核能研究所具備此種「能力」而感到驕傲，並勉勵同仁不要因美國阻撓而沮喪。[46]有這麼一位深受蔣經國倚重的軍事強人背書支持，台、美斷交後中科院持續研發核武，即不令人意外。在國府公開宣示繼續推動和平用途核能發展，同時又鼓勵民間參與研發與轉投資等大方針下，短短數年內，台灣先後興建磷酸提鈾先導工廠、壓水式反應器燃料束先導工廠、氧化鈾提純轉化實驗工廠、動力用反應器燃料先導工廠、伽馬射線照射廠，並完成一座六百兆瓦重水壓水式反應器的概念設計，西德、法國等歐洲國家民間公司也紛紛展開與台電公司的民生核能合作，蔣經國對中科院努力分散核能原料來源表示肯定，還指示行政院應排除萬難，提供各項必要的技術支援，而華府除重申台灣應繼續遵守相關規範之外，並未能夠阻止台電與各國從事名義上屬「商業」性質的核能交流行為。[47]

八〇年代起，台北悄悄地將合作對象放在南非共和國。當時南非白人政府因推行種族隔離政策而在外交上同樣陷入孤立，與台灣往來日漸密切，南非境內蘊藏豐富鈾礦，而且該國未參加禁止核擴散條約，台灣則可提供南非所缺乏的技術人才，雙方一拍即合。一九八一年初，中央情報局掌握情報得知台灣與南非之間已達成秘密協議，台灣將在六年內向南非採購四千噸鈾礦。[48]巧合的是，就在同一年中科院的重水反應爐又重新啟動，理由仍不脫民生用途，為遵守美方要求，台方同意所提煉的鈾燃料將符合低濃度之嚴格標準，然而華府高層不敢掉以輕心，甚至一度有意否決當時美國「西屋公司」（Westinghouse）與台電之間一筆交易案，阻止兩座即將配置於台電核三廠的輕水反應爐，由美啟程運往台灣。[49]

一九八三年春天，核能研究所所長錢積彭訪問南非，雙方簽署了合作意向書，共同研發化學與雷射提煉濃縮鈾技術，並建造小型核子反應爐。返國後錢向郝柏村報告，如能利用化學方法生產濃縮鈾，則濃度只要達到百分之三即可用於發電，台灣日後將不必受制於美國；當時中科院研製濃縮鈾已獲得技術突破，濃度可達百分之零點七五，有信心在五年內達到百分之三目標，郝聞後極為滿意，當場頒發一百萬台幣獎金以資鼓勵。[50]不過蔣經國對於此項核能合作，最初的反應相當謹慎，要求軍方與行政院長孫運璿進一步商談

44 State Department memorandum entitled "Nuclear Agreements with the ROC," December 22, 1978, NSA Electronic Briefing Book: The United States and Taiwan's Nuclear Program, 1976-1980, Document No. 24.

45 American Institute in Taiwan (AIT) to AIT Washington Headquarters, January 10, 1979, NSA Electronic Briefing Book: The United States and Taiwan's Nuclear Program, 1976-1980, Document No. 25; David Albright and Andrea Stricker, *Taiwan's Former Nuclear Weapons Program: Nuclear Weapons On-Demand* (Washington D.C.: Institute for Science and International Security, 2018), pp. 117-142.

46 郝柏村，《八年參謀總長日記》，上卷，頁二〇一。

47 State Department to AIT, June 16 and 19, 1980, NSA Electronic Briefing Book: The United States and Taiwan's Nuclear Program, 1976-1980, Document No. 27A and 27B; State Department to U.S. Embassy in Bonn, July 3, 1980, ibid, Document No. 28A;〈王昇日記〉，一九八〇年十月三十日，《王昇檔案》。

48 CIA Interagency Intelligence Memorandum, Subject: Taiwan: Midterm Prospects, February 1981, CIA/FOIA, no. CIA-RDP84B00049R000701970017-5.

49 Memorandum from National Security Council to President Reagan, Subject: Non-Proliferation Considerations and Financing for Taiwan's Next Two Nuclear Power Plants, December 2, 1981, CIA/FOIA, no. CIA-RDP83B00551R000200010070-0; Memorandum from Robert T. Grey to Richard Allen and James W. Nance, Subject: Non-Proliferation Consideration of a Possible Nuclear Reactor Sale to Taiwan, December 3, 1981, ibid, no. CIA-RDP83B00551R000200010072-8.

50 Mark Fitzpatrick, *Asia's Latent Nuclear Powers: Japan, South Korea and Taiwan* (London: Routledge, 2016), pp. 131-132; 郝柏村，《八年參謀總長日記》，上卷，頁二九四、三二七、三三二。

之後再行決定，六月十四日行政院批准此案，六天後蔣本人也拍板同意此項「和平用途」的跨國核能合作案。[51]

然而，中科院積極發展化學提煉濃縮鈾的消息，很快就被美方掌握，華府高層至感不安，認定此與研發核武脫離不了關聯。一九八四年三月二十八日，美駐台北辦事處長李潔明當面向郝柏村表示不容許台灣研發化學提煉鈾礦技術，李的強硬態度讓郝極感不快，除了私下痛批美國人「帝國主義作風」，還自問「和平」用途與「武器」用途究竟該如何劃分？他認為：「鋼鐵可以做砲彈，如果禁止做砲彈亦禁止煉鋼，行得通嗎？」[52]令人好奇的是，美方又是如何掌握中科院內部最高機密？此時已被中情局吸收、即將晉升核能研究所副所長的張憲義，或許是情報來源之一；此外，行政院原子能委員會與國家科學委員會部分高層官員，骨子裡都希望美政府出手阻止中科院的研究計畫，甚至暗中為美方限制台灣核能發展感到高興，而原子能委員會與中科院核能研究所之間也存在不少矛盾，讓郝柏村感嘆「內部阻力較外部阻力尤大」。[53]

儘管來自美國的壓力持續不斷，環繞美方在台灣布置「內線」的諜報陰影始終揮之不去，但國府軍方推動國防自主的決心依然不變。一九八四年九月，美方情報掌握中科院正在研發「圖形識別導引」巡弋飛彈，並懷疑此案也與核武有關，美政府提出質疑後，台灣軍方不得不暫時罷手，以免當時爭取美國技術支援天弓飛彈的努力受到影響。[54]據張憲義言，一九八六年是台灣「踩到美國紅線」的關鍵時間點；英國解密檔案揭示，自該年初起，中科院不斷透過各種管道，設法向英國民間公司採購多種精密且與飛彈投射能力有關的先進敏感裝備，包括控制式自整角發動機、圓度儀微處理機、閘流管、飛行數據擷取裝置等，這些採購的嘗試屢遭英政府否決，但中科院仍不屈不撓。[55]四月初，郝柏村再度視察中科院並聽取核能研究所工作報告，所長劉光霽表示，一旦奉令，便可在短時間內完成核武製造，當時也在現場的張憲義憶及，劉還告訴郝柏村，原本規劃在一至兩年內生產核武，因為原料取得順利與技術精進，期程將可縮短至三到六個月，郝聞後不禁點頭稱許，對此成果非常滿意。張憲義另指出，當時中科院「小型原子彈」的設計與研發已取得相當的進展，院方甚至考慮實驗完成並進入量產之後，將此類小型化的原子彈掛在改裝後的戰機上，以便進行攻擊任務。[56]

直到此刻為止，美國務院面對外界探詢台灣秘密研發核武時，仍宣稱美政府確信國府當局並未從事違反承諾之舉措，彼此透過美國在台協會管道，不時磋商諸如處置台電核廢料等敏感議題，遲至一九八七年秋、冬之際，台、美雙方有關核能問題的聯繫與溝通，從未因任何風吹草動而受到影響。[57]然而，當時認定台灣軍方已踩到「紅線」的中央情報局，卻決定下重手；一九八八年一月九日，核能研究所副所長張憲義在中情局的安排下，由高雄經香港轉赴美國，其不知情的妻小則先飛往日本觀光，於倉促中再從日本飛美與張會合。[58]張憲義叛逃後，美國總統雷根（Ronald Reagan）立即向台北施壓，要求終止一切核武研發的計

51 郝柏村，《八年參謀總長日記》，上卷，頁三四一、三四四。台灣與南非之間推動核能合作的動態，在當時引發西方各國高度關注，參見 FCO 105/1388 JS20/20, British Embassy in South Africa to Foreign Office, June 28, 1983.

52 郝柏村，《八年參謀總長日記》，上卷，頁四六九、四七一、五〇三。

53 郝柏村，《八年參謀總長日記》，上卷，頁四三五、四六九。

54 郝柏村，《八年參謀總長日記》，上卷，頁六一六。

55 有關中科院向英國民間公司嘗試採購各種先進設備的相關解密文件，參見FCO 21/3659 FET087/2, Title: The Chung Shan Institute.

56 《張憲義訪問紀錄》，頁七二—七四、一七一—一七二；郝柏村，《八年參謀總長日記》，下卷，頁九〇六。

57 State Department to AIT, June 3, 1986, NSA Electronic Briefing Bock No. 656: Taiwan's Bomb, Document No. 24; State Department to AIT, November 15, 1986, ibid, Document No. 25; AIT to State Department, October 10, 1987, ibid, Document No. 26; Marc J. Cohen, *Taiwan at the Crossroads: Human Rights, Political Development and Social Change on the Beautiful Island* (Washington D.C.: Asia Resource Center, 1988), p. 414.

58 《張憲義訪問紀錄》，頁85-92；Weiner, *Legacy of Ashes*, pp. 484-485; Denny Roy, *Taiwan: A Political History* (Ithaca: Cornell University Press, 2003), pp. 143-144.

畫。一月十三日蔣經國去世後數日，美方核能代表團來台，著手拆除核能研究所內的重水反應爐，華府要求徹底拆卸一切與核武發展相關設施，核子反應爐也必須提取重水並封閉廢爐，白宮還提出「毫無談判餘地」的協議書，由緊急返美述職的駐台北辦事處處長丁大衛（David Dean）攜回，臨行前雷根告訴丁大衛，要求台北當局在一星期內簽字，「不然你不必回來了。」考量台、美關係恐因此陷入危機，剛宣誓繼任總統的李登輝只好服從。[59]

此案發生後，台灣軍方對中央情報局駐台人員極不諒解，堅決與對方斷絕交往，讓當時台北站長（中譯名「歐本馬」）苦惱不堪，郝柏村認為此事涉及國格問題，他雖不主張外交部將歐本馬驅逐出境，但已經鐵了心不再與他往來。[60]一年多後，中情局台北站一名華裔職員即將任滿調離，國安局原本建議參謀本部依慣例授與該員一枚雲麾勳章，餘怒未消的郝柏村自記，該職員一手導演張憲義叛逃事件，為保持國格，他實在無法授勳給這個「準漢奸」。[61]張憲義的叛逃，讓數十年來台灣秘密研發核武的嘗試畫下休止符，然而環繞在台、美之間的間諜戰疑雲，依然等待著撥雲見日的一天。

「劉少康辦公室」

一九五〇年蔣經國出任國防部政治部主任後，在向來看重黃埔傳承的國軍體系內推動政戰工作，舉步維艱，他所倚賴的班底以贛南時期舊部為主，其中又以王昇為最核心的人物。王昇自一九三九年參加江西三青團幹訓班開始，便緊緊追隨在小蔣身旁，國府遷台後他協助小蔣於北投創辦政工幹校（後改名為政治作戰學校），並負責由小蔣掛名主持的情報人員「石牌訓練班」實際業務；此後三十年間，他在政戰領域揮灑自如，成果輝煌，一九五五年偵破孫立人「匪諜」案與一九六四年化解「湖口兵變」的過程中，政工人員皆扮演「功臣」的角色。王昇還獲得兩蔣父子信任，致力將政工制度與反共意識型態輸往海外，協助中南半島與拉丁美洲友邦建立政戰體系；一九七五年他接任國防部總政戰部主任，四年後又躋身國民黨中常委的權力核心，隨著七〇年代「蔣經國時代」的來臨，王昇也水漲船高，聲望如日中天。[62]

一九七九年美、中建交後，台北的國際地位跌至深淵，國民黨權力的正當性也受到嚴厲的挑戰；另一方面，中國大陸在鄧小平的領導下，結束文革浩劫，推動改革開放，並全方位展開對台統戰。中共發表〈告台灣同胞書〉，宣布停止對金門外島砲擊，呼籲國、共兩黨回到談判桌，兩岸實現通航、通郵、通商（三通）與學術、文化、體育、科技交流（四流），並在各級黨政機構設立「對台辦公室」（台辦），動用十萬名以上的專業幹部，投入鉅額經費，全力推動對台灣與海外華僑的統戰工作。[63]來自北京前所未有的和平攻勢，讓蔣經國極度憂心，值此風雨飄搖之時，他認為「安定內部團結人心，實為當務之急」，面臨對岸意圖瓦解台灣社會的精神武裝，摧毀復興基地的戰鬥意志，蔣自認他不怕「環境之難，只要自己不要心慌意亂」[64]。為反制北京的和平統戰，維護台灣內部安全與安定社會民心，由王昇所主導的「劉少康辦公室」因此醞釀而生。

59 郝柏村，《八年參謀總長日記》，下卷，頁一二六九—一二七二；《張憲義訪問紀錄》，頁九九—一〇〇；Fitzpatrick, *Asia's Latent Nuclear Powers*, pp. 132-133.

60 郝柏村，《八年參謀總長日記》，下卷，頁一三三八。

61 郝柏村，《八年參謀總長日記》，下卷，頁一四五五。

62 有關王昇與國軍政戰體系的研究，參見Bullard, *The Soldier and the Citizen*, pp. 86-130.

63 陳祖耀，《王昇的一生》，頁二七二—二七四；吳建國，《破局：揭秘！》，頁一四八—一五〇。

64 《蔣經國日記》，一九七九年一月六日。

蔣經國與剛接任總政治部主任的王昇（右）握手。（國史館提供）

蔣經國與王昇之間有如革命情感般的深厚情誼，在台灣政壇眾所周知，王昇出掌總政治部後，外界對蔣、王關係的主觀想像，讓眾人對他極為敬畏與忌憚，然而蔣經國內心究竟如何看待王昇，兩人關係到底如何，卻值得推敲。一九七五年底，蔣經國由國防部長高魁元口中得知，王昇初掌總政治部便對軍中的人事安排極為堅持，不禁私下痛罵他「驕橫」、「為之憤怒而痛責之」，蔣不滿之意隨即傳到王昇耳裡，他趕緊透過高魁元向蔣表示「悔悟」，但蔣並未完全信服。[65]王本人晚年曾提及，六〇年代小蔣擔任國防部長時期，兩人確實有許多互動，然而蔣入主行政院後忙於國家大政，彼此的關係反而疏遠，王還強調他擔任總政治部主任時，上司是國防部長，在官僚體系運作下，根本無法隨意請見蔣經國，外界對他「直達天聽」本領乃言過其實。[66]

有謂一九七七年底「中壢事件」爆發，是王昇所代表的保守派權力大幅上升的分界點。蔣經國主政以來，大量啟用台籍青年才俊，以李煥為首的黨內開明派力量快速成長，其策略是透過人才的新陳代謝來推動溫和的政治改革，以符合廣大民眾要求民主化的渴望，藉以延續國民黨在台執政的命脈，在此思維下，李煥等人並不主張以強硬手段對付政治異議份子。[67]然而，此一開明路線卻在一九七七年底台灣縣市長選舉中遭受嚴重的挫敗，當年國民黨提名歐憲瑜參選桃園縣長，同屬國民黨的省議員許信良有意參選，但因「考核紀錄不佳」而未獲提名，他憤而脫黨違紀競選。十一月十九日投票日當天，中壢市某一投開票所遭民眾檢舉有舞弊情形，提出指控的民眾反而被移送警察局，此舉引發上百名許信良支持者的不滿，人潮開始包圍

65 《蔣經國日記》，一九七五年十二月十三日、十二月十五日。

66 Marks, *Counterrevolution in China*, p. 253.

67 Alan Wachman, *Taiwan: National Identity and Democratization* (New York: M.E. Sharpe, 1994), pp.128-167; Shelley Rigger, *Politics in Taiwan: Voting for Reform* (London: Routledge, 1999), pp. 103-130; 茅家琦，《蔣經國的一生和他的思想演變》，頁三一八—三三五。

警局，入夜後上萬名群眾與警察對峙，民眾大聲鼓譟、破壞警局並搗毀警車，警方展開嚴厲的鎮壓，至翌日凌晨三時許群眾才逐漸散去。[68]開票結果為許信良大勝歐憲瑜，登上桃園縣長寶座，不僅如此，此次選舉結果黨外勢力共奪下四個縣市長席位、二十一席省議員與六席台北市議員，國民黨遭遇空前的挫敗，蔣經國因此數夜難以安眠，慚愧之至，視此為「從政以來所遭受的最大打擊」。[69]

身兼國民黨組工會主任、革命實踐研究院主任與救國團主任三大要職的李煥，背負起選舉失利與「識人不明」之責（許信良被視為是李煥的「門生」），黯然辭去所有的職務，遠離權力核心，黨內保守力量取而代之，政壇因而出現「王升（昇）李換（煥）」的順口溜。[70]政策路線出現變化，似可解釋為何在同樣面臨重大外交危機，一九七一—七二年退出聯合國時國民黨採取的是開明改革路線，到了一九七九年台、美斷交後，政策卻趨向保守與反動。事實上，「中壢事件」發生後，小蔣除了把怒氣發在李煥身上，他對王昇同樣感到不滿意，一九七八年五月他自記：「政工人員之表現令人失望，各學校之軍訓人員亦然，多少年來我無時無刻不在要求做到大方和負責，奉獻和犧牲，但是他們所表現的，乃是自私、弄權、貪小利，如此如何不使人憂慮非常？對李煥、王昇日益失望。」[71]三個月後，蔣又批評李煥與王昇兩人，稱這些「舊幹部不但固執守舊，而且『把持地盤』，『爭小權以圖擴充一己之利』，如此作法，危害事業者大矣」，感慨他對「李煥和王昇培植多年，到最後來令人失望，知人用人，可謂難矣，他們小氣自私。」[72]對於王昇是否因李煥失勢而擴權弄權，小蔣更有警覺，同年十月間他要高魁元傳話警告王昇「不要多露鋒頭，亦不要過問非其所應管之事」，蔣自認他多年來培養王昇，「實不願看到他自我毀滅也。」[73]

持平而論，讓王昇得以在八〇年代初期位居國民黨權勢頂層的關鍵因素，在於台、美斷交的巨大衝擊與隨之而來北京對台的統戰工作，因此蔣經國不得不借重王昇數十年來海內外意識型態對敵鬥爭的豐富經驗，將政治作戰的理念與實踐由軍隊移植到民間社會，以強化台灣民心面對中共統戰的「免疫力」，並確保國本不致動搖。[74]王昇深知蔣經國對他權勢上揚已有所警惕，因此當小蔣賦予此份新任務時，他最初百般懇辭，不願站在第一線，堅稱接下這個擔子會讓他「身敗名裂」，在小蔣堅持下，王昇勉強接受，但要求所有聯繫工作都由國民黨秘書長蔣彥士轉呈，他本人將迴避與小蔣直接發生關聯。[75]一九八〇年四月一日，原本於台、美斷交後臨時組成的反統戰「固國小組」，正式轉型為「王復國辦公室」，直屬國民黨秘書長辦公室管轄，由王昇擔任主任、出身政戰的政論家李廉擔任書記（秘書長），下轄情報、計畫、協調、行政秘書各一，並從各黨政部門精選幹部十五名擔任幕僚，為了業務所需，另設有基地、海外、大陸三個「工作研究委員會」，分別指派正、副召集人來推動各項工作，一年後該單位更名為「劉少康辦公室」。[76]

68 林蔭庭，《追隨半世紀：李煥與經國先生》，頁一八一—一八三；阮大仁，《放聲集（第一輯）：台灣民權與人權》（台北：學生書局，二〇一〇年），頁七八—八一。

69 《蔣經國日記》，一九七七年十一月二十九日、十一月三十日、十二月一日。

70 吳建國，《破局：揭秘！》，頁三八—四一；林蔭庭，《追隨半世紀：李煥與經國先生》，頁九〇—九一。

71 《蔣經國日記》，一九七八年五月十七日。

72 《蔣經國日記》，一九七八年八月十九日〈上星期反省錄〉。

73 《蔣經國日記》，一九七八年十月六日。

74 有關台、美斷交後國府對北京統戰的反應，參見「總統指示重擬『對中共最近各種統戰活動的嚴正聲明』重擬『針對中共和平攻勢我們在海外的說法與做法綱要』」（一九七九年一月二十二日），〈黨政軍文件／大陸情勢與反攻情報：中共在美和平統戰活動之對策等〉，《蔣經國總統文物》，典藏號：005010204000003003；國防部總政治部編，《血的教訓：「共匪和平統戰陰謀」的史實》（台北：國防部總政治作戰部，一九七九年）。

75 王昇自記，當他提出透過蔣彥士向蔣經國報告未來工作時，蔣態度顯得不耐煩，稱他不在乎如何運作，只要求王昇擔負起具體任務，參見〈王昇日記〉，一九八〇年一月三十一日，《王昇檔案》。

76 〈王昇日記〉，一九八〇年四月二日，《王昇檔案》；「蔣彥士呈蔣經國」（一九八〇年五月二日），〈主席核定大簽〉（上），同前；「蔣彥士呈蔣經國」（一九八一年四月十九日），〈主席核定大簽〉（下），同前。

王昇堅持此單位要能隱密，做到不破壞現行黨政體制、不干預政府各部門權力，一切作為都要依循黨的組織，使政府、軍隊、民間社團、大陸組織與海外機構密切配合，力求貫徹低調務實的作風。[77]然而，理想與現實之間往往有一段距離，為順利推展業務，「劉少康」勢必處在一個協調各部會與發號施令的核心位置，以一九八〇年六月蔣經國親自批示的〈加強海外對敵鬥爭工作要點〉為例，該案如要順利推動，必須涵蓋黨、政、軍、國安、情治與駐外機構等將近二十個部會組織。[78]如果在聯繫協調過程中，又出現如許多當事人批評「劉少康」二號人物李廉「態度倨傲、盛氣凌人」等負面情緒，則日後浮現有如該單位「逾權」、國民黨「太上中常會」等難聽的評價，也就無可避免。[79]

從「劉少康」前後三年運作期間所推出的各項方案內容而論，吾人可知當時國府高層頗思於海內外積極迎戰海峽對岸的統戰攻勢，化被動為主動，全力鞏固台、澎、金、馬內部安定的一股強烈企圖心。在戰略層次上，國民黨喊出「政治學台北」、「經濟學台灣」、「唯有三民主義才能救中國」等口號，倡議先在台灣推動「自強運動」，隨後在海外推展「救國運動」，最終掀起中國大陸的「自救運動」。對於鄧小平所拋出的國共和談、「三通」、「四流」等提議，「劉少康」以「苦勸中共放棄共產主義運動」作為反擊，強調鄧與毛澤東及文革「四人幫」並無二致，華國鋒與鄧小平之間的矛盾必將擴大，中共內部權鬥也將更加激烈，並擬以海外、台灣與中國大陸三大戰場進行反統戰。[80]在戰術層次上，「劉少康」更是頻頻出招，躍躍欲試，利用中國大陸對外開放的契機，設法聯絡、爭取與培養即將前往大陸地區的中外人士，協助台北布建、交通與情蒐等秘密任務，同時又擬定香港為「對敵鬥爭」主要基地，設法接觸、收買、賄賂與利用華南地區邊防民兵與解放軍部隊，為台北的敵後工作進行掩護。[81]其餘諸如應付具有中共官方背景的人士過境桃園機場、影響國家形象與國內政治安定等突發事件的標準作業程序擬訂，乃至監控台灣民眾經由海外與大陸通郵，或由第三地轉往大陸等技術性議題，也都在「劉少康」業務的管轄範圍之內。[82]

王昇曾自嘆為推動反統戰業務，以及把整套政治作戰從部隊移植到全台各角落，他備嘗艱辛，負擔沉重。[83]事實證明其努力並非完全沒有收穫，「劉少康」推動大陸廣播與空飄等心戰措施，誘發一九八二至一九八四年間中共空軍連續六起駕機投奔自由事件，因此鼓舞了台灣民心士氣；而一九八二年秋天，流亡美國的俄國著名反共文學家索忍尼辛（Aleksandr I. Solzhenitsyn）來台演講所掀起的熱潮，幕後亦有王昇的政戰班底在積極運作。[84]該年底來自中國大陸的加拿大留學生王炳章，在美國發起「中國之春」的民主運動，消息傳回台北後，「劉少康」立即詳擬策略，準備暗中協助其發展，除積極動員各部會與駐外單位設法打入該組織以掌握其未來發展方向，還打算結合北美地區其他的反共團體，形成對北京「共同聲討」之勢。[85]王昇以

77 「劉少康辦公室致國防部總政治部」（一九八二年一月三十日），〈主席核定大簽〉（上），《王昇檔案》。

78 「蔣彥士呈蔣經國」（一九八〇年六月三日），〈主席核定大簽〉（上），《王昇檔案》。

79 陳祖耀，《王昇的一生》，頁二七八—二七九。

80 參見「蔣彥士呈蔣經國」（一九八〇年五月二日）；「蔣彥士呈蔣經國」（一九八〇年八月十八日）；「蔣彥士呈蔣經國」（一九八〇年十月二十二日）；〈主席核定大簽〉（上），《王昇檔案》。

81 「蔣彥士呈蔣經國」（一九八〇年八月三十日），〈主席核定大簽〉（上），《王昇檔案》；「蔣彥士呈蔣經國」（一九八〇年十二月二十日），〈主席核定大簽〉（下），同前。

82 「蔣彥士呈蔣經國」（一九八〇年八月十五日），〈主席核定大簽〉（上），《王昇檔案》；「蔣彥士呈蔣經國」（一九八一年十一月十八日）；「蔣彥士呈蔣經國」（一九八二年五月十日），〈主席核定大簽〉（下），同前。

83 Marks, *Counterrevolution in China*, pp. 260-261; 郝柏村，《八年參謀總長日記》，上卷，頁二一三。

84 「蔣彥士呈蔣經國」（一九八二年十月二十五日），〈主席核定大簽〉（下），《王昇檔案》。

85 「對王炳章等『中國之春』暨大陸『民主運動』研析意見與運用方案」，附於「李廉呈蔣彥士」（一九八二年十一月三十日），〈主席核定大簽〉（下），《王昇檔案》。蔣經國對於此方案則指示：「分析意見及運用要項皆屬適當，具體作法亦大致可行，惟必須注意避免對我復興基地可能引起之不良影響。」同前。有關王炳章與「中國之春」始末，另參見翁衍慶，《中國民主運動史：從中國之春到茉莉花革命》（台北：新銳文創，二〇一六年），頁二七—五〇。

累積數十年反共鬥爭的豐富經驗，有時還會出奇招，讓北京一時無法反應；一九八二年二月，在「劉少康」大膽建議下，國府當局同意准許中國大陸女壘代表隊，於該年夏天來台參加世界杯女壘賽，北京雖婉拒參加，然極端反共的王昇竟然展現務實手腕，著實讓美國中央情報局印象深刻。[86]無怪乎中共當局始終視王昇為眼中釘，還特別設立一個「擒王小組」，全面發動對王昇的鬥爭攻勢。

正當王昇權勢攀升至頂峰之際，蔣經國卻開始默默思考將他調離總政治部。一九八二年十月十九日，蔣首次向郝柏村透露，有意在隔年春天召開國民黨第十二屆二中全會之前，把王昇換下來。[87]或許此時華府尚未洞悉蔣已有撤換王昇之意，鑒於王昇在台灣政壇的巨大影響力，美政府透過在台協會正式邀請他於一九八三年春天訪美，如果成行，將是兩國斷交以來首位中華民國現役上將訪美，政治意義重大。接獲美方邀請後，王昇曾向郝柏村表示他並不想去，而當王本人於出發前兩週向蔣經國請示是否應當婉拒美方邀訪時，蔣裁示不必，但同時強烈暗示這是一樁「政治問題」。[88]王昇當下不以為意，隨即於三月十日啟程進行為期十天的美國之旅，拜會對象包括國務院、中央情報局、國會山莊、五角大廈與學界，晤談人物的政治立場涵蓋自由派、中間派與保守派。然而就在訪美之際，美國《時代》(*Times*)雜誌與《新聞週刊》(*Newsweek*)突然報導王昇是蔣經國「接班人」，消息一出，台、港媒體隨即把矛頭指向王昇與「劉少康辦公室」，捕風捉影的謠言與批評紛紛出籠，政壇上也傳出邀請他訪美並支付所有費用的竟是中央情報局，而非美國在台協會。[89]

王昇訪美所引發的風風雨雨，迅速在台北政壇發酵。三月二十七日，蔣經國告訴郝柏村，準備將王調職，並詢問是否有合適的出處安排之建議，郝當場提出三個選擇：負責中央政戰業務的行政院政務委員、總統府國家安全會議副秘書長、或者國民黨革命實踐研究院主任，蔣未置可否。[90]四天後，郝、王碰面談及調職事，王認為當年下半年有立委選舉，翌年（一九八四）春天將召開國民大會選舉正副總統，值此政治季節，部分人士勢將乘機搗亂，為求內部鞏固，如有調職，應以明年三月總統選舉結束後為宜，至於出處，王表示他願意改調總統府戰略顧問。然而蔣經國已對王昇失去耐心，五天後當他再次召見郝柏村時，堅持王應立即去職，並決定由許歷農取而代之。[91]

四月二十日，蔣經國召見王昇，憤怒指責「劉少康辦公室」擴權與擅權，竟然準備把只在軍中實施的「莒光日」政治作戰教學，以推動「學術研討」為名在全台各級學校與行政機關比照辦理，接著帶著「餘怒」親口下令解散「劉少康」。王昇對這番嚴厲指責，當場並未多加辯解，但他捫心自問，此一措施在於強化台灣內部對中共統戰工作的心防，是「劉少康」全體成員開會討論後的共同決定，經蔣彥士上簽呈後，由行政院長孫運璿與蔣本人批准，並非他一人獨斷。擴大「莒光日」教學的爭議，只是壓垮駱駝的最後一根稻草，甚至是一個不具說服力的藉口；王昇訪美引發的政治效應，以及台北政壇認定「劉少康」手握「反統戰」尚方寶劍，幾乎無事不可過問，無事不可干預，自然引起各方嫉妒、批評與不滿，因此注定王昇必須調職、「劉少康」必須解散的命運。[92]

86 CIA Memorandum, Subject: Taiwan: Abandoning Low Key Diplomacy, November 14, 1984, CIA/FOIA, no. CIA-RDP85T00287R001001050001-6.

87 郝柏村，《八年參謀總長日記》，上卷，頁二〇一。

88 〈王昇日記〉，一九八三年二月二十四日，《王昇檔案》；郝柏村，《八年參謀總長日記》，上卷，頁二一三。

89 Marks, *Counterrevolution in China*, pp. 271-272; James Lilley, *China Hands: Nine Decades of Adventure, Espionage, and Diplomacy in Asia* (New York: PublicAffairs, 2004), pp. 258-259; 陳祖耀，《王昇的一生》，頁二七九—二八〇；郝柏村，《八年參謀總長日記》，上卷，頁二九〇；錢復，《錢復回憶錄》，卷二，頁三二一—三二三。

90 郝柏村，《八年參謀總長日記》，上卷，頁二九三。

91 〈王昇日記〉，一九八三年四月四日，《王昇檔案》；郝柏村，《八年參謀總長日記》，上卷，頁二九五、二九七。

92 〈王昇日記〉，一九八三年四月十一日、四月二十日、四月二十二日，《王昇檔案》。

一九八三年五月六日蔣經國發布命令，調王昇擔任國防部「聯合作戰訓練部」主任閒差，這位追隨小蔣將近半世紀、被眾人捧為「反共健將」的軍事強人，就這樣離開他協助創建的政戰體制。[93]王昇突然失勢，震撼台灣政壇，引發西方國家的關注，對國軍政戰人員而言，不啻晴天霹靂，離職前他回到政戰學校發表惜別講話，面對舊部門生，王自記他「再忍耐不住了，我當場失控，熱淚奪眶，半天講不出話，最後對師生們講了幾句慰勉的話。」[94]蔣經國事後掌握消息，得知王當時所講的幾句「慰勉」話語中，竟出現「殺了一個王昇，還有千千萬萬個王昇」，令他倍感震怒，郝柏村立即向政戰學校查詢當天演講的錄音記錄，發現王昇並無此言，但確曾說過「王昇是打不倒的」，但蔣仍認為極不得體。[95]八月中旬，蔣再度召見王昇，當面告知派他為駐巴拉圭大使，「為了你的安全」，要他從此離開台灣。從權力運作觀點而論，黨政高層諸多人士意在連根拔除王昇的影響力，但從蔣本人來看，或許他深知王位高權重，在政壇上樹敵太多，連美國人對他都有所顧忌，因此只有將他外放，一切是非才能平息。王昇黯然接受此一安排，從此遠離台北，也遠離蔣經國。[96]

一九八〇年代的政治案件再思考

面對台灣內部微妙的政治生態演變，特別是黨外勢力與台獨意識的興起，「劉少康」同樣肩負重責大任，曾擬定不少策略，欲在「固本」與「安內」兩大原則下，有效壓縮島內反國民黨力量；吾人如欲理解八〇年代幾件重大政治謀殺案件的起因，或許可以從「劉少康」的運作過程中得到一些啟示。當王昇奉蔣經國之命、扛起台、美斷交後「固國小組」重任之始，他已把來自黨外的政治汙染視為頭號敵人，誓言有效清除此一「島內革命」。[97]然而，王昇即使再有權勢，若無蔣經國的默許支持，仍是枉然；一九七九年十二月二十八日，蔣在總統府召開國家安全會議時，特別點名王昇發表看法，王當場表示「思想問題」是重中之重，是對付中共統戰、台獨與化解狹隘省籍地域觀念的基礎，政府必須大力進行「思想消毒」，蔣對此深表贊同。[98]

一九八〇年夏天，一份標題〈加強基地對敵鬥爭工作要點〉的機密文件中，「劉少康」強調必須盡一切力量讓國民黨深入群眾，領導群眾，成為「社會權力」集合的磁場，據此，情治單位應發揮統合力量，「本防患未然，彌禍無形的要求，機先戢止各類可能犯罪之動因，全面深入掌握影響國家安全的匪諜、台獨及其他非法組織與份子」。「劉少康」認定中共正利用台獨分化台灣社會，因而建議國安局成立專案小組，「負責蒐集情報，研判情勢，協調有關單位採取政治積極行動，配合謀略運用，全力瓦解台獨組織，有效遏制叛國活動。」[99]一九八二年春天另一份〈當前國內分歧活動概況與對策研究〉文件則揭示，對黨外政治人物應「注意蒐集其斂財不法等不良事蹟，運用其同夥揭露」，對於部分人士醞釀成立反對黨，「劉少康」堅持

93 王昇自記，蔣經國稱「你對國家有重大的貢獻，為了任期太久，決定調動聯訓部。」參見〈王昇日記〉，一九八三年五月十日，《王昇檔案》。

94 〈王昇日記〉，一九八三年五月十六日，《王昇檔案》。

95 郝柏村，《八年參謀總長日記》，上卷，頁三六四、三七〇—三七三。

96 時任美國駐台北辦事處長李潔明，視王昇為台灣民主化進程的一顆絆腳石，因此樂見他遠離台灣權力核心，而蔣彥士也告訴王昇，部分「有力人士」顯然在蔣經國身旁講了不少他的壞話，當時政壇盛傳有所謂「五老五小」，就是讓王昇慘遭罷黜命運的關鍵人物。參見Lilley, *China Hands*, p. 259;〈王昇日記〉，一九八三年四月六日、四月七日、八月十八日，《王昇檔案》；郝柏村，《八年參謀總長日記》，上卷，頁三七一、三八三。

97 〈王昇日記〉，一九七九年十二月七日，《王昇檔案》。

98 〈王昇日記〉，一九七九年十二月二十八日，《王昇檔案》。

99 「蔣彥士呈蔣經國」（一九八〇年八月十八日），〈主席核定大簽〉（上），《王昇檔案》。

不可任其發展，必要時應以《戒嚴法》加以處置，並主張讓當時在民間具有影響力的《時報雜誌》、《時報周刊》、《聯合月刊》、《中國評論》等刊物，分擔思想作戰的重責。[100]

國府當局認定台獨勢力正秘密與中共勾搭合作，欲對台灣發動「島內革命」，對外則假借「民主」來破壞中華民國國際的形象，以今日的情況看來，頗有匪夷所思之感，但把時間拉回二次大戰結束之初，「二二八事件」不但燃起台灣人民對國民黨的憎惡，也讓許多海內外台籍菁英對共產主義產生憧憬，對中共所提倡的改革發生共鳴，甚至希望與中共聯手打倒國民黨。[101]五〇年代的白色恐怖與國民黨的反共思想教育，讓本省菁英與對岸共產黨攜手的可能性與可行性大為降低，卻也讓「反國民黨威權統治」逐漸質變成為對中國大陸的分離意識與台獨意識。支持中共的左派台灣人和倡議台獨的台灣人，兩者在本質上或有矛盾對立，然而在國府保守派眼中，如從「與執政黨作對」角度觀之，兩者似無太大區別。一九七〇年台灣史學者鄭喜夫出版《新漢奸論》，稱台獨人士「勾結外人，甘為共匪侵台的工具，引進共匪來赤化台灣，故為『新漢奸』」。[102]這種論點充分呈現出此類思維，更重要的是連蔣經國本人都深信黨外、台獨與中共三者之間必有密切的關聯；一九七七年初，他自記：「共匪所支持之台獨以及其他反動組織，心計之陰險惡毒，可將小事擴大為大事，使人困擾，並有害於國家。」[103]同年底縣市長選舉前，鑒於許信良違紀參選以及黨外諸多候選人聲勢浩大，蔣又批評北京「利用國內之反動份子，企圖以合法之選舉活動來達成其反動的非法的目的，即所謂發動『島內革命』，手段惡毒，吾人識破其陰謀，應妥作應付，不能使敵人達到其所望。」[104]

隨著台灣國際處境日益孤立，北京展開對全球各地台籍人士的統戰工作，部分具有指標性黨外人士與中共之間或明或暗的接觸，都讓國府高層認定此兩股力量已在「反國民黨」的大目標下開始匯流。一九七二年，美國務院官員容安瀾（Alan D. Romberg）即向英國外交人員透露，某個在美國境內極活躍的台獨團體曾獲邀訪問北京，與中共高層溝通未來台灣地位議題。[105]台、美斷交後，北京態度益加積極，透過一九八一年底所成立的「中華全國台灣同胞聯誼會」（簡稱「台聯會」），全方位接觸海外台籍社團與指標性人物。（參見第十章）儘管「劉少康」研判中共尚未打算將台獨團體視為主要談判對象，然而北京「反台獨而又利用台獨」的高明手段，讓蔣經國、王昇等人深感憂慮。[106]

在北京積極拉攏各方台籍人士之際，海內外的台獨運動也日趨暴力化。一九七〇年春天蔣經國訪問紐約時，險遭台獨成員黃文雄與鄭自才槍擊，虛驚一場，接著又發生海外台獨團體偷渡爆裂物品進入台灣、一九七〇年秋天台南美國新聞處爆炸案，以及隔年二月台北市美國花旗銀行爆炸案等事件，令小蔣倍感棘手。[107]隨著台、美關係江河日下，台灣的處境愈加艱難，黨外對抗國民黨的手段也更加激烈；一九七六年十月，王幸男以炸彈包裹郵寄給台灣省主席謝東閔、李煥與時任總統府戰略顧問黃杰等三人，謝東閔一隻手

100 「蔣彥士呈蔣經國」（一九八二年四月十七日），〈主席核定大簽〉（下），《王昇檔案》。

101 本田善彥著，堯嘉寧譯，《台灣人的牽絆：搖擺在台灣、大陸與日本間的「三顆心」》（台北：聯經出版社，二〇一五年），頁一六六—一六九。

102 鄭喜夫，《新漢奸論》（台北：瞻望出版社，一九七〇年），頁一〇〇—一〇一。

103 《蔣經國日記》，一九七七年一月三十一日。

104 《蔣經國日記》，一九七七年十一月十五日。

105 FCO 21/985 FEC3/542/1, British Embassy in Washington to Foreign Office, November 1, 1972. 前往北京的台籍人士為五位在美留學並參與保釣運動者，包括日後成為電影導演的王正方，他們於一九七一年十一月二十三日深夜在人民大會堂會見周恩來，討論台灣前途，參見本田善彥，《台灣人的牽絆》，頁二四三—二四四。

106 〈王昇日記〉，一九八一年七月三十一日，《王昇檔案》；劉少康辦公室，「民國七十一年工作檢討報告」（一九八二年十二月二十一日），〈主席核定大簽〉（下），同前；法務部調查局第四處編印，《重要敵情參考資料》，第〇〇六號，編號：一一七八（一九八五年一月十六日）。

107 CIA Memorandum, Subject: Taiwan and the Taiwanese, June 28, 1971, CIA/FOIA, no. CIA-RDP85T00875R002000110021-1; CIA Intelligence Bulletin, top secret, December 10, 1971, ibid, no. CIA-RDP79T00975A020070002002-8.

臂遭炸斷，李煥也炸傷手指，只有黃杰逃過一劫，此案令蔣經國痛心不已，認定此乃中共「利用台獨所做的政治恐怖行動事」，並判斷「敵我已在國內短兵相接，這是一個嚴重的信號，應當有所防備和警惕。」[108]一九七九年底高雄「美麗島事件」發生後，美國情報單位內部分析指出，國民黨與黨外勢力激烈交鋒的結果，讓不少台灣本土菁英相信唯有透過激進手段，才能迫使國民黨讓步。[109]保守派化身的王昇與參與鎮壓「美麗島」的高雄市長王玉雲，成了黨外暴力復仇的兩大目標；翌年二月與七月間，旅美台獨人士於先後在加州洛杉磯王昇次子王步天與王玉雲長子王志雄各自宅內放置炸彈，造成王步天的房子嚴重損毀，王玉雲的妻舅也因此喪命。[110]

以李煥為代表的國民黨開明派勢力消退後，以上一連串事端都提供了黨內保守派以「國安」為名，利用各種手段來壓縮反對勢力的生存空間，「劉少康」即指控台獨反動力量有如下幾大「罪狀」：內受中共統戰操縱，外表偽裝反共姿態；以暴力製造社會不安；利用台灣同鄉會擴展外圍組織，運用秘密成員返國進行島內鬥爭；假借「民主」、「人權」問題破壞我國際形象；走社會主義路線與中共勾結等。王昇人馬提出的對策包括：透過國民黨組織，結合駐外機構與情治單位秘密部署，以掌握台獨份子的動向；強化安全防護措施，並採取離間、分化、疏導與爭取等多重手段，遏阻台獨滲透，甚至不排斥暗中爭取附從份子，集中海外力量打擊首要份子，蒐集首要份子的黑暗面資料，擴大揭發醜化，塑造對方「恐怖暴力份子」的形象，並運用美國治安單位予以打擊。[111]

國民黨保守派認定其所提出的諸多措施，是台灣面臨嚴峻挑戰所應採取的必要手段，這些行動綱領牽連黨、政、軍、國安、情治各部門，雖然未必能夠具體落實，卻足以塑造出一股以反國民黨勢力為對象、目標與方向鮮明的強烈肅殺氣氛，即是在這種整體政治氛圍趨向保守緊縮的大環境下，八〇年代接連出現多起重大的政治謀殺案件，對中華民國政府的形象帶來嚴重的傷害。一九八〇年二月二十八日，因「美麗島事件」被羈押的林義雄，其母親與七歲雙胞胎女兒於自宅內遭殺害身亡，九歲長女身受重傷，在當時情治人員嚴密的監控下，嫌犯竟能進出林宅行凶，令許多海內外人士堅信此乃國民黨所主導的一起謀殺案，目的在於動搖黨外人士的意志。[112]令人驚訝的是，案件發生後，王昇第一時間的反應竟咬定此乃台獨份子所為，充滿政治陰謀，其凶惡程度與中共不相上下。[113]

林宅滅門血案發生後不久，蔣經國曾在總統府軍事會談上指示「如何不流血能制伏暴亂，最為重要」[114]。然而，政治肅殺的氛圍既已形成，僅憑口頭裁示就指望情治單位有所節制，談何容易？翌年夏天，自美返台度假的卡內基美隆大學教授陳文成，被發現陳屍於台大校園，命案發生前一天陳曾遭警總約談，探詢其在美國的言行與支持海外台獨組織的情形，家屬因而指控國府蓄意謀殺，此案引起海內外廣大關注，也引發美國會議員對台灣人權狀況的嚴重關切；如同林宅血案一樣，陳案至今依然未能破案。[115]該案發生後不久，王昇私下坦承國府治安單位處理不周，無形中造成不必要的損失，雖然他已提醒中央黨部迅謀對策，

108 《蔣經國日記》，一九七六年十月十一日、十月十二日。
109 CIA Interagency Intelligence Memorandum, Subject: Taiwan: Midterm Prospects, February 1981, CIA/FOIA, no. CIA-RDP84B00049R000701970017-5.
110 〈王昇日記〉，一九八〇年二月二十六日，《王昇檔案》；Marks, *Counterrevolution in China*, pp. 246-248.
111 「蔣彥士呈蔣經國」（一九八二年五月二十日），〈主席核定大簽〉（下），《王昇檔案》。
112 邱國禎，《近代台灣慘史檔案》（台北：前衛出版社，二〇〇七年），頁四八八－四九〇。
113 〈王昇日記〉，一九八〇年三月一日、三月三日，《王昇檔案》。
114 〈王昇日記〉，一九八〇年三月十一日，《王昇檔案》。
115 Richard C. Bush, *At Cross Purposes: U.S.-Taiwan Relations Since 1942* (New York: M.E. Sharpe, 2004), pp. 195-196; David Dean, *Unofficial Diplomacy: The American Institute in Taiwan: A Memoir* (Bloomington: Xlibris, 2014), pp. 155-156.

但最後仍出現許多麻煩，幾乎收拾不了局面。[116]據蔣孝勇言，陳文成命案發生後，蔣經國既震怒又無奈，感嘆台灣的民主發展已至一定程度，奈何情治單位辦事情仍用舊方法與舊觀念。曾經參與國民黨與黨外人士溝通林、陳兩大血案的沈君山，研判這些政治案件的發生，即是各情治單位與派系鬥爭下的結果。[117]

讓中華民國政府顏面傷害最深的，要算是一九八四年秋天的「江南案」。劉宜良遭殺害後第二天，遺孀崔蓉芝即去信其好友、《華盛頓郵報》專欄作家安德森（Jack Anderson），控訴丈夫是遭國府雇用的殺手所謀害。[118]當美方啟動調查並追捕凶嫌之際，太平洋另一端的蔣經國在第一時間對於此案、乃至國安情治部門之間明爭暗鬥的嚴重性，似乎仍未察覺。前一年汪希苓接掌情報局後，大膽運用幫派份子從事情報工作，竹聯幫首領陳啟禮與成員吳敦、帥嶽峰、董桂森等人都被吸收，成為「制裁」劉宜良的執行者。陳啟禮與吳敦兩人前往美國之前，情報局曾向國安局長汪敬煦與國安會秘書長汪道淵報備此案，兩人並未表示反對，然而當陳、吳完成任務歸國後，汪敬煦突然下令發起「一清專案」掃黑行動並將兩人逮捕，因而有汪希苓遭汪敬煦出賣的說法。[119]十一月十七日蔣經國與郝柏村首度談及此案時，蔣才知悉剛被掃進監獄裡的陳、吳與情報局有來往，當下表示至感困擾，汪希苓隨後向蔣坦承知悉此案，但堅稱從未對陳下達指令，情報局只希望運用陳啟禮等幫派份子推動大陸情報工作，並無在美殺人意圖。[120]

「江南案」爆發之初，美國務院官員尚不清楚有台北情治高層介入，還曾私下向英國駐美外交人員表示，此案對美、台關係「非吉非凶」，而國府高層得知情報局涉案後，立即定調刺殺劉宜良乃竹聯幫份子出於愛國所為，與政府無關，並主動告知美方「陳啟禮已承認作案」，藉以洗脫政府涉案之牽連。不料陳啟禮為了保命，早在回台前即先行錄製一份自白，詳細交代此案乃受情報局指使，並將拷貝交給在美另一名竹聯幫要角張安樂，於必要時公諸於世。一九八五年初，國府情報首長涉及「江南案」的消息首度在海內外媒體揭露，引發軒然大波，美國朝野的反應尤其激烈，部分參、眾議員甚至揚言提案抵制對台軍售，還要求國務院裁減台北駐美外館的數目與員額作為報復。[121]一月十二日，蔣經國將汪希苓、副局長胡儀敏與負責與陳啟禮接洽的情報局第三處副處長陳虎門三人交付軍法偵辦，他慨歎多年來台、美關係所獲致的成果，將因此付之東流，更不明白曾派駐美國多年的汪希苓，竟會做出如此愚蠢之事。[122]北京則藉由此案所引發的媒體效應，以及率先揭露暗殺事件的《美洲中國時報》突遭台北勒令停刊等事件，宣傳台灣情治單位進行海外政治謀殺，打擊國民黨的形象，令台北高層惱怒萬分。[123]

國府當局雖回拒美方要求將陳啟禮、吳敦引渡回美受審，但無法拒絕美方派員來台親自問訊陳、吳，並對汪希苓等涉案官員進行測謊。一九八五年五月，國防部軍事法庭以汪希苓因「私怨」找上竹聯幫制裁劉宜良，將其判處無期徒刑，台北地方法院同樣對陳啟禮、吳敦判處無期徒刑，三人隨後入監服刑，因「江南案」所引發的外交風暴，逐漸消散，然而此案對國府軍事情報機制、蔣經國晚年的權力布局，乃至台灣

116 〈王昇日記〉，一九八一年八月一日，《王昇檔案》。

117 王力行、汪士淳，《寧靜中的風雨：蔣孝勇的真實聲音》（台北：天下文化，一九九七年），頁九〇；沈君山，《浮生後記：一而不統》（台北：天下文化，二〇〇四年），頁七九—八〇。

118 Jack Anderson, "Taiwan and a Kissing in California," *The Washington Post* (February 1, 1985), page B-10, CIA/FOIA, no. CIA-RDP90-00965R000100120142-4.

119 吳建國，《破局：揭秘！》，頁二四三—二四七。

120 郝柏村，《八年參謀總長日記》，上卷，頁六四〇。

121 FCO 21/2930 FET021/1, British Embassy in Washington to Foreign Office, December 18, 1984; Dean, *Unofficial Diplomacy*, pp. 156-158; 錢復，《錢復回憶錄》，卷二，頁四〇〇—四〇八。

122 郝柏村，《八年參謀總長日記》，上卷，頁六七〇—六七一。

123 郝柏村，《八年參謀總長日記》，上卷，頁六五八；法務部調查局第四處編印，《重要敵情參考資料》，第〇〇二號，編號：一二〇五（一九八四年十一月十六日）；第〇〇三號，編號：一二〇三（一九八四年十二月一日）；第〇〇四號，編號：一一七七（一九八四年十二月十六日）。

民主化的發展，都帶來深遠的影響。劉宜良究竟是否如當時傳聞所言，因同時替美、中、台三方工作的「三面諜」身分而成為台北欲除掉的對象？崔蓉芝堅稱其丈夫絕非情報人員、密探或間諜，只是一個說真話、光明磊落的記者與作家；[124]然而，李登輝、郝柏村與汪希苓等人卻不約而同地指出劉確實曾替情報局工作，在爭議最嚴重之時，台北當局一度有意出示劉生前與情報單位的往來文件，讓外界了解其複雜背景，不過最後打消此意。[125]

「江南案」的風波逐漸平息後，蔣經國決心整頓情治系統，把國防部情報局與負責大陸敵後工作的國防部特種情報室合併，改名為「國防部軍事情報局」，由參謀本部指揮，並指示未來局長人選改由部隊軍官產生，不再由情治人員出任，以保持超然的立場。他又下令國安單位駐外人員，如無必要全部調回，並告誡絕不可在美國境內從事特務活動，以免招致反感。一九八六年春天，為進一步降低國安與情治單位對黨、政部門的影響力，蔣又指示未來國安局不得主動召集黨、政人員出席會議，同時嚴格律定一套新的國家情報作業程序。[126]台灣的境外情報工作從此大幅收縮，軍事情報局在台灣海峽執行的海上監控任務，改由一般民間漁船代行，該年四月間，一名訪美的中共高級工程人員遭國府人員策反，欲攜帶機密資料來台投誠時，蔣經國因擔心美方恐有不良反應，在最後一刻決定罷手。[127]

「江南案」另一個深遠的影響是，讓蔣經國身後其家人接班繼承的可能性根本斷絕。在陳啟禮的保命錄音帶裡，他透露前往加州執行暗殺任務之前，曾在台北與汪希苓會面，該場合有一位「蔣二哥」赫然在座，如今證實當時在現場者的是蔣緯國，然而當命案鬧得沸沸揚揚時，海內外輿論卻咬定向來與情治系統走得極近的蔣經國二公子孝武是該案主要涉入者之一。[128]蔣孝武對於從政頗具企圖心，並有意複製父親來台後的老路，由掌握情治業務起步；自七〇年代起，他非常用心經營和調查局長沈之岳與國安局長王永樹等人關係，而且成效顯著，一九七八年初沈之岳甚至兩次向蔣經國推薦由孝武出任調查局長，令蔣至感詫異，怒批沈「竟幼稚到如此地步，否則別有用心，或者對我之為人與人格毫無認識」，心情平靜下來後，蔣自認「不論如何，此事不能責沈，而余應自反自省者多矣。」[129]

雖然蔣經國不同意兒子掌管調查局，但卻允許他短暫進入總統府國家安全會議擔任秘書，此後蔣孝武和情治人員依然從過甚密，外界因而誤解小蔣指派兒子掌控情治系統，甚至到後來演變成為蔣孝武即是指使謀殺劉宜良的核心人物。蔣孝勇曾指出，他二哥被牽扯捲入「江南案」，百分之八十是別人造謠，百分之二十卻是他自己給人家這種印象，既然案發前蔣孝武未曾否認，事後再設法解脫就困難了。[130]一九八五年下半年，蔣經國兩度公開宣示他從未考慮過由蔣家成員接班，蔣家人「不能也不會」競選下任總統，隨後蔣孝武被外派為駐新加坡副代表，如同兩年前的王昇一樣，離開台北的權力核心，台灣的民主化改革，因「江南案」的發生而提上了時程表。

台、美斷交後，面對一連串內外挑戰與困境，國民黨為了穩固權力與安定內部形勢，一股保守、緊縮與

124 江南事件委員會編，《紀念江南》（一九八五），頁一七一—一七三；Radio TV Reports, Inc, Program: 60 Minutes, Subject: The Murder of Henry Liu, March 3, 1985, 7:00 pm, Station: WDVM-TV, CBS Network, Washington D.C., CIA/FOIA, no. CIA-RDP8801070R000301610008-1.

125 李登輝，《見證台灣：蔣經國總統與我》（台北：國史館，二〇〇四年），頁九五；郝柏村，《八年參謀總長日記》，上卷，頁六七七—六七八；汪士淳，《忠與過：情治首長汪希苓的起落》（台北：天下文化，一九九九年），頁二二一—二二八。

126 郝柏村，《八年參謀總長日記》，上卷，頁七二三—七三三、七三六、七三九—七四〇、七八〇。

127 郝柏村，《八年參謀總長日記》，上卷，頁七八八；下卷，頁九一八—九一九。

128 江南事件委員會編，《紀念江南》，頁一四四—一四七；郝柏村，《八年參謀總長日記》，上卷，頁七二六—七二七；錢復，《錢復回憶錄》，卷二，頁四〇〇—四〇一。

129 《蔣經國日記》，一九七八年一月二十二日。

130 王力行、汪士淳，《寧靜中的風雨》，頁九三—九四。

肅殺的政治氣氛因而凝聚成型，取代七〇年代相對開明的政治路線，就是是在此種大氛圍下，美麗島事件、林義雄滅門血案、陳文成命案與江南案接連發生。由於蔣經國晚年健康狀況欠佳，他本人對於這些重大案件的發生，事前是否清楚掌握細節並有所裁示，不無疑問；蔣或許並不樂見政敵流血甚至喪命，然而如無他默許台灣整體氛圍走向緊縮，從而喚起敵我意識，以便應付來自海峽對岸中共與海內外台獨勢力的挑戰，黨內保守力量又如何能夠大膽妄為？（參見第八章、第十章）小蔣主政之後，面對國府遷台後他著力甚深、參與其中並扶持發展上軌道的國安、情治與政戰系統，接連出現重大危機，幾至動搖國本，令他費心傷神，相信其內心感受應當是至深且痛。

第二篇

對外關係

PART. 2

第四章
台灣與蘇聯

「周〔書楷〕大使來電說，蘇俄外交官曾在紐約某次酒會中，主動的與我方外交人員接談，並交換名片地址，陳質平大使亦來電，謂蘇俄駐墨西哥大使曾與其多次接談，表示善好之意，並問起我的職務以及家庭狀況。由於以上二事之發生，可以斷明蘇俄為其本身利益計，已向我作試探性之外交活動，但是吾人面對今日之險景，又在中、美間的微妙關係中，關於蘇俄的陰險試探，決不可採取輕意之行動，我可用人，不可為人用。」[1]

抗戰結束前後的對蘇交涉：一段不愉快的回憶

一九三七年春天，蔣經國攜帶妻小自蘇聯返國兩個多月後，中、日戰爭全面爆發，蘇聯是當時全球唯一

1 《蔣經國日記》，一九六七年五月三日。

向中國提供援助的國家，史達林不但派遣俄籍軍事顧問來華，其空軍還曾參加武漢空戰，一九三八至三九年間日、蘇在中國東北邊境發生軍事衝突時，蘇聯紅軍給予關東軍重擊。抗戰初期因中、蘇關係密切，小蔣被視為搭起雙方溝通橋梁的不二人選，國民政府曾經考慮派他駐節莫斯科；一九四二年春天，小蔣前往西北考察後，政壇盛傳他可能被派任新疆省政府主席，主持與俄國地緣政治密不可分的西北政局，儘管小蔣本人有意願前往西北，但種種因素讓如上傳聞未能具體實現。[2]

一九四五年初夏，日本投降在即，小蔣的俄國背景讓他躋身國府對蘇交涉要員之列，七、八月間他兩度隨行政院長宋子文前往莫斯科，襄助《中蘇友好同盟條約》艱苦談判，史達林以《雅爾達密約》為基礎，對戰後中國東北權益與外蒙獨立等議題持強硬立場，中方代表雖據以力爭，最後仍以犧牲外蒙主權換取蘇聯承諾在東北、新疆與中共問題與國府妥協。[3]蔣經國自認這段談判過程帶給他「經驗教訓均多」，受到的震撼與刺激亦深，因此當同盟條約於八月十五日在莫斯科簽字時，他內心很清楚兩國的關係「絕不是如此簡單」，但仍希望一紙條約能夠維持雙方二、三十年和平，讓飽受戰亂摧殘的中國有喘息與發展的機會。[4]

蔣經國對二次戰後中、蘇關係的期待，很快就幻滅；九月初，距他從莫斯科返國僅短短兩星期，蘇聯空軍在新疆伊犁上空轟炸國軍地面部隊，阻撓國府敉平「東突厥斯坦」分離主義運動，消息傳來，小蔣至感震驚，「所謂信約，不過是一張廢紙而已，如此國家，豈可與之言信，可惡極矣！」他認定蘇聯對華侵略陰謀昭然若揭，「今日新疆事件，無異是九一八事件之翻版，豈不令人髮指？」[5]懷著悲憤心態，小蔣以「外交特派員」的身分，隨同國府接收大員前往東北與當地蘇軍交涉，由於蘇方認定整個中國東北乃其經由對日作戰所佔領，因此日本人所留下的重工業、電力能源與礦產等物資，應被視為具有作戰潛力的「戰利品」而交予蘇方，中方無權過問；連熊式輝欲以「東北行營主任」的身分進駐長春，都遭蘇方以盟軍佔領期間除文職人員接管地方行政權外，不允許任何軍事機關進駐為由，被迫撤除行營招牌。在蘇方百般刁難下，國府在軍事上無法登陸，行政上無法接收，拖了兩個月，蔣介石被迫撤銷東北行營，自長春撤出所有接收人員，稍後蘇聯雖在國際壓力下同意和解，但國府接收工作依舊困難重重，進展緩慢。[6]

為求順利接收東北，蔣介石決定派其子為「私人代表」前往蘇聯，與史達林晤面協商。對於蔣經國代表父親到訪，蘇共內部評價卻不高，認為小蔣作為昔日蘇共黨員，想在老蔣與俄國之間耍些小手段，把自己裝扮成蘇聯的無私朋友；對莫斯科而言，小蔣只是一個平凡之士，其影響力完全無法與行政院長宋子文那樣的人物相比。[7] 一九四五年十二月三十日，對蘇方如何看待其來訪毫無所悉的蔣經國，在大風雪中抵達莫斯科，當晚立即與史達林會談，並於新年過後的一月三日二度會面。兩次晤談時蔣、史彼此以流利俄語交談，連陪同的駐蘇聯大使傅秉常都無法完全聽得懂，史達林基本同意雙方在中國東北合作，但反對東北採取門戶開放政策，更反對讓美國勢力進來，甚至稱只要國府承諾今後不讓美國在該地區取得利益，蘇方可

2 一九四二年春天蔣經國自西北考察回到內地後，不但發表文章鼓勵有志青年前去西北服務，還向蔣介石提出治理西北各省意見書，甚至在父親安排下，在重慶與新疆省主席盛世才之弟盛世驥及新疆駐重慶辦事處主任張元夫密談，政壇開始盛傳小蔣即將離開贛南，另有任用，參見《蔣經國日記》，一九四二年四月三十日〈上月反省錄〉、五月十九日、五月二十五日、六月十三日。

3 林桶法，《戰後中國的變局：以國民黨為中心的探討（一九四五—一九四九年）》（台北：台灣商務印書館，二〇〇三年），頁六三—六七。

4 《蔣經國日記》，一九四五年八月十三日、八月十四日、八月十五日。

5 《蔣經國日記》，一九四五年九月六日、九月八日〈上週反省錄〉。

6 Donald H. Gillin and Ramon H. Myers eds., *Last Chance in Manchuria: The Diary of Chang Kia-ngau* (Stanford: Hoover Institution Press, 1989), pp. 64-141; 張振江，《冷戰與內戰：美蘇爭霸與國共衝突的起源（一九四五—一九四六）》（天津：天津古籍出版社，二〇〇五年），頁一九四—二一六。

7 沈志華主編，《俄羅斯解密檔案：中蘇關係：第一卷（一九四五年一月—一九四九年二月）》（上海：東方出版中心，二〇一五年），頁九八。

以向中國做必要的讓步，他並邀請蔣介石來訪。[8]第一次晤談後，小蔣自記：「詳憶與史大林談話內容與其用意，竟夜未得成眠。」第二次晤談結束後，蔣又是一夜未闔眼，深感「我國家之強弱，實操之於我國人之手，努力之時至矣」。[9]

蘇聯之行，雙方雖達成若干諒解，然而當蔣經國回到東北要求蘇軍履行承諾時，對方不是虛與委蛇，便是拖延時日，各方輿論對小蔣開始出現負面評價，批評他「毫無建樹」、「屈從俄人」與「有失國格」；出身東北的國民黨要員關吉玉一語道破，認為戰後中、蘇交涉同時涉及經濟與外交等複雜層面，不懂經濟的蔣經國，只想用外交手段解決問題，豈有不敗之理？[10]抗戰勝利前後蔣經國對俄交涉所引發的風波，讓他在政壇上摔了一跤，其留俄背景不但未能替國家立功，反而因「親蘇派」的標籤而遭輿論責難，一度希望在對蘇外交與東北復原一展抱負的小蔣，看清自己修養與能力皆仍「不足以擔大事任艱鉅」[11]。這段不愉快經歷在一九四九年後被蔣經國帶往台灣，繼續在其心底留下深刻的烙印，並影響他對俄國人的觀感與研判。

一九一八年俄國大革命後的蘇維埃政權，與日本殖民統治下的台灣僅有零星的交集。一九二五年秋天，台籍謝雪紅與林木順前往莫斯科研習，吸收共產主義思想，並在回到中國後執行共產國際任務，於上海創建「台灣共產黨」（簡稱「台共」）。[12]日本戰敗投降後，美中央情報局在一九四八年夏天掌握到當時旅居上海數名俄國商人，曾短暫前往台灣進行商務考察，成了國府遷台以前俄國人在台行蹤唯一可查的案例。[13]隨著東、西方冷戰對峙，蔣介石高舉「反共抗俄」大纛，台、蘇之間成了不共戴天之敵。一九五二年初，聯合國大會通過國府所提第五〇五號決議案，控告蘇聯違反一九四五年《中蘇友好同盟條約》，威脅中國政治獨立與領土完整，〈控蘇案〉的通過讓蔣介石得以站在道德制高點，為冷戰開啟後台北當局贏得首場外交宣傳戰，並順勢宣布撤銷承認外蒙獨立。[14]一九五四年夏天，一艘俄籍油輪「陶普斯號」（Tuapse）行經巴士海峽公海時，遭台灣海軍強行攔截押往高雄港，所載油料被充公，四十九名俄籍船員亦遭留置，成為國際新聞焦點；在蔣經國經心策畫下，有二十名船員決定「尋求政治庇護」，其中的十一名更「志願」居留台灣從事反共的心戰工作，一時之間這群無辜的俄籍船員成了西方陣營反共宣傳的活道具，並引來蘇聯政府的嚴厲譴責。[15]

六〇年代起，隨著中、蘇共關係日趨惡劣，向來視對方為仇敵的台、蘇關係開始發生微妙的轉變；一九六三年秋天，俄國問題專家卜道明隨台北代表團前往紐約出席聯合國大會時，曾奉蔣介石之命設法在會場上主動接觸蘇聯代表團，試探對方的態度，然並無所獲。[16]翌年十月間，國府駐日本大使館突然收到蘇聯駐日大使館的請柬，邀請國府武官出席一場為歡迎其新上任海軍武官所舉辦的酒會，此消息讓兩蔣父子相當

8 蔣經國，《我的父親》（台北：黎明文化，一九七五年），頁七四—七五；U.S. Chargé in Moscow (George Kennan) to State Department, January 8, 1946, *FRUS, 1946, The Far East: China*, Vol. IX, pp. 76-77.

9 《蔣經國日記》，一九四五年十二月三十一日、一九四六年一月三日、一月四日。

10 章微寒、賈亦斌等著，《親歷者講述蔣經國》，頁二六九—二七四。

11 《蔣經國日記》，一九四六年二月二十八日〈上月反省錄〉、三月二日〈上星期反省錄〉。

12 當時謝雪紅在莫斯科東方大學就讀，林木順和蔣經國則成為孫中山大學同窗，參見陳芳明，《謝雪紅評傳：落土不凋的雨夜花》（台北：前衛出版社，一九九一年），頁七六—八七。

13 CIA Information Report, Subject: Political Information: Activities of Various Soviet Businessmen-Shanghai, Nanking, Taiwan, August 1948, CIA/FOIA, no. CIA-RDP82-00457R001800070006-3.

14 Czeslaw Tubilewicz, *Taiwan and the Soviet Bloc, 1949-1991* (Baltimore: University of Maryland School of Law, 2005), pp. 16-18; Peter Kien-Hong Yu, *The Second Long March: Struggling against the Chinese Communists under the Republic of China (Taiwan) Constitution* (New York: The Continuum International Publishing Group Inc, 2009), pp. 41-42.

15 National Security Council Brief, July 1, 1954, CIA/FOIA, no. CIA-RDP79R00890A000300040002-8; CIA Memorandum by Huntington D. Sheldon, July 1954, ibid, no. CIA-RDP91T01172R000300010022-5;《蔣經國日記》，一九五四年八月二十五日。

16 《蔣介石日記》，一九六三年九月三日、十二月九日。

驚訝，老蔣研判此乃蘇聯對付中共與美國的冷戰手段，故決定婉謝，「但不以拒絕形式出之，試觀其次一行動為何矣。」[17]小蔣則認為蘇方舉動在挑撥台、美邦誼，判斷中、蘇關係已惡化至無法妥協的地步，除應持續注意蘇方動態之外，並思考如何運用此微妙的局面。[18]一個月後，西德國會議員史特勞斯（Franz Josef Strauss）來台訪問，他先向兩蔣父子表示西德政府有獨立的外交政策，不會承認北京，而且殷盼國府反攻大陸，接著又稱台北如欲早日實現光復大陸，似乎需先與蘇聯暗中進行一些安排，因為俄國人對中共已「痛恨入骨」。老蔣警覺到史氏此番談話非比尋常，頗有試探台北動向之用意，只不過他無法辨認其幕後指使者究竟是華府，還是莫斯科，小蔣則認為台北玩「蘇聯牌」來牽制北京，「借刀殺人，亦是一計也」。[19]

紐約與墨西哥城：台、蘇秘密接觸

面對蘇聯的外交試探，兩蔣父子並未全然拒絕，而是設法在爭取最大外交戰略運用空間前提下，謹慎以對。此後數年，隨著中國大陸內部局勢的演變，中、蘇共的關係持續惡化，以及美國朝野主張與北京交往的聲浪不斷加大，台北與華沙集團的接觸也日益頻繁，關係逐漸升溫。[20]冷戰時期台、蘇互動可分為三個階段；一九六六年五月毛澤東發動文化大革命，動員成千上萬紅衛兵發起階級鬥爭，在「反革命修正主義」大旗下，中共溫和派如劉少奇、彭德懷、鄧小平等陸續遭到清算，毛澤東藉由文革更將「蘇聯修正主義」（蘇修）視為超越美國與國民黨的不共戴天死敵。[21]文革爆發後，克里姆林宮加緊聯繫國府，其中台北駐墨西哥大使館是主要管道，而紐約的聯合國總部內，蘇方代表也在社交場合公開主動與台灣外交人員寒暄交流，積極約晤，毫不避諱；一九六七年起蘇聯向國府駐墨西哥大使陳質平主動示好，蔣介石則指示陳質平要讓蘇方理解到「美國決不助我」之意，該年秋天蘇聯透過墨西哥管道讓台北掌握其內部動態：因北京強烈批評「蘇修」，莫斯科不但準備打擊新疆境內中共的核武設施，還有意設計「倒毛（澤東）」方案，停止兩國貿易，廢除同盟條約，甚至不惜動武，蘇方並寄厚望於劉少奇等中共黨內「溫和派」獲得最後的勝利。[22]

蘇聯如此大膽與中華民國接觸，蔣經國認定「事出有因」，此刻他和父親蔣介石不斷思考如何運用此一新形勢，完成光復大陸的最高國策。近年研究揭露一九六六年底中共二號人物、國家副主席林彪，因擔憂遭毛澤東整肅，為謀自救，似曾與當時中共黨內排名第四的陶鑄，透過黃埔軍校的同窗蕭正儀，經由香港某特殊管道以密函向蔣介石輸誠，若果真屬實，則不難想像當時中共內部權鬥之激烈與複雜。[23]然而，小蔣對於莫斯科的示好與合作試探並無不切實際的幻想；一九六七年春天，在得知蘇方主動與全球各地的台灣駐外人員接近後，他自記「蘇俄是陰險的赤帝，美國是欺善怕惡、不加壓力不聽話的一個國家」，處在詭譎多變的環境裡，台北「可以作必要的運用，以彼制此」，在外交上不必守成規，顧慮太多。對俄人的「陰險試

17 《蔣介石日記》，一九六四年十月三日。
18 《蔣經國日記》，一九六四年十月四日、十月五日。
19 《蔣介石日記》，一九六四年十一月十七日、十一月十八日；《蔣經國日記》，一九六四年十一月十六日、十一月十七日、十一月十八日。
20 譬如一九六五年秋天國府選派兩位學者前往南斯拉夫，出席一場人口統計的學術會議，此事隨即受到西方國家矚目，參見FCO 371/181053 FCN103110/29, Office of the British Chargé d'Affaires in Beijing to Foreign Office, September 15, 1965.
21 Frank Dikötter, *The Cultural Revolution: A People's History, 1962-1976* (New York, Bloomsbury Press, 2017), pp. 53-182; 陳永發，《中國共產革命七十年》（台北：聯經出版社，一九九八年），下冊，頁七七〇—八〇〇。
22 楊天石，《找尋真實的蔣介石：蔣介石日記解讀（三）》，頁三七〇—三七一。
23 翁衍慶，《林彪的忠與逆：九一三事件重探》（台北：新銳文創，二〇一二年），頁三〇—三七。

探」，小蔣堅持不應輕舉妄動，而是「我可用人，不可為人用」[24]。整體而言，值此中、蘇共嚴重分歧，中共因文革而陷入混亂，華府又深陷越戰泥沼而無法自拔，國府高層自忖在外交上有一定的籌碼與空間，因而不排斥與蘇聯接觸，藉以創造有利的外在形勢與條件。

一九六八年八月二十日蘇聯軍隊出兵捷克，鎮壓「布拉格之春」民主運動，舉世震驚，此後台、蘇接觸進入第二階段。俄人出兵捷克的一個重要理論是蘇共領導人布里茲涅夫（Leonid Brezhnev）所提出的「有限主權論」，即社會主義國家的主權應受社會主義國家陣營的利益所限制，而蘇聯是此一大家庭裡的大家長，理應承擔最大責任。兩蔣父子研判莫斯科下一步將著手對付社會主義陣營裡「不聽話」的中共，以免東顧之憂，中、蘇發生軍事衝突，似已無可避免。[25]在此思維下，蔣介石密派精通俄語的行政院新聞局副局長朱新民，前往墨西哥與當地蘇聯外交官會談，同時主動召見美國大使馬康衛，闡述他對時局的看法，認為蘇聯鎮壓捷克是對毛澤東的嚴厲警告，毛將被迫因應，並設法鞏固他在華南與西南地區的力量，以確保中、蘇共一旦在北方邊境發生戰事時，毛還能在華南與西南省份生存下來，繼續掌權；蔣的結論是美國應重新考慮支持他所提出佔領西南五省「大火炬五號」行動，並語帶玄機地聲稱，一旦國軍發動反攻登陸行動，蘇聯絕對不會干涉，甚至將樂觀其成。[26]

早在一年半前，「大火炬五號」即已遭美方正式拒絕，如今蔣介石又舊調重談，因此立即被白宮國安高層嘲諷一番，認為此乃年邁的老蔣「失去理智且與現實脫節」的明顯表徵。[27]美方渾然不知的是，蔣重提反攻西南實是受到來自莫斯科秘密訊息所鼓舞；就在同時，朱新民自墨西哥傳來消息，稱蘇方已坦承過去對華政策的錯誤，在某種條件下莫斯科願意協助國民黨重返大陸，蘇方想理解的是，一旦蔣介石回到大陸，是否會向蘇聯提出領土要求。蔣介石研判蘇聯急欲利用國民黨力量推翻毛澤東，儘管其最終目的是在中國境內培植一股聽話的勢力，而非真心希望國府回到大陸，然而鑒於華府不可能支持台北的反攻大業，蔣認為應當謹慎將「蘇聯牌」視為國家存亡與民族盛衰的一大契機，如果打算繼續依賴老美，則「只有凍結我在台灣為其家犬，決無光復大陸之望。」[28]

於是，偏安海島一隅已近二十載的蔣介石，又把抗戰勝利前後對蘇談判交涉的經驗重新搬了出來，擬出雙方合作大原則：光復大陸後新疆與東北行政主權必須完整；蘇聯不干涉中國內政，不再製造另一個中共；雙方恢復孫中山時代的合作精神；中、蘇結盟；兩國接壤省份不吸引外資；蘇聯不在當地扶持共產黨。蔣介石也考慮外蒙的地位問題，但認為這可以等到光復大陸後再向蘇方提出。[29]蔣經國得知父親的想法後，內心卻未必真正相信國民黨能夠借俄人之助回到大陸，他自記：「吾人不存投機之意，惟以今日知情況而言，需要觀變待機，並以增強力量、日新又新作為本身生存發展之主要條件，當環境發生變亂不定之時，本身之意志與計劃，應力求其堅定與周詳，當敵人以利誘之之際，吾人應格外小心謹慎，以免上當。」小蔣不斷提醒自己：「我可用人，而不為人用，此為外交運用之要點。志清意堅，至為重要。」[30]

也許蔣經國的腦筋夠清楚：台灣不能成為蘇聯用來對付中共的棋子，而是要能化被動為主動，以免上當，然而來自莫斯科的試探如此誘人，來自美國朝野有關對華政策轉向的不利態勢又如此明顯，讓兩蔣父

24 《蔣經國日記》，一九六七年三月二十四日、五月三日。

25 《蔣介石日記》，一九六八年八月二十六日；《蔣經國日記》，一九六八年九月一日。

26 Walter P. McConaughy to Dean Rusk, August 23, 1968, *LBJ 1963-1969 Supplement*, reel 2.

27 Memorandum from Alfred Jenkins to Walt Rostow, Subject: The Gimo's Latest Worries, August 28, 1968, *LBJ 1963-1969 Supplement*, reel 2.

28 《蔣介石日記》，一九六八年九月二日、九月七日〈上星期反省錄〉；《蔣經國日記》，一九六八年十月十二日。

29 《蔣介石日記》，一九六八年九月十二日。

30 《蔣經國日記》，一九六八年九月二十六日。

子無法抗拒增強對蘇聯的接觸力道。一九六八年十月，聯合國安理會蘇聯軍事參謀團官員不斷接觸國府代表王叔銘，急欲了解反攻大陸的準備情形、台北對中國大陸局勢的研判，以及雙方未來合作的可能性。[31]幾在此時，朱新民又二度奉命前往墨西哥與蘇方接洽，蔣介石甚至考慮台灣應開始接受蘇聯的物資援助，並著手規劃海、空運送航線地點等技術性細節。[32]小蔣雖主觀認定俄國人有其陰謀，對台灣有所求，然或許為迎合父親反攻大陸與消滅毛澤東的心態，此刻他對於台北擬運用各種方式回應蘇聯試探的構想，並未強力反對。[33]值得一提的是，白宮國安單位注意到此時擔任國防部長的蔣經國，突然積極介入涉外業務，此一動態令美方感到好奇，只是華府尚不知的是，此刻小蔣所擔負的竟是台、蘇秘密往來。[34]

KGB特務在台北：魏景蒙、路易斯管道的建立

一九六八年十月中旬，當朱新民正在墨西哥密會蘇聯外交官時，台北駐日本大使館突然急電新聞局長魏景蒙，告以人在東京的英國《倫敦晚報》（*The Evening News*）俄籍記者路易斯（Victor Louis）向大使館申請簽證，希望前來台灣訪問，蔣經國立即請示父親並得到批准，十月二十二日路氏自日抵台停留九天，此行的意義在於他並非僅是單純新聞記者，其與蘇聯「國家安全委員會」（KGB）的關係密切，極可能是該組織一名海外特工，暗中接受蘇共中央國際部的指揮，不論其真實身分究竟為何，西方國家普遍認定路氏扮演著蘇聯國安情報單位傳聲筒的角色。[35]被蔣介石稱為「蘇共密探」的路易斯主動要求訪台，讓他判斷蘇方已不惜與中共決裂，急於將台、蘇往來公開化，甚至帶有威脅毛澤東與離間台、美關係等作用。[36]蔣經國仍認定俄方想利用國民黨來牽制中共，同時排除美國在亞太地區的影響力，「俄人之作為，無一不是有其陰謀」，然而如真有必要，他認為台北應大膽為之，畢竟「軍事有時要冒險，外交亦然」。[37]

與蔣經國私交甚篤的魏景蒙被委以接待路易斯之重任，魏、路兩人晤談時，路氏首先澄清他並非蘇聯官方所派，但可以代為傳話，努力促成台、蘇雙方在適當時機進行「大使級」的會談，他建議台北在莫斯科派駐貿易代表或新聞記者，或者舉辦中華文物展覽，並稱當蘇方準備改變對華政策時，台、蘇之間的良好互動乃合情合理。在與情報局長葉翔之晤面時，路氏拋出不少試探性的議題，譬如雙方能否展開大使級會談？國府反攻大陸時，蘇聯保持善意「中立」對台北是否有助益？反攻大陸之後，國民黨能否容忍親蘇聯的中共黨員繼續存在？他還提出雙方進行針對中共的情報合作構想。[38]

蔣介石對路易斯的來訪非常重視，不過他本人迴避接見，蔣經國則是在十月二十九日與三十日兩度與對方晤談。根據魏景蒙事前為他擬定的談話綱要，小蔣向對方強調蘇聯的最大威脅是毛澤東，而非歐美國

31 參見「王叔銘呈總統報告蘇俄陸軍副代表兼秘書費德洛夫中校屢次表示願意晤談等情」（一九六八年十月十二日），〈忠勤檔案／駐外代表函件〉，《蔣經國總統文物》，典藏號：005010100000049016；「王叔銘呈總統報告與俄員費德洛夫中校寒暄交談經過」（一九六八年十月二十五日），同前，典藏號：005010100000049013。

32 《蔣介石日記》，一九六八年十月十六日。

33 《蔣經國日記》，一九六八年十月十一日、十月十二日。

34 Memorandum for Walt Rostow from Alfred L. Jenkins, Subject: Stamina of Chiang Ching-kuo, September 27, 1968, *LBJ 1963-1969 Supplement*, reel 2.

35 FCO 168/2827 ONS19/2 Foreign Office Information and Research Department memorandum entitled Victor Louis/Brooke, October 24, 1967; Share, *Where Empires Collided*, pp. 209-210; Chapman Pincher, *Treachery: Betrayals, Blunders, and Cover-ups: Six Decades of Espionage against America and Great Britain* (New York: Random House, 2009), p. 489.

36 《蔣介石日記》，一九六八年十月二十四日。

37 《蔣經國日記》，一九六八年十月二十六日。

38 《魏景蒙日記》，一九六八年十月二十二日、十月二十五日。魏景蒙之女魏小蒙告訴作者，她父親當年肩負台、蘇外交任務，保密功夫到家，連家人都無從知悉。

家，台北同樣面對中共的威脅，彼此因為都希望看到毛澤東倒台，所以今天能夠坐下來談，蔣表示由於諸多複雜的因素，要國府在短時間內在政策上做三百六十度轉彎有些困難，因此他主張雙方接觸必須低調安靜，小蔣還提到美政府並不希望國府反攻大陸，而且多年來華府與北京一直保持接觸，國民黨日後如回到大陸，中、蘇邊境將不再成為蘇聯的煩惱。台北未獲得莫斯科的諒解前，不會貿然發動反攻行動，他樂見與雙方直接接觸，至於地點與形式可以進一步商榷。[39]

據路易斯本人所言，兩人一見面小蔣即以流利俄語介紹自己是俄國「發電機工廠的一個老工人」，並憶及一九四六年在莫斯科與史達林最後一次晤面的情形，路氏稱蔣是一位謙謙君子，心中充滿許多想法，而一般民眾對於台灣所取得的經濟成就甚為滿足。[40]蔣經國在其日記裡對兩次會談內容並無詳細的記載，僅提到路氏稱今後美國在亞洲將無所作為，「連動都不敢動」，並斷言國府如在三年內不能反攻大陸，則將無成功希望，蔣認為路氏誇大了蘇聯在亞洲的影響力，有意挑撥台、美關係，促使台北改變親美路線；而路氏破天荒訪台也讓小蔣理解到，台灣處境雖險惡，卻不能不以勇氣面對，做出果斷的分析與轉變，但他堅持一切作為應以「從速光復國土」為前提。[41]

一位被歐美國家認定具有情報背景的俄國記者，來台灣公開訪問，而且是一九四九年兩岸分治之後的首次，其政治與外交意涵非同小可，因此立即引發國際間高度的關注。英國駐淡水領事館的情報顯示，路易斯停留台北期間除了拜會國府要員之外，還曾向南非共和國駐台北總領事館探詢取得南非入境簽證的可能性，不過最終並未提出申請。有趣的是，英政府研判蔣經國最初並無意與路易斯見面，實因魏景蒙大力引薦，才決定實現此一歷史性的會晤。[42]美國務院認定在歐陸各國早已「惡名昭彰」的路易斯確實是蘇聯特務，若非蘇共中央政治局授意，他根本不可能踏上台灣，美方還驚訝地從台北內線情報探知，蔣介石個人頗支持蘇聯的修正主義，認為其有助於共產主義在大陸的崩潰，美方也注意到國府已授權駐外人員可以和蘇方人員從事「超出一般社交活動以外的互動」，在公開場合也不再如以往大肆批評蘇聯，甚至擴大招募精通俄語的人才進入政府部門服務。華府分析台北願意與蘇聯交往，除了「敵人的敵人是朋友」的邏輯之外，也不排除有試探美國對台政策底限之用意。[43]國務院官員對於傳聞小蔣在接見路氏時聲稱，只要對岸反毛勢力揭竿而起，台灣部隊可在六小時內完成反攻準備的發言特別敏感，不斷把這番談話與台北當時積極向美國爭取軍援兩者之間的關聯，用放大鏡檢視。[44]

蔣經國雖向路易斯表示雙方交往應低調進行，但這名俄國記者顯然不這樣想，對莫斯科而言，此時更重要的是能在國際宣傳上製造先聲奪人氣勢，高調塑造台、蘇之間可能結盟的印象，南北夾擊，對北京施加壓力。路氏離台後經香港前往柬埔寨，抵達首都金邊後他主動約晤在當地採訪越戰的《華盛頓郵報》記者卡爾諾（Stanley Karnow），將台灣之行和盤托出，並敦促卡爾諾盡快讓新聞曝光，卡爾諾當然也不會放過此一聳動事件，於是在十二月四日姐妹報《國際先驅論壇報》（*International Herald Tribune*）率先披露，數週內歐美

39 《魏景蒙日記》，一九六八年十月二十六日。

40 「日本時報載一個蘇聯訪問者所見之台」（一九六九年五月二十九日），〈文件／黨政軍文卷／國際情勢與外交／世界新聞資料（五）〉，《蔣經國總統文物》，典藏號：005010205000007001。

41 《蔣經國日記》，一九六八年十月二十九日、十月三十日、十一月一日。

42 FCO 21/520 FEF3/303/1, British Consulate in Tamsui to Foreign Office, December 24, 1968; British Consulate in Tamsui to Foreign Office, January 30, 1969.

43 State Department Intelligence Note from Thomas L. Hughes to Rusk, Subject: GRC-Soviet Relations: The Curious Visit of a Soviet Journalist, November 6, 1968, *LBJ 1963-1969 Supplement*, reel 2; State Department memorandum of conversation, January 9, 1969, NARA, RG 59, Records of the Department of State, Bureau of East Asian and Pacific Affairs, Subject Files (1951-1978), Lot File 75D76.

44 State Department memorandum, Subject: Victor Louis on Taiwan, March 21, 1969, NARA, RG 59, Records of the Department of State, Bureau of East Asian and Pacific Affairs, Subject Files (1951-1978), Lot File 75D76.

各大媒體皆有追蹤報導與評論，路易斯本人也在翌年初回到莫斯科後接受美聯社專訪，大談台灣行，他稱「中華民國是一個有他自己問題的國家」、「是一個親切愉快的地方，而不是一個軍營」，談話中儼然已將蘇聯官方奉行的「一個中國」原則拋諸腦後。[45]

縱使路易斯具有某些特殊的政治背景，然而他以記者身分來台進行試探性接觸，究竟是否獲得克里姆林宮授權，其發言分量到底有多少斤兩，兩蔣父子其實並無把握；儘管如此，整個一九六八年的冬天，蔣介石沉溺於路氏訪台所帶來的諸多幻想而不能自拔，連自己都承認他對蘇俄問題「研究過切」，對台、美關係的思考反而已居次要。在老蔣的設想裡，未來國民黨與蘇聯重新恢復友好關係的成敗關鍵，在於「容共」與「親蘇」只能擇一而行之，他又幻想著一旦重回大陸執政，蘇方應同意未來的「新中共」必須向中央政府重新登記，而且不得自組軍隊，自建政府。兩蔣父子認為路氏來訪是二十年來蘇聯首次敲開國民黨大門，成敗得失與禍福皆難預料，惟有謀之於人，聽之於天。[46]

為了因應台、蘇可能的「倒毛」合作，蔣介石下令軍方開始培養俄語人才，並準備在澎湖西嶼（漁翁島）修築一條機場新跑道，以備日後不時之需。[47]在父親指示下，蔣經國重新整頓泰、緬邊境的游擊隊，設法讓國府在亞洲大陸上向雲南邊境發起軍事行動，再度成為可能。當時台北設想於泰、緬邊境籌組一千八百名武裝部隊，武力包含一九六一年未撤回台灣的段希文與李文煥餘部、當地的克欽族（Kachin）與撣族（Shan）少數民族武力、以及由台灣幕後支援的緬甸地方自衛隊。[48]為了將原本鬆散、紀律不佳、靠種植販賣鴉片維生的游擊勢力擴充為一支足以作戰的武裝力量，蔣經國耗費極大精力於督導工作，還於一九六九年春天利用官式訪問泰國的時機，親赴泰、緬邊境視察，而華府也注意到台北重新整編游擊隊的努力，認為國府如打算再次向雲南境內發動反攻，理論上並非完全不可行。[49]

一九六九年三月，中、蘇邊防部隊於烏蘇里江的珍寶島發生衝突，雙方互有傷亡，中共佔領該島後，蘇軍在江岸集結大批軍隊，劍拔弩張，此後台、蘇接觸進入第三階段。珍寶島事件後，蘇聯向北京提出強烈抗議並召開記者會控訴中方的侵略行為，同時在各地發起大規模的示威遊行；軍方的反應尤為強烈，以國防部長格列奇科（Andrei A. Grechko）、抗戰初期曾經來華擔任蔣介石軍事顧問的民防總司令崔可夫（Vasily I. Chuikov）為首的強硬派，主張「一勞永逸消除中國威脅」，建議動用部署在遠東地區的中程彈道飛彈，攜帶百萬噸級核彈頭，對中國大陸境內各重要目標實施「外科手術式」的核武攻擊。[50]在此一對北京充滿濃烈敵意的氛圍下，莫斯科對台北展開全方位的外交攻勢；在紐約，蘇聯駐聯合國軍事代表團成員解除二十年來

45 "Russia Seeks Improved Ties with Taiwan," *International Herald Tribune*, December 4, 1968, enclosed in FCO 21/520 FEF3/303/1, British Consulate in Tamsui to Foreign Office, December 24, 1968;「新聞局澄清外電報導俄籍記者路易斯來訪之評論」（一九六九年一月四日），〈忠勤檔案／中俄關係〉，《蔣經國總統文物》，典藏號：005010000082036；《蔣介石日記》，一九六九年二月一日〈上星期反省錄〉；《蔣經國日記》，一九六九年二月二日、三月二十四日。

46 《蔣介石日記》，一九六八年十一月二日〈本星期預訂工作課目〉、十一月二十日、十一月三十日〈上月反省錄〉、一九六八年〈本年總反省錄〉；《蔣經國日記》，一九六九年一月二十九日。

47 《蔣介石日記》，一九六九年一月三十日；賴名湯，《賴名湯日記II》，頁三二六。

48 「充實滇緬邊區游擊武力加強對匪游擊作戰方案」（一九六八年十二月十一日），〈忠勤檔案／敵後工作（二）〉，《蔣經國總統文物》，典藏號：005010100010302。曾於一九七〇—七四年間派駐泰北的前軍事情報局副局長翁衍慶告訴作者，國安當局於六〇年代晚期重組泰北游擊隊的主要目地，確實是想伺機反攻雲南，然當時鮮有人知悉此案與蘇聯有關。

49 《蔣經國日記》，一九六八年十二月二日、十二月六日、十二月十日、十二月二十四日、一九六九年一月四日、五月十六日、五月十七日；State Department memorandum from George Denny Jr. to U. Alex Johnson, September 19, 1969, NARA, RG 59, Records of the Department of State, Subject-Numeric Files, 1967-1969, Box 1531.

50 Nicholas Khoo, *Collateral Damage: Sino-Soviet Rivalry and the Termination of the Sino-Vietnamese Alliance* (New York: Columbia University Press, 2011), pp. 56-58; Rajesh M. Basrur, *South Asia's Cold War: Nuclear Weapons and Conflict in Comparative Perspective* (London: Routledge, 2008), pp. 25-28.

的官方政策，首次出席由王叔銘主持的安理會軍事參謀團例行會議，並在各種社交場合向國府代表示好。[51]在墨西哥、比利時、澳洲、馬來西亞與德國柏林等地，當地蘇聯外交官積極主動接觸來自台北的駐外人員，亟欲透過此類互動全方位掌握中共的內部實況，蒐集國府對中共政局與美、中擴大交流的反應，以及台灣各方面的動態，同時試探雙方在情報、貿易與資訊交流合作的可行性。[52]

然而，台、蘇人員在如上各地頻繁接觸，遠不如路易斯與魏景蒙兩人所建立的秘密談判管道，來得受兩蔣父子重視。一九六九年五月一日，路氏突然自義大利致電魏景蒙，要求再次訪問台北，魏回覆稱台北的記者眼目太多，雙方晤談不方便，改提出在曼谷見面，三天後路告知他已動身前往維也納，希望在當地會晤。[53]路易斯提出邀請後，兩蔣父子的反應值得推敲；蔣經國始終認為中、蘇共決裂，蘇方頻向台灣示好，「無論從何種角度來觀察此事，都是屬於俄方之惡意陰謀，俄人有求於我，必將企圖掌握於其有利之態勢而後行之。」小蔣雖不反對在當前狀況下與對方交往，但主張謹慎行事，要先能立於「不敗之地」，務必「從嚴從密，加以多方之考慮。」[54]

蔣經國的小心謹慎，與父親的大膽態度形成對比。在珍寶島事件發生時，蔣介石掌握了一則來自西德的情報，指出蘇共中央負責國安的政治局委員謝里賓（Alexander Shelepin）與黨內元老謝列斯特（Petro Shelest）等人，皆力主與台北結盟，允許國民黨與毛澤東垮台後的中國共產黨，籌組聯合政府治理中國，俄方甚至連細節都在規劃中，譬如考慮到在未來新中國制度之下，不一定非得使用共產黨名稱，但必須要能符合社會與經濟進步條件，莫斯科還打算容許中國境內出現兩大政黨並存的「人民民主國家制度」等等。[55]老蔣明知俄人藉由試探台北來向北京施壓，甚至不無挑撥台、美關係之用意，但在接獲路易斯邀約後，他實在無法拒絕誘惑，於是命令魏景蒙火速趕往維也納，轉達他所擬定的雙方合作五原則，重點包括：國民黨回到大陸後將組織一個「反毛救國聯合陣線」，容納溫和派中共黨員，但未來主導權與領導權都必須掌握在國民黨手中，蔣特別要魏向對方傳達他不贊同蘇方所提國、共籌組「聯合政府」的構想。[56]

一九六九年五月十四、十五日兩天，魏景蒙與路易斯在維也納多次晤談，魏口頭邀請蘇方派員來台談判，路氏表示有困難，魏轉達老蔣合作五原則，要求先確立大的政策方向之後再談細節，路卻堅持雙方應先討論如何解決毛澤東，而非僅談空洞原則，並敦促台北盡速向莫斯科提出所需軍火清單與交貨地點，雙

51 一九七〇年六月四日王叔銘主持安理會軍事參謀團第六五二次會議時，蘇聯新上任的軍事代表並未出席，翌日，蘇聯駐聯合國大使馬立克（Yakov Malik）獲悉蘇方軍事代表竟然缺席王所主持的會議後，震怒並大加斥責。六月十二日蘇聯軍事代表主動向王致歉並請求諒解，隨後出席六月十八日王所主持之第六五三次會議。參見「王叔銘呈總統報告」（一九七〇年七月三日），〈忠勤檔案／駐外代表函件〉，《蔣經國總統文物》，典藏號：005010100000049024。

52 參見「駐柏林宋鳳恩函蔣經國」（一九六九年十一月十一日），〈忠勤檔案／駐外代表函件〉，《蔣經國總統文物》，典藏號：005010100000049009；「駐澳大利亞大使館新聞處張金鑑函魏景蒙」（一九六九年十一月二十七日），同前，典藏號：005010100000049008；「駐比利時大使館新聞專員劉克俊函魏景蒙」（一九七〇年一月二十日），同前，典藏號：005010100000049007；「駐馬來西亞中華新聞處郭湘章函魏景蒙」（一九七〇年二月十一日），同前，典藏號：005010100000049010；「駐馬來西亞中華新聞處郭湘章函魏景蒙」（一九七〇年二月十七日），同前，典藏號：005010100000049011；《蔣經國日記》，一九七〇年一月二十三日。

53 《魏景蒙日記》，一九六九年五月一日；《蔣經國日記》，一九六九年五月一日、五月五日。

54 《蔣經國日記》，一九六九年三月二十四日。

55 《蔣介石日記》，一九六九年四月十四日；《蔣經國日記》，一九六九年四月二十三日。國府解密檔案揭示一位名叫克拉索夫斯基（Krasovsky）的前蘇聯紅軍少校，於二次戰後留居西德從事反共工作，並曾來台任職於中國廣播公司，他返回西德後擔任記者，同時受雇於台北情報局，代號「郭先生」，這些蘇共內部情報即為克氏所提供，參見「情報局呈蔣經國函」（一九六九年一月十三日），〈黨政軍文件／國家安全與秩序／情報／蘇俄黨政人事及謀加強共黨聯合反帝鬥爭〉，《蔣經國總統文物》，典藏號：005010206000081001。

56 《蔣介石日記》，一九六九年五月五日、五月七日；《蔣經國日記》，一九六九年五月五日、五月六日、五月7日；《魏景蒙日記》，一九六九年五月六日。

方即刻展開有關中共政情與解放軍部署的情報合作，兩人首次的海外密談未有結論。[57]魏返台後立即向兩蔣父子彙報經過，蔣介石批評蘇聯無誠意，「視我為玩物」，以武器為引誘，但並無接濟之意，最終目的仍為製造「新中共」以統治中國。[58]兩蔣父子不察的是，路易斯顯然無意改變其高調吹噓的作風，回到莫斯科後，英國大使館官員詢問他是否有意在近日內再度造訪台灣，他並未否認，只說「一旦行程曝了光，將很難處理正事」，引人無限遐想。[59]雖無證據顯示路氏曾主動向西方國家透露維也納的密會，然而紙包不住火，不久後華府外交圈盛傳國府某要員剛密訪歐洲某地與路易斯會談，只不過眾人猜測會面的地點是保加利亞，而非奧地利的維也納。[60]

隨著美國對華政策的風向逐步轉變，加上莫斯科當局確實也向台北釋出一些善意舉措，都讓兩蔣父子明知俄國人不可靠，卻無法狠下心切斷與蘇聯接觸。一九六九年秋天的聯合國大會上，發生了一件匪夷所思的事，蘇聯代表在大會總辯論發言時，隻字未提中共入會案，這是一九五〇年兩岸代表權問題出現以來未曾有的事，而該屆聯合國選舉大會副主席時，中華民國獲得的支持票數高達八十九票，遠超過當時台北邦交國的總和，這些多出來的票源，皆是蘇聯與其盟友投下的。[61]

該年稍早八月中旬，中、蘇邊防部隊在新疆邊境發生衝突，接著九月二十二日中共在羅布泊實施首次地下核試爆，這些事件都為台、蘇繼續往來提供充分的條件。十月初，路易斯與魏景蒙約定於義大利首都羅馬進行第二輪密談，魏臨行前兩蔣父子反覆討論談判策略，思索雙方恢復邦交以及國府承認外蒙獨立等議題，老蔣願意「投其所好」，同意雙方優先合作摧毀中共境內核武設施，再談未來國共關係與籌組聯合政府。[62]小蔣的態度則較為慎重，在父親擬定的原則之外，又私下囑咐魏景蒙向蘇方提出額外的要求，包括莫斯科需確認未來只支持國民黨推翻毛澤東，不能扶持中共內部其他派系，並承諾由國民黨主導「倒毛」戰爭，容納一切反毛的政治團體。[63]

中、蘇共在新疆邊境發生衝突所引發的緊張態勢，一度讓台北與莫斯科關係正常化成為可能，台灣軍方不但破天荒地編印介紹蘇聯軍事參謀作業的小冊子，在三軍內部流通，並對理論上仍為仇敵的蘇聯參謀作業系統與效率給予極高的評價。[64] 一九七〇年初，國軍還不尋常地進行一項代號「鷹案」的大型軍團兵棋推演，讓部隊重新熟悉大規模作戰，為可能的反攻做準備。[65] 蔣介石竟然開始感慨，此刻他推動對蘇外交的一大困擾，就是「二十餘年來之抗俄教育與宣傳，使人民心理，尤其軍隊之不了解也」，於是決定指示政府加緊對民眾進行必要的心理建設疏導。[66] 幾在此時，英國外交部也接獲情報，稱一位蘇聯高階將領已秘密訪問台北，討論軍事合作事宜。[67]

十月二日當魏景蒙抵達羅馬後，路易斯卻爽約未到，令台北高層感到詫異，研判中、蘇關係已見緩和，蘇聯總理柯錫金（Alexei Kosygin）曾於稍早過境北京時與周恩來會晤，彼此達成維持邊界現狀、防止武裝衝

57 《魏景蒙日記》，一九六九年五月十四日、五月十五日。

58 《蔣介石日記》，一九六九年五月二十五日、五月二十七日、五月三十一日〈上月反省錄〉。

59 FCO 21/520 FEF3/303/1, British Embassy in Moscow to Foreign Office, May 27, 1969.

60 FCO 21/520 FEF3/303/1, British Embassy in Washington to Foreign Office, June 13, 1969.

61 賴樹明，《走過聯合國的日子：薛毓麒傳》（台北：希代出版社，一九九四年），頁一七九－一八一。

62 《蔣介石日記》，一九六九年八月三十日、九月六日〈上星期反省錄〉、九月三十日〈上月反省錄〉。

63 《魏景蒙日記》，一九六九年九月二十日；《蔣經國日記》，一九六九年九月二十日、九月二十一日、九月二十二日。

64 國防部編印，《蘇聯參謀作業的功能》（軍官團教育輔助教材）（台北：國防部，一九六九年）。

65 德國在台軍事顧問「明德小組」核心成員王玉麒告訴作者，此一兵推乃由德籍顧問指導，以避開美國人耳目。

66 《蔣介石日記》，一九六九年九月十二日。

67 FCO 21/520 FEF3/303/1, Office of British Charge d'Affaires in Peking to Foreign Office, November 29, 1969.

突等共識，而蘇聯內部「鴿派」認為不應在此時與台灣接觸刺激北京，於是決定臨時取消羅馬密會。[68]此時蔣介石剛遭遇陽明山車禍，健康情形欠佳，台、蘇關係發展訊息皆透過蔣經國轉呈彙報；小蔣分析中、蘇共關係過去一段時間過於緊繃，如今有所鬆弛，他雖不預期雙方歧見與鬥爭態勢能立即化解，但兩者關係出現融冰現象，對台北外交布局乃至全球國際形勢，恐將產生深遠的影響。[69]

此後一年內，魏、路兩人保持函電往來，在墨西哥城、柏林與吉隆坡等地，台、蘇雙方駐外人員的接觸仍持續進行，一九七〇年秋路易斯再次邀魏景蒙晤面，蔣經國第一時間的反應還是「必有其陰謀存在」。[70]然而，此刻台灣外交處境益加艱困，加拿大與義大利已決定棄台北轉承認北京，聯合國席次保衛戰也險象環生，十月十日雙十節當天下午，兩蔣父子有一番深談，小蔣在日記裡留下這一段話：「共匪內部將要變壞，匪、俄關係亦必變壞，美、蘇關係無法緩和，且將繼續交惡，美、蘇、匪的三角矛盾必定加深，彼此之衝突是無法避免的。如何善用有利於我反共復國之國際因素，乃為我必須把握者。」[71]即是在此種希望利用國際強權彼此相互矛盾，為台灣爭取最大利益的思維下，魏景蒙奉蔣介石之命，於該月底再度飛赴維也納與路易斯晤面，此次會面中，路向魏透露蘇共「鴿派」認為中、蘇關係已好轉，不需再打「台灣牌」，然「鷹派」卻堅稱不能保證未來與中共不會再有戰爭，路接著表示翌年（一九七一）三月蘇共召開全國代表大會之前，台北如能提供確切的情報，證明毛澤東仍在積極對蘇聯備戰，則「鷹派」立場即可佔上風，對台灣有利。路易斯再次敦促台北盡早提出軍援需求與反攻大陸的行動方案，一旦獲得克里姆林宮的認可，蘇方將立即與國府接觸。[72]

十一月六日，魏景蒙回到台北並向兩蔣父子彙報，蔣介石對於路易斯談話的內容感到疑點重重，連魏本人也覺得路氏有時表現得更像是一名投機掮客。[73]不過對於路氏強調，放眼全球只有蘇聯仍對國府反攻大陸感興趣，並願意考慮向台北提供軍事援助，這番談話頗能打動日夜期盼回到大陸、自認來日無多的蔣介石。數日後老蔣寫下雙方的合作重點：蘇聯提供台灣所需武器；根據台方學習武器使用時間來決定發動反攻的日期；以二至三年為度；以上海、廣州、武漢、南京等地為攻擊目標。蔣經國依照父親指示，決定透過魏回覆路氏，台北原則上已同意其在維也納所提建議，具體細節可由台、蘇高層直接會談敲定，為求保密，小蔣特別指定專人將密函攜至泰國，於十一月十三日由曼谷發出。[74]

「柏林管道」

魏景蒙致路易斯的密函由曼谷發出三天後，蔣經國曾約魏見面，「彼此皆感國家處境困難，一切應當求之在我，不可稍存懈怠之意，應以自強求變之志向以求勝。」[75]雖然台北仍在等候蘇方回覆，但此刻起，小蔣突然對路易斯這條管道徹底失去耐心與興趣；十二月三日，當魏向小蔣報告路易斯自新加坡來電，進一步

68 此研判於一年後路易斯與魏景蒙再次晤面時，為前者所證實，見《魏景蒙日記》，一九七〇年十月三十日。
69 《蔣經國日記》，一九六九年十月十日、十月十三日、十月十四日、十月二十三日。
70 《蔣經國日記》，一九七〇年九月二十七日。
71 《蔣經國日記》，一九七〇年十月十一日。
72 《魏景蒙日記》，一九七〇年十月三十日、十月三十一日。
73 《蔣介石日記》，一九七〇年十一月七日、十一月八日、十一月十日、十一月十一日；《魏景蒙日記》，一九七〇年十一月七日；《蔣經國日記》，一九七〇年十一月七日、十一月八日、十一月九日。
74 《蔣介石日記》，一九七〇年十一月十日、十一月十一日；《蔣經國日記》，一九七〇年十一月九日、十一月十二日；《魏景蒙日記》，一九七〇年十一月十日、十一月十三日。
75 《蔣經國日記》，一九七〇年十一月九日、十一月十六日。

魏景蒙（中）與宋鳳恩（右）在西柏林。（胡佛檔案館提供）

催詢國府有關雙方合作「倒毛」的具體方案時，蔣的態度變得極端厭惡反感，他不知道蘇方為何如此著急，甚至自認「我始終把路某看做是一名活鬼」，不過在蔣介石的指示下，小蔣仍得繼續研究與路氏接觸的利弊得失。[76]此後短短兩星期內，路易斯接連自新加坡與馬尼拉撥了數通電話給魏景蒙，要求再度來台訪問，蔣經國聞後煩惱異常，心生嫌惡，稱「對方之鬼[詭]計何在，難以料想」，下令拒絕他入境台灣。[77]

隨著海內外情勢對國民黨日趨不利，此時已參與重大決策的蔣經國，開始有自己的想法，而且未必與其父一致。平心而論「蘇聯牌」是否有效，前提在於台灣基本安全防衛不受動搖，如此則適時出招，一方面可以帶給北京壓力，另一方面可試探華府底線。詹森總統主政時期，華府深陷越南戰事，亟需以台灣作為中南半島的後方基地，中國大陸則陷入文革內亂，這段時期台北與莫斯科接觸，或許不至於對國府的國際地位與美國協防的承諾帶來傷害；一九六九年尼克森總統上台後，當華府不惜以犧牲台灣利益作為改善美、中關係的代價時，繼續與蘇聯來往是否仍符合台北利益，顯然成了一大疑問。「美國人可惡，但是為了國家的利益，又不得不拉住他。」[78]這是一九七〇年秋天蔣經國的一段感想，簡潔卻細緻地描述他對維繫台、美關係的真實想法。

一九七一年春天，國府在外交上已感受到一股山雨欲來的不利氣氛，美、中之間因「乒乓外交」打得火熱之際，華府又宣布取消美國民眾前往中國大陸旅遊的禁令，同時派遣國務院資深官員來台，商談台北在聯合國岌岌可危的代表權問題。蘇聯駐聯合國軍方代表在紐約私下告訴王叔銘，莫斯科雖不樂見北京進入

76 《蔣經國日記》，一九七〇年十二月三日、十二月四日。
77 《蔣經國日記》，一九七〇年十二月十日、十二月十四日、十二月十五日、十二月十八日。
78 《蔣經國日記》，一九七〇年十月九日。

安理會，但也無法公開表態支持台北保住席位，蘇方有不得不勉強支持北京的苦衷，因而探詢國府是否有採取「兩個中國」的可能。[79]與此同時，海外台獨運動的聲勢日漸高漲，島內則因釣魚台主權歸屬的爭議引發「保釣」學潮，蔣經國擔憂此一愛國運動最後質變為「反政府」運動，動搖國本。[80]各種危機不斷浮現，導致台灣內部出現本土化與民主化改革的籲求，而國際地位的快速惡化，也讓國民黨權力的正當性面臨嚴厲考驗，這些因素或許都讓小蔣對台、蘇合作不再存有幻想；誠然，若一個與國際共產主義霸權結盟的政權果真在台灣出現，不但將引發亞太鄰邦惶恐不安，更難獲得本地民眾與廣大海外華僑的支持。[81]

一九七一年伊始，蘇聯仍繼續透過各地駐外館處與台北保持接觸，然而國府高層顯然已缺乏前幾年的熱忱，雙方的聯繫變得似有若無；該年秋天台北被逐出聯合國後不久，路易斯從墨西哥致電魏景蒙，再度要求晤面會談，但蔣經國未予同意，[82]此後台、蘇的主要溝通管道只剩下德國柏林。一九六四年春天，台北派遣具有國安背景的宋鳳恩，擔任西柏林「歐陸辦事處」代表，一九六九年初，蘇聯官方塔斯社（TASS）駐當地記者巴赫莫夫（Boris Pakhomov）主動與宋接觸，先以訂閱台灣出版品為名，然後逐步交換彼此對中共問題的看法；珍寶島事件發生後，巴赫莫夫問及宋的身分地位，以及是否可以代表台北談判合作，蘇方急欲掌握的重點包括中共內部的派系鬥爭、美日等國與兩岸的複雜關係，以及中共在西德境內活動情報等。[83]為此，宋鳳恩於該年秋天特地返台面謁蔣經國，請示機宜，由於當時正值魏景蒙與路易斯在羅馬的秘密會談突然告吹，小蔣認定「柏林管道」有存在的必要，因此授權宋繼續與巴氏保持接觸，並將此事報告蔣介石。[84]

此後宋、巴兩人保持每月至少兩次晤面，台北高層從柏林管道掌握不少有關中、蘇共邊界談判以及蘇聯對台政策的情報，巴氏甚至表示可以促成台灣與東德之間的經貿往來，但因台北興趣不大而作罷。[85]每當宋鳳恩主動提出台、蘇具體合作事項，並邀請蘇方派員來台直接洽談時，巴赫莫夫總以「未獲上級指示」與

「時機尚未成熟」為由加以推辭；反之，蘇方則迫切希望宋能代為協助在西德與香港建立情報據點，雇用當地華人蒐集中共情報，並願意提供經費。[86] 一九七一年初，巴氏進一步向台北要求增加紐約、東京等地接觸管道，蘇方也關切尼克森準備改變對華政策，以及台北每況愈下的國際地位，並探詢一旦台北失去歐陸各主要邦交國後，雙方在西柏林的管道與工作範圍能否擴大。當宋鳳恩向魏景蒙詢問能否再次返台請示機宜時，台北回覆不必，但也未指示宋是否應終止與俄國記者的接觸。[87]

79 「王叔銘呈蔣中正與俄方蘇布里亞金上校談話內容」（一九七一年二月十二日），〈忠勤檔案／駐外代表函件〉，《蔣經國總統文物》，典藏號：005010100049023；「王叔銘呈蔣中正報告與蘇布里亞金上校關於中共進入聯合國談話」（一九七一年二月二十六日），同前，典藏號：005010100049022。

80 《蔣經國日記》，一九七一年四月十七日。

81 美、英兩國對於國府面對內外衝擊以及台、蘇接觸對於台灣內部的影響，皆有精闢分析，參見CIA Intelligence Memorandum, Subject: Taipei and Nixon Doctrine, April 17, 1970, CIA/FOIA, no. CIA-RDP85T00876R001100090020-5; FCO 21/703 FEF1/3, British Consulate in Tamsui to Foreign Office, May 7, 1970.

82 《蔣經國日記》，一九七一年十一月七日、十一月十九日。

83 「宋鳳恩呈魏景蒙」（一九六九年三月二十八日），《宋鳳恩檔案》；「宋鳳恩呈魏景蒙」（一九六九年七月七日），同前；「五十八年九月十日中午談話摘要」（一九六九年九月十日），同前。

84 《蔣經國日記》，一九六九年九月二十六日、十月十三日。

85 「宋鳳恩呈蔣經國」（一九六九年十一月十一日），《宋鳳恩檔案》；「宋鳳恩呈魏景蒙」（一九六九年十二月十二日），同前。自一九六九年底開始，為保密起見，宋與台北之間往來函電裡以「羅吉」（Roger）稱呼巴赫莫夫。

86 「五十九年二月十八日中午談話摘要」（一九七〇年二月十八日），《宋鳳恩檔案》；「宋鳳恩呈魏景蒙」（一九七〇年五月二十九日），同前；「宋鳳恩呈魏景蒙」（一九七〇年九月五日），同前；「宋鳳恩呈魏景蒙」（一九七〇年十月九日），同前；「宋鳳恩呈魏景蒙」（一九七〇年十一月十五日），同前。

87 「六十年元月六日與羅吉記者談話摘要」（一九七一年一月六日），《宋鳳恩檔案》；「魏景蒙致宋鳳恩」（一九七一年一月二十六日），同前；「六十年三月三日與羅吉記者談話摘要」（一九七一年三月三日），同前。

台北退出聯合國後，部分國府人士在悲憤之餘，主張蔣經國應立即訪問蘇聯，在國際政治舞台上「放一顆原子彈」。[88]此時「柏林管道」繼續運作，雙方談話的範圍則侷限於溝通時局意見與交換中共情報，一九七二年三月宋鳳恩返台述職，卻意外未能見到蔣經國，可見此時小蔣已不再視「蘇聯牌」為長久之計。然而，巴赫莫夫卻渾然不覺，當宋自台灣返回柏林後不久，他立即安排一位具有蘇聯國安背景的神秘人士「K君」前來東柏林與宋密談，這位K君早年留學北京與哈爾濱，可操流利中文，他稱莫斯科非常注意台灣，但因所知有限，必須謹慎行事，蘇方希望了解如下議題：國府軍事情報部門的組織編制、國共雙方武力部署、蔣介石健康與蔣經國家人的情況、國民黨本土化與台獨的未來展望等，晤談中宋鳳恩提供香港「時代批評社」負責人周鯨文的聯繫方式，建議俄人主動與周接觸，以取得有關中國大陸現況資料。此次密會後，巴赫莫夫信心滿滿，認為不久即可收到來自莫斯科有關雙方合作的進一步指示，然而蔣經國接到宋鳳恩的報告後，卻透過魏景蒙轉告他與俄記者的接觸「不必再進行，俟日後行情轉好時再說」。[89]

蔣經國下令終止「柏林管道」，與當時台北政壇風向的微妙轉變密不可分。一九七二年三月初，尼克森完成歷史性訪中之行返美後不久，外交部長周書楷接受合眾國際社（UPI）記者的專訪，強調台北準備在外交上採取更彈性的作法，與不具敵意的東歐共產國家打交道，周特別點名蘇俄，聲稱如果美國決心從亞洲撤退且對中共作出重大讓步，則「亞洲自由國家可以開始轉向蘇聯」（free nations of Asia could begin turning toward USSR），他稱台北保有外交自主權，也可以開展屬於自己的「華沙大使級會談」。此話一出，引發軒然大波，各方猜測台灣外交是否將大幅轉向，外交部立即澄清，表示一切「彈性」的作為都不會違反既定國策，或以損害與美國友好關係為代價。蔣經國對周書楷的發言極感懊惱，批評其失言乃庸人自擾，感慨「政治與外交無不自亂步驟，乃是由於缺乏組織之故」，並於三月十六日主動邀美大使馬康衛共進早餐，鄭重澄清國府無意動搖反共的基本國策，並怪罪外國媒體斷章取義，扭曲周的談話。[90]

面對外交困局，蔣經國本已有意推動全方位外交，以「政經分離」的模式發展台灣和蘇聯與東歐國家的實質關係，他自記國際間沒有永遠的敵人，也沒有永遠的朋友，「今後應以基本的國策為主，採取一高度彈性之現實外交政策，與一切可以利用之國家結『友』，至於如何進行，應作妥善之策劃。」[91]周書楷只不過是把小蔣心裡的話，以大膽露骨的口吻表達出來罷了，不料卻因「失言」風波，竟然官位不保；一九七二年六月周轉任行政院政務委員，由立場保守、強烈反對台北與任何共產國家接觸的沈昌煥接任外交部長，外界解讀此舉為蔣經國向美方交心，保證台灣不再玩「聯蘇制美」的把戲。值得一提的是，此時華府研判整個台、蘇秘密接觸過程中，錯誤地認定早年在俄國生活學習的小蔣，是台北打「蘇聯牌」的幕後總舵手，老蔣則擔憂台、蘇接觸恐讓台、美關係益加疏遠。[92]殊不知事實恰好相反，滿腦子幻想著聯俄「倒毛」的是年邁思鄉的蔣介石，而非即將接班、冷靜務實的蔣經國。

宋鳳恩奉命終止與巴赫莫夫長達三年餘的聯繫管道，然而巴氏卻不願輕易放手，一九七二秋，他主動找上宋，告知莫斯科對於具有俄國背景的蔣經國印象極佳，希望透過柏林渠道全面提升台、蘇關係，巴氏的

88 賴名湯，《賴名湯日記II》，頁七三四。

89 「宋鳳恩呈魏景蒙」（一九七二年四月二十二日），《宋鳳恩檔案》；「宋鳳恩呈魏景蒙」（一九七二年五月二日），同前；「魏景蒙致宋鳳恩」（一九七二年五月二十二日）。

90 Walter McConaughy to State Department, March 16, 1972, reproduced in DDRS, no. CK3100695805; State Department Intelligence Note, "Republic of China: All-Out Diplomacy," April 12, 1972, ibid, no. CK3100689561;《蔣經國日記》，一九七二年三月九日。

91 《蔣經國日記》，一九七一年四月三十日。

92 State Department Intelligence Note, "The Republic of China and the USSR: Fishing Around," July 11, 1972, NARA, RG 59, Records of the Department of State, Bureau of East Asian and Pacific Affairs, Subject Files (1951-1978), Lot File 75D76; Ralph N. Clough, *Island China* (Cambridge, MA: Harvard University Press, 1978), pp. 168-170.

積極態度似與當時謠傳國、共兩黨展開接觸有所關聯；易言之，蘇聯擔憂兩岸過於接近對其不利，故又有拉攏台灣之舉，宋向台北請示是否應接受俄方提議並返台面報，小蔣再次下令勿與對方有所往來，甚至決定將宋調回台北，因此引發宋的疑懼。[93]此後宋鳳恩決心離開政府公職，以平民身分僑居柏林，經營餐館，但直到一九七五年，俄人仍不斷嘗試透過宋與台北接觸；該年夏天，宋寫一封私函給蔣經國，透露過去一段時間陸續有俄國人來其餐館晤談，其中一位身材矮胖、操流利國語，有個中文名字「傅以青」的俄人，自稱抗戰時期派駐重慶工作時，與張群、谷正綱等國民黨要員往來密切，傅氏提出不少台、蘇合作構想，對國際局勢也頗有見解，宋詢問蔣對此類接觸是否仍感興趣。[94]沒有證據顯示蔣對此有所回應，而台、蘇秘密合作也繼續停留在「只聞樓梯響」的空談階段，未曾具體實現。

美、中關係正常化與台北的「蘇聯牌」

蔣經國力求在險惡的國際環境中突破台灣的對外困境，推動與包括東歐華沙集團在內共產國家之間的往來，此一策略攸關中華民國的生存發展，無法單純以「打蘇聯牌」或者「聯俄制美、中」等概念混為一談。矛盾的是，當台、蘇之間為了「倒毛」而試探發展「準同盟」關係已不再成為蔣經國的選項時，美國對於台北是否強化與蘇聯交往的關注與疑慮，卻日趨強烈。一九七二年秋天國務院一份機密文件指出，台、蘇接觸縱使不會立即演變成盟邦關係，然而國府為突破外交逆流並因應亞太地區的變局，未來仍可能冒險親近莫斯科，讓目前雙方有限的經貿往來，逐步擴展至其他領域，美方文件還顯示，研判台北未來會走「蘇聯路線」的主要情報來源之一，竟是中共總理周恩來。[95]

一九七三年二月香港媒體報導，國防部總政治部曾派員前往當地與俄國人接觸，雙方談及將澎湖群島或金、馬外島租借給蘇聯作為海軍基地。[96]謠言傳至蔣經國耳裡，被他嗤之以鼻並視為匪夷所思；然而這樁被小蔣認為子虛烏有之事，美政府態度卻異常慎重，密切關注以小蔣為首的國民黨新一代領導階層，未來對外政策走向為何，以及台灣與華沙集團關係將如何開展，國務院一方面主動向國府探詢台、蘇之間是否仍有接觸，好奇台北是否與路易斯仍有來往，另一方面又裝得不在乎，聲稱國民黨如與俄人交往不致過分緊密，則華府不會受到刺激。[97]該年五月十一日與十二日兩天，蔣經國獲報有三艘蘇聯軍艦以緩慢的速度通過台灣海峽，此乃一九四九年以來首見，他感到驚訝，自忖俄方大膽舉動的背後動機在於向中共示威，並試探美國的態度，或者完成其太平洋與印度洋艦隊結合的軍力展示，蔣甚至還懷疑是否與他近年來屢次拒絕俄方要求接觸有關，目的在於向他施壓。[98]蘇聯軍艦通過台灣海峽，美方不可能毫無所悉，為避免華府猜疑此舉與租借澎湖外島給予蘇聯的傳聞有關，蔣主動約見美大使馬康衛，重申台灣將堅守民主陣營，不會損傷美國的利益，並保證不會與莫斯科發展關係，也將繼續視蘇聯為敵人。[99]

93 「六十一年十月二日下午八時公園內談」（一九七二年十月二日），《宋鳳恩檔案》；「宋鳳恩呈魏景蒙」（一九七二年十月三日），同前；「魏景蒙致宋鳳恩」（一九七二年十月十六日）；「宋鳳恩致魏景蒙私函」（一九七二年十月二十五日），同前。

94 「宋鳳恩呈蔣經國」（一九七五年七月二十二日），《宋鳳恩檔案》。

95 State Department Memorandum, Subject: ROC-USSR Contacts, November 16, 1972, NARA, RG 59, Records of the Department of State, Bureau of East Asian and Pacific Affairs, Subject Files (1951-1978), Lot File 75D76.

96 《蔣經國日記》，一九七三年二月二十一日。

97 McConaughy to State Department, Subject: The ROC's International Position, March 26, 1973, reproduced in DDRS, no. CK3100699547;《蔣經國日記》，一九七三年四月一日。

98 《蔣經國日記》，一九七三年五月十五日。

99 McConaughy to State Department, June 8, 1973, reproduced in DDRS, no. CK3100699558.

幾在此時，情報局長葉翔之在接受英文《中國郵報》（*China Post*）的專訪時，特地表達他對中、蘇共未來發生戰事的看法，稱台北如支持毛澤東，將失去自身的基本立場，若協助蘇聯，又將違反國策，因此國府的態度是不希望發生戰爭，如果不幸發生，則將視其為中、蘇共兩政黨之間的衝突，而非中、俄兩大民族之間的戰爭。馬康衛顯然滿意蔣、葉的談話，認為這已展現國府無意介入中、蘇糾紛的謹慎自持。[100]毫無疑問，蔣、葉連番表態，已非數年前蔣介石與蘇聯討論合作「倒毛」時的積極態度可比擬，然而華府高層卻不完全信服；同年（一九七三）八月中旬，駐美大使沈劍虹拜會國務卿季辛吉時，季氏當場質問蘇聯是否曾向台北提出租用澎湖群島，令沈嚇了一跳，研判美方依然高度懷疑台北有意藉由與蘇聯接近，牽制美、中關係的正常化。[101]

雖然蔣經國已屢次表明他無意打「蘇聯牌」，但華府並不放心，此現象反映出美方逐步降低對台關係過程中，「想當然爾」認定台灣必將採取某些反制措施，從而衍生出對小蔣的疑慮。一九七五年夏天，台、蘇重新恢復秘密接觸的傳聞甚囂塵上，香港媒體報導言之確鑿地指稱，蔣曾於前一年底在台北接見俄國記者路易斯，而其妻則已啟程前往故鄉進行秘密聯繫，該報導又稱台北已決定聯合蘇聯對抗美國與中共，同時接受台獨而放棄反攻大陸的國策。小蔣認為此類誇張傳言不值一顧，決定不作反駁，以免愈吵愈凶，但反而引起外界的注意。[102]不料華府卻認真看待「後蔣介石」時代台、蘇交往前景，也對媒體的捕風捉影嚴肅以待；八月間，美總統福特（Gerald R. Ford）一位友人來台拜會蔣經國時竟直接探詢，一旦美、中建交蔣是否將採「聯俄制美」策略，蔣當場重申「對內決不與共匪妥洽，對外決不與俄國交往」，只不過他也意有所指，稱美如承認中共，將使共產暴政合法化，讓台北無法抵抗內外壓力，一旦台灣不能生存，必將落入美國敵人之手，如此一來全局不可設想，他也趁機透過福特友人向華府喊話：「坐視台灣被共產佔領，抑保持於美國友人之手，美國應在此兩者之間有所選擇。」[103]

一九七五年十二月福特率團訪問北京，台、美關係再次面臨劇烈的衝擊，此時蔣經國的大方向依然是拉住美國，設法拖延美、中建交的時程，為台灣爭取更多時間，在此情況下他斷無投入蘇聯懷抱之可能。[104] 但老美對小蔣仍不放心，福特返美後，白宮國家安全會議破天荒首次將「台、蘇動向」列為密切關注的議題之一，決定透過安克志大使警告蔣經國，雖然美、中建交暫時未能實現，但大方向不會改變，美國在逐步調整（降低）對台關係的過程中，蔣如決定與蘇聯交往，將對台灣產生「災難性」（disastrous）的後果。[105] 美方的疑慮並非完全無的放矢，從福特訪問中國到卡特宣布美、中建交的三年裡，莫斯科對台試探的動作從未停止；一九七五年台灣與泰國斷交後擔任首任駐泰代表沈克勤即回憶，當時蘇聯駐泰大使館官員不斷與他手下一名略通俄語的女性職員接觸，遭泰國情報單位盯上，泰政府要求台北配合，對俄人進行反間計，但為避免事端，沈克勤堅持將該名女職員立即調離曼谷。[106]

100 McConaughy to State Department, June 14, 1973, reproduced in DDRS, no. CK3100699560.

101 沈劍虹，《使美八年紀要》，頁一三四—一三五。

102 《蔣經國日記》，一九七五年七月八日、七月十三日。

103 《蔣經國日記》，一九七五年八月十日、八月十一日。

104 福特訪問中國大陸時，蔣經國思考外交大計，決定未來對外關係的主要方針包括：一、拉住美國關係，拖延美、中關係正常化之過程時間；二、加強日韓關係；三、注重新加坡、印尼、約旦、沙烏地阿拉伯；四、穩住中南美有邦交國家；五、打進歐洲共同市場；六、維持非洲之現狀；七、策劃與南非復交；八、與失去邦交國家之實質關係。見《蔣經國日記》，一九七五年十二月二日。

105 National Security Council Memorandum for Brent Scowcroft, Subject: Summary of Your January 12 Meeting with Ambassador Leonard Unger, January 12, 1976, *Gerald R. Ford and Foreign Affairs*, 1:1, reel 3.

106 沈克勤於一九七五年九月起擔任駐泰國代表。

接著在一九七六年夏天，路易斯聯繫時任中央社社長的魏景蒙，告知有一艘高雄籍漁船遭蘇聯拘留，希望台北派人前往交涉，蘇聯方面又以申請商用輪船通過台灣海峽時取得氣象資料等各種藉口，希望與國府發生直接聯繫，然而蔣經國對這些小動作嗤之為「醉翁之意不在酒」，認為俄人根本誤判他，蔣自記他永遠不會忘記中華民國發展到今天如此艱困的地步，「實受害於俄、日兩國，其中以俄國為更甚」，又稱「我寧願犧牲自己，而決不違背自己的原則和立國之精神」[107]。大陸時期他與俄國人交涉失敗受挫的陰影，在來台之後顯然繼續存留於其內心深處，無法抹去，只不過美國人無從理解小蔣內心的想法；該年秋天，沈昌煥奉蔣指示坦白轉告美大使，打「蘇聯牌」確實曾是台北的選項，但為避免華府以此為藉口而加速拋棄台灣，該選項已經作罷。[108]

屢次嘗試接觸台北卻遭閉門羹的莫斯科當局，開始感到惱羞成怒；一九七六年秋天中共「四人幫」垮台後，路易斯撰文主張蘇聯應思考放棄國民黨，等候北京改變外交政策。[109]一九七八年九月初俄國《真理報》（Pravda）一篇評論文章，竟批評蔣經國與重新復出掌權的鄧小平這一對孫中山大學同窗，皆是為討好美國而出賣中國的人物，彼此正勾心鬥角向美帝獻媚，小蔣讀後一笑置之。[110]儘管如此，隨著美、中建交時刻進入倒數計時，國府內部無可避免又再次浮現「聯俄制美」的聲浪，部分國民黨中常委公開倡議聯合蘇聯，小蔣表面上不動聲色，私下卻感憤怒，把黨內出現「聯俄」主張視為質疑其反共路線正確與否。十二月初，當台、美邦交來到最後時刻，蔣再度警惕自己，必須貫徹決不與蘇聯交往的基本國策，並將其視為「救國護黨」之要道。[111]

卡特宣布與中共建交，對於當時就任總統僅六個月的蔣經國而言，無疑是一記沉重打擊，美方在斷交後關係調整談判中所展現的強硬與蠻橫，更令他心煩意亂；當時海外台人社團頗有主張打「蘇聯牌」的聲浪，據傳路易斯也曾在一九八〇年獲准秘密再次來台訪問，連向來立場反共親台的美重量級參議員高華德（Barry

Goldwater）竟也勸告小蔣應「親俄以壓美」，令他一陣錯愕，私下批評高華德「此人大錯矣」，並決定「置之不理為上策」。[112]政治現實的反諷是，直到台、美斷交成為事實之後，「蔣經國不會結交蘇聯對抗美國」的論點才逐漸成為華府外交與情報圈的共識，除了把「蘇聯牌」作為阻撓美、中建交的籌碼已不再具有任何意義之外，美方也理解到，儘管失去外交關係與協防承諾，台灣依然高度倚賴與美國之間的全方位合作，部分華府官員甚至樂見台北強化與蘇聯及東歐集團的經貿往來，以免在國際社會進一步遭到孤立。[113]

回顧歷史，當年邁力衰的蔣介石迫切早日實現光復大陸目標時，他不放棄任何可以圓夢的機會，甚至願意考慮接受意識型態宿敵蘇聯的援助，從而有將台、蘇接觸視為「戰略」目標的傾向；而蔣經國與其父不同的是，他始終只把「蘇聯牌」當作一種「戰術」來運用，因此到了七〇年代，當繼續維繫險象環生的台、

107 《蔣經國日記》，一九七六年八月十日、八月十一日。

108 National Security Council Memorandum, Subject: Taiwan's Future Relations with the U.S., USSR and PRC, September 20, 1976, CIA/FOIA, no. LOC-HAK-113-3-42-6.

109 Victor Louis, "PRC Has One Month to Formulate New Policy," enclosed in CIA Daily Report: Foreign Broadcast Information Service, October 15, 1976, CIA/FOIA, no. LOC-HAK-113-4-10-0.

110 《蔣經國日記》，一九七八年九月二日。

111 《蔣經國日記》，一九七八年十月七日〈本星期預定工作課目〉、十月八日、十月九日、十二月六日。

112 《蔣經國日記》，一九七九年一月二十四日〈上星期反省錄〉、十一月十四日、十一月十五日。有關海外台籍社團鼓吹台、蘇接近，參見FCO 21/1782 FET0201/1, Memorandum from British Embassy in Tokyo to Foreign Office, Subject: US/China Normalization: Taiwanese Attitudes, January 24, 1979. 有關路易斯曾於一九八〇年訪台傳聞，參見FCO 21/2373 FET166/1 Foreign Office memorandum entitled "Taiwan: Nuclear Policy," February 2, 1982.

113 此類研判參見Memorandum for Dr. Brzezinski from the White House Situation Room, September 9, 1979, reproduced in DDRS, no. CK3100691000; CIA Interagency Intelligence Memorandum, Subject: Taiwan: Midterm Prospects, February 1981, CIA-RDP84B00049R000701970017-5.

美關係成為他主政後的重中之重時，他便拒絕與俄國人再玩。冷戰時期小蔣稟承父親意旨，襄助台、蘇秘密外交卻無功而返，等到他成為國府實際的領導人、對蘇聯敬而遠之時，卻始終無法得到美國的充分信任。蔣經國一生與俄國人之間的愛恨糾纏，以及台、蘇之間虛虛實實、盤根錯節的牽連，實比吾人所想像的更加詭譎複雜。

第五章
歷次訪美

「訪美之行在余之一生中，自然是一大事，尤其能將美、蘇兩個極端相反的社會制度，在實際的生活中加以比較，是非常有意義的。美國之行乃平生之一大願，今能如願，心中頗感欣慰。在訪美期間自己所過的，是很高貴的生活，自己所看見的，是高度的物質享受，只要有錢，要什麼就有什麼，但是這一切並不能給我絲毫的引誘。在余離開舊金山的時候，對於美國的物質享受毫無留戀之念，自己是一個苦難國家中的苦難人，離開了國家的本位和本土，就失去了生存的意義。」[1]

一九四九年後，台灣因亟需美國的軍經援助與外交支持，而在雙方關係中處於弱勢的一方，蔣介石對於美方帶有條件的援助，心中充滿氣憤與無奈；一九五一年七月某日，老蔣想起華府以美援為手段，嚴厲監控國府中央與地方政府預算，施壓他削減軍事開銷，竟然半夜睡覺時「悲憤哀傷至夜夢泣醒」，夢醒後他感

1 《蔣經國日記》，一九五三年十月十七日〈上星期反省錄〉。

嘆來自美國「此種汙辱刺激，實為近年來所未有之現象」[2]。與父親相比，蔣經國對老美的不信任、反感甚至痛恨，實有過之而無不及，遷台初期他因主持政工與情治工作，不為美方所喜，彼此相處火藥味極濃，他多次受老美怨氣，也知道美政府討厭他，私下視他為「獨裁與恐怖製造者」，但他並不以為意，甚至認為美方的抨擊足以顯示國民黨「民族意識之提倡」已見成效。[3]

兩岸分治後相當長一段時間裡，台灣在國際上往往被敵對陣營批評為「美帝」附庸，凡事唯美國是從，仰仗華府鼻息，或許因長期處在此種「以小事大」不對稱的關係之中，前後領導台灣四十年的兩蔣父子，內心深處始終無法以「正能量」來對待美國老大哥。藉由蔣經國五次訪美所衍生的諸多紛爭、困擾與意外，吾人可理解台灣時期的蔣經國如何認知雙邊關係，「訪美」議題如何牽動國民黨權力的互動，以及華府如何評價這位神秘難測的「太子」，讓吾人對台、美「盟邦」的本質有一番新的體悟。

初次訪美的「學習之旅」

一九五三年初美國新總統艾森豪上任後，一改前任杜魯門對蔣介石的鄙夷態度，恢復對國府援助，其對台政策的主軸，一方面協助穩固國民黨的地位，讓台灣成為美國在亞太地區可靠的盟邦，同時又避免具體承諾支持老蔣發動軍事反攻，以免捲入台海戰端。[4]艾森豪行政當局對蔣介石本人反共抗俄的立場並無懸念，但對早年出身蘇聯共青團的蔣經國則不然，此時小蔣正以國家安全之名，利用情治與政工系統對民間社會與國軍部隊進行掃蕩監控，其作法不但激起開明派要員如孫立人、吳國楨等人強烈的反彈，美政府對他傾向以非民主的「俄式作風」行事，同樣懷有極大疑慮。[5]

該年六月，美軍參謀首長聯席會議主席雷德福（Arthur Radford）訪台時，向蔣介石坦言美國輿論對國民黨統治下的台灣，逐漸成為「警察國家」的負面看法頗有擴大之勢，他擔心對台北爭取海內外的支持，恐將極為不利。雷德福建議老蔣同意其子前往美國進行一次較長時間訪問，以便讓他了解西方社會民情，考察有效率的民主政府在面臨內部難題時有何做法，說白了，雷德福希望蔣經國能去美國領受一些「民主」素養，看看老美們如何以尊重人權的方式來處理內部的安全問題，此建議獲得老蔣同意。[6]

雷德福返美後立即著手安排小蔣訪美事宜，兩個月後當小蔣被告知國務院與五角大廈已聯名邀他訪美時，他卻顯得意興闌珊，自記：「內心是如此沉痛耶！」[7]然而父親卻鼓勵他走出台灣，去一趟美國，還叮嚀他訪美時應注意的細節：公務上他希望小蔣觀摩學習美軍監察、保密、通信與防共機制，聽取美方對彼此軍事合作以及蘇聯動態的看法，還要兒子代為探訪曾經來華訪問的前總統胡佛（Herbert Hoover）、麥克阿瑟（Douglas MacArthur）、魏德邁（Albert C. Wedemeyer）與杜威（Thomas Dewey）等舊友。私人方面，老蔣提醒兒子注重自身形象，少說話、多訪友但不應酬，婉謝任何特殊招待，不穿軍服，並注意戒除乾咳的習慣。[8]父親雖支持他訪美，小蔣卻忐忑不安，臨行前還在感慨：「人家皆喜作美國之遊，而余在赴美之前夕反感

2　《蔣介石日記》，一九五一年七月二十六日。

3　《蔣經國日記》，一九五一年二月二十一日。

4　Robert A. Divine, *Eisenhower and the Cold War* (Oxford: Oxford University Press, 1981), pp. 33-39; Robert Accinelli, *Crisis and Commitment: United States Policy toward Taiwan, 1950-1955* (Chapel Hill: The University of North Carolina Press, 1996）, pp. 111-135.

5　U.S. Embassy in Taipei to State Department, Subject: Ideological Struggle within the Chinese Government, January 16, 1953, reproduced in DDRS, no. CK2349446313.

6　U.S. Embassy in Taipei to State Department, Subject: Admiral Radford's Conversation with President Chiang Kai-shek, June 18, 1953, *FRUS, 1952-1954, China and Japan*, Vol. XIV, Part 1, pp. 206-210.

7　《蔣經國日記》，一九五三年八月十一日、八月十四日、八月二十四日。

8　《蔣介石日記》，一九五三年八月十六日、八月二十二日、九月六日；《蔣經國日記》，一九五三年八月十九日。

沉重，此心此情，何人知之耶？」[9]

一九五三年九月十一日是星期五，當天下午蔣經國自台北松山機場啟程，經琉球飛抵東京留宿一晚，隔天深夜改搭乘美軍機由日本出發，途中先後停留美國太平洋屬地威克島（Wake Island）與夏威夷，於美西時間九月十四日中午抵達舊金山，旅途中他對所見所聞皆感新鮮好奇，在軍機上他目睹美軍官兵雖按階級高低區分座位，但彼此精神始終融洽，談笑自如，其中一位海軍三星上將與妻女三人同行，小蔣訝異如此高階將官，竟然在為妻女服務時表現得卻像是一名勤務兵；在機艙內這名上將與其他乘客一樣，聽從一名士官服務員的指揮，一切按規定行事，全程穿戴救生衣，讓他著實開了眼界，而飛航途中所見太平洋壯闊的海景，傍晚時分美麗的晚霞，以及夜晚皎潔如畫的明月，都令初次體驗的小蔣驚歎不已。[10]

蔣經國在舊金山的行程由宋子文與宋子安兩位母舅陪同，其言行舉止立即成為美方情報單位關注的焦點；當地一位中央情報局線民說，「委員長之子」的到訪並未激起舊金山華人社團太大的熱情，不過他在僑宴上致詞簡短，不擺官架子，還特意放下身段，逐桌敬酒，似乎有意展現「民主風度」。蔣隨行幕僚婉拒當地媒體公開採訪，僅安排兩位經過挑選的記者進行一對一訪談，或許是擔心某些來意不善人士可能提出諸如白色恐怖、民主與人權等尷尬問題。另一位線民則說，舊金山傳統僑社對小蔣早年俄國的經歷、娶俄國女為妻，確實感到不安，然普遍認為未來他終將成為蔣介石的接班人。[11]美國情報單位暗中觀察小蔣，而蔣本人也把來美後的一切看在眼裡，自記初次來到美國，對眼前所見皆感到好奇，但並無特殊感覺，反倒是國府駐美人員的「粗暴與卑鄙」令他寒心，特別點名當時負責對美情報業務的駐美大使館武官蕭勃，批評此人「完全為了個人的生活之舒適，毫無國家觀念」[12]。

離開舊金山後，小蔣先後造訪洛杉磯、拉斯維加斯、芝加哥、堪薩斯、密西根、紐澤西等地，在美方精心安排下，他親身經歷資本主義社會最進步、富裕與奢華的一面，遊覽眾星雲集的好萊塢「日落大街」

（Sunset Boulevard）與電影製片廠，與正在拍戲的男女明星寒暄合影；對於可以允許公然賭博、繁華糜爛的拉斯維加斯不夜城，他也感到新奇無比；從內華達州跨越廣闊荒涼之地前往芝加哥的臥鋪火車上，小蔣讚嘆火車內部設備之新穎舒適乃前所未見；參觀底特律城「通用汽車」公司（General Motors）總部時，他自記這是生平所見過規模最大的工廠，其組織之嚴密與管理之合理，都令他驚奇不已。透過這些訪問，小蔣體悟到美國社會最大的優勢在於人才濟濟，不禁為自己國家缺乏人才而感到憂慮。[13]

首次訪美的重頭戲，是在東岸的紐約與華府。九月二十六日蔣經國拜會聯合國總部之後，美方安排他參訪紐約當地僑社，遊覽全球最高建築物「帝國大廈」、西點軍校與布魯克林軍港，他兩次觀賞百老匯歌舞劇，與紐約市民一同搭乘地鐵，感受大都會生活的氣息。[14] 九月三十日小蔣抵達華府，當天下午即前往白宮拜會艾森豪總統，談話二十分鐘，多為交際應酬之語，並無深入對話，告辭前小蔣把一本艾森豪於一九四八年出版的自傳《歐洲十字軍》（*Crusade in Europe*）中譯本贈送給美總統，作為紀念。[15] 隨後數日，他還參訪聯邦調查局與中央情報局，並拜會國務院與國防部等政府部門。

十月二日蔣經國拜會國務卿杜勒斯時，出現一段尷尬的插曲；杜氏在談話結束前突然提及，他從美駐台

9 《蔣經國日記》，一九五三年八月二十四日。
10 《蔣經國日記》，一九五三年九月十一日、九月十二日、九月十三日、九月十四日。
11 CIA Classified Message, Subject: Visit to San Francisco of Chiang Ching-kuo, October 27, 1953, CIA/FOIA, no. CIA-RDP83-00423R001100670001-5.
12 《蔣經國日記》，一九五三年九月十四日、九月十五日。
13 《蔣經國日記》，一九五三年九月十七日、九月十八日、九月十九日〈上星期反省錄〉、九月二十日、九月二十一日、九月二十四日。
14 《蔣經國日記》，一九五三年九月二十六日、九月二十七日、九月二十八日。
15 《蔣經國日記》，一九五三年九月三十日。

蔣經國與杜勒斯（右）在國務院會晤。（國史館提供）

人員得知蔣在處理情報與安全議題時，手段「有一點粗暴」（a little rough），擔任英文傳譯的隨行秘書沈錡一時愣住，未立即譯成中文，現場出現一陣不安的沉默，杜勒斯見狀又重複提一次，並希望小蔣此行能參考美國的情況，理解到並非必須訴諸粗暴與違反人權的手段，才能處理內部顛覆等安全議題；此時沈錡如實譯出這段話，蔣聞後低聲喃喃自語一番，表示知道了。[16]為沖淡杜氏此番直率談話的尷尬，在當天稍後由國務院舉辦的歡迎晚宴上，東亞助理國務卿羅伯森（Walter S. Robertson）當著副總統尼克森、參謀首長聯席會議主席雷德福等眾多美方政要的面，公開讚揚蔣經國是「卓越的愛國者」，世人對他或有未盡瞭解的批評，但歷史自有公論，這段話聽在小蔣耳中，猶如雪中送炭，令他倍感溫暖。[17]對於杜勒斯的一番「教訓」，蔣曾自我反省，認為美國之行的所見所聞，一切都顯得極其自然，但這絕非一朝一夕能辦到，而是眾人的智慧與血汗換來的，他認為「民主」絕非政治買賣的商標，而是一個崇高理想，然而「民主」二字現在卻遭到普遍的誤解與濫用，已失去真正的意義。[18]

接下來一個星期，小蔣往返於華府與紐約之間，密集拜會美國政要、國會議員、大法官與主流報刊的負責人，其中與麥克阿瑟將軍一個半小時的晤談讓他留下極深的印象，「偉人偉論，終身難忘」，他期盼這位

16 State Department Memorandum, "Notes on General Chiang Ching-kuo's call on Secretary of State Dulles," October 1, 1953, *ROCA*, reel 30. 蔣經國在日記裡對於拜訪杜勒斯的經過，僅簡單記載：「至國務院訪國務卿杜拉[勒]斯談四十分鐘，曾涉及經援問題。」見《蔣經國日記》，一九五三年十月二日。

17 「顧維鈞呈蔣中正電」（一九五三年十月三日），〈特交文電／領袖事功／革命外交／對美關係（六）〉，《蔣中正總統文物》，典藏號：002090103000007222；《蔣經國日記》，一九五三年十一月二日。

18 《蔣經國日記》，一九五三年十月六日、十月七日、十月八日、十月九日、十月十日〈上星期反省錄〉、十月十一日、十月十二日。

二戰英雄能東山再起。美方對他的熱誠款待不禁讓小蔣有感而發，認為在海外所遇見的老美和美國境內的老美完全不同，在別人的土地上，美國人表現出來的是「目中無人」、「散漫」與「不守法規」，但在美國本土所見的卻是「勤勞、負責和守法」，他為海外美人的「不良表現」導致外國人對美國產生惡感而感到惋惜。[19]

為體驗美軍部隊的日常作息與訓練，蔣經國於十月十三日自華府飛往美國南部與中西部幾座軍事基地參訪，包括肯塔基州諾克斯堡（Fort Knox）裝甲兵訓練中心、喬治亞州本寧堡（Fort Benning）步兵訓練中心與奧克拉荷馬州斯爾堡（Fort Sill）砲兵訓練中心，陪同人員私下透露，這些地點皆是艾森豪總統所「欽點」，用意在於讓因主持政工業務而遭國軍將領反彈的小蔣能有一些新的體悟，而蔣對各基地裡部隊訓練之認真與嚴格確實也由衷讚佩。離美返台前，他特地前往密蘇里州堪薩斯城，探訪不久前才卸任總統職務的杜魯門，儘管杜氏對國民黨並無好感，蔣仍虛心請教，當他發現一位美國前總統的辦公室竟是如此簡樸，不禁由衷讚賞「此乃民主政治最明顯的表徵」。[20]

美國各報章媒體對於蔣經國首次來訪並沒有太多關注與評論，《紐約時報》甚至搞不清楚他的正式職銜，將他誤植為國府「空軍總司令」。[21]然而行政部門卻非常在意此行各項安排，對小蔣的左傾信仰是否能帶來一些「正面」變化。自美返台三個星期後，美副總統尼克森來台訪問，在與蔣介石晤談時他殷切探詢小蔣訪美觀感如何，老蔣回答他的兒子「對美感想最深刻者，一為美國教育之效果，二為在外之美國人與在其本國者，態度生活完全不同」，尼氏聞後表示贊同，認為其觀察相當務實，並非虛偽之談。[22]十一月三十日蔣經國在國防大學演講訪美觀感，對於美國教育制度、傳統價值、民間生活、經濟與軍事情況等都有極高的評價，他特別讚譽美國民眾具有高度的責任感，願意為所信仰的目標與價值全力以赴，並對雙方友誼表示樂觀，認為美政府必將協助自由中國，為反共大業而共同努力。此番談話立即被美國大使館完整記錄並回報華府，中央情報局分析指出，少有來美訪客像蔣經國一樣，對於在美所見所聞表現得如此熱忱。[23]種種跡象顯示，早年接受馬列社會主義洗禮的小蔣，在首次訪美國之後，似已出現華府所樂見的轉變。

一波三折的再次邀訪

如果老美真心相信一個多月的旅行訪問，便能讓蔣經國翻轉對美國社會乃至美、台關係本質的看法，那麼他們不是太天真，就是過於愚蠢。在此番看似風光的訪美之行結束後不久，政治上的陰暗面很快就浮現出來。小蔣回到台灣後，政敵們立即散播各種不堪的流言，說他去美國是為了治療惡性梅毒，也有稱他是去領取在美私人鉅額存款，聽在耳裡他感慨道：「敵人用心之惡毒，於此可見矣，思之憤恨無已。」[24]蔣經國也注意到一些現實政客認為他已「搭上了美國線」，開始設法接近，還有不少政工幹部以為主子現在和老美關係搞好了，不會再被國民黨內的「親美派」欺侮，開始洋洋得意，小蔣冷眼目睹這些怪現狀，認為無

19 《蔣經國日記》，一九五三年十月十日〈上星期反省錄〉。

20 《蔣經國日記》，一九五三年十月十三日、十月十四日、十月十五日、十月十六日。

21 "Chiang's Son in San Francisco," *The New York Times*, September 15, 1953, p. 2.

22 「蔣中正與尼克森談話紀錄」（一九五三年十一月十一日），〈文件／黨政軍文卷／國際情勢與外交／蔣中正與美國副總統談話紀錄〉，《蔣經國總統文物》，典藏號：00501020500102005；《蔣介石日記》，一九五三年十一月十一日。

23 State Department Memorandum, "General Chiang Ching-kuo Speaks on Impressions of Visit to the United States," December 1953, *ROCA*, reel 30; CIA Biographical Sketch, "Chiang Ching-kuo," ca. 1955, CIA/FOIA, no. 0000608234.

24 《蔣經國日記》，一九五三年十月二十二日。

非是台灣上下一種「非借外力不可」的觀念在作祟。[25]

蔣經國在華府時從駐美大使顧維鈞聽到一段秘辛，讓他體會到國際關係的本質便是冷酷現實，少有道義與感情。顧透露一九五〇年二月下旬，某位神秘的英國人前來接觸並傳達訊息，要求蔣介石盡速離開台灣，把政權交給他所列舉的三位人士（顧不肯公開此三人姓名），並稱老蔣如願照辦，將可獲贈一艘價值四百萬美元的豪華郵輪，這位英國人還邀請顧維鈞一起視察該郵輪，以證明所言不假；隔天他又邀請顧與中央情報局副局長艾倫．杜勒斯宴會，暗示其所談計畫背後也有美政府參與。一星期後，蔣介石在台北復行視事，這名英國人又找上顧維鈞，稱國民黨日後如能回到大陸，蔣仍必須去職離國。小蔣回台後把這段秘辛告訴父親，老蔣的反應是：「此一陰謀經過，今日始得發現，亦可知英人對余之陰謀，始終不息，方興未已。」[26]

如果英國人對蔣介石懷有陰謀，難道美國人就沒有？蔣經國初次訪美所經歷的各種新奇而美好的體驗，很快就被兩國之間的現實摩擦所淹沒；該年底，美軍顧問團向小蔣提出措詞強硬的備忘錄，要求總政治部接受參謀總長的指揮，並言明日後政工部門所需經費將不納入美國軍援之中，小蔣忍不住痛罵：「此種無禮與無理之要求，實在難以忍受，此即所謂『外力干涉』也。」[27]翌年春天，吳國楨辭去台灣省主席職務之後前往美國講學，隔空與台北公然展開罵戰，批評兩蔣父子獨裁專橫、國安單位特務橫行；擁有廣大讀者群的美國《展望》（*Look*）雜誌也刊登吳的專文，內容極盡詆衊蔣經國之能事，稱台灣在國民黨專制統治下，利用老美給的錢，打造出一座毫無人權保障的警察國家。此文一出，在美國社會引起極大的迴響，蔣經國憤怒難堪之餘，私下也在意他在美國人心目中，恐已被描繪成「恐怖者」的惡劣形象。[28]

「吳國楨案」的風波未平，海外媒體對蔣經國操控情治與政工的負面評論也從未停歇。一九五四年秋天，英國某刊物報導台灣實權操縱在小蔣手中，而國民黨的一切作為都在確保他能繼續保持此權力，文章還言之確鑿指出小蔣已安插三位莫斯科中山大學同窗於總統府國防最高會議之內，而蔣介石現已差不多變成傀儡，蔣感慨：「如此白天見鬼的胡說，竟有人寫，有人登，亦有人讀，所謂輿論就是如此製造出來的，這亦是政敵作為的典型。」[29]屋漏偏逢連夜雨，翌年（一九五五）二月初，在宋美齡、台灣省政府與美國大使館三方贊助下，陳納德夫人陳香梅在台北舉辦一場中西婦女服裝義演的募款活動，當天一群由「軍友社」總幹事江海東動員的「反共義士」與救國團成員竟前來鬧場，在現場高舉反美抗議布條，美大使藍欽的座車也遭抗議者破壞。翻閱小蔣日記，一月三十日至二月十三日之間他冒險前往大陳島督導當地軍民撤退來台，因此該案發生時似無幕後煽動指使之可能，然而江海東是小蔣任中央幹校教育長時的學生，也被視為是他用來制衡宋美齡主導之婦聯會的一顆活棋，美方實在無法不把小蔣與此風波聯想在一起。[30]同年夏天，「孫立人案」鬧得沸沸揚揚，海內外輿論對蔣經國群起圍攻，美國一份評論寫道，孫被陷害後小蔣不但得不到華府支持，而且必將影響美國社會對其觀感，連曾經在紐約熱情接待小蔣、邀他下榻私人豪宅的媒體大亨霍華德（Roy Howard）也不例外，他對前來說明案情的外交部次長沈昌煥抱怨：「我喜歡蔣經國，但是不

25 《蔣經國日記》，一九五三年十月三十一日〈上月反省錄〉。

26 《蔣介石日記》，一九五三年十月二十三日。

27 《蔣經國日記》，一九五三年十二月二十四日。

28 《蔣經國日記》，一九五四年六月十九日〈上星期反省錄〉；李敖生、蔡登山主編，《吳國楨事件解密》（台北：獨立作家，二〇一四年），頁一四—一七。

29 《蔣經國日記》，一九五四年十一月十日。

30 風波發生後，蔣經國自記父親「發怒傷神」，外國人也認為他在幕後指使，令小蔣大感冤枉，參見《蔣經國日記》，一九五五年二月十三日、二月十四日；鄭佩芬，《近看兩蔣家事與國事：一九四五—一九八八軼事見聞錄》（台北：時報文化，二〇一七年），頁二三五—二三六。

喜歡他的政工，他有俄國思想。」[31]

在此種對蔣經國評價與觀感皆不利的氛圍下，一九五五年春、夏之際，美方竟然又有邀他來訪的構想；四月底，白宮官員知會國務院，剛訪問台灣歸來的霍華德面謁艾森豪總統後，強烈建議華府安排小蔣再次來美，送他去美國軍校接受一些專業課程，軍旅出生的艾森豪對此建議非常感興趣，立即指示國務院與五角大廈研商可行性。[32]國務院官員透過駐台北大使館打探後，得知小蔣此時無意來美，而且他已居中將位階，美國各軍校恐無適合其地位的訓練課程，當時「吳國楨案」風波仍未平息，國務院認為此刻邀請正飽受輿論批評的小蔣來美，實屬不智，此議因而作罷。[33]

平心而論，即使華府誠意邀訪，蔣經國是否願意接受，不無疑問；兩年前他首次訪美所留下良好印象，早已隨著彼此公務往來所產生的矛盾、誤會與爭執而消融殆盡。然而外交講求現實，當掌握台灣國安情報權柄的蔣經國，儼然已成為蔣介石、陳誠之後舉足輕重的第三號人物時，邀請他再度來美交流，已成為華府一大任務。根據美資深外交家蒲立德（William C. Bullitt）與小蔣私人往來信函顯示，一九五六年秋、冬之際，蔣已做好在隔年夏天二度訪美的決定，蒲立德也著手安排小蔣前往其位於賓夕法尼亞州的私人農莊度假，屆時不但將邀請美國學、政界人士前來見面，還將安排當地農夫和車廠工人與他餐敘，以深入體驗美國社會最基層的風土民情，小蔣對此欣然接受。[34]

一九五七年四月間，美方邀請函果然送交蔣經國手裡，預定六月初啟程赴美，蔣介石十分開心，手諭二度訪美考察各項重點，小蔣與美駐台人員也密集磋商細節，遲至五月二十日，老蔣還在擔心當時患重感冒的兒子能否如期出發。[35]不料四天後台北街頭因「劉自然案」出現反美暴動，讓小蔣二度訪美之行出現重大轉折；暴動當晚，他因不滿美軍事法庭的審判結果，而考慮取消訪美，但又擔心倉促決定，情緒上恐怕太過衝動。[36]然而，情緒衝動的豈只是小蔣，老美又何嘗不然？除了報章輿論把矛頭指向蔣經國之外，華府政治圈也出現「想當然爾」的猜疑，當時中央情報局一位資深官員振筆完成一份備忘錄，稱早在數年前他就認定蔣經國是遠東地區一大「安全顧慮」（security concern），並憶及藍欽大使返美述職時，他就曾當面質疑，如果小蔣果真如藍欽所觀察的如此堅決反共，為何一九四九年以來北京對他的宣傳批判遠不如蔣介石猛烈？如今台北發生暴動，這位情報員宣稱他對小蔣的觀察果然無誤，蔣即是台灣「反美運動」幕後的主使者。[37]

姑且不論此一報告是否純屬臆測或者馬後炮，處在此種氛圍下，蔣經國自知除了取消美國行，他已別無選擇；六月四日蔣把取消訪美的決定告知美方後，便自我安慰一番，稱他「因此而感覺心安，可以多做些工作，多讀些書，在自己的國土上是多麼的自由。」[38]然而，小蔣萬萬沒料到，此刻華府竟透過駐台人員暗示正考慮是否強迫他離開台灣，前往美國「長期居住」一段時間，以免他在台灣繼續「搗亂」，小蔣因此羞憤交加，撂下狠話稱「真是想不再和美國人來往了。」[39]「劉自然案」餘波盪漾，直到翌年仍未完全平息；

31 《蔣經國日記》，一九五四年八月二十七日、〈上星期反省錄〉、八月二十八日、十月三十一日〈上月反省錄〉。

32 State Department to U.S. Embassy in Taipei, April 26, 1955, reproduced in DDRS, no. CK2349297402.

33 U.S. Embassy in Taipei to State Department, May 1, 1955, reproduced in DDRS, no. CK2349297403; The White House Memorandum, Subject: Suggested Visit of General Chiang Ching-kuo to the United States, May 5, 1955, ibid, no. CK2349297404.

34 William C. Bullitt to Chiang Ching-kuo, October 1956, William C. Bullitt Papers, Box 19; Chiang to Bullitt, November 2, 1956, ibid.

35 《蔣經國日記》，一九五七年四月二十二日、五月十三日、五月十八日；《蔣介石日記》，一九五七年五月二十日。

36 《蔣經國日記》，一九五七年五月二十四日。

37 CIA memorandum for the record, Subject: Taiwan Disturbance, May 31, 1957, CIA/FOIA, no. CIA-RDP80-01446R000100070011-8.

38 《蔣經國日記》，一九五七年六月四日。

39 《蔣經國日記》，一九五七年六月十三日、六月十六日、六月十八日。

一九五八年二月間國務院認為反美暴動風波已漸平息，因而向蔣經國重提訪美之事，雙方初步敲定四月間啟程，蔣原本對這趟行程興致缺缺，視之為「一種有如應酬之苦痛」，不過想到可以順道探望當時在舊金山留學的長子孝文，他答允接受邀請。[40]

為了預先排除二次訪美可能引發的負面因素，助理國務卿羅伯森於三月下旬前往國會出席聽證時，強調蔣經國與「五二四暴動」沒有關聯，美政府歡迎他再次前來考察退伍軍人業務，來美的一切開銷也不會從美國對台經援款項中撥付。也許羅伯森的出發點是基於善意，然而其證詞經由媒體披露後，卻讓小蔣羞憤不已，認為國務院公開談論他訪美經費的來源，簡直是公然侮辱。同樣對羅氏談話感到憤怒的，還有美重量級參議員竇克生（Everett Dirksen）與布里吉斯（Henry S. Bridges）等人，他們齊向行政部門施壓，堅決反對邀請蔣來美，並聲稱像小蔣這樣「過分親共」的政治人物，絕不能由美政府出面接待。蔣介石得知消息後，擔心其子此時如貿然訪美，恐將成為民主黨攻擊共和黨的題材，為避免台灣捲入美國國內政爭，他立即指示小蔣取消赴美之行，而蔣經國本人也鬆了一口氣，自認「此時不去美國，實求之不得也。」[41]

此後三年間，美方不時有邀訪舉動，尤其當克萊恩擔任中情局台北站長並與蔣經國交好之時，來自華府的邀約特別殷切，但美國內部對其評價不一，讓小蔣本人把再次訪美視為畏途。一九五八年八月二十五日，克萊恩於小蔣家中晚宴，彼此相談甚歡，直到深夜始散，席間克氏重提訪美之事，蔣禮貌表示願慎重考慮，然而短短兩天，當蔣根本還來不及答覆是否接受邀請，美聯邦參議員麥紐生（Warren Magnuson）在國會辯論援外法案時，嚴詞批評蔣經國是國府「真正掌權者」，並質疑他在蘇聯受教育多年，政治意圖不明，有鑒於此，美政府不能援助台灣，消息傳到台北，小蔣不禁感嘆「政治上的關係是如此現實可怕」[42]。

「訪美」議題同時也和國民黨內權力之爭，以及隨之而生的各種輿論風向，脫離不了關係。自一九五九年夏天起，圍繞在蔣介石是否於翌年春天打破憲法慣例、爭取連任的爭議已浮現，副總統陳誠身旁人馬動作頻頻，海內外媒體輿論也高度關注，在北美、香港甚至台灣內部有不少反對國民黨「家天下」與「傳子制」、呼籲老蔣不應違憲連任的籲求。八月初，中情局長艾倫．杜勒斯收到一份來自香港、旨在「抹紅」蔣經國的中、英文雙語小冊子，標題為《台灣之命運：紅色政變危機和中國前途的展望》，內容極盡煽動之能事，聲稱具有共產黨背景的小蔣，如欲發動一場「紅色政變」，將易如反掌，他可能在一夕之間，神不知鬼不覺地在台灣升起五星旗，因為他有一位本質上並不反共且內心仇美的父親當靠山，該冊子結論稱：「蔣經國流放海外的時候到了。」[43]小蔣本人也清楚某些海外刊物把他與民初稱帝失敗、羞憤而死的袁世凱之子袁克定相比擬，呼籲這個「無法無天」且「黨政軍特權一把抓」的蔣太子應盡速出國，如此台灣民主才有希望。[44]

九月底，發行於香港、影響力遍及亞洲與北美華人社會的《聯合評論》刊出一篇文章，疾呼「經國不去，台灣難安」，倡言小蔣去國的時間點不能遲於翌年（一九六〇）五月，聲稱「到那時如再不出國，則可斷言蔣經國此生休矣。」[45]幾在此時，來台訪問的美國防部長麥艾樂（Neil H. McElroy）正式邀請蔣經國訪美，蔣禮貌性答應考慮，然不到兩星期時間，香港左派媒體即放話稱美政府正打算以邀訪名義，迫使小蔣離開台

40 《蔣經國日記》，一九五八年二月四日、三月十四日。

41 《蔣經國日記》，一九五八年三月二十三日、三月二十四日、三月二十六日、三月二十九日、三月三十日；《蔣介石日記》，一九五三月二十五日。

42 《蔣經國日記》，一九五八年八月二十五日、八月二十七日。

43 *Taiwan's (Formosa) Fate: The Crisis of a Red Political Coup and the Fate of China*, enclosed in China & the World Press (Hong Kong) to Allen Dulles, August 1, 1959, CIA/FOIA, no. CIA-RDP80R0173R000200130010-9.

44 《蔣經國日記》，一九五九年六月三十日〈上月反省錄〉、八月二十九日〈上星期反省錄〉。

45 《蔣經國日記》，一九五九年九月三十日〈上月反省錄〉。

灣，長留美國進行「洗腦」，還把他與被蔣介石軟禁的張學良進行一番比較，聲言張今日欲作一介平民而不可得，未來蔣經國一旦失敗，他將遭受比「少帥」更悲慘的結局。[46]內有蔣介石連任總統的爭議，外有各方媒體搧風點火，處在如此不利氛圍之下，小蔣即使有意再度訪美，恐怕也無法不三思其可能引發的政治效應。

一九六〇年代兩次訪美：權力接班外交秀

一九六〇年春天，蔣介石以不修改憲法但增加《動員戡亂時期臨時條款》的方式連任總統，而且未來不再受任期限制，此結果不但讓陳誠繼任總統的希望徹底破滅，也讓蔣、陳數十年來亦師亦友的關係走進死胡同；陳誠雖續留副總統兼行政院長，但已心灰意冷，數度以健康為由請辭行政院長兼職，兩人之間的緊張關係在選舉過後一段時間，仍不見緩和。[47]國民黨內的權力競逐一時之間或許無法完全平息，然而看在美政府眼裡，儘管對陳誠開明務實的改革態度，評價一向高於蔣經國，不過蔣介石繼續主控全局並安排其子接班的大方向，似已不會改變。[48]外交是現實的，同年九月當自由派的雷震因籌組新政黨而遭警備總部以「叛亂」罪名逮捕、引發海內外矚目之際（參見第八章），華府再度向蔣經國提出邀訪，小蔣認為他已多次婉拒邀約，如再拒絕似乎不妥，此時國民黨因「雷震案」遭美朝野人士批評摧殘台灣民主，亦有將矛頭指向小蔣幕後主使，克萊恩與國府高層因而勸他應積極向美國友人解釋澄清，廣結善緣，消除眾人成見。[49]

如本書第二章所述，一九六一年初甘迺迪上任後，台、美之間經歷滇緬游擊隊風波、聯合國代表權爭議、華府欲採行「兩個中國」政策等衝擊，亟需透過雙方高層溝通以消弭爭端，四月間克萊恩返美述職後，立即安排蔣經國訪美事宜，敲定七月二日啟程，小蔣也自我惕勵，此行務必圓滿完成任務。[50]六月初，華府突然表示考慮承認外蒙獨立，台北高層一陣譁然，接著國務院宣布將核發旅日台獨領袖廖文毅入境簽證，又稱美方擬與外蒙建交和美政府準備在聯合國改採「兩個中國」政策有密切關聯，對兩蔣父子而言，值此小蔣即將出訪之際，美方之舉措無異是對中華民國政府的公然侮辱。[51]六月二十一日，怒不可抑的老蔣指示小蔣轉告克萊恩拒絕美方邀訪，以示抗議，此後數日克萊恩與莊萊德多次敦促小蔣如期訪美，兩蔣父子仍不為所動；六月三十日外交部正式照會美方，婉謝蔣經國訪美之邀，華府隨後雖仍敦請小蔣按原計畫訪美，但再度遭蔣介石拒絕。[52]

台北堅持取消蔣經國訪美，讓白宮驚覺事態嚴重，指示國務院擱置廖文毅入境案，並暫緩推動與外蒙建交，鑒於當時部分參、眾議員不滿行政當局準備邀請一位「親蘇聯特務頭目」來訪，國務院曾提出備案，

46 《蔣經國日記》，一九五九年十月五日、十月十二日、十月十七日〈上星期反省錄〉。

47 何智霖編，《陳誠先生書信集：與蔣中正先生往來函電》（台北：國史館，二〇〇七年），下冊，頁七八九—八〇四；陳紅民、趙興勝、韓文寧，《蔣介石的後半生》（杭州：浙江大學出版社，二〇一〇年），頁三五二—三五七。

48 CIA Office of Central Reference, Biographic Register, "Ch'en Ch'eng," July 1961, in Kesaris ed., *CIA Research Reports: China: 1946-1976*, reel 1.

49 《蔣經國日記》，一九六〇年九月二十七日、十月七日、十月十四日。

50 「蔣中正接見克萊恩談話紀錄」（一九六一年四月十日），〈文件／忠勤檔案／中美關係（二）〉，《蔣經國總統文物》，典藏號：005010100005605；《蔣介石日記》，一九六一年四月十日；《蔣經國日記》，一九六一年四月十四日。

51 「蔣中正接見莊萊德大使談話紀錄」（一九六一年六月二十日），〈文件／忠勤檔案／中美關係（一）〉，《蔣經國總統文物》，典藏號：005010205008503；《蔣介石日記》，一九六一年六月二十日；《蔣經國日記》，一九六一年六月十四日、六月二十三日。

52 《蔣介石日記》，一九六一年六月二十一日、六月二十二日、六月三十日；《蔣經國日記》，一九六一年六月二十一日、六月二十二日、六月二十三日、六月二十八日、六月二十九日、六月三十日、七月一日、七月二日。

建議改邀請宋美齡來訪，但因甘迺迪認為宋「太難搞」（too tricky）而不願採納。[53]在美總統向台北承諾對華政策不會改變之後，老蔣改派陳誠訪美，蔣經國得知此決定後，雖替父親因堅持立場而使美方讓步感到欣慰，然而其內心之苦澀與嫉妒，仍從其日記內容的字裡行間透露出來；八月初，眼見陳誠在華府受到隆重接待，小蔣寫道這是「美國人民對父親的尊敬之表現，希望陳副總統不要以為這是他個人的成功，否則將非常危險。」[54]當得知陳誠在白宮正式晚宴的致詞與新聞記者會發言竟然隻字未提蔣介石，不禁痛罵陳「不識大體」，聽到陳誠對美記者說，與甘迺迪的晤談是他一生中最快樂的一段時間，小蔣又私下批評此說法「實在過分了」[55]。兩人之間的濃厚心結，可見一斑。

經歷種種波折，蔣經國延宕多年的二度訪美之行，終於在一九六三年九月實現。陳誠訪美後的兩年裡，台、美之間經歷不少風雨，小蔣再次赴美之時，與兩蔣父子交好的克萊恩已調離台北，連那位和老蔣同輩分的軍人大使柯克也已遭甘迺迪撤換，此時雙方的溝通聚焦於中、蘇共走向分歧時台、美的因應之道，華府希望小蔣闊別十年再次踏上美國後，也能對美國社會的活力進步與華府外交政策的堅定立場，留下深刻的印象。[56]反攻心切的老蔣賦予兒子的一項艱鉅任務，就是設法說服美政府高層，在不觸發世界大戰且不讓美國捲入兩岸戰端的前提下，支持他發動局部空降登陸行動，誘發大陸內部的抗暴運動，為日後全面反攻奠定基礎。[57]然而，小蔣卻務實地認為這個任務並不容易，研判美方以自身利益著想，已明顯採取「輕台北而重北京」態度，不可能支持父親任何冒進的舉措，他也清楚美方邀訪「只不過為了維持一種關係而已」，小蔣感慨，當今世界只有以力量作為後盾的意見，才會被他人所重視。[58]

或許蔣經國已預見此行任務艱鉅，出發前夕他不斷提醒自己，不宜和美方多談理論和空泛的客套話，亦不可過於緊張。[59]九月八日當他抵達華府後，等待著他的確實是一連串的硬仗，美方因事先知悉他將提出空降大陸的方案並請求支援，因此有備而來，提出不少尖銳的問題：國府敵後人員取得的情報，其可信度有多高？尚無確切情報證據顯示大陸社會已出現大範圍不滿的情緒，或者解放軍內部發生嚴重分裂，在如此情況下，如何確保國軍一旦採取行動，將獲得廣大民眾的支持？美國務院官員一連串的提問，令小蔣一時語塞。[60]在前往白宮拜訪國家安全顧問彭岱時，蔣經國傾全力說服美方支持台北採取行動，並且有信心蘇聯不會干涉，他知道華府非常關注中共的核武進程，因此指出台北已充分掌握中共部署於各地的飛彈與核武研發基地的確切位置，只要美方同意並提供後勤技術支援，台北願採取一切必要的行動，阻止中共成為核武俱樂部會員。彭岱委婉回答願意審慎評估任何提案，但也強調國府進行大規模軍事反攻的時機尚未到來，「而且可能永遠也不會到來」，他列舉過去一段時間台北所發動一波又一波無效的突擊行動（「海威」計畫），高度懷疑蔣介石所提局部空降登陸的方案，究竟是否可行。[61]

與美總統在白宮晤談時，蔣經國面對的仍是一場熟悉的硬仗，甘迺迪顯然有備而來，先詢問台北近來實

53 Memorandum by State Department for McGeorge Bundy, June 27, 1961, reproduced in DDRS, no. CK2349315800; Memorandum by President Kennedy for Bundy, July 10, 1961, *JFKOF*, reel 2:1; Memorandum by President Kennedy for Bundy, July 12, ibid, reel 5:4.

54 《蔣經國日記》，一九六一年八月三日。

55 《蔣經國日記》，一九六一年八月四日。

56 U.S. Embassy in Taipei to State Department, August 20, 1963, no. POL 15-1 CHINAT, *USSD 1963-1966*, reel 15.

57 蔣介石在致甘迺迪私函裡提出此籲求，由蔣經國親自轉交，參見Memorandum for President Kennedy from M.V. Forrestal, October 9, 1963, *JFKOF*, reel 5:4.

58 《蔣經國日記》，一九六三年八月三日、八月二十四日〈上星期反省錄〉。

59 《蔣經國日記》，一九六三年九月二日。

60 State Department Memorandum of Conversation, Subject: Intelligence from Mainland China, September 9, 1963, no. POL 1 CHICOM, *USSD 1963-1966*, reel 10.

61 CIA Memorandum, Subject: Meeting between Mr. McGeorge Bundy and General Chiang Ching-kuo, September 10, 1963, CIA/FOIA, no. 0000608232.

1963年9月11日，甘迺迪總統在白宮會晤蔣經國，左側為當時的新聞局長沈劍虹。圖片來源：甘迺迪總統圖書館暨博物館（John F. Kennedy Presidential Library and Museum）網頁（https://www.jfklibrary.org/）

施突襲行動成果如何，小蔣坦言不算成功，但已達到干擾中共的效果；然而美總統並不滿意，進一步質問為何國府當局相信局部空降計畫有成功的機會，他要小蔣拿出具體情報，證明此方案將可獲得當地民眾支持，小蔣一時語塞，此時甘迺迪以兩年前美國在古巴豬玀灣失利為例，對他曉以大義，希望國府能先掌握更多精準的情報，以確保所提的行動方案能夠切合實際。[62]蔣經國當天晚上自記，台、美之間對許多問題的看法確實不一致，他只希望透過面對面的溝通，讓彼此了解對方的意圖，拉近雙方觀念上的差距。[63]

在與美政府決策高層晤談後，蔣經國深知在當時的情況下，華府絕無可能同意台北發動任何反攻的嘗試，返台前夕他自認「忙了十二天，似乎並無所得，因反攻之期仍茫茫然也。」但為了不讓父親失望，小蔣在與彭岱會面後立即拍發一封密電回台北，彙報美方「提有機密重要案」，將在返國後面報，老蔣接獲此訊息後，內心忐忑不安。[64]然而從已解密的美方會談紀要可知，小蔣所指僅是白宮同意「審慎考慮」國府所提摧毀中共核武設備的客套之詞。自美訪問歸來後，蔣經國對華府外交政策有更冷靜的認知：美、蘇兩大強權才剛在該年夏天簽署禁止核試爆條約，國際和平空氣濃厚，美政府自無支持國府挑起兩岸緊張情勢之可能，遑論要其協助動手解決中共政權，「如無重大刺激，此種心態將很難改變。」小蔣心裡也明白，雖然華府暫時不會與北京妥協，但要老美全力支持國民黨回到大陸，無異緣木求魚。[65]

一九六三年秋天的訪美之行，讓蔣經國公眾形象出現加分效果，美國各大報章媒體如《紐約時報》、《洛

62 Memorandum of Conversation, Subject: United States Relations with the Republic of China, September 11, 1963, *FRUS, 1961-1963*, Vol. XXII, Northeast Asia, pp. 387-392.

63 《蔣經國日記》，一九六三年九月十一日。

64 《蔣經國日記》，一九六三年九月十八日；《蔣介石日記》，一九六三年九月十二日、九月十四日〈上星期反省錄〉。

65 《蔣經國日記》，一九六三年九月三十日〈上月反省錄〉、〈本月大事預定表〉。

1959年9月，蔣經國夫婦在松山機場送別愛女孝章（中）。（國史館提供）

杉磯時報》與《華盛頓郵報》等，對他再度來訪皆有不少報導與評論，雖然其中仍有其早年俄國經歷、娶俄女為妻，以及他與吳國楨、陳誠權力鬥爭等負面描述，或者把他繼續描繪為主持特務工作的「神秘」人物，卻也不乏報導其堅持反共立場、呼籲台、美合作阻止中共發展核武等談話，有助於世人更加瞭解其政治理念，洗刷美國對他「共產黨同路人」的評價，而小蔣也自認，與十年前首次訪美時報章一面倒敵視立場相較，此次訪美已進步到「好壞參半」。[66]

蔣經國此行另一項收穫是在家庭方面。一九五九年夏天，赴美留學的掌上明珠蔣孝章於返台度假時告訴家人，她與國防部長俞大維之子俞揚和陷入熱戀，並執意嫁給對方，此消息對蔣經國、蔣方良夫婦簡直是晴天霹靂；俞揚和年紀比孝章大十二歲，又有過兩段婚姻，夫婦倆為苦勸女兒回頭，幾乎精神為之崩潰，小蔣自謂內心之痛苦為一生所未有，然而孝章態度堅決，不願改變心意，父女感情出現嚴重裂痕。[67]翌年夏天孝章再度返台探親，蔣經國夫婦依然無法勸她離開俞揚和，話不投機之下孝章提前離台，並且在未事先告知家人的情況下，於返美四天後即在舊金山與俞揚和註冊登記結婚，小蔣夫婦心痛之餘，只能勉強接受

66 "Visit of Chiang's Son May Be Letdown for Taiwan," *The Washington Post*, September 8, 1963, p. E4; "Kennedy Confers with Chiang's Son: Visitors See Peril if Peking Acquires Nuclear Power," *New York Times*, September 12, 1963, p. 5; "Militant Nationalist: Chiang Ching-kuo," ibid; "Mysterious Man Chiang on Obvious Mission," *Los Angeles Times*, September 15, 1963, p. K1;《蔣經國日記》，一九六三年九月二十一日〈上星期反省錄〉。

67 蔣經國自記他為了孝章與俞揚和交往事，忍無可忍，曾於六月二十六日夜晚怒責孝章，「由於衝動而失去言行之控制，為平生所未曾有之失態舉動，有傷章女之自尊心，不但今日思之引以為憾，且將成為終身之恨事矣。」有關此時蔣孝章與俞揚和交往所引發的家庭風波，另參見《蔣經國日記》，一九五九年六月十九日、六月二十四日、六月二十八日、六月二十九日、六月三十日、七月一日、七月六日、七月十九日、七月二十四日、七月三十日、八月三日、八月十七日、八月二十四日。

這門婚事。[68]此後三年間，孝章未曾返台，一九六一年五月她在美國產下一子，取名俞祖聲，小蔣的反應頗為冷淡，自記：「不知道她知不知道，為了她的婚姻，父母為之而悲傷，日夜不能安心久之，父母的健康為之而衰弱，只[至]少要少活十年。為自己而打算，不肯為父母而著想的，即是一種不孝的行為。」[69]

隨著時間的流逝，父女之間瀕臨破碎的感情逐漸彌合，一九六二年五月，父女倆通了一次越洋電話，小蔣除祝賀外孫週歲生日，並認為這個女兒「尚能爭氣自立，可喜。」翌年二月，蔣再次提到女兒能在異鄉刻苦理家，養育幼兒，他深感安慰，不再擔心她的前途。[70]該年秋天蔣經國美國之行首站即是舊金山，當他機場大廳見到三年多未見的女兒及女婿與外孫之後，放下心中一切不愉快，激動得流下歡喜的淚水，當他發現孝章一家三口住在一戶狹小公寓裡，簡樸異常，生活刻苦，不禁為女兒在外爭氣做人而感到驕傲。結束華府行程轉往西雅圖訪問之前，他又特地在舊金山多停留數日，與女兒一家人相聚，共享天倫之樂，臨別前小蔣吻別愛女，「不覺流下熱淚，父女情重，相別依依。」[71]蔣經國二度訪美，除肩負溝通美、台關係重任外，也修補了他與愛女多年的感情裂痕。

一九六五年三月間，美國防部長麥克馬拉邀請剛接任國防部長職務僅兩個月的蔣經國三度訪美，此次邀訪原因有二；首先，前一年台灣在外交上經歷不少嚴峻的挑戰，一九六三年秋天甘迺迪遇刺身亡後，繼任的詹森總統檢討對華政策，行政與立法部門對於緩和與北京關係並修正圍堵共產主義戰略的聲浪，日漸高漲。[72]在歐洲，法國總統戴高樂於一九六四年初承認北京並與台北斷交，成為國府外交上的一大挫敗；在亞洲，日本池田勇人內閣於同一時間也採取具體措施強化與中國大陸民間的貿易關係，批准日本進出口銀行對北京融資貸款案，而引發台、日關係緊張，憤怒的蔣介石甚至召回駐日大使張厲生以示抗議。[73]外交上諸多不利態勢，讓老蔣認真思考打破其「反攻大陸成功前，絕不出國訪問」的誓言，有意於該年（一九六四）秋天親自訪美，以鞏固邦誼。華府得知老蔣有此打算，便立即搬出一套理由打消此議，稱他若於聯合國開議之時前來美國，恐將激化「中國代表權」的爭議，對台北席次保衛戰至為不利。到了一九六五年春天，聯合國大會早已落幕，華府認為與其讓國府重提老蔣訪美之議，不如主動先向小蔣提出邀訪，藉以打消其父來訪的可能性。[74]

另一個理由則與陳誠於該年三月五日病逝有關，陳誠的辭世讓美方相信小蔣在接班路上已無任何懸念，除非他本人的健康出現惡化，導致老蔣身後的權力布局發生重大變化。[75]現實的老美理解到小蔣在國民黨內的地位已無人可挑戰，因此在陳誠去世後短短三天即向他提出邀訪，小蔣雖未拒絕，但委婉表示目前尚非其時。[76]到了五月中旬，該年秋天第三度訪美行程正式敲定，蔣介石指示其子，此行目的仍應著重於美國是否支持國府反攻大陸，他要兒子再次探詢華府能否提供足以摧毀中共核武設施的裝備技術，以及防衛台灣

68 蔣經國夫婦與俞大維夫婦於八月二十九日見面，共進午餐，並由陳誠擔任雙方婚事介紹人。蔣自記「此一婚事本不愉快，雙方之表情亦不自然，為父母者，盡其應盡之責任耳。」有關該年夏天孝章返台相關記載，參見《蔣經國日記》，一九六〇年八月四日、八月七日、八月十一日、八月十三日、八月十四日、八月十五日、八月三十日。

69 《蔣經國日記》，一九六一年六月十一日〈本星期預定工作課目〉。

70 《蔣經國日記》，一九六二年五月九日、一九六三年二月十五日。

71 《蔣經國日記》，一九六三年九月八日、九月十五日、九月十六日、九月十七日。

72 CIA National Intelligence Estimate, Number 43-64, "Prospect for the Government of the Republic of China," March 11, 1964, CIA/FOIA, no. 0000014178; Tucker ed., *China Confidential*, pp. 193-196.

73 王鍵，《戰後美日台關係史研究（一九四五—一九九五）》（北京：九州出版社，二〇一三年），頁一〇八—一一二。

74 Jerald Wright to State Department, February 26, 1965, *LBJ 1963-1969*, reel 3.

75 CIA Intelligence Information Cable, Subject: Chiang Ching-kuo's Present Power Position and Prospects for the Future, September 17, 1965, *LBJ 1963-1969 Supplement*, reel 1.

76 《蔣經國日記》，一九六五年三月七日。

海峽所需的五百枚地對空飛彈與六艘潛艇。[77]而越戰局勢的升高，還讓蔣介石決定推出「大火炬五號」空降大陸西南五省的計畫，並由其子攜往華府進行推銷，整個一九六五年夏天，老蔣滿腦子想的都是積極反攻備戰，他不但動員三軍進行各項演練，還擬定一套登陸廣東作戰的計畫，以陸軍總司令劉安祺為反攻軍總司令，甚至邀請老友克萊恩來台晤面，主動告知他希望反攻大陸的「迫切心情」，並尋求美方諒解。[78]

就在蔣經國動身前一個月的八月六日，台灣海軍與中共艦隊在福建東山島外海發生激戰，國軍「章江」與「劍門」兩艘軍艦被擊沉，犧牲兩百餘名官兵，此噩耗對兩蔣父子帶來沉重的打擊，影響所及，小蔣甚至向父親直率建議終止推動多年的「國光」計畫。「八六海戰」失利後，小蔣觀察到三軍官兵心理已發生極大變化，出現巨大陰影，不禁感慨值此國家多難之際，黨政軍各級幹部依然麻木不仁，只顧爭權奪利，「處在這種政治環境，實在不知如何是好。」[79]在極端沮喪不安的情緒下，蔣經國對於訪美各項議題根本提不起勁，甚至出發前即已顯露出他對推銷父親的反攻方案無法取得成果的悲觀心理：「反攻行動如純以軍事力量為之，而不與政治、外交與謀略相配合，確實難以達成任務。多少年來，對此一問題思之再思之，以無良策為苦。」[80]

小蔣三度訪美前夕還出現一段不愉快的插曲；八月下旬早先一步抵美訪問的宋美齡，在外甥孔令侃積極慫恿下，未經國務院事先同意即於九月八日逕自從紐約前往華府，拜訪白宮並與國務卿魯斯克等美方高層晤面；在台北的蔣介石獲報後，既驚又怒，立即致電妻子勸誡她不應對孔令侃過分信任，私底下更把孔令侃痛罵一頓，批評他招搖驕矜，為了展現個人在美人脈與工作能力而置國家整體利益於不顧。老蔣原本設定將宋美齡作為增進台、美關係的「最後王牌」，如今時機未到王牌盡出，可想而知其內心的懊惱。[81]蔣經國則把孔令侃急於安排宋美齡訪問華府，視為與其爭奪對美外交主導權，他不禁想起孔令侃稍早在台北時，曾再三勸告應拒絕接受美方邀訪，小蔣自記：「開始並不明其用意何在，今則知之矣。」[82]

蔣經國於九月二十二日抵達華府後，立即展開一連串拜會，他持務實態度，在不同場合裡不斷強調此行並非在向美方拋出新方案，而是尋求雙方面對中共軍事威脅時的共識與諒解；美方官員注意到，除了與麥克馬拉會面時彼此有較多深入討論外，其他場合小蔣的發言皆屬「例行公事」，似乎極力避免讓老美產生他是「反攻大陸」強力推銷員的負面印象。與詹森總統四十分鐘的晤談裡，雙方聚焦於美國的越南政策、美方對抗越共的決心，以及台灣經濟建設的發展，小蔣僅在會談結束前最後幾分鐘，傳達父親希望雙方達成對付北京的共同戰略目標，至於空降西南五省方案則隻字未提。[83]

本書先前提及麥克馬拉曾當著小蔣之面，對「大火炬五號」提出質疑，蔣本人返台前自記，美國正處於越戰泥沼，對中共政策似乎是「避戰待變，以觀發展；能不戰，即不戰；一旦非戰不可，則起而戰之」，甚至坦承來美之前對此次訪問本來就不抱任何期望，所以也談不上失望，能夠利用機會向美政府闡述台北的

77 《蔣介石日記》，一九六五年五月十六日。

78 郝柏村，《郝柏村回憶錄》（台北：天下文化，二〇一九年），頁一七二—一七四；「蔣中正接見克萊恩談話紀錄」（一九六五年八月三日），〈文件／接待賓客／會談紀要／蔣中正與克萊恩會談紀要（二）〉，《蔣經國總統文物》，典藏號：005010301001002；Memorandum from James Thomson Jr. and MacGeorge Bundy to President Johnson, Subject: Ray Cline's Talk with Chiang Kai-shek, August 5, 1965, *FRUS, 1964-1968*, Vol. XXX, China, pp. 191-192.

79 《蔣經國日記》，一九六五年八月七日、八月九日、八月十一日、八月十三日、八月十六日、八月十八日。

80 《蔣經國日記》，一九六五年九月七日、九月十日。

81 《蔣介石日記》，一九六五年九月十五日、九月十六日、九月十八日、九月二十五日〈上星期反省錄〉。

82 《蔣經國日記》，一九六五年九月十二日。

83 Dean Rusk to U.S. Embassy in Taipei, September 22, 1965, no. POL 7 CHINAT, *USSD 1963-1966*, reel 33; Rusk to U.S. Embassy in Taipei, September 25, 1965, no. POL 7 CHINAT, ibid; U.S. Embassy in Taipei to State Department, October 8, 1965, ibid;

看法，認識一些新朋友，已是重要的收穫。[84]為了不讓年邁的父親太過失望，小蔣回台後刻意報喜不報憂，稱美方雖未正式同意「大火炬五號」計畫，「但其言行似已有準備，與我相距不遠矣」，這讓老蔣感覺兒子此次美國行「比我所預想者為佳」[85]。這或可解釋，當美政府於隔年初告知無法同意此計畫時，小蔣失望之餘，曾私下要求美國大使館出具一份措辭「婉轉柔和」的書面理由，好讓他安撫父親可能出現的情緒反彈。[86]

美政府否決「大火炬五號」還產生一個意想不到的後果。一九六六年夏天，當文化大革命在中國大陸各地如火如荼展開時，海峽另一端的中華民國政府，深知美方不會支持任何貿然行動，因此面對大陸的混亂局面，兩蔣父子只能作壁上觀，除以政治宣傳號召大陸民眾起義之外，根本無法有任何作為，或者扮演較為主動的角色，身為國防部長的蔣經國不只一次私下流露出他束手無策的羞愧與無奈。[87]一九六七年春天，副總統嚴家淦訪美時，美方原本預期他將重提國軍切斷中共對北越補給線之舊調，結果務實的嚴家淦既未提到反攻大陸，也未如蔣介石行前的要求，向老美推銷「越戰」結合「國共內戰」的戰略構想，僅強調文革發生後，「中國由不同領導人帶領下走向統一的機會將大增，對此中華民國政府有自己的抱負。」敏感的美方官員立即注意到「領導人更迭」一詞，似乎正取代近二十年來老蔣喊得震耳欲聾的「反攻大陸」。[88]一定程度上，小蔣三度訪美也讓台、美糾纏多年的反攻大陸議題，逐步畫下休止符。

「畢業之旅」

一九六九年春天，美國前總統艾森豪逝世，蔣經國臨時奉命赴美出席艾氏追悼會，此為其生平第四次訪美。他於三月三十日自台北出發，經東京、舊金山、紐約抵達華府，停留短短四天，除了參加追思活動之外，四月一日晚間他在出席白宮招待會後，與上任僅兩個月的尼克森總統、國務卿羅吉斯（William Rogers）與國家安全顧問季辛吉，聚在尼克森私人書房裡晤談至深夜，討論議題涵蓋中國大陸情勢、中、蘇共衝突與加拿大擬承認北京，從其日記內容所載可知，此番晤談應屬一般意見交換。小蔣到了華府，得知蔣孝章一家人也在當地旅遊，便利用公餘時間與女兒、女婿與外孫一同遊覽，享受片刻天倫之樂。[89]

同年八月羅吉斯來台訪問，此時尼克森甫於關島宣示美國亞太外交新政策，要求亞洲各盟邦自行負擔安全與和平之責，美政府並決心推行「越戰越南化」政策，「光榮且體面地」撤出越南戰場，雖然華府承諾將繼續支持南越政府，但已無意在中南半島投入更多資源與犧牲更多美軍性命。[90]台北高層對於美國外交政策轉變，憂心忡忡，蔣經國私下批評羅吉斯來訪完全是一場「敷衍和應付」，他看清尼克森為達政治目的，必要時犧牲台灣亦在所不惜，並自問對此嚴峻情勢「可不知之耶？」[91]羅氏停留台北時當面邀請剛接任行政院

84 《蔣經國日記》，一九六五年九月二十七日、九月二十九日。

85 《蔣介石日記》，一九六五年十月四日。

86 U.S. Embassy in Taipei to Rusk, no. POL 27 CHINAT-US, January 25, 1966, *USSD 1963-1966*, reel 38.

87 CIA Intelligence Information Cable, Subject: Situation Appraisal: The Reactions of the Government of the Republic of China to Current Developments in Communist China, September 12, 1966, *LBJ 1963-1969 Supplement*, reel 1;《蔣經國日記》，一九六六年八月十三日、九月十四日、九月十七日、九月二十四日、十一月三十日、一九六七年二月十七日。

88 Memorandum for Mr. Rostow, Subject: Meeting of Yen with the President, May 12, 1967, *LBJ 1963-1969 Supplement*, reel 3.

89 《蔣經國日記》，一九六九年三月三十日、三月三十一日、四月一日、四月二日、四月三日、四月四日；賴名湯，《賴名湯日記II》，頁三五四。

90 Robert S. Litwak, *Détente and the Nixon Doctrine: American Foreign Policy and the Pursuit of Stability, 1969-1976* (Cambridge: Cambridge University Press, 1986), pp. 80-150; David F. Schmitz, *Richard Nixon and the Vietnam War: The End of the American Century* (Lanham, MD: Rowman & Littlefield, 2014), pp. 41-75.

91 《蔣經國日記》，一九六九年八月二日。

1970年4月，蔣經國（中）在白宮接受尼克森（右）的款待。(胡佛檔案館提供)

副院長不久的蔣經國，於翌年春天正式訪美，此後一段時間裡美方不斷催促小蔣提交訪美的確切日期，令蔣心生厭煩，他很清楚此時訪美除增加外交與政治困擾外，對國家處境並無益處。[92]

一九七〇年初，美副總統安格紐（Spiro Agnew）訪台時，向蔣介石坦承華府已準備改善與北京的關係，這是美國全球戰略的一環，而且與中、蘇共衝突息息相關，但他保證美方將繼續履行對台協防承諾，在此曾出現一段外交秘辛：安格紐抵台前，國務院曾向他提交一份機密備忘錄，敦請他在台時應避免留給蔣介石一種印象，亦即除非獲得台灣允肯，否則美政府不應尋求與包括中共在內的亞洲共產國家改善關係，國務院還要求安格紐避免讓老蔣認定，華府將繼續承認台北為代表全中國唯一的合法政府。[93]安格紐在台發言雖未超出如上底線，然而這位美國副總統顯然也不打算給國務院留顏面；從士林官邸驅車前往松山機場準備離台時，他在座車裡向陪他同行的蔣介石透露，尼克森並不信任國務院，因為這批職業外交官常將機密訊息洩漏給政敵，作為攻擊總統的黑材料，他接著私下建議未來國府如有要事需商量，可與他或者白宮國安顧問季辛吉直接聯繫，安氏的直率友好贏得兩蔣父子的好感。[94]

安格紐離台後短短不到一個月，接連發生華府宣布恢復召開華沙大使級會談、國會否決對台提供F-4D幽靈式戰機、台獨領袖彭明敏神秘偷渡出境等事件，值此台、美關係波瀾起伏之際，蔣經國收到國務院正式的邀請，訂於四月二十日啟程訪美十日，他的心情極為複雜，認為此行將「勞而無用」，但又不能不去，精

92 《蔣經國日記》，一九六九年十一月二日。

93 State Department Memorandum, "Republic of China Scope and Objective Paper," December 8, 1969, reproduced in DDRS, no. CK3100683341.

94 「蔣中正接見美國副總統安格紐談話紀錄」（一九七〇年一月三日），〈文件／黨政軍文卷／國家安全與秩序／情報：蔣中正接見安格紐談話紀錄〉，《蔣經國總統文物》，典藏號：005C1020600078001；《蔣介石日記》，一九七〇年一月二日；《蔣經國日記》，一九七〇年一月四日；錢復，《錢復回議錄》，卷一，頁一一六—一一七。

神壓力相當沉重。[95]一段鮮為人知的內幕是，北京原本向華府提議在小蔣訪美前夕四月十五日召開第一三七次華沙會談，羅吉斯為向台北表達善意，否決此提議，並決定延至小蔣美國行結束後再召開，隨後還把此一「友善」舉措轉告台北，蔣經國得知此事後，不但毫無感激之意，反而認為他中了美國與中共的伎倆，還稱如果訪美一事尚未公布，他一定取消此行。只不過一九七〇年國府所面臨的內外局勢，已非甘迺迪時代可以比擬，小蔣本人也承認，如果貿然取消訪美行程，勢必對民心士氣帶來不利影響。[96]回顧歷史，為配合蔣經國訪美而順延召開的第一三七次華沙會談，因美軍於該年五月間大規模轟炸柬埔寨，引發北京不滿而從未真正實現，翌年起季辛吉開始主導美、中秘密溝通渠道，華沙會談因而走入歷史。

正如前幾次訪美，在蔣經國出發前夕蔣介石曾指示諸項交涉要旨，包括：美國對中共態度、美國對台軍援、雙方科技與武器製造合作、共同探勘東海油田等。[97]然而，此刻小蔣已有自己的想法，並不打算完全依照父親意旨行事，四月二十日當他抵達華府後，受到有如國家元首般的禮遇，尼克森親自在白宮設宴款待，美方也安排他與所有政府要員晤談，連忙著主持會議的季辛吉都特地抽空從白宮步行前往一街之隔的布萊爾賓館（Blair House），拜訪下榻此處的蔣經國，兩人唯一一次的單獨晤談僅短短半小時，觸及中南半島、朝鮮半島與中共軍事力量，席間季氏曾試探性詢問，如將華沙會談搬到北京或華府，台北有何反應，小蔣對此堅決反對，還提醒美方不應以「正常人」的標準來評判毛澤東與其思想作為，因為毛往往不按牌理出牌，季表示同意。[98]在與羅吉斯晤談時，蔣對於美國準備與中共交往並未反對，論及反攻大陸議題時，他也承諾台北不會貿然採取行動，而是設法以政治手段促使中共政權早日瓦解。[99]與國防部長賴德（Melvin R. Laird）的對話則聚焦於檢討雙方軍事合作，以及美方如何改善台灣海、空軍各項缺失，蔣雖期盼能取得美方高性能戰機與潛水艇，但他並未提出具體軍援需求。[100]

美政府顯然對蔣經國此行所展現的低調務實感到驚訝，國務院官員理解到台、美關係正面臨重大考驗，華府尋求改善與北京關係之時，無可避免將損害中華民國的利益，然而停留華府期間，小蔣在面對美國削減對台軍售、降低台海協防承諾、重啟華沙會談與彭明敏出逃等各項爭議時，竟然都視之為「枝微末節」（minor details），根本不打算提出來磋商；反之，蔣似乎只想傳達兩項重要訊息：首先，美國必須把亞洲安全利益視為一個整體與相互關聯的重大議題，而台灣的安全應當與美國的亞洲利益緊密結合；其次，北京欲改善對美關係實為克服其內外困境，並非真心誠意，因此華府與中共接觸時應考慮到長久意涵，以及對台灣安全將帶來的負面影響。[101]

蔣經國此次訪美之所以成為全球矚目的焦點，並不在於各項官式應酬，而是四月二十四日中午當他從華府抵達紐約，準備在中央公園旁的廣場旅館（Plaza Hotel）進行午餐演講時，於入口處突遭台獨成員黃文雄與鄭自才開槍行刺未遂，黃、鄭兩人當場遭安全人員壓制逮捕，小蔣毫髮未傷但虛驚一場，隨後在美方加重警衛保護下，繼續完成各項行程。[102]當天晚上，小蔣自記前一天夜裡曾做了一個夢，夢中「忽見先祖母坐於

95 State Department to U.S. Embassy in Taipei, February 24, 1970, reproduced in DDRS, no. CK2349583496;《蔣經國日記》，一九七〇年二月二十六日。

96 State Department to U.S. embassies in Taipei and Warsaw, April 7, 1970, reproduced in DDRS, no. CK2349691859;《蔣經國日記》，一九七〇年四月十一日。

97 《蔣介石日記》，一九七〇年四月十七日、四月十九日。

98 Memorandum of Conversation, April 21, 1970, *FRUS, 1969-1976*, Vol. XVII, China, 1969-1972, pp. 197-202; Memorandum of Conversation, April 22, 1970, ibid, pp. 203-205沈劍虹，《使美八年紀要：沈劍虹回憶錄》（台北：聯經出版社，一九八二年），頁四五—四七。

99 Rogers to U.S. embassies in Tokyo and Taipei, April 27, 1970, reproduced in DDRS, no. CK3100589448.

100 Memorandum of Conversation, April 22, 1970, *FRUS, 1969-1976*, Vol. XVII, China, 1969-1972, pp. 206-208.

101 State Department Memorandum, Subject: An Appraisal of Vice Premier Chiang Ching-kuo's Visit, May 6, 1970, reproduced in DDRS, no. CK3100689512.

102 有關蔣經國紐約遇刺，參見陳榮成，《我所知道的四二四事件內情：一九七〇年紐約刺蔣案》（台北：前衛出版社，二〇一五年），頁一四一—一四三；茅家琦，《蔣經國的一生和他的思想演變》，頁三〇九—三一三。

書桌旁之座椅上，面目慈祥，有如生前。夢中驚醒，天已微亮，起身靜坐，遠在異國，夢見祖先，心為之異」，不料當天中午即發生此一意外。[103]小蔣在紐約遭暗殺未遂的消息傳出後，立即引發各方關注，在季辛吉強烈的建議下，尼克森在第一時間即向小蔣本人表示慰問，同時致電蔣介石表達歉意。[104]老蔣在士林官邸接獲其子險遭不測的消息後，第一反應是嚴厲批評美國治安混亂，認為「如此國家，所謂民主自由者，其禍患不知如何持久矣」，接著他將兒子遇險而無恙視為「上帝保佑得供經兒轉危為安，亦是因禍得福之兆也」[105]。美國主流報章媒體如《紐約時報》、《華盛頓郵報》等，皆以顯著篇幅報導此事件，各國駐華府外交官則忙著打探相關細節，並分析此案的後續效應。[106]

如同一九三六年十二月蔣介石在西安遭挾持平安歸來之後，其作為全中國最高領導人的地位獲得強化，一九七〇年春天紐約遇刺事件，對於蔣經國被視為未來國家接班人無可取代的形象塑造，同樣發生了提升作用。台獨人士固然因痛恨小蔣而欲除之而後快，但他返台後在松山機場受到上萬民眾熱烈歡迎其平安歸來的事實，也顯示海內外眾多人士已將其個人安危與國家命脈之延續畫上等號。小蔣本人自記，遇刺案發生後他出席紐約僑宴，現場人山人海，僑胞們各個情緒激動熱烈，讓他為之落淚；回到台灣後，他收到來自兒童、老兵與市井小民數千封慰問信函，對其安危表示關心，也令他感動不已。在美方官員冷靜理性的分析報告裡，同樣注意到國府已將此意外，透過英雄形象塑造與宣傳，成功轉化為小蔣個人威望的正面提升。[107]

自美歸來短短不到十天，蔣經國又應南越政府之邀前往訪問，下榻首都西貢（今胡志明市）的中華民國大使館內，儘管當地警衛嚴密保護，但仍發生一起驚險事件；五月十二日凌晨越共份子向大使館發射一枚火箭彈，部分建築物遭損毀，所幸無人傷亡，翌日小蔣又得知越共已組織一個三十人「敢死隊」潛入西貢市區，準備與他搏命，讓南越當局緊張萬分。[108]也許，比個人安危更令他不安的是美國亞洲政策的急遽轉變，包括總統阮文紹（Nguyen Van Thieu）在內的南越官員都對尼克森充滿悲憤之情，認為華府終將出賣南越及其他亞洲盟邦。同年八月，安格紐再度訪台，並帶來更多不利的訊息，他向蔣介石解釋美政府必須繼續擴大與中共交往的理由，並告知美方準備進一步削減對台軍援。[109]此後短短一年內，台、美關係出現劇烈的震盪，一九七一年夏天季辛吉秘訪北京後，尼克森隨即宣布將對中國大陸進行歷史性的訪問，當華府開啟與北京關係正常化大門之時，美國各主流輿論竟開始一面倒認定美國如撤出台灣，在軍事與外交上不會有任何損失，更有主張「向蔣介石告別」者，稱為避免對尼克森訪中之行將帶來不利的因素，美政府有必要立即檢討對台關係。[110]

103 《蔣經國日記》，一九七〇年四月二十四日。

104 Memorandum for the President by Henry Kissinger, Subject: Suggested Presidential Message to GRC President Chiang Kai-shek, April 24, 1970, reproduced in DDRS, no. CK2349638406.

105 《蔣介石日記》，一九七〇年四月二十四日、四月二十五日。

106 此類報導可參見"Chiang's Son Saved From N.Y. Assassin," *The Washington Post*, April 25, 1970, p. A1; "Chiang's Son Shot At Here But Is Saved by a Detective," *New York Times*, April 25, 1970, p. 1. 包括英國駐美大使館在內的歐洲各國外交人員也對此案表達關切之意，參見FCO 21/706 FEF3/304/2, British Embassy in Washington to Foreign Office, April 24, 1970.

107 《蔣經國日記》，一九七〇年四月二十五日、五月二十三日〈本星期預定工作課目〉；State Department Memorandum, Subject: An Appraisal of Vice Premier Chiang Ching-kuo's Visit, May 6, 1970, reproduced in DDRS, no. CK3100689512.

108 《蔣介石日記》，一九七〇年五月十一日、五月十二日；《蔣經國日記》，一九七〇年五月十二日、五月十四日。

109 「安格紐與蔣經國談話紀錄」（一九七〇年八月二十七日），〈文件／忠勤檔案／中美關係（二十）〉，《蔣經國總統文物》，典藏號：005010100007401３；《蔣介石日記》，一九七〇年八月二十六日、八月二十七日；《蔣經國日記》，一九七〇年八月二十九日。

110 有關此類評論，參見Lloyd Shearer, "Farewell Chiang," *The Washington Post*, July 11, 1971; Ray Moseley, "Peril to Nixon Trip Seen: Secrecy Is Charged In U.S. Aid to Taiwan," *Philadelphia Bulletin*, August 11, 1971; William Beecher, "Little Strategic Loss Seen In a Pullout From Taiwan," *New York Times*, August 17, 1971, CIA/FOIA, no. CIA-RDP80-01601R000800180001-7.

一九七一年四月三十日，距離風光訪美歸來屆滿一週年之際，蔣經國感慨：「早已想到美國對我之政策將有所變更，但是沒有想到變得如此之快，如此之大。」[111]此段話道盡他對雙方關係急轉直下的心酸與無奈，從此時起直到一九七八年底，正是小蔣逐步取代其父全面接掌國政的關鍵年份，就台、美關係而言，他面對的已不再是應如何強化兩國傳統邦誼此類迂腐話題，而是如何「危機管控」此一正不斷萎縮、幾已被斷定無可挽回的邦交關係，對中華民國政府而言，如果美國與中共建交是無可逆轉的殘酷現實，那麼蔣經國所能做的只有設法拖延這一悲劇時刻的到來，他如何面對此一痛苦煎熬，如何經營這份脆弱的外交關係，將是下一章探討的重點。

111 《蔣經國日記》，一九七一年四月三十日。

第六章
風雨飄搖中的台、美關係

「美國對共匪關係正常化的政策是不會放棄的，不過或有時間之遲早、方法之不同，以及程度之深淺，但是已經上路的『自毀』、『自殺』的害己害人的外交政策，亦可說是不可能回頭的。美國至死不悟，不見棺材不掉淚，除非發生大戰，很明顯的危害到他的生存，所以如何把此事往後拖，乃是我政府所採取的策略，不過我們本身的堅定和堅強，乃是對美國推動此一政策實是決定性的重要因素。國人依賴心之重，只知求人不知求己，只知人助而不知自助，一有風聲就心驚肉跳，這是最值得我擔心的事，其他都不怕。」[1]

一九七二年美、中發表《上海公報》後，雙方關係正常化成為華府既定的外交政策，美國外交轉向、終止協防台海承諾是遲早的事，包括蔣經國在內的國府高層都明白，只不過在心理上難以接受。該年二月二十六日尼克森一行仍在大陸訪問時，小蔣召開幕僚會議，「美國絕不可靠，乃是共同的結論。」數日後美國

1 《蔣經國日記》，一九七六年十一月二十日。

亞太助理國務卿格林（Marshall Green）來台簡報尼氏大陸之行，蔣在接見格林的當天晚上，他無法安眠，內心痛恨華府「以友為敵，以敵為友」，認為美國正在重蹈一九四九年對中華民國政府「袖手旁觀」之覆轍，甚至悲觀認為台、美之間的協防盟約已名存實亡，不具任何意義。[2]明知美國不可靠，隨時可能出賣台灣，然而如何盡量拖延美、中建交時程，減緩外交風暴對民心士氣的衝擊，同時爭取更多寶貴的時間讓台灣發展茁壯，成了蔣經國接掌國政後最艱鉅的課題。

對美外交的內憂與外患

蔣經國向來並非中華民國對美外交決策的核心人物，抗戰時期曾在對美關係中施展龐大影響力的宋美齡與外甥孔令侃、孔令偉與孔令傑等人，於一九四九年後儼然成為小蔣主導台、美事務潛在的競爭者。一九四二年宋美齡訪美之行風靡全美，引發一股旋風，造就中國近代史上最受矚目的國際宣傳，令侃、令偉兩兄妹隨伴姨母左右並協助照料，宋在國會山莊所發表的那篇轟動全美演講，據傳講稿即是出自當時仍在哈佛大學攻讀英國文學博士學位，中、英文造詣極佳的孔令侃之手。國府遷台後，孔家成員與支持蔣介石的「中國遊說團」關係依然深厚，影響所及，在六〇年代孔令侃甚至被華府外交圈視為蔣介石的「地下大使」。[3]

蔣經國在上海督導經濟管制時，因查封孔令侃的揚子公司而與孔家結下樑子，該案在宋美齡干涉下不了了之，對小蔣的信譽打擊甚大，此後他對孔、宋家族更無好感。平心而論，早年在美受教育、後來定居美國的孔令侃，以其在美國政界所累積的雄厚人脈資源，在體制外協助台北拓展對美關係，確實有些本領。在宋美齡的引薦下，令侃、令傑兩兄弟在美扮演起類似老蔣「私人信使」的角色，除代表台北層峰與美方政要傳話溝通外，還當起老蔣耳目，蒐集華府政治圈內各種秘辛並在當中攬和；其中一個著名的例子發生在一九六八年秋天美總統大選結束後，蔣介石在台北聽取孔令傑匯報詹森總統與當選人尼克森之間晤談內情，勝選的共和黨陣營甚至透過孔傳話給老蔣，要他運用影響力忠告南越當局派員參加巴黎和談，並代為向阮文紹傳達美方所提暗盤條件，老蔣為此特地指示孔家兄弟，不要與尼克森人馬太過接近，以免招搖。[4]

尼克森上台後，台北積極爭取F-4幽靈式戰機，為確保國會通過此項軍援，蔣介石電令駐美大使周書楷與孔令侃密切磋商，由此可看出孔在層峰心目中的地位。[5] 此案在一九六九年底有所突破，十二月十日眾議院以兩百五十票對一百四十二票通過總額五千四百五十萬美元的對台軍援法案，該案過關後，眾議院軍事委員會主席李佛斯（Mendel Rivers）與撥款委員會援外小組主席派斯曼（Otto E. Passman）分別致函蔣介石表達恭賀之意，兩人在函件裡竟不約而同提到孔令侃所扮演的關鍵角色，彷彿只要他出面在國會山莊打點，所有的困難皆可迎刃而解，派斯曼甚至向老蔣稱讚孔是他一生所交往人士中，無出其右者，對他個人啟發與鼓

2 《蔣經國日記》，一九七二年二月二十六日、三月三日。

3 Laura Tyson Li, *Madame Chiang Kai-shek: China's Eternal First Lady* (New York: Grove Press, 2006), pp. 193-220, 406-407; Hannah Pakula, *The Last Empress: Madame Chiang Kai-shek and the Birth of Modern China* (New York: Simon & Schuster, 2009), pp. 381-467.

4 《蔣介石日記》，一九六八年十一月十四日、十一月十五日、十一月十六日。有關尼克森當選總統前後透過特殊管道介入南、北越和談，另參見Evan Laine, *Nixon and the Dragon Lady: Did Richard Nixon Conspire with Anna Chennault in 1968 to Destroy Peace in Vietnam?* (Champaign, IL: Common Ground Publishing, 2015).

5 「蔣中正致周書楷」（一九六九年九月二十四日），〈特交文電／領袖事功／革命外交／對美關係（七）〉，《蔣中正總統文物》，典藏號：002090103000008316。

勵甚大云云。[6]

雖然幽靈式戰機援台案在眾議院獲得通過，卻遭到急欲改善與北京關係的行政部門公開反對，隨後不久法案更慘遭參、眾兩院刪除，此結果讓蔣介石由喜轉悲，把怒氣出在孔令侃身上，痛批他被美國人出賣而不自知，「手段鹵莽，更將敗事。」[7]然而孔不屈不撓，翌年春天又積極推動眾議院提案以海軍潛艇援台，老蔣擔心此舉將加深行政部門對台北的惡感，私下罵他「茫闖無知、不能命令」，為這個外甥的「鹵莽奔放、自是行動」而憂慮，還要宋美齡與蔣經國連手勸阻孔在華府的遊說活動。[8]但出乎意料的是，在孔令侃努力運作下，一九七〇年三月二十三日眾議院以二百八十一票對六十六票通過此案，授權美軍租借三艘潛艇給台灣，為期五年，五角大廈也同意配合執行。[9]

看在姨母宋美齡眼中，孔令侃在華府政治圈的確有些本事，對台、美關係也立下汗馬功勞，因此一九七二年春天蔣介石連任總統並著手改組內閣人事時，她費勁替外甥說項，希望丈夫能安排孔進入政府擔任要職，繼續運用其影響力來維繫不斷走下坡的台、美關係，至於安排哪個職位，有謂行政院院長、副院長或財政部長三種不同說法。[10]然而，宋美齡並不理解年邁的丈夫，其一心一意只想培植兒子順利接班，不欲節外生枝，她更不知悉老蔣內心對孔令侃成見已深，甚至把尼克森上台後與台灣疏遠統統怪罪於孔一人。老蔣有此想法，在於一九六七年春天尼氏以平民身分訪台時，曾滿懷希望尋求國民黨資金贊助其競選活動，孔卻透過宋美齡極力主張對此等過氣政客不予理會，最後讓尼克森空手而返。[11]蔣介石晚年憶及此事時，固執地認定美、台關係走到如此不堪境地，「其咎當在令侃」，而且「國患至此，令侃之罪不小也」[12]。

雖然蔣經國出面組閣已成定局，但宋美齡仍鍥而不捨，這也加重蔣氏父子心理上的負擔，老蔣甚至為此鬧情緒，搬離士林官邸，獨自在陽明山中興賓館住了一段時間。小蔣也自記，新內閣即將改組之際，孔令侃突然自美返台，令他極端困擾，「身心不但不安，而且苦痛」。[13]在老蔣拒不接受妻子遊說的情況下，安排孔入閣一事無疾而終，這也意味著小蔣得以開始主導對美外交，只是往後孔、宋家族勢力欲影響對美關係運作的陰影，依然無法完全抹除。

尼克森結束中國之行後，美、中建交進程成了蔣經國高度關注的議題，一九七三年二月間，季辛吉曾與國府駐美大使沈劍虹有過一番晤談，他暗示美、中關係正常化可能在尼克森第二個任期結束之前（一九七六年底）完成。[14] 同年十一月，此時身兼國務卿與白宮國安顧問兩大要職的季辛吉前往北京訪問，臨行前他透過美大使馬康衛傳話給蔣經國，對於此行可能帶給國府的傷害感到「內疚」，儘管美、中關係正常化已是既定政策，「目前」台、美邦誼仍無變化，美方也將繼續信守協防承諾；蔣聽後覺得「可笑」，但也擔心季

6 「美國眾議員門德爾李佛斯致蔣中正函」（一九六九年十二月十日），〈文件／黨政軍文卷／國際情勢與外交／外交：美國軍援將影響台灣前途與命運〉，《蔣經國總統文物》，典藏號：005010205000047005；「美國眾議員派斯曼致蔣中正函」（一九六九年十二月十日），同前，典藏號：005010205000047006。

7 《蔣介石日記》，一九七〇年一月二十七日、二月十一日、二月十六日。

8 《蔣介石日記》，一九七〇年三月十九日、三月二十日、三月二十一日；《蔣經國日記》，一九七〇年三月二十一日。

9 「周書楷等電轉蔣中正美眾院通過予我潛艇案」（一九七〇年三月二十三日），〈特交文電／領袖事功／革命外交／對美關係（七）〉，《蔣中正總統文物》，典藏號：002090103000008324。

10 楊天石，《找尋真實的蔣介石：蔣介石日記解讀（三）》，頁三九七—四〇四；周宏濤口述，汪士淳撰寫，《蔣公與我：見證中華民國關鍵變局》（台北：天下文化，二〇〇三年），頁四七七—四七八。

11 蔣介石曾於一九七一年日記裡兩次記載此段往事，當年他在慈湖與尼克森晤面時，對方並未提及贊助其競選之事，他也就沒有主動開口，參見《蔣介石日記》，一九七一年九月二十八日、十二月十四日。

12 《蔣介石日記》，一九七一年十二月十四日、十二月二十五日。

13 《蔣經國日記》，一九七二年五月十九日、六月三十日。

14 季辛吉向沈劍虹保證台、美關係在一九七四年底之前不會有所變化，沈研判尼克森第二任總統任期的後半段兩年時間裡，美、中可能完成建交，見沈劍虹，《使美八年紀要》，頁一一七—一一八。

氏這番話的用意，是否預告了美國確實將帶給台灣更大的傷害。[15]不久後，尼氏深陷「水門案」醜聞風暴，在一九七四年夏天黯然下台，美國國內政局的變化也不免波及美、中建交談判的進程，對此蔣經國決心按照自己步調，努力強化對美關係，並有意著手改組外交部；該年秋天，體認到外交部士氣低落且內部作風腐舊，積習甚深，他一度考慮以行政院長身分兼任外交部長，並將他賞識的駐泰國大使馬紀壯調回台北擔任次長，協助他革新整頓，在蔣看來「非如此不足以發生『外交革命』之作用」，不過考量此舉對行政體制與運作恐將帶來問題，由他兼任外交部長的構想最終未能實現。[16]

儘管如此，面對形勢險峻的台、美邦交，蔣經國決定以撤換駐美大使來強化對美外交戰力，不料卻意外掀起一陣波瀾。早在一九七三年十一月間，當季辛吉自北京返回華府後，沈劍虹立即前往拜會並表達關切之意，然而此次晤面竟是季氏接任國務卿職務後，第一次也是最後一次單獨接見中華民國大使，此後沈屢次求見，季總是指派副手敷衍了事，顯然已無意與來自台北的大使單獨晤面並進行深入對話。翌年初，沈返台述職時心情沮喪地告訴蔣經國，他已心力交瘁，並請求蔣在適當時機另覓合適的接替人選，以免台、美關係進一步惡化。[17]小蔣意識到事態嚴重，認為沈「精神萎縮，毫無鬥志，對於問題的認識非常浮淺，講話無重心，此人實不能再任大使」。他有意讓前駐聯合國常任代表劉鍇接任，但考慮到劉鍇「體衰且無精神」，不足以代表國家門面，因而決定暫時擱置此事，要求沈打起精神，回到華府繼續設法穩住局面。[18]

一九七四年夏天，福特接替尼克森出任美國總統，十一月底，季辛吉再次訪問北京，並達成福特於翌年訪問中國大陸的重要使命。季氏返美後沈設法求見卻又再次吃了閉門羹，這也讓蔣經國體認到沈在美已無法有所作為，決心更換大使，由曾任駐美大使與外交部長職務、經驗老道的周書楷回鍋。[19]一九七五年一月九日，沈劍虹拜會美副國務卿殷格索（Robert Ingersoll），備妥照會函件，準備向美方正式提出更換大使的要求，沒想到此時殷格索竟然連函件封口都未開啟，即當場原封不動地退還，聲稱美政府認為目前並非更換大使時機，要求沈收回照會並向台北層峰轉達美方立場。[20]

殷格索接見沈劍虹前，國務院已知悉蔣經國準備撤換大使，並仔細推敲小蔣此時「以周代沈」之用意，美官員不否認周書楷在各方面要比沈來得靈活幹練，而且周向來與小蔣關係密切，若由他駐節華府，對台北而言不啻為一步好棋；國務院也研判蔣換使之舉在於試探美國對華政策底線，如美方拒絕台北的要求，蔣的反應必然震驚與激烈，更加認定雙方關係必將走向決裂，美方若接受周書楷，勢必引來中共不滿並讓外界認為美對華政策出現不一致，懷疑華府是否有意冷卻與北京關係，如此一來蘇聯將在美、中、蘇戰略三角中漁翁得利，進而影響華府處理美、蘇限武談判的進程。因此，亞太助理國務卿哈比（Philip C. Habib）提出三個選項供季辛吉裁決：一、無條件接受周書楷，同時向北京婉轉解釋此舉並無特殊政治意涵，是台、美仍有邦交狀態下無可避免的發展；二、訓令美大使安克志向台北嚴正表示美方拒絕接受新大使；三、由安克志私下委婉向蔣經國解釋美國目前的微妙處境，希望台北主動收回成命。[21]

此時抵台履新僅半年餘的美國大使安克志，頗為同情台北立場，認為周書楷的人事案已在政壇傳開，華府如斷然拒絕，不啻對蔣經國是一大羞辱，此外周、蔣關係深厚，未來台、美關係果真發生重大變化，由

15 《蔣經國日記》，一九七三年十月二十四日、十月二十五日。

16 《蔣經國日記》，一九七四年十一月十四日、一九七五年二月九日。

17 沈劍虹，《使美八年紀要》，頁一五八。

18 《蔣經國日記》，一九七四年一月二十九日。

19 沈劍虹，《使美八年紀要》，頁一五八；《蔣經國日記》，一九七四年十二月二十八日。

20 沈劍虹，《使美八年紀要》，頁一五八－一五九。

21 State Department Memorandum from Habib to Kissinger, Subject: Replacement of ROC Ambassador Shen by Chow Shu-kai, January 4, 1975, *Gerald R. Ford and Foreign Affairs*, reel 3.

周扮演溝通橋梁並處理善後，對美方未必不利。安克志主張美國不應為了發展與北京關係而阻撓台北任命新大使的權利，若國務院最終仍必須拒絕台北更換大使，那麼至少應給蔣經國一個有尊嚴且具說服力的理由，譬如告訴蔣，此刻換使恐讓外界誤認台、美關係出現危機，故應極力避免，安氏的提議獲得季辛吉採納。[22]

殷格索會見沈劍虹的前一天，即台北時間一月八日傍晚，安克志緊急求見蔣經國，婉轉表示美方不準備接受更換大使的要求，安氏不斷解釋周書楷的個人特質並非美方拒絕的原因，而是華府不願意讓「更換使節」之舉引發外界揣測台、美關係，或者讓媒體臆測美、中的互動，小蔣雖力求鎮靜且避免情緒波動，但仍忍不住抱怨，如果此刻不宜更換大使，那麼何時才是適當的時機？安克志當場表示他無法答覆。蔣根本不把美大使此番委婉解釋視為「善舉」，會談後他的情緒反應激烈，把美方說辭當作「騙人的謊言」與中華民國受到美帝「侮辱與打擊」又一例證。[23]在太平洋的另一端，當美政府以極不符外交慣例的方式告知沈劍虹不準備接受新大使後，沈的立場頓時變得困窘難堪，然而處在外交戰場第一線，他努力收起沮喪的情緒，立即返回工作崗位，積極聯繫白宮，表達希望拜會剛上任的副總統洛克斐勒（Nelson Rockefeller），設法維持中華民國大使館與美行政部門高層之間幾乎已封凍的接觸管道；沈的要求雖獲部分白宮官員同情，但最後仍遭季辛吉強勢否決，僅同意由副國家安全顧問史考克羅（Brent Scowcroft）出面短暫晤談。[24]

蔣經國緊急召集要員進行研究，然而眾人莫衷一是且毫無對策，面對美方極不友好的舉措，台北竟無法施展任何反擊；蔣感到非常失望，無奈之餘，於一月十三日召見安克志並表示國府已同意「無限期擱置」更動駐美大使，並再次解釋此刻換使並無任何政治目地，純粹是沈劍虹在美工作多年，已感到倦勤。[25]與此同時，蔣也致函沈劍虹，鼓勵他在崗位上繼續努力，一如往昔，然而此風波已對沈造成無可彌補的傷害；誠如沈本人所言，小蔣更妥善的作法，應是先透過非正式的管道徵詢美方意見，而非貿然直接提出撤換大使的要求，如今台北必須撤回其離任的命令，在華府看來，沈顯然已不再受台北信任，日後也將更有理由忽視他。沈內心明白，除非奇蹟出現，讓美方突然改變態度同意接受中華民國新大使，否則他將被迫繼續留在美國，痛苦地等待美、中建交的那一刻到來，成為一位「降旗大使」。[26]事實證明，此後沈劍虹在美確實已難再有任何突破性的作為。

乍暖還寒或迴光返照？

其實在不少人眼裡，一九七三至七四年間台、美關係並非完全停滯而毫無進展，國府以推廣貿易與民間交流為名，獲得美政府同意於亞特蘭大與堪薩斯兩地新設立總領事館，並在波特蘭市重新開啟領事館，成為台北外交宣傳上的亮點。一九七四年初，亞太助卿殷格索準備升任副國務卿之前也曾來台訪問，與蔣經國等政府高層晤面；殷格索返美後，華府隨即宣布由職業外交官出身的安克志接替馬康衛擔任新大使，消息傳來，台灣上下一片欣喜，認定美政府致力發展與中共關係的同時，並不打算降低對台關係的位階，而

22 Unger to Kissinger, Subject: ROC Request for Agreement to New Ambassador, January 7, 1975, *Gerald R. Ford and Foreign Affairs*, reel 4.
23 Unger to Kissinger, January 8, 1975, *Gerald R. Ford and Foreign Affairs*, reel 4;《蔣經國日記》，一九七五年一月十四日、一月十五日。
24 Memorandum from Richard H. Solomon and William R. Smyser to Kissinger, Subject: Calls by ROC Ambassador Shen, January 15, 1975, *Gerald R. Ford and Foreign Affairs*, reel 3.
25 Unger to Kissinger, January 14, 1975, *Gerald R. Ford and Foreign Affairs*, reel 4;《蔣經國日記》，一九七五年一月十六日。
26 沈劍虹，《使美八年紀要》，頁一五九－一六〇。

美方「換使」舉措確實也引來北京高層的不滿。[27]一九七五年初台、美軍方進行一項代號「獵鯊」（Shark Hunt）反潛作戰聯合演習，這是繼四年前「文山」特種部隊演習後雙方首次大規模軍演，目的在於強化台灣海軍反潛的防衛能力。鑒於聯合軍演本身具有高度外交的意涵，消息曝光後國務院擔憂美、中關係恐將蒙塵，而華府駐北京聯絡辦事處也向五角大廈表達強烈不滿，認為此舉恐讓北京指控美方違反《上海公報》精神，削弱中共內部溫和派處理對美事務的發言權。[28]

一九七五年四月五日深夜，蔣介石於士林官邸辭世，全台籠罩在一股濃厚的悲傷氛圍裡。蔣介石是美國在二次大戰的堅實盟友，白宮與國務院在第一時間立即向宋美齡、蔣經國、繼任總統的嚴家淦與外交部長沈昌煥拍發唁電，福特在致小蔣電文中表達個人深沉的哀悼，稱讚蔣介石為一位偉大的領袖，「在中國歷史上一段有決定性的時期中，具體表現了中國的民族精神，他將長久活在中國全民的記憶中。」美總統說蔣經國未來的責任必將更為重大，但是，「我確信閣下定能勝任地肩負起這些責任，而在今後的歲月中，將繼續證明閣下必能仰副令尊之殷切信任。」季辛吉也在致沈昌煥的唁電中表達對老蔣的欽佩，稱他「在二次世界大戰艱困的歲月中所展現的大勇與不屈不撓之意志，將深留於美國人民記憶之中。蔣總統的偉績，在當代歷史上將永垂不朽。」[29]

然而就此時台、美關係氛圍而言，蔣介石的去世卻也帶來一陣尷尬，華府高層在私領域的溫暖致意，與其尋求與北京關係正常化而刻意疏離台北的官方政策，形成強烈的對比。蔣去世後第三天，白宮宣布指派農業部長巴茲（Earl Butz）率團來台出席追悼儀式，行政當局考量福特總統已定該年底之前訪問北京，甚至可能實現美、中建交，為他隔年競選連任營造聲勢，因此對於任何可能刺激中共之舉，包括派遣要員出席蔣介石的葬禮，都避之惟恐不及；可以想見，台北政壇上下情緒反應激烈，認為派遣一名無足輕重的部長來台，不啻是對蔣介石與中華民國政府最大的羞辱。[30]

台北的憤怒不令人意外，然而福特與季辛吉顯然低估來自國會山莊友台勢力的強烈反彈，參、眾議員不分黨派紛紛致函福特表示不可置信，南卡羅來納州共和黨重量級參議員瑟蒙德（Strom Thurmond）指出，他無法相信美政府竟然如此無禮對待一位曾在二戰時期並肩作戰的盟邦最高統帥，要求福特應當親自出席蔣介石的葬禮，若總統本人不克前往，至少應指派副總統參加，以示美方尊崇之意。[31]民主黨籍眾議員麥爾斯（John Myers）也表達他的震驚與羞愧，無法理解當沙烏地阿拉伯國王費瑟（Faisal bin Abdulaziz Al Saud）稍早遭暗殺身亡時，福特指派副總統洛克斐勒出席葬禮，如今卻刻意冷落同樣是美國在亞洲堅實反共盟邦的中華民國，他要求白宮另派合適致悼人選。[32]於一九六四年代表共和黨出馬競選總統的參議員高華德甚至威脅季辛吉，說行政當局對於悼唁團長人選的決定，都將影響日後參、眾議院如何看待美、中關係正常化的進

27 Thomas J. Bellows, "Taiwan's Foreign Policy in the 1970s: A Case Study of Adaptation and Viability," *Asian Survey*, 16:7 (1976), pp. 600-601; U.S. Liaison Office in Peking to State Department, December 20, 1974, *Gerald R. Ford and Foreign Affairs*, reel 9. 北京高層對台、美關係正面發展所展現的不滿情緒，也反映在一九七四年十一月中共副總理鄧小平接待來訪的季辛吉雙邊會談上，見William Burr ed., *The Kissinger Transcripts: The Top Secret Talks with Beijing and Moscow* (New York: The New Press, 1998), pp. 294-298.

28 U.S. Liaison Office in Peking to Kissinger, Subject: Schedule of US-ROC Joint Exercise, February 3, 1975, *Gerald R. Ford and Foreign Affairs*, reel 9.

29 President Ford to Madame Chiang, President Yen, and Premier Chiang; Henry Kissinger to Foreign Minister Shen, April 6, 1975, reproduced in DDRS, no. CK3100293521;「美國總統福特函行政院長蔣經國」（一九七五年四月六日），〈文件／專著手札與講詞／手札類／福特（Ford, Gerald R.）往來函件〉，《蔣經國總統文物》，典藏號：0050105200264002；總統蔣公哀思錄編纂小組編，《總統蔣公哀思錄》（台北：總統蔣公哀思錄編纂小組，一九七五年），第二編，頁一。

30 Unger to State Department, April 10, 1975, *Gerald R. Ford and Foreign Affairs*, reel 4.

31 Strom Thurmond to President Ford, April 9, 1975, *Gerald R. Ford and Foreign Affairs*, reel 3.

32 John Myers to President Ford, April 9, 1975, *Gerald R. Ford and Foreign Affairs*, reel 3.

程，他提醒季氏千萬不要輕忽國會友台勢力的動員能力。[33]

立法部門的強烈反彈讓白宮不得不緊急應變，此時國安幕僚理解到，若仍執意派農業部長前往台北，一旦引發國會親台勢力的反彈，恐讓福特訪中之行平添新的障礙，而且不利日後台北接受雙邊關係的調整；亦有謂美政府應維持基本尊嚴，如果派遣一名高階官員前往台北參加一場儀式性活動，卻必須擔憂北京可能不高興，則不啻表明美、中之間根本不存在互信，而且派遣具有「羞辱」意味的低階代表團向台灣的老朋友致悼，似乎也不會換來北京對美國的尊敬。[34]究竟由誰取代巴茲前往台北，卻成了新問題；季辛吉傾向地位崇高的首席大法官柏格（Warren E. Burger），以降低外交意涵，而白宮幕僚則建議由副總統出馬，在柏格表明無意擔任弔唁特使後，白宮於四月十二日宣布改由洛克斐勒率團前往台北。[35]

雖然福特總統改變主意，派其副手取代農業部長前往台灣，但國務院對此行可能引發的外交效應仍感不安。代表團於四月十三日啟程之前，季辛吉親自為所有團員進行閉門簡報，強調此行任務敏感，一方面要表達美政府與民間對蔣介石崇高敬意，另一方面又要避免外界誤解華府追求美、中關係正常化的目標已改變，他並告誡所有的團員，停留台北時如被問及美、中、台三邊關係議題時，發言必須謹慎，絕不可超出總統與他本人過去的談話範圍之外。特使團一行剛登上飛機，季氏又立刻拍發電報給台北的安克志大使，再三叮囑代表團抵台後唯一的目的只有弔喪，絕不可和國府要員討論任何實質性的議題，以免對美、中關係帶來困擾。[36]

蔣介石的大殮儀式與追思禮拜在四月十六日上午於台北國父紀念館舉行，值此之際，中南半島局勢的發展也來到最後關頭，北越部隊已跨過北緯十七度線，集結在西貢近郊，準備一舉解放南越，而柬埔寨共黨也已逼近首都金邊，即將推翻美國所支持的龍諾（Lon Nol）反共政權。[37]隨著南越、高棉兩個台北反共盟友派遣特使前來弔唁，蔣介石的葬禮意外提供了美國與這些危在旦夕的盟邦之間最後的接觸機會。稍早前，白宮為鼓舞南越政府繼續抵禦北越攻勢，曾籲求國會通過新一輪七億美元的援助方案，但遭到否決，四月初部分參、眾議員態度轉變，福特因而表示將考慮再次向國會提出援助構想，力挽狂瀾。[38]當洛克斐勒抵台前短暫停留檀香山時，美軍太平洋艦隊司令蓋勒（Admiral Noel Gayler）卻向他坦言，情報顯示西貢政權只剩大約兩週可存活，任何新的援助方案都將無濟於事，他主張美政府應立即下令撤軍撤僑，以免措手不及。

美副總統帶著此一沉重訊息抵達台北，在追思禮拜結束後便立即與南越特使、參議院議長陳文林（Tran Van Lam）與阮文紹總統之兄、時任南越駐台北大使阮文矯（Nguyen Van Kieu）密談，陳文林說，稍早福特總統有關向國會重提援越方案的談話，已鼓舞了南越的民心士氣，若華府能公開呼籲北越部隊停止進逼西貢，而且國會山莊能迅速行動，局勢仍大有可為，陳文林甚至向洛克斐勒保證，只要美援能夠到來，飽受各方批評的阮文紹便願意主動下台。洛氏一行聽聞此番話語後，內心五味雜陳，未置可否，更不敢向對方

33 National Security Council memorandum from W. R. Smyser and Richard H. Solomon to Kissinger, April 11, 1975, *Gerald R. Ford and Foreign Affairs*, reel 3.

34 Ibid.

35 代表團成員包括聯邦參議員高華德、鄺友良（Hiram Fong）、聯邦眾議員泰勒（Roy A. Taylor）、前眾議員周以德（Walter Judd）、前駐華大使馬康衛、即將接任聯邦政府總務署長職務的教育家艾克德（Jack Eckerd）、慈善企業家貝克曼（Arnold O. Beckman）與陳納德將軍遺孀陳香梅，參見《總統蔣公哀思錄》，第一編，頁一八七—一八八；National Security Council memorandum from John A. Froebel to Kissinger, April 11, 1975, *Gerald R. Ford and Foreign Affairs*, reel 3.

36 State Department memorandum for Brent Scowcroft, Subject: Briefing Materials for U.S. Delegation to Chiang Kai-shek's Funeral, April 10, 1975, *Gerald R. Ford and Foreign Affairs*, reel 3; State Department to Unger, April 13, 1975, ibid.

37 Stanley Karnow, *Vietnam: A History* (New York: The Viking Press, 1983), pp. 661-670.

38 Marvin Kalb and Deborah Kalb, *Haunting Legacy: Vietnam and the American Presidency from Ford to Obama* (Washington D.C.: Brookings Institution Press, 2011), pp. 16-17.

蔣經國親送洛克斐勒（左）離開七海官邸，右為安克志。（國史館提供）

透露蓋勒對越南局勢的悲觀評估。美副總統在台北也曾與高棉龍諾政府駐台常任代表孟德諾（Kanchad de Morteiro）晤談，不過雙方會談內容為何，外界不得而知。[39]

美代表團停留台北短短四十八小時的重頭戲，是四月十七日上午離台前與蔣經國在七海官邸會面，美方觀察小蔣因遭逢父喪，談話過程中態度安靜抑制，沒有太多情緒的起伏，他向洛氏承諾中華民國將繼續堅守民主陣容，不會打「蘇聯牌」牽制華府與北京，並強調經濟建設發展將是其未來施政重點，台北需要的不是美方實質的援助，而是精神與道義上的支持。洛氏則表示，年底前福特總統訪中之行不會向北京提出任何具體的承諾，也不會預設立場。儘管小蔣理解到美政府正逐步降低對台關係，但他仍禮貌性地邀請福特與洛氏本人於適當時機再次訪台。[40]此行來去匆匆，卻讓洛氏留下極深的印象，回到白宮後他向福特及季辛吉聊到台北之行時，對於蔣介石受到民眾愛戴的程度感到驚訝，脫口說出「台灣民眾真的很愛蔣介石」（The people really loved Chiang Kai-shek），他也見證蔣經國將是未來台灣力量與寄託之所在。[41]

洛克斐勒利用蔣介石葬禮場合與南越、高棉官員晤面，竟成了華府與這兩個美方曾經力挺的中南半島盟友之間另類的「告別式」；四月十七日，波布（Pol Pot）領導的赤柬軍攻陷金邊，龍諾政權垮台，十三天後西貢遭北越解放後，南越也隨之亡國，對於一向把中南半島地緣政治比喻為「唇齒相依」的中華民國政府而言，此一結局讓人膽戰心驚。龍諾與阮文紹各自倉皇出逃之前，分別向蔣經國要求前來台灣尋求庇護並

39 National Security Council memorandum by Nelson Rockefeller, Subject: Chiang Kai-shek's Funeral Trip—Key Points, top secret, April 1975, *Gerald R. Ford and Foreign Affairs*, reel 3; White House memorandum of conversation, April 18, 1975, reproduced in DDRS, no. CK3100509409;《總統蔣公哀思錄》，第一編，頁一九五。

40 Unger to State Department, April 17, 1975, *Gerald R. Ford and Foreign Affairs*, reel 3.

41 White House memorandum of conversation, April 18, 1975, reproduced in DDRS, no. CK3100509409.

獲得首肯，龍諾最後選擇經印尼流亡美國；而阮文紹與眷屬隨員一行則在美空軍護送下，於四月二十六日抵達台灣，停留數星期後決定避居英倫，最終亦選擇前往美國度過餘生。[42]

中南半島的赤化，以及美、中關係一時無法突破，讓台、美邦交於一九七五年春天出現回暖的跡象；四月底，白宮不顧北京聯絡辦事處主任布希（George H. W. Bush）的反對，批准三項對台重要軍售案，包括魚叉反艦飛彈、共同生產一百二十架F-5E戰機與共同研發T-53型教練機。[43]五月八日，季辛吉向中共駐美聯絡辦事處主任黃鎮坦言，鑒於美國在中南半島嚴重受挫，目前氛圍實在不利於雙方推動關係正常化。[44]該年秋天，季辛吉雖以越戰落幕與履行《上海公報》為由，裁撤美軍駐台一個空軍中隊，但同時他也批准新一批對台軍售，包括T-28教練機、S-2E反潛巡邏機、掃雷艇與響尾蛇飛彈改裝套件等。[45]十二月間，白宮又同意五角大廈提供台灣總值四千二百萬美元的戰機生產零件，並出售一批鷹式地對空飛彈，準備部署於南台灣屏東地區。[46]

誠如沈劍虹與時任外交部次長錢復所言，越南、高棉與寮國的赤化，讓華府無法再背負「出賣另一個盟邦（指台灣）」的沉重罪名，越戰悲劇落幕後，美國的當務之急是設法恢復亞洲盟邦的信心，因此讓台、美邦交出現片刻喘息空間。[47]除此之外，美執政共和黨內部出現一波權力更迭，保守極右勢力大幅上揚，二十五年後小布希（George W. Bush）總統任內諸多「新保守主義」鷹派指標性人物如副總統錢尼（Richard Cheney）與國防部長倫斯斐（Donald Rumsfeld）等，都在此波權力重組中出脫穎而出，進入行政部門擔任要職，這批人著眼於翌年勝選的考量，而主張對華政策不應過度向北京傾斜，以免損害共和黨選情。[48]在華府政壇趨向保守的氣氛下，諸如台、美軍事演習與對台軍售案等決策陸續出籠，並不令人感到意外。

隱晦不明的美、中關係

讓台、美關係暫時回穩的另一個重要因素，是中共內部因權力鬥爭所引發混沌不明的態勢與決策走向，阻礙了美、中建交的進展。一九七四年初，中共左派江青、張春橋、姚文元等人發動「批孔批林」運動，藉由批判孔子儒家學說與林彪來打擊周恩來所代表的溫和派力量，批評周向來主張以「和平方式」解決台灣問題是嚴重錯誤。[49]半年後，此一運動遭毛澤東斥責壓制，一九七五年秋天毛本人在北京會晤季辛吉時

42 Unger to State Department, March 29, 1975, *Gerald R. Ford and Foreign Affairs*, reel 4; Unger to State Department, April 26, 1975, ibid; 陳香梅，《留雲借月：陳香梅回憶錄》（台北：時報文化，一九九一年），頁二〇九—二一一。

43 U.S. Liaison Office in Peking to Kissinger, Subject: Co-production Add-on for F-5E's, March 15, 1975, *Gerald R. Ford and Foreign Affairs*, reel 9; State Department memorandum for Brent Scowcroft, Subject: Sales of Military Equipment to the Republic of China, April 29, 1975, ibid, reel 3.

44 National Security Council memorandum for Secretary Kissinger, May 8, 1975, Subject: Your Tour d'Horizon with Huang Chen on Friday, May 9, 1975, at 5:00 pm, *Gerald R. Ford and Foreign Affairs*, reel 8.

45 National Security Council memorandum, Subject: Decisions Regarding Supply of Military Equipment to Taiwan and Deactivation of the 327th Air Division, October 17, 1975, *Gerald R. Ford and Foreign Affairs*, reel 3.

46 National Security Council memorandum for Brent Scowcroft, Subject: Notification to Congress of FMS Case Over $25 Million; Republic of China, December 5, 1975, *Gerald R. Ford and Foreign Affairs*, reel 3; National Security Council memorandum from Scowcroft to Secretary of Defense Don Rumsfeld, Subject: Transfer of Major Items of US Military Equipment to the Republic of China, December 31, 1975, ibid.

47 沈劍虹，《使美八年紀要》，頁一三；錢復，《錢復回憶錄》，卷一，頁二八〇—二八一。

48 National Security Council memorandum for Brent Scowcroft from Richard Solomon, top secret, February 3, 1975, *Gerald R. Ford and Foreign Affairs*, 1:1, reel 8; Olive Stone and Peter Kuznick, *The Untold History of the United States* (New York: Gallery Books, 2012), pp. 399-400.

49 翁衍慶，《林彪的忠與逆》，頁三六六；當代中國研究所編，《中華人民共和國史稿》（北京：當代中國出版社，二〇一二年），第三卷，頁二一〇—二三五。

說：「台灣是小問題。」「現在你們（美國）擁有中國的台灣。」「要是現在你把台灣還給我，我也不要，因為現在要不得。」[50]不料到了一九七六年春天，「四人幫」極左勢力全面上揚，對台政策的基調又轉為強硬的「武統」，時任國務院副總理的張春橋，公然宣稱和平解決台灣問題是不可能的，最可靠的辦法還是透過武力解決。[51]

在美方看來，如果連中共自身對於如何處理台灣問題都無法取得共識，那麼美、中之間又將如何就此達成協議？尤其甚者，一九七四年起周恩來因健康不佳而逐漸遠離權力核心，華府失去一位最熟悉的對手，中國大陸的政治氛圍向左傾斜，肯定不利於雙方關係的發展。[52]另一方面，此時華府積極推動美、蘇限武談判，尋求降低與蘇聯的緊張關係，看在北京眼裡頗不是滋味，美、蘇兩強在核武議題上可能達成協議，或者任何足以讓美、蘇關係緩和的舉措，勢將引發中共的疑慮與不滿。[53]

一九七五年一月十三日起一連五天，北京召開延宕多時的四屆全國人民代表大會，白宮國安單位密切關注中共的權力布局，鑒於會後江青、王洪文、姚文元等左派人士未被賦予要職，而且不少溫和派如鄧小平、葉劍英等紛紛出任要職，美方樂觀研判中共左傾力量將被沖淡，北京可望走出過去一段時間的保守反動，有利於推進雙邊關係。[54]華府對中共動態的高度關注其來有自；自前一年秋天起，北京透過官媒與駐外使館對美國展開激烈批判，對雙方關係停滯、美、蘇限武談判與台、美關係等議題表示強烈不滿，季辛吉對此相當敏感，曾於當年十一月訪問北京時當面向副總理鄧小平表示抗議。[55]四屆全國代表大會後，華府原本樂觀期待中方對美批判的力道將有所減緩，藉以營造福特總統年內來訪的友善氣氛，不料北京的砲火依然猛烈，雙方關係下滑的報導不時佔據國際媒體的版面，令華府挫折無奈。一九七五年春天，鑒於尷尬氣氛無法化解，駐北京聯絡辦事處主任布希甚至一度建議季辛吉取消計畫中的北京之行，暫停磋商福特訪中的各項安排。[56]

美國在中南半島全面挫敗，標誌著其在亞太地區已處於被動地位，讓中共更有理由以強硬的態度處理兩國關係。一九七五年夏天，中共外交部無預警地拒絕美駐香港總領事館人員陪同一個美國固體物理學專家訪團前往交流，令國務院為之氣結。[57]九月中旬，一場更大的風波又到來；該年稍早古巴政府以美國在加勒比海屬地波多黎各進行「殖民掠奪」為由，向聯合國提出控訴案，聲援波多黎各境內左派解放陣線進行反美抗爭，季辛吉希望北京不要支持古巴決議案，最後中共代表以缺席方式間接打消古巴提案。不料當「全美市長訪問團」應邀前往中國參訪時，中方突然表示「不方便」接待兼任訪團副團長的波多黎各首府聖胡安市市長羅梅洛（Carlos Romero Barceló），坦言該決定與古巴稍早在聯合國的提案有關。北京此舉立即引發全

50 Burr ed., *The Kissinger Transcripts*, p. 392.

51 Millicent Anne Gate and E. Bruce Geelhoed, *The Dragon and the Snake* (Philadelphia: University of Pennsylvania Press, 1986), pp. 57-63.

52 U.S. Liaison Office in Peking to State Department, Subject: PRC Leadership in Transition, October 4, 1974, *Gerald R. Ford and Foreign Affairs*, reel 9; Henry Kissinger, *On China* (New York: Penguin Book, 2011), pp. 299-301; John H. Holdridge, *Crossing the Divide: An Insider's Account of the Normalization of U.S.-China Relations* (Lanham, MD: Rowman & Littlefield, 1997), pp. 147-155.

53 北京對於美、蘇限武談判進程的關注，強烈反映在一九七四年十一月季辛吉與鄧小平多次會談中，參見Burr ed., *The Kissinger Transcripts*, pp. 272-274, 300-310.

54 National Security Council memorandum for President Ford, Subject: China's National People's Congress Formalizes the Continuity of the PRC's Recent Policies: But Where is Mao? January 27, 1975, *Gerald R. Ford and Foreign Affairs*, reel 8; National Security Council memorandum, Subject: Is the Period of Immobilism Over? Some Comments on the Current State of US-PRC Relations, top secret, January 27, 1975, ibid.

55 Burr ed., *The Kissinger Transcripts*, pp. 312-314; Kissinger to U.S. Liaison Office in Peking, December 16, 1974, *Gerald R. Ford and Foreign Affairs*, reel 9; Kissinger to U.S. Liaison Office in Peking, December 26, 1974, ibid.

56 Kissinger to U.S. Liaison Office in Peking, May 17, 1975, *Gerald R. Ford and Foreign Affairs*, reel 9.

57 U.S. Liaison Office in Peking to Kissinger, Subject: US-PRC Exchanges, August 25, 1975, *Gerald R. Ford and Foreign Affairs*, reel 9.

美市長聯席會的強烈反彈，不惜取消中國行，連向來推動兩國交流不遺餘力的「美中關係全國委員會」也反應激烈，籲請福特取消接見來訪的中共貿易代表團，以報復北京「操控」美國國內政治。[58]九月底當季辛吉得知中共外長喬冠華在該年聯合國大會發言抨擊美國的聲量，竟然與蘇聯等量齊觀，不禁感慨美國因處於全球戰略守勢，在外交上無法有所作為，而導致北京缺乏尋求共識與妥協的意願，反而一味要求美方迎合其立場。[59]

福特總統便在這種整體氛圍不甚友好的情況下，於一九七五年十二月訪問中國大陸，為避免讓世人產生美總統乃「專程」前往北京的印象，華府特意增加印尼與菲律賓的行程，藉此沖淡北京之行的特殊性。臨行前，季辛吉透過管道分別知會北京與台北，鑒於美國即將於翌年舉行大選，福特此行不會實現美、中關係正常化，任何重大的外交突破都必須等候福特勝選連任之後才有可能。[60]蔣經國接獲訊息後，並不以為喜，而是認定今後台北對美外交應當轉趨強硬，不能再信任華府政客的言行，他對於美方不時暗中打探台北如何因應日後兩國關係的生變也提高警覺。[61]北京雖對季辛吉的坦率訊息感到不快，然而福特一行到訪時仍以禮相待，身體孱弱的毛澤東在中南海與美總統晤談的內容，主要環繞在蘇聯霸權等大議題上，兩國關係的具體細節則交由鄧小平負責，福特表達願意接受中方所提「日本模式」實現建交，未來僅與台灣維持商貿文化等非正式關係，但鄧小平並不滿意，堅持「斷交、廢約、撤軍」三條件，他宣稱北京無法承諾台灣問題能以和平的方式解決，因為這純粹是中國人內部的事務。由於彼此未能達成共識，此行結束後並未發表聯合公報，福特為安撫北京情緒，主動告知美政府將解除日本與北約成員高科技輸往中國大陸的禁令，也不反對英國勞斯萊斯（Rolls-Royce）公司一筆高達兩億美元的飛機引擎銷售案，首開北京獲准採購西方軍事科技裝備的先例。[62]

福特離開中國之後，亞太助理國務卿哈比銜命來台向蔣經國簡報，他帶來的唯一訊息是重申華府與北京關係目前沒有任何改變，也不預期短時間內會有戲劇性的變化，他承諾美政府在面對台灣安全、繁榮與福祉議題時，會以謹慎負責的態度處理，哈比也意有所指地表示，台北若持續批評季辛吉，將不會有任何好處，離台前他向國府高層暗示，如果福特在翌年大選獲勝，美政府不排除在一九七八年底之前完成美、中建交。[63]蔣經國與哈比晤談之後，反應相當情緒化，認為美國早已不可信，今天更成了「卑賤的『小人』之國」，他提醒自己與對方往來要小心，「對其有可利用之處則利用之而已。」蔣不禁回憶起二十餘年來他與老美打交道的經歷，令他寒心至極，反省以往太過幼稚天真，受對方愚弄之處太多，令他「可悲可恨」。在蔣經國看來，福特訪中未能達成建交，原因在於對美外交運用得宜，使華府政客不敢貿然出手傷害台灣，但在面對未來雙方的關係，他實在不抱樂觀；此時安克志恰好返美述職，蔣甚至懷疑美大使是否將「一去不回」，在他心中，美國無時無刻不在設法摧毀中華民國政府，「如此則可隨其心願而解決所謂中國和台灣

58 National Security Council memorandum for Brent Scowcroft, Subject: PRC Action on the US Mayor Exchange Group, September 8, 1975, *Gerald R. Ford and Foreign Affairs*, reel 8.

59 National Security Council memorandum for President Ford, Subject: PRC Foreign Minister Ch'iao Kuan-hua's UNGA Speech, September 29, 1975, *Gerald R. Ford and Foreign Affairs*, reel 8.

60 Holdridge, *Crossing the Divide*, pp. 165-166; Kissinger, *On China*, pp. 314-317; Burr ed., *The Kissinger Transcripts*, pp.377-381.

61 《蔣經國日記》，一九七五年十一月六日。

62 Robert Ross, *Negotiating Cooperation: The United States and China, 1969-1989*（Stanford: Stanford University Press, 1995）,pp. 83-86; James Mann, *About Face: A History of America's Curious Relationship with China: From Nixon to Clinton* (New York: Alfred A. Knopf, 1999), pp. 75-76.

63 Unger to State Department, December 10, 1975, *Gerald R. Ford and Foreign Affairs*, reel 3; 沈劍虹，《使美八年紀要》，頁一七〇—一七二；錢復，《錢復回憶錄》，卷一，頁三二八—三二九。

頭，揮之不去。

問題。」[64]這樣一種對美強烈主觀的負面情緒以及對兩國邦交生變的陰影，在往後數年依然繼續籠罩在其心

邦誼走向盡頭

一九七六年是美國大選年，蔣經國對任何風吹草動都不敢掉以輕心，五月底國會山莊突然傳言美政府準備在選舉結束後立即承認北京，此一謠言雖遭國務院否認，然而沈劍虹大使七月初密電台北時，仍研判美、中建交似已迫在眉睫，小蔣憂心忡忡，在日記裡寫道：「我們寧可斷頭喪生，而決不接受喪我國體、辱我國權之任何條件。」他認為當全國上下都有死裡求生的決心時，才能「保我國體，救我國家」，只是他懷疑國民黨究竟是否有此決心？[65]為了未雨綢繆，蔣密令錢復著手研擬因應之道，此時台北想定的結果有七種：一、雙重承認；二、美、中建交後華府與台北維持「領事關係」；三、主客易位，美將大使館遷往北京，並在台北設聯絡辦事處；四、斷交後仍維持協防條約；五、斷交後維持官方關係並互設貿易代表團；六、兩國元首在對方首都互派私人代表；七、美政府全盤接受中共要求，與台北「斷交、撤軍、廢約」。[66]由錢復負責這項最高機密作業，以避免引發外界揣測，打擊民心士氣；然而神通廣大的美情報部門仍嗅出一絲不尋常的氣息，掌握台北已在思考雙方斷交後關係的調整，國府發言人雖公開否認此事，然美方不但清楚知悉蔣經國對台、美斷交的憂慮，白宮的內部文件甚至言之確鑿指出「兩德模式」與「一國兩府」將是台方可以接受的方案。[67]

雖然美、中建交未在美總統大選結束後立即實現，但台、美關係卻也未見好轉。福特敗選後，美駐北京聯絡辦事處主任蓋茲（Thomas Gates）向華府建議，應趁民主黨新政府尚未就任前，著手降低駐台外交層級，

將安克志大使召回，僅派一名代辦留守，不過此議並未被白宮接受。[68]民主黨的卡特勝選，讓蔣經國對雙方未來關係審慎樂觀；競選時卡特從未公開提及《上海公報》，而且多次批評福特過於遷就北京，他提倡人權，屢次表明信守美國對盟邦承諾，有關兩岸問題則強調不讓華府尋求改善與中共關係的努力，阻礙美國維護台灣社會的獨立自主，還說美國不應拋棄確保台灣不被武力佔領的承諾。[69]

蔣經國在得知卡特擊敗福特勝選後的反應是：對台灣而言，誰當選情況都一樣，最要緊的是季辛吉必須去職，他認為福特的敗選在於背負尼克森與季辛吉所留下的沉重包袱，尤其是季氏，小蔣對他簡直恨之入骨，視其這些年來的作為莫不在危害美國，「他的罪不但只是在玩弄權術，而最重要的罪是在出賣美國利益，為美國出賣了他的朋友，同時又製造了敵人。」蔣又認為默默無名的卡特能夠當選總統，可見美國人民對官僚政客已不滿至極，希望求變求新。[70]當小蔣獲悉范錫將接任國務卿之後，反應更是正面，范錫曾在詹森總統任內擔任國防部副部長，蔣於一九六五年以國防部長的身分訪美時曾與他晤談，將其視為「君子類

64 《蔣經國日記》，一九七五年十二月九日；「蔣經國電宋美齡」（一九七五年十二月一日），〈文件／專書手札與講詞／民國六十四年宋美齡與蔣經國來往電報錄底影印／〇二八〉，《蔣經國總統文物》，典藏號：00501050200001028。

65 《蔣經國日記》，一九七六年七月五日。

66 錢復，《錢復回憶錄》，卷一，頁三三二—三三六。

67 Memorandum from William H. Gleysteen for Brent Scowcroft, Subject: Taiwan's Future Relations with the U.S., USSR and PRC, September 20, 1976, CIA/FOIA, no. LOC-HAK-113-3-42-6.

68 Tomas Gates to Kissinger and Scowcroft, December 1, 1976, *Gerald R. Ford and Foreign Affairs*, reel 8; National Security Council memorandum for Scowcroft, Subject: Ambassador Gates and China Transition Papers, December 15, 1976, ibid.

69 沈劍虹，《使美八年紀要》，頁一七九—一八〇。

70 《蔣經國日記》，一九七六年十一月七日、十一月八日。

型」的正派人物，比起「奸人」季辛吉要好得多；鑒於范錫在答覆記者提問時曾表示美國並不急於與中共建交，又強調維持台海和平的重要性，蔣經國確實有理由期待范錫出掌國務院之後，台、美邦交能夠維繫下去。[71]

然而蔣經國所不知的是，卡特上任後打算仿效尼克森主政的作風，把外交決策的大權集中在白宮而非國務院，他任命波蘭裔蘇聯問題專家布里辛斯基（Zbigniew Brzezinski）出任國安顧問，把國家安全會議掌管危機、限武與秘密行動的「特別協調委員會」（Special Coordinating Committee）提升至內閣部會層級，並交由布氏主導；如此一來，布、范兩人在重大外交決策上發生衝突，即無可避免。[72]必須指出的是，卡特上台後范錫與布里辛斯基皆主張美、中關係正常化應當實現，區別僅在於達成該目標的步驟與戰略考量；鑒於此時中共內部權力更迭尚未底定，范錫主張外交上的優先順位應是先與蘇聯達成限武談判，以及處理北約、中東問題與巴拿馬運河主權的談判，而非以犧牲台灣安全來完成與北京建交。[73]布氏因祖國波蘭曾遭納粹德國與蘇聯蹂躪，對蘇聯尤其痛恨，此種心態也影響其全球戰略的思維，力主美國應優先與北京結盟共同對抗莫斯科，堅信美、中建交將有助於中共戰略的安全，並利於美國全球政策與世界局勢之穩定。[74]

卡特新政府運作之後，台、美外交首次警報出現在一九七七年春天。當時華府跨部會研擬與北京建交的《總統審議第二十四號備忘錄》（Presidential Review Memorandum-24）正式出爐，主張美、中建交可改善亞洲安全環境，達成美國在亞太地區整體目標，並建議在不損害台灣安全前提下，接受中共「斷交、廢約、撤軍」三條件，完成關係正常化。[75]卡特因此決定派遣范錫於八月下旬訪問北京，進行「試探性」的會談，同時中央情報局也奉命研擬美、中建交對台衝擊的分析報告，其結論是未來五年內北京不可能武力犯台，只要台、美繼續維持密切的經貿往來，美方繼續對台出售防禦性武器，即使兩國不再有正式邦交，台灣未來的前景依然可期。不過中情局也指出，國府當局迄今仍缺乏一套完整方案，幫助台灣社會面對斷交的衝擊，或許是擔心此類方案一旦曝光，將打擊民心士氣，並給予華府一種「台北已做好最壞打算」的不利印象，反而導致美、中加速建交步伐。[76]

蔣經國確實擔憂范錫的大陸之行將出現他最不樂見的局面，檢視其一九七七年春天其私人日記的內容，隨處可見他對台、美關係走向絕路的惶恐不安，以及充滿悲憤、訴諸道德與精神力量的記載，他悲觀地認為，對美外交打算「多拖一天就拖一天」，「一旦美國遺棄我國，我仍繼續奮發圖強。」還哀怨地寫道：「我們犯了何罪，而要受處罰？美國又憑什麼來干涉我們的事？不過此時此地，須要高度的忍耐，但是我要告訴美國人，我們是清醒的，穩定的，堅強的，自己亦知道應該怎樣做。」他甚至認定兩國邦交早已「名存實亡」，並安慰自己說：「美國對我之外交關係，當然極為重要，吾人亦應從多面來挽回今日之殘局，不過一旦即使無此關係，並不是就不能生存。」[77]這段期間蔣經國曾兩度致函卡特，提醒一旦背棄對台協防條約承

71 《蔣經國日記》，一九七六年十二月九日、十二月十三日。

72 John Dumbrell, *The Carter Presidency: A Re-evaluation* (Manchester: Manchester University Press, 1993), pp. 110-116; Stephen A. Cambone, *A New Structure for National Security Policy Planning* (Washington D.C.: Center for Strategic and International Studies Press, 1998), pp. 152-153.

73 Cyrus Vance, *Hard Choices: Critical Years in America's Foreign Policy* (New York: Simon & Schuster, 1983), pp. 75-76.

74 Zbigniew Brzezinski, *Power and Principle: Memoirs of the National Security Adviser 1977-1981* (New York: Farrar, Straus and Giroux, 1983), pp. 196-197; David Rothkopf, *Running the World: The Inside Story of the National Security Council and the Architects of American Power* (New York: PublicAffairs, 2005), pp. 187-188.

75 Harry Harding, *A Fragile Relationship: The United States and China since 1972* (Washington D.C.: The Brookings Institution Press, 1992), pp. 71-74; Brzezinski, *Power and Principle*, pp. 197-198; Vance, *Hard Choices*, pp. 76-77.

76 CIA National Intelligence Analytical Memorandum, Subject: The Prospects for Taiwan after Normalization, July 26, 1977, CIA/FOIA, no. CIA-RDP10X00001R000100010024-0.

77 《蔣經國日記》，一九七七年四月三十日〈上星期反省錄〉、五月三日、五月二十五日。

諾，恐將損及美政府與其他國家談判的立場，還警告美、中建交的危險，希望美方能深思熟慮。[78]

就在范錫啟程赴中之前，國府駐美人員透過特殊管道進一步取得白宮內部討論美、中關係進展的細節，華府認定未來全球戰略的重點是在歐洲，亞太地區的安全責任將委諸中共，美軍在亞太的安全防線也將東移，由冷戰初期的日、韓、台、菲轉為以阿留申群島、日本與關島為主軸，這與卡特總統準備終止與台北的協防關係、早日完成與北京建交的訊息不謀而合。[79]聽聞此報告後，蔣經國認定大勢已去，開始思考未來可能的局面，為了替國家生存保留餘地，以圖後計，他自忖斷交後若彼此僅能維持民間關係，也只有坦然接受，但華府如想進一步施壓兩岸和談，那他將抗拒到底。儘管已有最壞的打算，然而此刻蔣經國最擔心的仍是台灣社會與民眾心理過於脆弱，恐將承受不起「失去美國保護」的衝擊，隨著各種負面消息不斷傳出，他注意到官民上下皆有心慌意亂的現象，感慨國人如缺乏自信心，又將如何戰勝敵人？[80]

然而，范錫的北京之行並未出現蔣經國所擔憂的局面；行程結束後，美方依例派遣亞太助卿郝爾布魯克（Richard Holbrooke）來台北向蔣進行簡報，蔣稱范錫在北京與華國鋒、鄧小平與黃華等人晤談的重點為全球問題，特別是美、蘇關係、核武擴散與限武談判等，至於兩國關係正常化的議題，范錫則向中方強調美方必須維持與台灣的「實質關係」（essential ties），同時保障台海安全與民眾福祉不受損害。九月初鄧小平在接受美國媒體專訪時，出人意料之外地表示他對范錫極感不滿，說范某在北京時曾提出「交換模式」，意即把美國大使館由台北移至北京，把聯絡辦事處從北京移往台北，鄧批評此構想標誌著雙方關係嚴重倒退，這番談話立即引發國際社會高度的關注。[81]蔣經國判斷范錫此行一無所獲，並非雙方有意擱置建交，而是美、中內部皆出現新的變化，而導致雙方「難以下手」。斷交警報暫時解除後，蔣思索未來努力的方向，對內應加速建設，增強國力，以應付未來的變局，對外則推展對美民間外交，特別是強化國會山莊的聯繫工作。[82]

自尼克森歷史性訪問中國之後，面對美國隨時可能棄台灣而去，蔣經國確實不斷努力強化台灣整體的實力，除推動「十大建設」改善島內基礎建設、促進產業升級與深化總體經濟發展之外，也致力提升國防的自主研發，分散武器與技術來源的管道，讓部隊在既有基礎上精簡壯大，其中一項重點是新式飛彈的製造，此乃攸關台、澎、金、馬整體防衛能力。[83]小蔣心裡明白，美國對台軍援必將持續減少，更無出售先進與敏感新型武器之可能，當務之急是積極尋求美國以外的合作夥伴，而以色列則是當時全世界極少數願意提供中、長程飛彈研發技術支援的國家之一。

美方情報顯示，一九七六年春天台灣軍方在以色列的協助下，以「迦百列」（Gabriel）二型反潛飛彈為基礎，研發出射程可達一百公里的「青蜂」地對地短程飛彈，量產後不但可部署於台灣本島各地，達到封鎖台灣海峽的戰術目標，如配置在澎湖、金門與馬祖外島，而福建沿海機場與港口都將被涵蓋在飛彈射程範圍之內；美方也得知台灣軍方同時在研發另一種射程達十四公里、可攜帶高爆性化學武器彈頭的「工蜂」飛彈，以及射程二十二公里、配置於海軍艦艇的「雄蜂」反潛飛彈。最令華府側目的是，台北有意與以色列合作射程遠達四百公里的「青蜂二型」長程彈道飛彈，一旦研發成功，將可把整個中國內陸地區都納入

78 《蔣經國日記》，一九七七年六月四日〈上星期反省錄〉；錢復，《錢復回憶錄》，卷一，頁三六二—三六三。
79 錢復，《錢復回憶錄》，卷一，頁三六一—三六二。
80 《蔣經國日記》，一九七七年七月十一日、七月二十一日、七月二十三日〈上星期反省錄〉、七月二十四日、八月十三日〈本星期預定工作課目〉、八月二十一日、八月二十二日。
81 Vance, *Hard Choices*, pp. 80-83; 錢復，《錢復回憶錄》，卷一，頁三六四—三六六。
82 《蔣經國日記》，一九七七年九月一日、九月二日。
83 《蔣經國日記》，一九七五年九月十五日。

攻擊範圍。[84]面對台、美外交江河日下，以及台灣增加未來面對變局的籌碼，蔣經國對強化軍事力量具有強烈的急迫感，此種思維與七〇年代台灣積極研發核武能力如出一轍。

華府為避免蔣經國誤認為美、中談判已觸礁，在一九七七年秋天特別透過安克志大使傳達口信，聲稱美、中建交大方向並無改變，數月後雙方將重啟談判。[85]台、美外交警報果然於翌年春天再次響起；一九七八年伊始，不少美國重量級參議員如愛德華・甘迺迪（Edward Kennedy）、克蘭斯頓（Alan Cranston）等皆敦促應及早與中共建交，當時蘇聯在非洲與中東的影響力不斷上升，布里辛斯基所倡議藉由強化與北京關係以反制蘇聯的論點，獲得副總統孟岱爾（Walter Mondale）與國防部長布朗（Harold Brown）等要員的支持。[86]四月間美國會批准《巴拿馬運河條約》，完成一樁外交大事，卡特總統有餘力把焦點轉回到對華政策。四月二十六日，白宮宣布布里辛斯基將於五月二十日訪問北京，此時蔣經國剛當選中華民國第六任總統，並將於五月二十日宣誓就職，華府選擇同一天讓布氏啟程訪中，令台北既驚又怒，蔣痛批美方此舉是故意對他侮辱，「思之可恨，亦深以此類『強暴者』之可笑可恥。」[87]國務院則向沈劍虹大使澄清行程安排純屬巧合，希望台北諒解，沈趁機抱怨先前孟岱爾訪問東南亞時對台灣過門不入，此次布里辛斯基北京行之後預定轉往日、韓，又不願順道來台，他質疑美方是否已把台灣視為「痲瘋病」之島，避之惟恐不及？[88]

有別於前一年范錫的大陸之行讓鄧小平感到不快，布里辛斯基此行因獲得白宮充分授權，受到北京熱忱歡迎，布氏代表卡特向華國鋒與鄧小平傳達美方不再堅持與台灣維持任何具有官方意涵的代表機構，同時決定接受中共所提建交三條件，還告知華府願出售若干其未能從蘇聯獲得的高科技軍事裝備，以間接方式支持北京對抗莫斯科，這些訊息皆得到中方正面的回應。[89]布氏回美後，卡特立即召集秘密會議，授權駐北京聯絡辦事處主任伍考克（Leonard Woodcock）與中共外長黃華展開正式建交的談判，白宮則利用機密通訊設備，由卡特透過布里辛斯基遙控指揮伍考克，並與中共駐華府聯絡辦事處主任柴澤民、副主任韓敘等人保持暢通的管道。[90]

白宮積極展開與北京秘密談判的消息，很快就傳到蔣經國耳裡，他的內心再次掀起陣陣波瀾，感嘆猶太裔的季辛吉曾帶給中華民國如此深的傷痛，現在另一個猶太裔的布里辛斯基恐將帶來更大的傷害，「國事既如此，吾人除了盡我心力之外，別無他法，一切亦只有聽天由命了。」此刻小蔣似乎已有心理準備，在日記裡寫道：「這幕悲劇遲早將落到我們的頭上來。」「余對美國痛恨入骨，不過今天仍將以忍辱負重，採取低姿態的態度來處理對美國的事務，不過到了生死關頭，吾人自將有所選擇。」[91]布氏返美後，台北政壇對兩國邦交能否維繫，確實已沒有太大的把握，而開始展現一種「聽天由命」的無奈。六月底中央銀行總裁俞國華以私人身分向美國大使館探詢，一旦雙方失去外交關係，兩國合資企業與跨國公司資產等技術性問題

84 Interagency Intelligence Memorandum entitled "Prospects for Arms Production and Development in the Republic of China," May 1976, reproduced in DDRS, no. CK3100533874; CIA National Photographic Interpretation Center memorandum, Subject: Hsiung-feng Land-based Cruise Missile System, November 3, 1982, CIA/FOIA, no. CIA-RDP90T00784R000100140003-7.

85 《蔣經國日記》，一九七七年十一月二十六日〈上星期反省錄〉。

86 Brzezinski, *Power and Principle*, pp. 204-205; 沈劍虹，《使美八年紀要》，頁一八五—一八七。

87 《蔣經國日記》，一九七八年五月五日。

88 Memorandum for Brzezinski from the White House Situation Room, Subject: Newsom-Shen Meeting, May 22, 1978, reproduced in DDRS, no. CK3100651290.

89 Brzezinski, *Power and Principle*, pp. 209-219.

90 Jimmy Carter, *Keeping Faith: Memoirs of a President* (New York: Bantam Books, 1983), pp. 197-199; Brzezinski, *Power and Principle*, pp. 222-230; Vance, *Hard Choices*, pp. 116-117.

91 《蔣經國日記》，一九七八年六月十日、六月十七日〈上星期反省錄〉、六月二十四日〈上星期反省錄〉、六月二十八日。

該如何處理，這是國府高階官員首次務實面對斷交的可能性，立即引起白宮關注。[92]孟岱爾身旁的人士也向國府駐美人員透露，美、中建交極可能在年底實現，而白宮國安幕僚透過特殊管道掌握來自台北的情報，顯示蔣經國對美、中建交將在「可預見的未來」發生，已了然於胸且有所準備，並認為只要日後美國對台軍售且彼此經貿往來沒有實質改變，則台北官方心態上可以調整。[93]此類未經證實的情報傳回華府，是否讓美方鐵了心加快建交的步伐，值得進一步推敲。

直到此刻，台北仍未放棄最後的努力，七月底外交部透過友台國會議員以懸殊的票數通過新提案，要求行政當局在推動關係正常化的過程中，如有影響台、美協防條約效力時，國會擁有諮商的權力，蔣經國對此感到欣慰。[94]然而夏天一結束，台、美邦交即來到最後的倒數時刻；九月十九日上午卡特在白宮會晤柴澤民，當面告知美方已決定接受「斷交、廢約、撤軍」三條件，願盡早完成建交，他表示美方會繼續對台出售「經過仔細篩選後」的防禦型武器，但保證此類軍售不會危害中共的利益，並向柴解釋，台灣已有研製原子彈的能力，美政府如繼續與台灣維持關係，有助於持續監控台灣是否秘密研發核武，也可避免該島落入「不友善」國家的陣營（指蘇聯），柴澤民當場質疑美方持續對台軍售不符合《上海公報》的精神，但並未表示此爭議是否將阻礙雙方建交。[95]

十一月初，華府向北京提出《建交公報》的草案，為展現誠意，白宮還擱置原本已批准對台出售FX高性能新戰機案。此時，中共內部在元老派的運作下，由鄧小平架空華國鋒，掌握內外大權，準備吸引外國資金與技術，推動大陸改革開放，加上為平衡蘇聯與越南聯合夾擊的不利態勢，北京在戰略上確實有進一步發展對美關係的迫切需要，這些考量都成了中共拍板同意建交的催化劑。北京時間十二月十四日與十五日兩天，鄧小平數次會見伍考克，同意美繼續對台軍售，這並不構成雙方建交的障礙。[96]中方的讓步，讓六年多來彼此關係正常化的努力來到最後一哩路；美國東岸時間十二月十五日上午九時，華府與北京同步發表聲明：兩國將在一九七九年一月一日建交；美政府承認中華人民共和國為全中國唯一合法政府，美方將與台灣人民保持文化、商務和其他非官方的關係；美政府「認知」（acknowledge）北京立場，即只有一個中國，台灣是中國的一部分；美方將終止一九五四年台、美協防條約，並依條約規定於一年後（一九七九年十二月三一日）自動失效。[97]中華民國與美國的外交關係就此畫下休止符。

忍辱負重的關係調整談判

美、中《建交公報》正式發表後，國務院曾對台灣未來政局的走向與台、美關係，勾勒出一幅美好的願景：軍事上，北京領導人為搞好與華府關係，以及顧忌來自蘇聯的軍事威脅，實無理由以武力解決台灣問

92 Memorandum for Brzezinski from the White House Situation Room, Subject: Taiwan: Preparing to Face the Unfaceable, July 6, 1978, reproduced in DDRS, no. CK3100669202.

93 Memorandum for Brzezinski from National Security Council, Subject: Weekly Report, July 20, 1978, reproduced in DDRS, no. CK2349487072.

94 《蔣經國日記》，一九七八年七月三十日；錢復，《錢復回憶錄》，卷一，頁三七〇—三七一。有關該法案內容，參見"An Act to Facilitate Continued Relations with the People in Taiwan," June 8, 1978, reproduced in DDRS, no. CK2349073276.

95 The White House memorandum of Conversation, top secret, September 19, 1978, reproduced in DDRS, no. CK3100155926; Rothkopf, *Running the World*, pp. 192-194.

96 Holdridge, *Crossing the Divide*, pp. 179-185; 謝希德、倪世雄，《曲折的歷程：中美建交廿年》（上海：復旦大學出版社，一九九九年），頁二一—二三。

97 Brzezinski, *Power and Principle*, pp. 230-233; 胡為真，《美國對華「一個中國」政策之演變》（台北：台灣商務印書館，二〇〇一年），頁八八—八九。

題，而且與解放軍相比，當前台灣軍事力量、武器裝備與訓練素質仍佔上風；經濟上，台灣經濟的體質健全良好，外匯儲備豐富，美、台貿易往來密切，而且美國大企業在台投資金額甚多，未來即使缺乏正式邦交，雙方的經貿發展仍可持續不斷增長，正如一九七二年台、日斷交後彼此的貿易額仍可成長至百分之二百三十三。國務院還認為，除了協防條約必須終止外，其他雙邊既存協定仍將繼續有效，即使彼此的官方關係不復存在，但未來國會山莊仍可扮演維持民間友好交流的重要渠道。[98]

華府的樂觀心態與台北高層的悲憤情緒，形成強烈的對比。台北時間十二月十六日凌晨兩點，美大使安克志前往七海官邸緊急求見蔣經國，告知卡特總統將在七小時後宣布美、中建交，對於如此重大的決定，美方竟然在七小時前才倉促通知台北，蔣經國深表遺憾與不可置信，當場對美政府失信於中華民國表達最強烈的抗議。兩星期後，蔣對這段痛苦經歷記載如下：

「美大使於十六日清晨二時謂有極緊急事要求來見，果不出所料，通知美國將於六十八年一月一日承認共匪，同時與我斷交，當即以嚴肅之態度，向其提出最嚴重之抗議，內心憤恨痛苦，事已至此，身負重責，只好以理性處理此一大變。當即約見黨政軍負責人員商談，十六日宣布非常法三條，並停止進行中之選舉，以先安人心。十八日召開中央全會，討論中美關係有關問題，為期一天，大家悲憤，但意見一致。」[99]

十二月十八日上午，一個涵蓋白宮、國務院、五角大廈、財政部與商務部的跨部會臨時任務小組召開會議，決定盡速派遣高階代表團前往台北，磋商雙方未來關係的架構，同時著手擬定一項綜合法案，規範日後雙邊關係。會議上國務院官員建議應當讓沈劍虹大使在降旗歸國前，向卡特總統打一通告別電話，但因某不明原因，最後此提議並未實現。[100]台、美斷交後，雙方首要任務是關係調整的談判，十二月二十二日國府外交部次長楊西崑飛抵華府與國務院磋商，美方則由副國務卿克里斯多福率團來台。二十七日晚間美代表團抵達松山機場，車隊離開時遭現場大批失控的抗議群眾以竹竿木棍襲擊，安克志與部分團員受了傷，克里斯多福則嚴重受到驚嚇，一度要求立即原機返美。翌日上午，克里斯多福一行人拜會蔣經國，美方態度強烈，要求蔣親口保證其人身安全，否則立刻打道回府，在得到蔣親口承諾給予團員充分的保護後，美方才同意留下來。當時負責對美談判的錢復回憶，美代表團停留台北兩天時間內，根本不打算考慮台北所提主張，不論國府立場如何，皆以華府與北京達成的協議內容為優先考量，而二十七日晚上發生的失控暴行，順勢給予美方一個立場強硬的藉口。[101]蔣經國也自記，松山機場的意外事件「使我預布的一盤有利的棋，變為不利」，盛怒之餘，他打算立即將警備總司令汪敬煦、憲兵司令劉磐敵與警政署長孔令晟免職，經錢復緩頰，告以這批示威群眾乃國民黨中央黨部動員而來，因一時情緒失控所致，蔣才打消念頭。[102]二十一年前「劉自然事件」的種種經過，此時此刻似乎又再次重演。

對蔣經國而言，台、美之間因彼此觀念的差距甚遠，雙方的談判注定艱辛且痛苦，他向美方提出未來關係的五項原則：持續不變、事實基礎、安全保障、妥定法律、政府對政府關係，然而美方卻堅持雙方只能維持非官方關係，不但拒絕討論台灣的法律地位，更不願細談各項技術性議題。十二月二十九日下午，克里斯多福帶著極度不耐煩的心情，率領代表團匆匆離台，此後雙方的談判移至華府繼續進行。[103]蔣雖認為美

98 State Department memorandum, "Diplomatic Relations with the People's Republic of China and Future Relations with Taiwan," December 1978, reproduced in DDRS, no. CK3100509661.

99 《蔣經國日記》，一九七八年十二月三十日〈上星期反省錄〉、〈本星期預定工作課目〉、十二月三十一日。

100 Minutes of SCC Ad Hoc Group Meeting on China, December 18, 1978, reproduced in DDRS, no. CK3100511129.

101 錢復，《錢復回憶錄》，卷一，頁四一二—四一三。克里斯多福在其回憶錄裡，一口咬定台北當局幕後策劃反美示威，最後演變成為攻擊暴行，參見Warren Christopher, *Chances of a Lifetime: A Memoir* (New York: Scriber, 2001), pp. 91-93.

102 《蔣經國日記》，一九七八年十二月三十一日〈上月反省錄〉；錢復，《錢復回憶錄》，卷一，頁四一〇—四一一。

103 錢復，《錢復回憶錄》，卷一，頁四一三—四一八；沈劍虹，《使美八年紀要》，頁二二四—二二六。

方此行「沒有協議，亦未破裂」，然而在斷交後一段日子裡，他因壓力沉重，心煩意亂，每晚服用重量安眠藥依然無法入睡，對於未能維繫對美邦交，內心相當自責，以「失職之恥」而感到苦痛悲傷，自記：「美方的壓力加身，一天要比一天重，未能為國盡責，尤未能保持同胞之尊嚴和安全，實在沒有面目活在人世，內疚至深，將如何自處？」[104]

面對美、中、台三邊關係中台北處於「側室」的地位，蔣經國決定務實以對，他以《孟子．良惠王》篇的一段話自勉：「惟仁者為能以大事小，惟智者為能以小事大。以大事小者，樂天者也；以小事大者，畏天者也。樂天者，保天下；畏天者，保其國。」此刻他思考的，或許正是如何保住中華民國在台、澎、金、馬的命脈。[105]太平洋另一端的華府，楊西崑與美方的談判，誠可以「忍辱負重」來形容；台北所提未來駐美機構的名稱、地位與待遇等方案，全盤遭國務院否決，美方不但不接受「中國」或其他具有官方意義的名稱，也不同意使用「中美」字眼，對於國府在美各地所設辦事處的數目與可享有的特權也不願明確答覆，全然拒絕接受蔣經國所提「政府對政府」的原則，到後來連楊西崑奉命來美談判的「特使」身分都不願再承認。[106]

另一方面，美政府提出未來駐台機構的名稱「美國在台協會」（American Institute in Taiwan），同樣遭國府拒絕，而國務院在未與台北充分磋商的情況下，逕自向國會提出一套綜合法案來規範日後的雙邊關係，也讓台北深感不滿。楊西崑提出保留原來中華民國在美境內十四個總領事館繼續運作，遭國務院一口回絕，當楊爭取未來台北駐美人員比照先前中共駐美聯絡辦事處所享有豁免權與其他外交禮遇時，美方竟以「不打算為派駐台灣人員爭取豁免權」為由，斷然拒絕。[107]眼見談判毫無進展，而中共副總理鄧小平又將於一月二十八日來美訪問，國務院為盡速完成台、美談判，竟向楊西崑施壓，如不能在二月十日之前達成協議，美方將分批撤出在台人員，同時向台北駐美人員下達逐客令。[108]

此時參、眾兩院不少跨黨派議員，因不滿行政當局在建交過程中行事獨斷，片面終止台、美協防條約，並草率提出對台關係綜合法案，都不約而同地公開批評卡特總統，對台灣極友好的參議員高華德甚至將卡特一狀告上聯邦法院，控訴他廢除協防條約之舉已屬「違憲」。一月十五日國會開議後，參、眾兩院更決定各自提出涉台法案，與行政部門互別苗頭，此時包括蔣經國「舊友」克萊恩在內許多美方友人，紛紛建議台北採取強的硬立場，甚至在必要時停止與國務院的談判，以拖待變，爭取國會山莊通過一份確認兩國「官方關係」的有利法案。[109]

令人驚訝的是，蔣經國並不做如此打算，面對布滿荊棘的對美談判，他認為此刻絕非「鬥氣」的時候，更深諳「以小事大」和「以大事小」有所不同之理。一月二十日，他召集行政院長孫運璿、外交部長蔣彥士與次長錢復等重要幕僚研擬對策，就在數天前錢復自美方特殊管道得知，未來美駐台人員將由國務院外交官退職後重新簽約，台北駐美人員將可與美官員非正式接觸，日後駐美機構也可出面與各相關部會進行業務交涉，在美政府絕無可能同意彼此關係為「政府對政府」的情況下，他建議台北的次佳策略應是爭取到各說各話、彼此容忍對方說法的待遇，亦即華府說雙方關係是非官方，而台北可以說雙方關係是官方；

104 《蔣經國日記》，一九七八年十二月三十一日〈上月反省錄〉、一九七九年一月一日、一月十日。
105 《蔣經國日記》，一九七九年十二月一日〈本星期預定工作課目〉、十二月二日。
106 The White House Selected Situation Listing, dated January 28, 1979, reproduced in DDRS, no. CK3100553420.
107 The White House Selected Situation Listing, dated January 28, 1979, reproduced in DDRS, no. CK3100557281.
108 Memorandum for President Carter from Warren Christopher, January 18, 1978, reproduced in DDRS, no. CK3100498701.
109 《蔣經國日記》，一九七九年一月十八日；錢復，《錢復回憶錄》，卷一，頁四二四；蘇格，《美國對華政策與台灣問題》（北京：世界知識出版社，一九九八年），頁四五九—四六〇。

至於達成協議的時間點，錢復力主應在美方所提二月十日底線之前完成，以免節外生枝，徒增困擾。[110]

蔣經國決定接受錢復的建言，他也坦承對於美方的壓迫已是忍無可忍，甚至曾考慮是否透過談判破裂來向華府施壓，但再三思考後，認為仍需以國家整體利益為重，不可意氣用事：「我弱人強，所可運用之力量極為有限，處處受人之操，氣憤之情，令我難受。此時應以求得國家之能夠生存為第一條件，此次外交談判，要能屈能伸也。」蔣還自我安慰一番，自記：「我國家受美之侮辱陷害，豈止此一次，還是要繼續忍受下去，堅百忍以圖成也。今日要寧靜而不可自亂也，不可急亦不可慌，鎮定至上。」[111]

一九七九年二月初，鄧小平在全美各地訪問，掀起一陣旋風，而此刻楊西崑在華府的談判也大致告一段落，台北勉強接受「北美事務協調委員會」（Coordination Council for North American Affairs）作為「美國在台協會」對等機構，附屬於行政院，未來駐美人員將為非現職官員，雖可享有部分豁免，但不能使用「外交特權」的字眼，至於台、美雙方對未來關係如何定義，則達成「各說各話、各自解讀」的默契。白宮將此結果視為蔣經國的讓步而感到欣慰，值得注意的是，此時五角大廈與國務院對於如何處理雙方既存的軍事合作案，意見頗為分歧：國務院極為顧忌北京的反應，但軍方部門卻堅持台灣派遣軍官來美受訓交流等各項合作計畫應繼續推進，甚至主張未來美國軍艦仍應不定期訪問台灣，以展現華府對台灣安全的關注，以及美國重視亞太地區的安全福祉。[112]

蔣經國自認這段時間他以良知為主，以國家利益為重，不計個人榮辱，盡心盡力處理對美交涉，但看在宋美齡眼裡，卻認為他對美方讓步太多而頗有微詞。一月十三日，蔣接獲宋美齡自紐約來電，宋批評楊西崑立場軟弱，懷疑楊「是否其攪得頭暈腦脹」，主張退縮」，建議台北應盡速將楊召回。蔣經國回答他處理對美談判時，皆秉持一貫維護國家利益的立場，並請宋美齡釋念，為了怕宋誤會他向美方示弱，蔣特地派三子孝勇專程飛往紐約耐心解釋，順道請安並祝賀農曆新年。[113]不料到了二月十日，當宋美齡知悉國府已接受

「北美事務協調委員會」的名稱，準備著手開辦美政府眼中「非官方」的代表機構時，竟大發雷霆，再度致電蔣經國，痛責此種待遇甚至連台、日斷交後的駐日機構都不如，宋認為國會友台力量聲勢浩大，正積極運作提出有利的法案，此時若因美行政部門的壓力而妥協，又將如何對眾多力挺台灣的美方人士交代？為避免美方友台人士誤解，宋美齡要求主其事者引咎辭職，以免被國際友人「嗤笑彼輩為曹汝霖、章宗祥之流」。[114] 蔣經國再次委婉解釋，眾多黨內同志皆認為邦交已斷，一時無可改變，政府「不得不下定決心，以維護不絕如縷之實質問題」，並強調為顧及雙方現存關係，他「不惜忍辱負重，爭取時間，以期敵消我長」，甚至說：「必要時兒實不惜一死以謝父親在天之靈，以謝母親耳提面命，亦以謝我國人付託之重。」[115]

110 錢復，《錢復回憶錄》，卷一，頁四二五—四二七。此外，一九七九年一月上旬美駐台人員已掌握情報：行政院長孫運璿在國民黨內部一場會議上，提及國府已準備將對美關係調整為「民間外交」（people-to-people diplomacy），這似乎讓華府認定台北遲早會作出讓步，不再堅持其原本「政府對政府」立場，參見U.S. Embassy Taipei to State Department, January 10, 1979, Subject: Future Ties with U.S.: Premier Says Government Will Stress People-to-People Diplomacy, reproduced in DDRS, no. CK2349560419.

111 《蔣經國日記》，一九七九年一月三十一日、〈本月大事預定表〉。

112 The White House memorandum for President Carter, Subject: Agreement with Taiwan on Unofficial Offices, February 8, 1979, reproduced in DDRS, no. CK3100623500; Defense Department memorandum for the Chairman of SCC Ad Hoc Group on China, Subject: On and Off-island Training, February 15, 1979, ibid, no. CK3100131563; Defense Department memorandum for the Chairman of SCC Ad Hoc Group on China, Subject: Future Ship Visits to Taiwan, February 15, 1979, ibid, no. CK3100131557.

113 周美華、蕭李居編，《蔣經國書信集：與宋美齡往來函電》，下冊，頁四—七；《蔣經國日記》，一九七九年一月十六日；錢復，《錢復回憶錄》，卷一，頁四三〇。

114 周美華、蕭李居編，《蔣經國書信集：與宋美齡往來函電》，下冊，頁一一一—一一三。

115 周美華、蕭李居編，《蔣經國書信集：與宋美齡往來函電》，下冊，頁一一五—一一七。

蔣經國確實把對美談判結果視為「奇恥大辱」，然而他自認已做到心安理得，並認為宋美齡在「意氣用事」。[116]為了表示尊重與善意，三月初他二度派孝勇飛美向宋美齡祝壽，不料宋把她對蔣的不滿情緒發洩在孫兒身上，蔣得知後憤怒不已，並把一切不愉快都歸咎於孔令侃與孔令偉在宋美齡身旁挑撥離間，此後兩星期蔣一直耿耿於懷，認為宋不只對台北處理對美關係有所不滿，甚至對他本人都懷有極深的成見，而且有「算舊帳」之意，他感慨這一樁家務事「起因於我自俄返國之時，發展到今日似已無挽回之可能了」[117]。台、美斷交後的艱苦談判，竟意外重燃蔣經國與孔、宋家族之間的新仇舊恨，恐怕是始料未及的。

當台北決定接受美行政部門所提雙方未來的關係架構時，美國會也加速擬定新法案，以取代國務院版本的綜合法案；參、眾議院先各自修正所提法案，後於三月十三日分別投票通過《台灣授權法案》與《美國—台灣關係法案》，由於兩份法案內容不一致，兩院因而展開協商，並於三月二十八日與二十九日分別投票通過第二四五號法案，定名為《台灣關係法》（The Taiwan Relations Act），內容共十八條，其中最重要條文如下：任何以非和平方式，包括抵制或禁運，來決定台灣前途的任何努力，是對西太平洋地區和平與安全的威脅，並為美國嚴重關切之事；美國將供應台灣必要數量的防禦軍資與服務，俾使台灣維持足夠的自衛能力；凡美國法律提及或涉及外國的其他民族、國家政府或類似實體時，上述詞語含意中應包括台灣，此類法律亦應適用於台灣。[118]法案送交白宮後，卡特於四月十日簽署生效並成為美國國內法，蔣經國接獲消息後，內心沒有太大的起伏，僅在當天日記裡寫下「今天應定為雪恥日」。[119]或許中華民國走向「台灣化」，並非小蔣本意，然而外交現實情況的演進，讓他少有其他更理想的選擇。

《台灣關係法》在國會進行審查與表決通過之前，北京的反應激烈，透過各種管道一再警告該法案嚴重違背美、中建交的原則；然而當法案於眾議院表決通過後，中方初步反應頗為克制，駐美大使柴澤民在緊急會見克里斯多福時並未動怒，只想探知美方真正的意圖為何，國務院官員竭盡所能解釋美國乃三權分立的國家，國會擁有獨立的地位，行政部門已盡全力確保此份法案不與《建交公報》的精神相衝突，該法案也不表示美政府將針對台灣採取任何具有軍事意涵的舉措；柴澤民雖不滿意但表示理解。[120]如果美、中《建交公報》標誌著一九四九年以來美政府對華政策的演進告一段落，並代表「全中國」法統地位由台北轉移至北京此一過程的終結，那麼《台灣關係法》的出爐則可謂美方「一中一台」的立場從晦暗不明走向法理化，透過法律制訂來確立台灣「實質上」（de facto）獨立於中國大陸之外，無怪人在北京的鄧小平至感不悅，曾當著美國訪客之面，批評該法案已動搖兩國關係正常化的政治基礎。[121]

一九八〇年秋天卡特競選連任失利，由向來對台灣友好的雷根當選總統，一度讓不少台灣民眾樂觀期待雙方未來關係的走向，但蔣經國卻不以為然，而共和黨的勝選也未改變這段時間以來他處理對美外交的基本姿態。雷根在競選時曾倡言美國應當恢復對台邦交，勝選後不久即與小蔣互通信函，表示珍視彼此的友誼，願意在日後與台灣為促進世界和平而共同努力。[122]雷根競選團隊同時發函邀請國民黨秘書長蔣彥士、台灣省政府主席林洋港與台北市長李登輝三位重量級要員出席其就職典禮，台灣媒體對此大幅報導，對於未

116 《蔣經國日記》，一九七九年二月十四日、二月十五日、二月十七日〈上星期反省錄〉、〈本星期預定工作課目〉。

117 《蔣經國日記》，一九七九年三月十八日、三月十九日、三月二十日、三月二十一日、三月二十二日、三月二十六日、三月二十七日、三月三十一日。

118 Martin B. Gold, *A Legislative History of the Taiwan Relations Act: Bridging the Strait* (New York: Lexington Book, 2017), pp. 273-282; 胡為真，《美國對華「一個中國」政策之演變》，頁九三—九四。

119 《蔣經國日記》，一九七九年四月十一日。

120 Cyrus Vance to U.S. Embassy in Peking, March 28, 1979, reproduced in DDRS, no. CK3100115520.

121 中共中央文獻研究室編，《鄧小平年譜（一九七五—一九九七）》（北京：中央文獻出版社，二〇〇四年），頁五〇七—五〇八。

122 Chiang Ching-kuo to Ronald Reagan, November 5, 1980 Richard V. Allen Papers, Box 46; Reagan to Chiang, December 15, 1980, ibid.

來對美關係充滿樂觀的想像；然而，這也引來北京強烈的反彈，經共和黨人士向台北解釋勸說後，蔣經國便指示當時人已在華府的蔣彥士以「健康不適」為由缺席雷根的就職典禮，尚未啟程的林洋港與李登輝則以「公務繁忙」為由取消赴美。雖然此事件為台北帶來一陣尷尬，卻顯見蔣經國用心良苦，不欲將風波鬧大，而傷害了斷交後依然脆弱的台、美關係。[123]

雷根入主白宮後，台北對於美方重新考慮出售FX高性能戰機一案曾寄予厚望，並透過國會議員向行政部門強烈遊說，台灣輿論也充滿期盼，然而國務卿海格（Alexander Haig）卻持異議，公開表示以高性能戰機售予台灣並非迫切之事，他本人將避免處理此案。（參見第十章）一九八一年夏天，白宮國安幕僚注意到，當台灣軍方爭取新戰機的籲求聲浪極大，而華府仍作最後考慮之時，蔣經國卻已主動下令停止台北對美遊說的行動。[124]翌年初，美行政當局正式否決FX戰機案，僅同意對台灣空軍現役戰機進行升級，此決策引發國會跨黨派議員一致批評，然而蔣不但無意藉由美立法部門向行政部門施壓，甚至指示外交部公開表示「歡迎」美政府此一決定，令華府高層一片驚訝，而更加認定蔣經國本人確實無意改變對美「安靜外交」（quiet diplomacy）的策略。[125]此種風格，與整個七〇年代國府以「危機管控」為主、充滿「退縮」性格的對美外交，以及蔣經國在處理斷交談判中所採取的低姿態，實有密切的關聯，同時在相當程度上也形塑了整個八〇年代台北對美低調、務實與穩健的外交主軸。

123 Dean, *Unofficial Diplomacy*, pp. 111-112; Lilley, *China Hands*, pp. 227-228.

124 The White House Special Situation Group Briefing, Subject: Taiwan and the FX, January 1, 1982, CIA/FOIA, no. CIA-RDP84B00049R000601460014-5.

125 CIA memorandum, Subject: Taiwan: Reaction to U.S. Arms Sale Announcement, February 1, 1982, CIA/FOIA, no. CIA-RDP83B00551R000200010063-8.

第七章 亞洲鄰國

「外交重於形勢與利害，根本無道義可言，吾人對於外交則應重視實力與道義，今後與我斷交之國必將增加，但必不輕言與任何人斷絕，相反的，必將設法維持既有之外交關係，但亦決不因別國外交政策之改變，而改變我們的基本政策，此乃我國之基本立場。」[1]

國府播遷來台後，如何在國際上繼續代表全中國，藉以維護法統與權力的正當性，成了蔣介石一項重要的課題。他以「漢賊不兩立」的精神設法保住聯合國席次，並維持與大多數國家的邦交，六〇年代可謂台灣外交上的高峰期，與統治廣袤領土的中共相比，國府雖屈居台、澎、金、馬彈丸之地，卻擁有可觀成果，遲至一九七〇年全世界一百三十個國家中竟有半數以上承認「中國」的首都位於台灣島上的台北，而非北京；相形之下，經歷大饑荒與文革亂局的中國大陸則自陷孤立，邦交國的數字僅維持在五十左右。然

1 《蔣經國日記》，一九七五年六月二十八日。

而，僅短短數年光景，當蔣經國開始主持國政，他所面對的卻是一個外交不斷受挫的慘澹局面，不但聯合國的席次被北京取代，全球民主陣營的龍頭美國也著手推動與中共關係正常化，邦交國紛紛轉向，棄台北而去，兩岸間一消一長、形勢變化之速，令兩蔣父子怵目驚心。在被迫退出聯合國之前，蔣經國即以「寒天飲冰水，滴滴在心頭」來描述當時嚴峻的形勢及內心的深刻感觸。[2]

本章聚焦於一九四九年後蔣經國處理與亞太鄰邦關係的過程中，一些鮮為人知的秘辛。國與國的交往主要基於現實利益，小蔣接觸外交事務，心中肯定有自己主觀的想法以及對友邦領袖的私人好惡與評價，其主觀認知或許未必直接反映在彼此間的正式往來，然而如從「決策者」的角度出發，回顧強人主政時期台灣領導人對亞太地區友邦關係的真實感受，相信對於思索當今台灣對外處境，仍具有一定的參考價值。

台、日關係：國仇家恨與國家利益

兩岸分治之後，日本一直是台灣在亞洲最重要的外交與經濟夥伴，來自日本的直接投資與技術轉移，成為帶動台灣經濟發展與轉型的一大關鍵因素，直到一九六七年為止，日本一直是台灣最大貿易出口國，雙方貿易額在一九七〇年達到九·二五億美元，超越同時期日本與中國大陸的八·二五億美元。外交上，一九五二年春《中日和約》在台北簽訂後，中華民國與日本正式結束戰爭狀態，恢復邦交並互派使節，在一九七二年夏天田中角榮（Kakuei Tanaka）出任首相之前，歷任日本內閣在「追隨對美外交」的大原則下，不論在聯合國中國代表權或者金、馬外島危機等重要議題上，基本上都支持台北立場。[3]

一九四九年之後台、日關係的重大決策，大致掌握在幾個關鍵人物的手中。台北方面除蔣介石之外，即是張群；張群早年與老蔣一起留學日本振武學堂，兩人同被編入高田炮兵聯隊，返回中國後一起追隨孫中山參與辛亥革命、二次革命、護法運動，彼此間的關係至為密切；國府遷台後張群長年擔任總統府秘書長，在對日外交一些關鍵議題上，其意見甚至比外交部長更具分量，幾乎百分之百為蔣介石所採納。[4]東京方面則以主導簽訂對台和約並承認國府正統地位的吉田茂（Shigeru Yoshida），以及持反共立場、執政自民黨成立後首位幹事長與最大派閥領導人的岸信介（Kishi Nobusuke）最具影響力；每當台、日關係出現風波，譬如一九六三年池田勇人（Hayato Ikeda）內閣擬以「政經分離」的原則向中共出售一座人造纖維廠，以及同年底中共「油壓機械考察團」團員周鴻慶在東京尋求政治庇護卻遭日方遣返等事件發生後，這兩位政壇元老都曾扮演雙方溝通與「滅火」的重要任務。[5]

在對日外交上，蔣經國向來都不是核心人物，與父親早年留日背景相較，小蔣一生不但與日本毫無淵源，甚至懷著極深的仇恨。一九三九年十二月十二日，毛福梅在日軍一次轟炸奉化溪口行動中不幸喪命，在贛南的小蔣聞此噩耗，痛不欲生，連夜趕回故鄉料理後事，其母入殮時，蔣因悲傷過度而不省人事，只記得曾經狂呼：「你的兒子一定親報仇的，母親，妳睡好！」[6]辦完喪事動身返回贛南之前，他在母親罹難之處立碑，上頭寫著「以血洗血」四個字，決心「以日本人的血來洗我母之血」，並「以我自己在與日本人

2 《蔣經國日記》，一九七一年九月十九日。

3 FO 371/115106, FC1144/1, Foreign Office Far Eastern Department Minute, "New Trade Plan between Japan and Nationalist China," April 21, 1955; FO 317/170723 FCN1011/1, Formosa: Annual Review for 1962, enclosed in British Consulate in Tamsui to Foreign Office, February 7, 1963; CIA memorandum, Subject: Japan between the two Chinas, February 10, 1971, CIA/FOIA, no. CIA-RDP79R00967A000300020010-6.

4 黃自進訪問，簡佳慧記錄，《林金莖先生訪問紀錄》（台北：中央研究院近代史研究所，二〇〇三年），頁六九—七〇。

5 陳鵬仁，《近代中日關係史論集》（台北：五南圖書出版公司，一九九九年），頁三三〇—三三三。

6 《蔣經國日記》，一九三九年十二月十七日。

拚命時所流的血，來洗我母的血。」[7]

此種濃烈的「仇日」情結，在往後漫長的歲月裡仍揮之不去。一九五三年秋天蔣經國首次應邀訪美，九月十一日他自台北飛抵東京，過境停留一晚，生平首次踏上日本土地，蔣自記「各方面給我的印象很不好」，在駐日大使館安排下，他乘車夜遊東京市區之後，留下「此為一墮落之東方大城」這句簡短的惡評。[8]此後小蔣數度訪美，每次都盡可能避免在日本過境停留；一九六三年秋天二度訪美時，他特意由菲律賓轉機經夏威夷赴美，不料遇上馬尼拉機場大罷工，不得已只好過境東京，令他懊惱不已。[9]兩年後他結束三度訪美行程、由西雅圖經東京轉機返台時，班機因大霧而延誤數小時起飛，抵達東京後因無法銜接返台班機而必須留宿一晚，為此而自記「事出意外，更非心之所願」。一九六九年春天，小蔣臨時奉命出席艾森豪喪禮，自美經東京返台時，因轉機安排得宜而免去留宿日本一晚，不禁歡呼「此心之樂，如得至寶」。[10]

一九六七年十一月深秋，蔣經國以國防部長的身分應邀官式訪日，立場親台的佐藤榮作（Eisaku Sato）首相為展現熱忱與友好，無畏日本境內左派與台獨團體的壓力，以「準元首」規格隆重接待，前後動員一萬七千名警力來維持其人身安全，小蔣不但獲禮遇進入皇宮覲見裕仁天皇，還被安排檢閱三軍自衛隊儀隊，並接受各大媒體專訪，東京政界自首相以下朝野人士，更把他視為中華民國未來元首的接班人而爭相結交應酬，氣氛熱烈。離日返台前，蔣向日本各界發表一篇文情並茂的「嚴冬即將過去，春天已不在遠」的公開信，大聲疾呼台、日雙方應密切合作，堅守反共陣營，他籲請日本國民效法桃太郎精神，「視共匪如魔鬼而打垮之。」[11]由於中國大陸正值文化大革命的混亂局面，小蔣此行獲得海內外高度的重視，除了增進國府在亞太地區的外交動能之外，對其個人聲望亦有所提升，華府甚至認為小蔣已改變反日情結，有利於其形塑「政治家風範」。[12]

然而，蔣經國的私人日記卻呈現出一幅截然不同的景象；就在訪問日本前幾天的一個夜裡，他與長子孝文在家中有一番晤談，聊到對日本國仇家恨之深時，父子兩人「相互對視，彼此久未作聲，在沉靜中而言別，各回臥室，內心傷痛之劇，惟自知耳」。兩天後的清晨四點，為了即將動身訪日，小蔣起床後向母親遺像下跪，祈禱請罪，自記「我心終日惶惶」，東京風光之行回到台北後，小蔣憶及當他踏進日本防衛廳大樓準備校閱日本儀隊時，想起母親慘死於日軍之手，「仇恨之心深重而傷痛，愧對先母在天之靈。」他以負荊請罪的心情自我懺悔，認為此次訪日之所作所為「無非為國家之利益計耳」。小蔣內心的糾結情緒，與老蔣對其子成功訪日所流露的欣喜，恰形成強烈的對比。[13]

面對日趨不利的國際局勢，蔣經國必須拋開私人情感與恩怨，以國家整體利益為重。一九七〇年四月底結束訪美之行後，他途經東京與佐藤榮作晤談，除分享與尼克森會談情形外，也不忘強調中華民國是亞太

7 《蔣經國日記》，一九三九年十二月二十五日。

8 《蔣經國日記》，一九五三年九月十二日。

9 《蔣經國日記》，一九六三年九月六日。

10 《蔣經國日記》，一九六五年十月四日、一九六九年四月三日。

11 「『嚴冬即將過去，春天已不在遠』：寫給東京新聞界的朋友們」（一九六七年十一月二十九日），〈忠勤檔案／蔣經國訪日（一）〉，《蔣經國總統文物》，典藏號：005010100001201；「美新聞週刊評論國防部長蔣經國訪日之行」（一九六七年十二月七日），同前，典藏號：005010100001204；風雲論壇編輯委員會，《蔣經國浮雕》（台北：風雲論壇社，一九八五年），頁一一二—一二六；賴名湯，《賴名湯日記II》，頁一四一。

12 State Department Briefing Papers, Biographies--Chiang Ching-kuo, October 2, 1968, NARA, RG 59, Records of the Department of State, Bureau of East Asian and Pacific Affairs, Subject Files (1951-1978), Lot File 73D38.

13 《蔣經國日記》，一九六七年十一月三十日、十一月二十六日、十二月四日。蔣介石把其子此次圓滿訪日之行，視為二次大戰與大陸失守後，中華民國在國際形勢上的一個轉捩點，參見《蔣介石日記》，一九六七年十一月三十日〈本月反省錄〉；一九六七年十二月二日〈上星期反省錄〉。

地區和平與穩定的基石，與兩年前風光訪日時大聲疾呼雙方應共同打倒中共的論調相較，此刻小蔣改以冷靜務實態度明告日方，台北不會貿然發動反攻行動，引發亞太鄰邦的不安，而佐藤除了向小蔣承諾日本政府不打算與中共建交，也敦請台北不要貿然退出聯合國。此番融洽晤面結束後，蔣經國對日後雙方關係的走向卻毫無樂觀把握，坦承未來情勢「實難以預料」。[14]

果不其然，短短兩年內台、日關係即出現劇烈的震盪。一九七一年夏天，主導對日外交二十載的「日本通」張群訪問東京時，彼此向來熱絡的氣氛已快速變調，當張群拜會日本自民黨內實力雄厚的「宏池會」會長大平正芳（Masayoshi Ohira）時，因其力主與北京交好，並準備出馬競選自民黨總裁與首相大位，兩人坐定後，竟有五分鐘時間都未發一言，氣氛尷尬至極，會面草草結束，大平正芳幾乎是奪門而出。張群透過舊友、日本眾議院議長船田中（Funada Naka）邀宴通產大臣田中角榮，後者竟刻意遲到兩小時，僅停留五分鐘即匆匆離去，現場眾人皆感受到兩國邦交已面臨空前危機。[15]

一年後，從未在對日關係擔任核心要角的蔣經國，卻意外地被迫一肩挑起台、日斷交危機的關鍵決策角色。該年（一九七二）稍早尼克森中國之行結束後，日本輿論陷入狂亂的狀態，群起攻擊佐藤內閣無能，各方呼籲政府盡速改變對華政策的強烈聲浪已無法抵擋；七月初佐藤榮作黯然下台，力主與中共親善的田中角榮和大平正芳分別出任首相與外相，此時北京發表聲明，希望盡速完成兩國關係正常化，雙方建交的步伐大幅邁進。[16]正當台、日邦交陷入風暴之際，七月二十二日蔣介石突然心臟病發陷入昏迷，無法視事，剛接任閣揆僅五十餘天的蔣經國因而必須獨自面對外交的困境。父親住院兩星期之後的八月七日，自承「精神負荷已達頂點」的小蔣，邀副總統嚴家淦、國家安全會議秘書長黃少谷與張群等人磋商對日危機，並首次向黨國要員透露其父罹患重病住院的訊息。[17]

面對台、日外交生變，蔣經國謹慎中帶有個人主見，他自記國家面臨大風暴不足憂懼，令他擔心的是國內政客「企圖不規以及製造是非」。[18]對於田中內閣準備與台北斷交，美政府分析蔣經國能運用的籌碼不多，經貿議題無法佔上風，連宣傳工作都難以扭轉劣勢，因此認定小蔣為取信國民黨大老並展現領導能力，可能採取較為激進的回應措施。[19]然而，小蔣的表現卻出乎美方預料，此時國府內部確實不乏主張以強硬立場反擊者，如谷正綱與張群等皆建議動員大學生上街頭示威向日方抗議，蔣卻深深不以為然；他無法理解處理對日交涉數十年如張群等，竟然會提出如此不理性的主張，他也在國民黨中常會上公然斥責谷正綱發言過於情緒化，一切皆顯示他並不打算盲目衝動地處理對日危機。[20]

當田中角榮決定接受北京所提建交「三原則」，即承認北京為代表全中國唯一合法政府、台灣為中國一部分、廢止一九五二年《中日和約》之後，台、日走向斷交已無可挽回，儘管如此，日本內閣仍決定派自民黨副總裁椎名悅三郎（Shiina Etsusaburo）為特使，前來台北說明立場。蔣經國反覆思考後，明知大勢已去，仍勉強同意日本特使來台，希望藉由椎名來訪，達到對北京「政治作戰」的功效。[21]椎名悅三郎一行人於九

14 U.S. Embassy in Tokyo to State Department, Subject: Chiang Ching-kuo April 29-May 1 Visit to Tokyo, May 1, 1970, reproduced in DDRS, no. CK2349689509;《蔣經國日記》，一九七〇年四月三十日。

15 《林金莖先生訪問紀錄》，頁七四—七六；卜幼夫，《從博愛路一二六號到介壽路二號：外交史話》（台北：御書房，二〇〇四年），頁三一八—三一九。

16 戴天昭著，李明峻譯，《台灣國際政治史》（台北：前衛出版社，二〇〇二年），頁五七八—五八二。

17 《蔣經國日記》，一九七二年八月七日。

18 《蔣經國日記》，一九七二年八月二十九日。

19 State Department Information Memorandum, "Taiwan and Japanese Policy," September 11, 1972, NARA, RG 59, Records of the Department of State, Bureau of East Asian and Pacific Affairs, Subject Files (1951-1978), Lot File 76D444.

20 《蔣經國日記》，一九七二年九月六日。

21 《蔣經國日記》，一九七二年九月十一日、九月十二日。

蔣經國接見椎名悅三郎（右）。（國史館提供）

月十七日抵達松山機場，其座車離開時遭到日本右翼團體等大批抗議群眾包圍，狀況極為狼狽。翌日，小蔣獲悉椎名所攜田中首相致其父親的私人信函，旨在通知日本政府已決定與中華民國斷交，他自謂「這種侮辱性的刺激是無法忍受的，已經走上了絕路」。十九日上午蔣經國「忍痛」接見椎名並發表嚴厲的談話，警告日本不得片面毀棄《中日和約》，他稱此約乃日本發動侵華戰爭失敗的結果，也是中、日兩大民族盡棄前嫌與修好的憑證，如日方一意孤行，他將保留採取任何必要行動的權利。[22]

然而，蔣經國此番強硬的談話並無助於扭轉頹勢，椎名悅三郎返國後，田中角榮隨即宣布訪問北京；此時小蔣憂心父親病情，幾乎天天在榮民總醫院內過夜，又因處理國政而心力交瘁，不但感到壓力無比沉重，更感慨在如此緊要關頭卻無法請示父親，坦言對日外交危機是他從政以來最嚴苛的挑戰。由於椎名在台北面對各方詢問雙方未來的關係時，回答日本政府會以維持與台北「舊有關係」為基礎來與北京談判建交，這也讓部分台方人士一度樂觀預測雙方的邦交或有可能維持下去，然而此刻蔣經國心中已無懸念，他認定一旦日、中建交，台北只有被迫斷交。[23]事實上，直到田中角榮抵達北京之前，國府內部對於究應如何因應，仍無一致的立場，張群與谷正綱等黨內大老態度依然強硬，前者主張把所有日僑匯於一處並予以集體遣散，後者則提議與日本右派勢力結合，利用自民黨內反田中派政客來推倒田中內閣，破壞日、中建交，而小蔣則自忖他只能以國家利益為依據，憑良知來做決定。[24]對台北而言，奇蹟並未出現，九月二十九

22 《蔣經國日記》，一九七二年九月十八日、九月十九日；徐宗懋，《二十世紀台灣精選版：民主篇——閱讀台灣》（台北：台灣古籍出版公司，二〇〇七年），頁一一四—一一五。

23 本田善彥，《台灣人的牽絆》，頁一〇〇—一〇二；《蔣經國日記》，一九七二年九月二十四日。

24 《蔣經國日記》，一九七二年九月二十七日。

日日、中雙方宣布建交，國府也隨之對日斷交。小蔣悲憤之餘，再次感慨處理如此重大事件始終未能請示父親，根據其日記內容，半年後的一九七三年春天，當老蔣健康情況已有改善時，他才把台、日斷交的經過詳告其父。[25]

華府對於台北失去對日邦交後的動態密切關注，並注意到蔣經國在批評東京外交轉向時曾指出，在台北的中華民國政府雖代表全中國，但其目前統轄範圍則是台、澎、金、馬，顯然把官方主權的聲明與實際領土控制的範圍兩者做出區隔；美方分析外交的孤立局面已促使國府開始思考改變對自身定位的僵硬看法，突顯台灣有別於中國大陸的政治認同。[26]正當美政府評論蔣經國全面主政後，外交作為已趨彈性之際，他處理對日斷航事件時所展現的強硬姿態，著實令不少人跌破眼鏡；一九七三年底田中內閣為盡早與北京締結新航空協定，不惜屈服壓力，準備片面改變台、日既有航線與航權條件，宣示不承認「中華航空」為代表國家的公司，也不承認華航飛機上的旗幟代表中華民國國旗，並向台北施壓，由民間性質的航空協定取代邦交仍存在時的官方協議。[27]

蔣經國態度堅決，拒絕任何片面變更台日航權的舉措，甚至透過管道警告日方，他將不惜以斷航作為報復，但田中內閣誤判形勢，認定台北不致採取如此激烈手段。一九七四年四月二十日，大平正芳宣布與北京簽署新航空協定，並按事先與中方達成的默契，不再承認華航為國籍航空公司，也不承認飛機上的旗幟代表國家旗幟，憤怒的小蔣召集幕僚研商後宣布對日斷航，還威脅一旦日本民航機進入台灣航空識別區時，戰機將升空攔截。[28]蔣自記此決定乃「為了民族的生存和國家的前途」，其意義在於面臨艱難處境之下，「表明我復國的立場、態度和決心」，他承認做此決策時心情至感沉重，但是決定之後，「心情泰然，自問無愧於心，此一政策可能產生之結果，將由歷史作證。」他還批評日本政客錯估台北立場，「以為我們為了貪圖近利，怕風波，而於日匪航空協定侮辱我國格之後，仍將忍受而繼續與日通航。這些政治流氓看錯了，想錯了，亦走錯了。」[29]

美國中央情報局對於蔣經國竟以斷航來報復日本，感到相當驚訝，在第一時間即向白宮匯報，並評論道這是蔣的一場「外交豪賭」，有意藉此來影響自民黨內部的權力關係，並利用右派勢力逼迫田中首相下台；美方認為小蔣過於自信且過度膨脹台灣實力，因為並無跡象顯示自民黨內各派系準備利用台、日斷航挑戰田中角榮的地位，而蔣經國出乎意料的強硬手法，恐讓已經惡化的台、日關係更缺乏轉圜餘地。[30] 華府情報單位也觀察到過去數年來小蔣務實地把外交與經貿議題加以區隔，然而此次他卻反其道而行，恐已誤判形勢，將引發國民黨內部非議，甚至大膽預測蔣在政治上的「蜜月期」已結束，如果斷航所引發的爭議無法妥善解決，台灣又因經濟問題或另一起外交事件而引發信心危機，那麼其領導威信將受到無可彌補的損傷。[31]

台北的斷航宣示不但讓日本各界大呼反應過當，國府內部確實也出現不少質疑的聲浪，認為蔣經國小題

25 蔣經國自記其父聽聞此消息後，「心事至為沉重」，而他則「極感內疚」，見《蔣經國日記》，一九七二年十月一日、一九七三年三月二十七日。

26 U.S. Embassy in Taipei to State Department, Subject: The ROC's International Position, March 26, 1973, reproduced in DDRS, no. CK3100699547.

27 馬樹禮，《使日十二年》（台北：聯經出版社，一九九七年），頁八—三五。

28 馬樹禮，《使日十二年》，頁三六—四三；CIA Station Chief in Taipei to the White House Situation Room, April 20, 1974, CIA/FOIA, no. CIA-RDP-78S01932A000100230078-8.

29 《蔣經國日記》，一九七四年四月二十二日。

30 The President's Daily Brief, top secret, April 17, 1974, CIA/FOIA, no. CIA-RDP79T00936A012000010059-9.

31 CIA Weekly Summary Special Report, Subject: Nationalist China Revisited, June 28, 1974, CIA/FOIA, no. CIA-RDP85T00875R001500060012-3.

大作，損人不利己。[32]不過美方的觀察也非全然正確，小蔣的強硬態度確實逐漸影響日本自民黨內部的動態，並讓台北在日後爭取到較為有利的位置。台、日航線向來是日方最賺錢的黃金路線，當時每週有一百三十個以上的航班經由台灣飛往香港、東南亞、中東和歐洲，而台灣每週只有五個飛往美國的班次需經日本領空，日方損失遠超過台灣。斷航數個月過後，因日本的商業利益受到嚴重影響，右派與左派政客不約而同把矛頭指向田中內閣，飽受抨擊的大平正芳與醜聞纏身的田中角榮於該年七月與十二月先後辭職，三木武夫（Mitsuko Miki）新內閣上台後，為爭取盡速復航，對台北態度明顯改善，雙方於翌年（一九七五）春啟動復航談判，而且頗有進展。七月一日，外相宮澤喜一（Kiichi Miazawa）一改大平正芳的論點，在國會質詢時說「青天白日旗為國旗，是包括日本在內任何人不可否認的事實」，在這友善的氣氛下，台、日雙方於八月十日宣布復航。[33]復航翌日，蔣經國特意選在父親停靈的大溪慈湖接見斷交後日本首任駐台代表卜部敏男（Toshio Urabe），表示對彼此實質關係的重視。冷靜下來後，蔣不斷提醒自己，應在不違背大原則前提下，「注重現實而能加以運用，切不可意氣用事。」[34]經歷斷交與斷航風波的台、日關係，此後在務實基礎上，以非官方形式繼續向前推進。

台、韓關係：兄弟之邦？

同樣位於東北亞的大韓民國，其獨立革命運動團體於早年流亡中國時曾獲蔣介石的收容援助，雙方淵源深厚，一九四八年建國之後與中華民國政府維持密切關係，蔣介石下野後曾以中國國民黨總裁身分，於一九四九年夏天訪問朝鮮半島南端的鎮海，與李承晚大統領舉行反共峰會，一九五三年秋天李承晚應邀前來台北進行國是訪問，受到蔣介石夫婦隆重的歡迎，成為國府遷台後首位到訪的外國元首。[35]冷戰時期台、韓同屬於分裂國家，同樣面臨來自北邊共產黨敵對勢力挑戰與威脅，也都致力於國家統一，加上彼此共享反共意識型態與地緣戰略利益，雙方維持兄弟般的情誼，然而對蔣經國而言，正因彼此有著極類似的國家命運與內外處境，他對南韓的觀察與見解，往往不自覺陷入一種與台灣自身情況相互對照的情境，從而摻雜著一股極為主觀的認知與評價。

蔣介石與李承晚所擁有的深厚情誼，蔣經國感同身受，因此一九六〇年春天當南韓各地爆發大規模學生抗議運動，導致李承晚下台，小蔣內心的衝擊至為深刻，他身兼救國團主任，目睹韓國青年學生竟能夠把一個政府給推倒，不禁思考台灣本身青年運動是否也可能出現「偏差」，影響政治與社會安定；小蔣認定李承晚之所以垮台，在於美國公開施壓並在幕後支持反政府勢力，因而聯想到此時台灣也有雷震、郭雨新、高玉樹等政治人物串聯，反對父親連任總統，甚至打算籌組反對黨，不禁擔憂島內的「叛亂」活動恐將受南韓政局的演變所鼓舞，並獲得老美的暗助。[36]五月一日，小蔣從報章得知美駐韓大使館竟然舉行宴會「慶祝」李承晚下野，甚感悲憤，視之為國民黨丟失大陸以後老美又一次製造了大悲劇，「所謂不干涉內政，不過是強國侵略弱國的一種方法而已。」[37]同月底，年邁的李承晚夫婦倉促離開韓國流亡夏威夷，消息傳到台

32 有關中日斷航在台灣內部引發的爭議，參見馬樹禮，《使日十二年》，頁四八；賴名湯口述，賴暋訪錄，《賴名湯先生訪談錄》（台北：國史館，二〇一一年），下冊，頁四八二—四八六；王世杰，《王世杰日記》（台北：中央研究院近代史研究所，二〇一二年），下冊，頁一五七三—一五七四。

33 馬樹禮，《使日十二年》，頁七八—八八。

34 《蔣經國日記》，一九七五年八月十三日。

35 簡江作，《韓國歷史與現代韓國》（台北：台灣商務印書館，二〇〇五年），頁二三六—二三七。

36 《蔣經國日記》，一九六〇年四月二十三日、〈上星期反省錄〉、四月二十四日。

37 《蔣經國日記》，一九六〇年四月三十日、五月一日。

北，小蔣悲憫之心油然而生，認為不論李的政績如何，「此一老人年近九十，且對韓國有很大之貢獻，彼雖不任總統，仍應得其國人之尊敬，以東方人重感情的傳統精神來看，韓人對此一老人亦應予以同情。」然而，實際情況並非如此，「李離開韓國後，有人繼續加以攻擊侮辱，落井下石，且多為李的舊屬，然而竟無一人敢挺身而出，為他辯護。」小蔣感慨此種「政治無情之冷殘局面，令人見聞之餘，如何能不寒心耶？」[38]

以上態度即不難理解，一年後當軍人出身的朴正熙在一場政變中掌握南韓大權後，蔣經國對朴氏的印象會有多麼的壞；朴早年獲李承晚提拔，然他在政潮中卻同情學生運動，並與金鐘泌等少壯派軍官密謀推翻政府。一九六一年五月，朴出面主持新政府的消息傳到台北後，小蔣嗤之以鼻，認為「此種自稱為『少壯派』之軍人，以其國事為兒戲，至為可恨。」他不忘把南韓局勢再拿來與台灣比較，自記：「孫立人亦是屬於這一類的人，如不早日除之，則今日我台灣決不可能像今日之安定矣。」[39]翌年，李承晚夫婦欲返回南韓終老，卻遭朴正熙拒絕，小蔣聞之，對朴的驕橫深表憤慨，並認為朴「必不會有好的下場」，因為「凡背道而行者，到最後來必將敗亡。」[40]小蔣對朴此番預言，竟在十七年後不幸言中。

朴正熙上台後，台、韓雙方基於反共立場，彼此軍事情報的合作極為熱絡，英國解密檔案揭示一九六三—六四年間，國府的情報與國安部門利用南韓駐香港總領事館作為掩護，推動對中國大陸的情蒐與滲透工作，韓國軍方情報高層頻繁走訪台北，在往返時皆特意繞經香港，因而引發倫敦當局高度關注。[41]直到七〇年代，台北透過南韓駐港機構推動大陸敵後工作，依然持續進行，一九七二年底港英當局破獲一宗案件，查獲國府利用香港寄往中國內地包裹挾帶爆裂物的方式從事破壞行動，並破獲一座用來向潛伏大陸敵後特務傳遞信息的無線電台，英方赫然發現被捕的二十一人當中，竟有一位是持外交護照的南韓駐港貿易中心官員，他供稱其上司是南韓駐香港副總領事，他本人的任務為蒐集中共情報，為避免引發外交爭議，港英政府最後選擇低調處理。[42]

台、韓之間公務上的密切往來，未必能轉變蔣經國本人對朴正熙的負面觀感，直到朴氏夫婦於一九六六年二月應邀來台訪問，經過數天相處後，小蔣對其印象才出現翻轉，其日記見證了這段轉折：「我對朴正熙的印象，一向認為他是一個反上的政治野心家，自與其多次接觸和談話以後，發覺他有抱負，亦有正確的見解，並且有反共的決心。」小蔣不免反省：「對於人的真實觀察，固不可於短短的接觸後即下斷語，但親自的接談，總是要比聽聞來得確實。」[43]兩個月後，蔣以國防部長的身分訪韓，受到隆重的禮遇，停留漢城（首爾）期間各項官式應酬令他感到厭煩，唯獨前往李承晚墓致弔時，引發他深刻的感觸；這位被趕下台的前大統領於一九六五年在夏威夷逝世後，獲准歸葬首爾的國立顯忠院總統陵園，小蔣在韓方安排下前往致意時，注意到一位來自鄉村的老農婦，靜靜地佇立於墓旁暗泣，令蔣印象深刻，後來一位陪同的軍官悄悄告訴他：「我們韓國人都敬仰李統領，因為他確實是愛國愛民的領導者，但是他的老而又腐敗的親信

38 《蔣經國日記》，一九六〇年五月三十日、六月四日〈上星期反省錄〉。有關南韓「四一九」學運與李承晚垮台，參見Adrian Buzo, *The Making of Modern Korea: Second Edition* (London: Routledge, 2008), pp. 97-98.

39 Hyung-A Kim, *Korea's Development under Park Chung Hee* (London: Routledge, 2005), pp. 30-67;《蔣經國日記》，一九六一年五月二十六日。

40 《蔣經國日記》，一九六二年三月十八日、三月二十四日〈上星期反省錄〉。

41 FO 371/181051 FCN103181/1/G, British Embassy in Seoul to Foreign Office, January 18, 1964; CO 1030/1606, FED175/400/02, Hong Kong Government to Colonial Office, October 14, 1964.

42 FCO 21/1483, FE054/1, Hong Kong Government to Foreign Office, December 7, 1972; FCO 21/1022 FEH3/542/1, Foreign Office to British Legation in Peking, December 13, 1972.

43 《蔣經國日記》，一九六六年六月十八日。

1969年，蔣經國在板門店停戰區檢閱駐軍。（胡佛檔案館提供）

大官害了他，舊的敵不過新的。」蔣聞後感慨甚深，並以國民黨的現況自我警惕。[44]

在冷戰時期，台、韓、越三個處於分裂狀態且皆接受美援的亞太反共國家，彼此往來密切，而南韓的李承晚與南越的吳廷琰，在美國幕後主導下，分別於一九六〇年與一九六三年遭到推翻與暗殺身亡，留給蔣經國極深的烙印，不時將這些事件與台灣自身的情況加以聯想。一九六六年春天，他在與來自韓、越友邦人士深談後，「仇美」之情再度生起，自記華府在韓、越的不義之舉「乃美國人之作孽行為」，又憶起「其實在大陸時，美國人何嘗不想推翻我父親，代之以李宗仁？即在台灣，仍有此計畫，代之以吳國楨、孫立人或葉公超，惟由於吾人防之於先，美國之計未能實施，惟吾人仍不可不繼續防備。」[45]在往後的歲月裡，此類心理反射與對台灣自身情況所進行的對比，仍不斷在小蔣心中浮現。

一九六九年二月下旬，蔣經國二度訪韓，在對方特別的安排下，前往聯合國盟軍總司令部聽取簡報，並搭乘直升機飛往北緯三十八度線板門店參觀軍事陣地與設備，自記：「遍地白雪，近望北韓，一一在目。」[46]同年夏天尼克森在關島發表亞太新政策，要求亞洲國家自行負擔和平與安全，並準備從南韓撤軍，美國外交風向出現轉變，促使朴正熙必須相應調整自身外交政策，翌年八月他發表重要宣言，提倡以和平方式完成朝鮮半島的統一，並認同民主與共產兩種不同體制可以善意共存與競爭，開啟日後南、北韓直接接觸與交流的新局。[47]敏感的蔣經國聽聞此消息後，反應強烈，痛批：「由此可看出朴某乃是政客和陰謀

44 《蔣經國日記》，一九六六年四月二十八日、五月三十一日〈上月反省錄〉。

45 《蔣經國日記》，一九六六年五月二十八日。

46 《蔣經國日記》，一九六九年二月二十六日。

47 Norman D. Levine and Yong-Sup Han, *Sunshine in Korea: The South Korean Debate over Policies toward North Korea* (Los Angeles: RAND, 2002), pp. 5-8.

家，不知是非，只顧利害，可恥。」[48]平心而論，隨著華府外交政策的轉向，朴正熙為了韓國自身的利益，只有順勢而為，然而鑒於台、韓特殊邦誼，韓方在政策上出現的任何風吹草動，所帶給小蔣的精神壓力都遠大於其他亞洲鄰邦。

七〇年代台灣在外交上一連串的挫敗，讓蔣經國以憤世嫉俗的情緒看待台、韓關係。一九七四年春天，南美洲兩大友邦巴西與委內瑞拉紛傳斷交警訊，鄰邦菲律賓與泰國內部主張承認北京的聲浪也日益高漲，此時韓政府內部雖有與北京改善關係的意見，但彼此邦交尚無鬆動跡象，儘管如此，小蔣私下竟然把南韓列入當時「企圖與匪建交」國家之林。[49]六月間韓國國會議長丁一權來台訪問，為彰顯雙方關係密切友好，蔣經國表面上用心接待，私下卻對這個「兄弟之邦」充滿猜疑，他稱費心款待丁一權「並非對韓國有所求，對於朴正熙亦不存在任何幻想，乃是盡我中國人做主人者之道義而已，即使明知韓國明日即可翻臉，我亦如此為之，此乃主人待客之道。」[50]

隨著越戰結束與美國勢力撤出中南半島，菲、泰兩國先後棄台北而與北京建交，小蔣對於維繫台、韓關係更加悲觀。一九七五年六月間，前往南韓接受榮譽博士學位返台的參謀總長賴名湯報告訪韓經過，他認為當前韓國基本政策希望與中共改善關係，化敵為友，以減少進入聯合國的阻力，賴的結論是：韓國為求生存發展，其重視現實的態度應可被理解，目前台、韓雖友好，但未來對方恐將與台北保持某種距離，以免影響日後與中共發展關係。小蔣聽聞此番分析之後，私底下對朴正熙又是一番痛批，把朴形容為一名「投機政客，無信義可言」[51]。

七〇年代，韓國在朴正熙治理下，面臨各項嚴峻的挑戰，反政府勢力與學生運動結合，帶給執政黨空前的壓力，迫使朴氏逐步走向高壓獨裁之路，以致民眾不滿的情緒日益升高，政局動盪不安。一九七九年十月二十六日，朴與情報首腦金載圭對於如何處置群眾的示威抗爭有不同的意見，進而發生嚴重口角，惱羞成怒的金載圭開槍當場將大統領擊斃，也結束朴正熙長達十八年的統治。[52]蔣經國獲報後無比震驚，最初的反應又把矛頭指向美國，懷疑華府是否在幕後製造一場政變，朴正熙下葬後，蔣對這位相交將近二十年的友邦元首持肯定態度，稱朴是一位反共愛國的傑出領導者，「他的作風和方法是不是正確，另當別論，且何人無短處，但是朴是一位存有善意的政治人物，就此一點，在今世此日已經不容易了。」只不過思緒一轉，他又忍不住把此次暗殺事件與李承晚、吳廷琰被推翻的往事做比較，認為「以政治性質而論，都是大同小異，凡是堅決反共的領導人，無不由共產黨以借『美』刀殺人之方法以除之，先製造輿論，由輿論而煽動社會，下一步即用徹底的陰謀方法，以作根本之剷除。」[53]朴正熙的辭世標誌著台、韓基於意識型態與政治強人之間私人情誼的邦交關係，逐步走向終結，隨著八〇年代南韓邁入民主化，當政者以民意與國家利益為優先，雙方之間的邦誼終究要面臨冷酷的檢視與考驗。

中南半島：一段獨特的經歷

一九四九年底，解放軍在大陸各地勢如破竹，當時西南地區有兩支國民黨部隊為逃避追剿，先後進入法

48 《蔣經國日記》，一九七〇年八月二十日。
49 《蔣經國日記》，一九七四年四月二十三日。
50 《蔣經國日記》，一九七四年七月三日。
51 賴名湯，《賴名湯先生訪談錄》，下冊，頁五四〇；《蔣經國日記》，一九七五年六月十八日。
52 Andrew C. Nahm and James E. Hoare, *Historical Dictionary of the Republic of Korea* (Lanham, MD: Scarecrow Press, 2004), pp. 246-247.
53 《蔣經國日記》，一九七九年十一月三日〈上星期反省錄〉、十一月五日、十一月六日、十一月九日、十一月十日、〈上星期反省錄〉。

屬越南與滇緬邊境，以圖保存實力，而國軍殘部進入中南半島，也讓撤守台北後的中華民國政府注定要與這個地區結下不解之緣。[54]敗退台灣初期，國府高層有意整合中南半島與馬來亞半島上的反共勢力，作為日後反攻大陸的基礎。一九五一年春天，出身「軍統」、來台後服務於蔣經國所主持總統府「機要室資料組」的李直夫，擬定了一份機密計畫，他建議妥善經營與運用這兩個地區的華僑勢力，整頓當地駐外人員，並建立指導機構，儲備人才資源。李主張在軍事上國府應設法恢復對緬北與越南兩支部隊的武裝力量，秘密號召二戰時期新加坡抗日的「一三六」部隊舊成員加入幹部訓練，以備不時之需；外交上台北對泰國、越南與馬來亞必須有不同策略，應設法強化與該地區政要的私人關係，吸收愛國華僑加入國民黨陣營；經濟上他提議利用中國銀行在曼谷與西貢兩處的凍結資產，就地推動生產事業，藉以「死款活用」，在泰、越可設立米廠，在星洲可投資橡膠業，吸收僑匯，以堵塞中共一部分外匯來源。[55]

情報人員出身的李直夫，腦筋靈活，構想也頗有見地，然衡諸國府初來台時的兵荒馬亂，欲有效推動所提各點，談何容易？一九五四年日內瓦會議後，列強以北緯十七度將越南一分為二。基於共同的意識型態與美國圍堵共產黨政策，台北與西貢的關係日趨熱絡，一九六〇年元月南越總統吳廷琰訪台時，要求蔣介石協助該國建立政治作戰制度，以對抗北越與南越境內的越共勢力；同年春天，王昇前往南越考察，隨後促成來自台北的「奎山軍官團」在西貢運作，讓向來接受法式軍事訓練的越南中、下級軍官，開始接受國民黨的政工與心戰體系，並開啟台、越之間如「唇寒齒亡」般的密切關係。[56]

該年（一九六〇）秋天，南越軍官發動政變，包圍西貢總統府並逼迫吳廷琰改組政府，雖然政變很快就被敉平，但已對南越民心士氣帶來沉重的打擊。十二月十四日，蔣經國低調抵越進行私人訪問，代表父親向驚魂未定的吳廷琰表達慰問與支持，停留西貢時小蔣與吳廷琰七度長談，吳親自陪同蔣乘船遊覽西貢河畔風光，參觀歷史博物館，把蔣當作知己，毫無保留地分享內心的看法，吳抱怨越南外有強權干涉，內有越共搗亂破壞，自身又無堅固的組織與健全的幹部，處境至為艱難。小蔣在與吳廷琰長時間相處之後，對這位友邦元首產生好感與敬意，對其不利的處境也感同深受，自許「站在反共的立場上，為我國前途見，能在此事對越南加以精神與物質上的援助，是有益處的。」[57]

此次蔣經國密訪中南半島的另一項重要任務，是實地考察滇緬邊境的國軍游擊隊。一九五三年朝鮮半島停戰之後，在美方壓力下近七千名游擊隊成員陸續撤出該地並移往台灣，然而有三千名不願撤離的游擊隊員與眷屬，決定轉往泰、緬、寮邊境駐紮，接受台北情報單位暗中資助，在柳元麟的領導下，繼續以「雲南人民反共志願軍」的番號從事游擊任務。[58] 一九五九年夏天，出身「軍統」的蔡孟堅密訪寮國，獲該國軍方熱忱的接待，對方請求台北協助反共作戰，蔡返台後除向蔣介石建議派遣農業技術團到寮國之外，並密派軍方人員擔任該國的政府顧問，以阻止寮共發展茁壯；台灣如能增進與寮國的關係，對於柳元麟游擊隊

54 有關五〇年代國府在中南半島的軍事交涉、留越國軍部隊與滇緬游擊隊的研究，參見林孝庭，《意外的國度：蔣介石、美國、與近代台灣的型塑》（新北：遠足文化，二〇一七年），頁一九九—二〇四；覃怡輝，《金三角國軍血淚史一九五〇—一九八一》，頁五三—一八〇；黃杰，《留越國軍日記》（台北：國防部史政編譯局，一九八九年）。

55 李直夫，《經營南洋計畫大綱》（一九五一年三月一日）。

56 陳祖耀，《西貢往事知多少：揭櫫「中華民國駐越軍事顧問團」的秘辛》（台北：黎明文化，二〇〇〇年），頁三二—三三、七一—一二〇。吳廷琰結束台灣之行後，曾告訴英國駐越南大使，他對此行至感滿意，他對蔣經國特別有好感，把小蔣視為自己胞弟，參見FO317/150553 FCN1631/1, British Embassy in Saigon to Foreign Office, January 22, 1960.

57 《蔣經國日記》，一九六〇年十二月十四日、十二月十五日、十二月十六日、十二月十七日、十二月十八日；「越南吳總統與蔣經國副秘書長談話記錄」（一九六〇年十二月十四日），〈忠勤檔案／中越關係（一）〉，《蔣經國總統文物》，典藏號：005010100008301。

58 覃怡輝，《金三角國軍血淚史一九五〇—一九八一》，頁一八一—一八四。

1960年，蔣經國搭乘小艇遊湄公河。（胡佛檔案館提供）

的生存發展與日後推進中國大陸的敵後工作皆有利。[59]幾在此時，在蔣經國的督導下，國府於緬北猛不了（Mong Pa Liao）地區修築了一座可供C-46型運輸機起降的新跑道，作為日後運補武器裝備與人員之用；該跑道修建完成後，翌年（一九六〇）二月十七日迎來台灣首架運輸機，柳元麟不但擴大招募緬甸少數民族的游擊隊員，台北軍方也先後秘密空投近千名特種部隊加入滇緬游擊隊，伺機反攻雲南。[60]如本書第二章所述，國府的大動作引來北京與仰光聯手反擊，該年秋天起中、緬雙方以「聯合勘界」為名武裝清剿柳元麟部隊，雙方發生多次武裝戰鬥，游擊總部也透過無線電台與台北聯繫，商討各項行動方針。

蔣經國決定利用此次訪越的時機，順道視察台北苦心經營的「陸上反攻基地」，除面授機宜外，也慰勉艱苦作戰的游擊隊員與眷屬。一九六〇年十二月十九日上午，小蔣座機由西貢沿著湄公河低空飛行，傍晚時分抵達猛不了，他立即在游擊總部聽取簡報，此後四天裡，蔣在滇緬邊境叢林裡體驗到這輩子絕無僅有的特殊經歷，令他畢生難忘：十二月二十日，他花了九小時騎著馬在緬北各處視察，走過二十一處大小溪澗，慰問駐守各據點的特種部隊，並探訪當地擺夷族居民，後夜宿於林中草屋，他驚嘆：「此乃真實的荒野之地，少數民族之生活，完全是原始形態，毫無文化，人之生存不過求生而已，此種部落生活在今日的

59 「蔡孟堅呈彭孟緝」（一九五九年八月），〈寮共武裝叛亂情形〉，《國防部史政檔案》，檔號：00041457；「彭孟緝呈蔣中正」（一九五九年八月十二日），同前；「彭孟緝呈蔣中正」（一九五九年八月十七日），同前；「張群致彭孟緝」（一九五九年八月二十七日），同前。

60 Memorandum from Drumright to State Department, Subject: Chinese Nationalist Resupply Activity in the Burma Border Area, June 2, 1960, no. 793.5/6-360, *USSD 1960-1963 Internal*, reel 11; CIA National Intelligence Estimate Number 50-61, "Outlook in Mainland Southeast Asia," March 28, 1961, CIA/FOIA, no. 000000866.

世界上已不可多見矣。」[61]十二月二日一整天他忙著慰問難民傷患、對幹部訓勉、舉行座談會，還搭乘小艇跨越緬、寮國界的湄公河，登岸進入寮國境內視訪。最令小蔣難忘的是這片地區的原始狀態，他寫道夜宿林中之時，「時為鳥獸鳴叫之聲所驚醒，四周環境極為安靜，似乎身處於另一天地之間。」而湄公河風景美如畫，「兩岸古木參天，奇禽怪獸出入於其間，河水有時急如群馬狂奔，有時靜如西湖風景之美，為平生所未見。」停留緬北最後一晚，小蔣於晚餐後獨自坐在荒山野林之中，觀看湄公河畔的新月，讚嘆道：「此景此情實非任何文字所能形容，似乎已經與世隔絕了。」[62]

此次滇、緬、寮邊境之行在蔣經國心底留下極大的震撼，讓他久久無法忘懷，自中南半島回到台灣後，仍不時想起在緬北時那段獨特經歷，更深刻懷念駐守當地的游擊隊官兵。翌年初，滇緬部隊與共軍恢復激戰後居於劣勢，最後被迫撤出緬北根據地，消息傳來，令小蔣憂慮、煩惱，數夜久思無法成眠，自謂一入睡之後，當地的情景就入夢來。[63]二月間，兩架台灣空軍運輸機先後在緬甸與寮國境內遭擊落，引發國際軒然大波；在華府強大的壓力下游擊隊被迫撤退來台，並取消番號，解散任務編組，可以想見兩蔣父子的憤怒失望。

雖然台、越關係日益緊密，但南越政局卻日趨惡化。一九六三年春天，越南中部大城順化發生佛教徒大規模的暴動，並演變成為一起佛教徒自焚事件，西貢當局處置不當，加上越共的搧風點火，南越境內各地反政府運動一發不可收拾，美國輿論要求甘迺迪總統停止援助吳廷琰，聯合國也決議調查越南政府迫害佛教徒的行為。[64]在南越政局動盪之際，九月二十一日蔣介石派王昇前往西貢表達關懷慰問之意，未料此次會面竟成了吳廷琰與國府高層之間最後的接觸；十一月一日，南越軍方在華府默許下發動政變，將吳廷琰與胞弟吳廷瑈殺害，吳氏兄弟遇害的消息帶給兩蔣父子極大的震撼，老蔣自記：「昨日越南軍隊叛變，此乃由美國指使所演成甚明，為美國之幼稚與不智之行為殊為心寒。今早得報吳廷琰及吳廷儒[瑈]皆於十時自戕，更令人激憤，美國之殘忍不道德此也，吳氏兄弟誠不愧為愛國忠勇之革命鬥士也。」[65]曾與吳氏兄弟多次晤談的小蔣同感悲憤，他稱吳廷琰反共愛國，不愧為一位有骨氣的政治人物，「余為此二兄弟之死，懷有深長的惋惜與哀思。此一反共中的悲劇，乃是外在的美國力量，勾結內部政客所製造出來的醜惡叛亂，美國人早已定下了此一毒計。」[66]

隨著越戰局勢不斷升高，台北決定強化對西貢的援助，雙方高層往來頻仍，不時傳出共籌亞太反共聯盟的消息，彼此關係的密切程度，從一九六五年秋天一份美國駐台北大使館的政情報告中即可窺見；時任駐台北代辦恆安石告訴國務院，蔣介石雖無意派遣正規部隊投入越戰，但只要西貢提出要求且獲美方同意，他將組織一支包含陸、海、空三軍的精銳部隊暗助西貢，他也考慮提供數艘兩棲登陸艇，協助南越近海物資的運送，而國府援越的經濟方案中，還包括協助該國農村推廣建設計畫，以爭取民心對抗越共。恆安石也注意到台北對南越諸多援助承諾中，一部分將從美國對台援助的項目中撥調，亦即國府竟打算犧牲自身利益來協助此一盟邦對抗共產黨，可謂用心良苦。[67]

儘管如此，蔣經國內心清楚，中南半島局勢的演變與美國政策的走向，皆非台北單方面所能掌握。尼克

61 《蔣經國日記》，一九六〇年十二月二十日。
62 《蔣經國日記》，一九六〇年十二月二十一日、十二月二十二日。
63 《蔣經國日記》，一九六〇年十二月二十四日、十二月二十八日、一九六一年一月五日。
64 Karnow, *Vietnam: A History*, pp. 277-281.
65 《蔣介石日記》，一九六三年十一月二日。
66 《蔣經國日記》，一九六三年十一月十九日〈上星期反省錄〉。
67 Arthur Hummel to Dean Rusk, September 14, 1965, *LBJ 1963-1969*, reel 3.

森上台後，亟欲「光榮體面」退出越南戰場，華府向來支持中南半島反共力量的堅定承諾已開始動搖，甚至反對台北轉移部分美援提供西貢對抗北越的作法。[68]一九六九年夏天，小蔣聽聞南越總統阮文紹迫於美方壓力，願意有條件地允許境內越共份子參加大選，他不禁為南越的前景感到憂慮，認為阮文紹向敵人做了「無謂和無恥的讓步」，此種心理反應，和他批評朴正熙向北韓伸出橄欖枝，實有異曲同工之妙。[69]翌年五月，蔣經國前往越南進行官式訪問，闊別近十年後舊地重遊，他目睹此時西貢政壇百態時自記：阮文紹與總理陳善謙（Tran Thien Khiem）皆屬「忠厚老實」之人，副總統阮高祺（Nguyen Cao Ky）則「望之不似人君」，其他如參、眾議長等皆「衰老不堪」，他感慨如此局面「將何以反共耶？」[70]停留西貢期間，蔣經國懷念生前視他為「知己」、無話不談的吳廷琰，原本希望能夠大方前往其墓地致意，但又擔心如正式提出此要求，恐怕對東道主帶來尷尬和不便，因而作罷。儘管如此，當其車隊在西貢市區途經安葬吳廷琰的法國公墓時，小蔣特別在車內脫帽默念，以表達追思之情。[71]

一九七五年春天，中南半島全面赤化前的最後幾年光景，中華民國成了全球極少數依然堅定支持該地區反共政權的國家之一，台北在高棉首都金邊設立軍事顧問團，對龍諾政權提供軍事物資援助，並協助其部隊建立政治作戰制度，以對抗棉共。[72]在一九七三年初美國與北越簽定停火協定後，各國軍事顧問團陸續撤出南越，西貢陷入孤立無援的境地，蔣經國應阮文紹之請，同意以「駐越建設顧問團」的名義，派遣三十五名軍官前往繼續協助推動各項政戰與心戰業務，直到南越亡國前最後一刻，顧問團成員才倉皇撤出，險象環生，兩蔣父子對越南的支持，可謂仁至義盡。[73]

前述一九六一年春天台北在美國的壓力下，二度撤離滇緬游擊隊，但仍有部分兵力因各種理由不願離去，包括李文煥領導的第三軍、段希文領導的第五軍，以及人數較少、據點偏遠而無法及時撤離的馬俊國、曾誠武裝勢力，隨後馬、曾兩部被台北情報單位吸收利用。[74]第三軍與第五軍兩支武力被迫撤出滇緬基地後，逐漸移往泰、緬邊境活動，因失去國府財政的補助，而開始從事保護商旅進出緬甸的保鑣與抽稅工作，以及「特貨」（鴉片）生意買賣來維持生計，而馬、曾兩部轉為替國府執行敵後任務之後，同樣以泰北地區為掩護基地，因此督導國安與軍事情報業務的蔣經國與泰國發生了淵源。

一九六七年，鑒於中國大陸發生文化大革命，以及台、蘇密謀合作「倒毛」，國府認定有必要重新整頓泰北地區的游擊隊，使其成為一股具戰鬥力的部隊，而負責此案的蔣經國便開始介入第三軍與第五軍的整編工作，他主張由台北派人直接指揮掌握，並將段、李兩人調回台灣，作為重新提供經費的前提條件。[75]此時泰政府由他儂（Thanom Kittikachorn）與巴博（Praphas Charusathian）兩位軍事強人分任正、副總理，兩人曾攜手發動軍事政變，同時還互為兒女親家，在意識型態上持反共立場，與中華民國維持友好的關係，而有利

68 State Department memorandum, Subject: Update of Background Papers entitled "GRC Assistance to Vietnam," February 4, 1970, NARA, RG 59, Records of the Department of State, Bureau of East Asian and Pacific Affairs, Subject Files (1951-1978), Lot File 75D76, POL 27 (b).

69 《蔣經國日記》，一九六九年七月十四日。

70 《蔣經國日記》，一九七〇年五月十二日、五月十三日。

71 《蔣經國日記》，一九七〇年五月十四日。

72 陳祖耀，《西貢往事知多少》，頁二五五—二六二。

73 曾瓊葉編，《越戰憶往口述歷史》（台北：國防部史政編譯室，二〇〇八年），頁一一八—一二〇；陳鴻瑜，《中華民國與東南亞各國外交關係史（一九一二—二〇〇〇）》（台北：鼎文書局，二〇〇四年），頁五一六。

74 覃怡輝，《金三角國軍血淚史一九五〇—一九八一》，頁二七三—二七六。

75 《蔣經國日記》，一九六七年十一月十一日；覃怡輝，《金三角國軍血淚史一九五〇—一九八一》，頁二八八—二八九。一九六七年二月美國駐台官員與蔣經國談論泰北游擊隊情形時，蔣坦承國府對段、李兩支部隊已失去掌控，但他瞞著美方，聲稱台北並不打算對游擊隊進行擴增或補給，參見Arthur Hummel to State Department, February 17, 1967, NARA, RG 59, Records of the Department of State, Subject-Numeric Files, 1967-1969, Box 1531.

於小蔣重新部署泰緬邊界的游擊隊。該年三月間他儂訪台時，與國府協議情報合作，共同對抗中共在中南半島日益強大的影響力。[76]翌年（一九六八）春天，蔣經國密派柳元麟舊屬羅漢清前往泰北，與段希文、李文煥協調游擊隊事宜，然因彼此互信不足而沒有結果，與此同時，台北情報單位著手在該地區組建代號「符堅」（後改為「光武」）的武裝部隊，以清邁馬亢山為基地，積極招募泰、緬華僑青年與緬北少數民族參加，總兵力以兩千人為目標。[77]一九六九年春天，小蔣利用訪泰的時機前往泰北視察，親自見段、李並勸其放下軍權，把部隊交給台北管理，兩人不但堅持不願離開駐地，甚至開口要求國府補償過去數年辛苦贍養游擊隊所積欠的三百八十萬泰銖，雙方晤談毫無交集，令小蔣氣結，感慨此行「費時耗資，一無所得」。[78]

台北遲遲搞不定段、李兩部，放任游擊隊員在金三角地區種植鴉片謀生營利，看在老美眼裡同樣感到焦慮與不悅。[79]一九六九年秋天，泰國共產黨在泰北地區謀殺當地省長與軍警首長，震驚世人，曼谷當局考慮將段、李部隊投入剿共任務，泰北游擊隊爭議的解決因而出現了曙光。翌年（一九七〇）初，泰軍方高層來台磋商並達成協議，蔣經國要求泰方將段、李兩部與由台北直接掌控的「光武」部隊區隔處理，如段、李不願再接受台北節制，則泰方可自行處置，小蔣也承諾充分配合泰方政策，對兩千名「光武」部隊進行必要的管理。[80]隨後曼谷當局通過一項「難民遷徙」計畫，讓泰北地區的「國民黨中國軍隊難民」遷往萊隆山與萊帕蒙山兩個泰共最活躍的地區，在泰政府自行編列預算補助下，第三軍與第五軍開始在該區進行「屯兵清共」任務，以換取繼續留居泰國的權利，消息傳至台北後，蔣經國表示贊同。[81]

此後段、李兩部明正言順接受泰國政府的管轄，到了八〇年代超過百分之七十的官兵與眷屬皆已陸續歸化為泰國公民，儘管台北失去重新整編與掌控段、李兩部的機會，然而由情報局遙控的「光武」部隊，透過泰北據點繼續活躍於滇緬邊區，多次與緬甸政府軍和緬共交戰；只不過其主要使命已由最初的武裝滲透、建立根據地、敵後派遣、布建與組織，逐漸轉型為情報蒐集、地下潛伏與推動群眾反共路線，這支位於中南半島的秘密武裝力量，一直維持到一九七五年夏天，當曼谷當局決定承認北京並與中華民國斷交時，才黯然解散。[82]

印尼與新加坡：務實與意識型態的糾結

東南亞地區的龍頭非印尼莫屬，一九四九年十二月二十七日印尼脫離荷蘭獨立時，台北派總統府資政吳

76 CIA Intelligence Information Cable, Subject: GRC-Thailand Agreement on Proposal for Military and Intelligence Cooperation, April 18, 1967, CIA/FOIA, no. 0000098086.

77 葉翔之呈蔣經國，「充實滇緬邊區游擊武力加強對匪游擊作戰方案」（一九六八年十二月十一日），〈忠勤檔案／敵後工作（二）〉，《蔣經國總統文物》，典藏號：005010100001003002。有關國府在泰、緬地區情報工作，另參見楊瑞春，《國特風雲》，頁四五八—四六七。

78 《蔣經國日記》，一九六九年五月十六日、五月十七日、五月二十日。

79 Memorandum from George C. Denny to U. Alex Johnson, September 19, 1969, NARA, RG 59, Records of the Department of State, Subject-Numeric Files, 1967-1969, Box 1531.

80 「沈昌煥呈蔣經國」（一九七〇年一月三日），〈文件／黨政軍文卷／國際情勢與外交〉，《蔣經國總統文物》，典藏號：005010205000032003；「蔣經國電沈昌煥」（一九七〇年十月六日），同前，典藏號：005010205000032007；覃怡輝，《金三角國軍血淚史一九五〇—一九八一》，頁二九一—二九五；《蔣經國日記》，一九七〇年一月八日。

81 「沈昌煥呈蔣經國」（一九七〇年九月十一日），〈文件／黨政軍文卷／國際情勢與外交〉，《蔣經國總統文物》，典藏號：005010205000032006；《蔣經國日記》，一九七〇年十月十五日、十一月九日；Gibson and Chen, *The Secret Army*, pp. 282-288.

82 七〇年代派駐泰北的翁衍慶告訴作者，台北下令「光武」撤退時，駐守當地的隊員情緒反彈極深。此段歷史可另參見覃怡輝，《金三角國軍血淚史一九五〇—一九八一》，頁三三四—三三八；《滇邊風雲錄》編輯委員會編，《滇邊風雲錄》（台北：賀南聯誼會，二〇〇五年）；尹載福，《異域英雄血淚：滇邊孤軍，西盟風雲》（台北：作者自印，二〇一一年），頁五二一—六九。

鐵城前往慶賀，然而印尼政府在四個月後即承認北京，雙方建交並互派大使，國府隨即關閉駐雅加達領事館。後數年，印尼總統蘇卡諾（Achmed Sukarno）在外交上採取不結盟政策，拒絕在冷戰相互對抗的兩大陣營選邊站，此立場與美總統艾森豪圍堵共產黨的全球戰略發生衝突，於是美、印關係很快走向緊張與摩擦。[83]一九五六年印尼內部政局出現劇烈變化，印尼共產黨在該年底的地方選舉大有斬獲，蘇卡諾不但予以縱容，甚至暗中扶持，令軍方右派勢力焦慮不滿。外交上，蘇卡諾與原殖民母國荷蘭因爭奪西新幾內亞（West New Guinea）的主權而交惡，印尼政府沒收了荷蘭在印資產，並轉而與蘇聯共黨集團親善，合作領域涵蓋軍事、外交與經濟，此局面讓華府憂心忡忡。[84]

翌年初，蘇門答臘（Sumatra）與西里伯斯〔Celebes，今蘇拉威西（Sulawesi）〕兩地的軍事將領因不滿蘇卡諾左傾，宣布建立一區域性的新政權，與首都雅加達的中央政府唱反調，雖然蘇卡諾願意與這些軍事將領進行談判，但效果不大。十一月底，蘇卡諾遭伊斯蘭教狂熱份子暗殺未遂，對其心理打擊甚大，他決定把政權暫時交給國會議長並移往外國休養，此一態勢鼓舞了印尼境內反共勢力採取進一步的行動對抗中央政府，於是早已對蘇卡諾不滿的華府高層決定以具體行動，支持蘇門答臘與西里伯斯兩地反共軍人對抗雅加達，中央情報局便立即向反抗勢力提供一千萬美元秘密援助。[85]有了美方撐腰，以胡賽因（Achmad Hussein）為首的反對派有恃無恐，在一九五八年二月十日向雅加達發出最後通牒，要求蘇卡諾遵守憲法角色，並要求總理朱安達（Djuanda Kartawidjaja）下台，由前副總統哈塔（Mohammad Hatta）出面改組內閣，調整國家政策；這些要求遭中央政府拒絕後，反抗軍即在蘇門答臘的武吉丁宜（Bukittingi）宣布成立「印尼共和國革命政府」，由曾任財政部次長的加福魯丁（Sjafruddin Prawiranegara）擔任總理，雅加達隨即展開軍事動員，內戰一觸即發。[86]

蔣經國介入印尼事務，即是從此時開始；該國反對勢力向雅加達中央發出最後通牒之前，曾秘密派員來台接觸，提出購買軍火的要求，蔣介石考量當時國際社會和平的氣氛濃厚，為強化亞太地區整體反共意識，便立刻批准向印尼反抗軍輸出軍火，並交付小蔣辦理，待革命政府在蘇門答臘宣布成立後，老蔣甚至有意派遣一支「志願軍」，開赴南洋協助印尼反共勢力作戰，但遭美方勸阻。[87]此時正值台、美軍事情報合作的高峰，台北支援印尼革命軍行動也被列為雙方合作的一環；一九五八年二月下旬，國府決定提供印尼革命軍七個營規模的武器裝備，由海、空軍以海上運補與空投的方式，在四月二十一日之前分批交予對方。[88]蔣經國對此案投入極大的心力，親自召集國安幕僚策劃、聯絡與執行，還多次接見革命政府所派特使，自記：「無論何人何地，只要是反俄反共，吾人皆應盡力量而援助之，這不但是政治問題，而且是一種個人的信仰問題。」在小蔣看來，設法擴大印尼內部的事端，對於台灣整體的反攻形勢有所助益，他坦承

83 Paul F. Gardner, *Shared Hopes, Separate Fears: Fifty Years of U.S.-Indonesia Relations* (Boulder, CO: Westview, 1997), pp. 112-129.

84 State Department Bureau of Intelligence and Research, Intelligence Report No. 7831, "The Communist Offensive in Indonesia," October 8, 1958, *O.S.S./State Department Supplement*, reel 2.

85 State Department Bureau of Intelligence and Research, Intelligence Report No. 7902, "Rebellion in Indonesia," December 18, 1958, *O.S.S./State Department Supplement*, reel 2; Thomas, *The Very Best Men*, p. 158.

86 M. C. Ricklefs, *A History of Modern Indonesia, c.1300 to the Present* (Stanford: Stanford University Press, 1993), pp. 262-264.

87 《蔣經國日記》，一九五八年一月二十九日、二月一日。蔣介石於當年三月中旬與來訪的美國務卿杜勒斯晤面後，自記：「杜勒斯說明其在蘇門答臘反共革命軍已有武器與金錢充分之接濟一點，甚為安慰，但其對我派志願軍之主張，表示恐有害無益之意」，參見《蔣介石日記》，一九五八年三月十四日。

88 台北對印尼革命軍提供的武器裝備包括：七五無後座力砲十四門、八一迫擊砲二十八門、六〇迫擊砲六十三門、七九重機槍二十挺、八八式七五高砲兩門、二五機砲十二門、三〇重機槍五十六挺、三〇輕機槍二六〇挺、四五衝鋒槍一二〇四支、卡賓槍二四八〇支、英製步槍五百支、手槍六十一支、手榴彈一〇一〇〇枚、炸彈一百枚、照明彈十枚，參見「王叔銘呈蔣中正」（一九五八年六月七日），〈研究支援印尼革命軍作戰有關事項〉，《國防部史政檔案》，檔號：00014382。

原本對印尼並不瞭解，然而因為印尼內戰以及國府援助革命軍，讓他對整個南洋形勢有更清楚的掌握。[89]

印尼革命政府自恃有蘇門答臘與西里伯斯當地民眾的支持，而且控制兩地油田與收入，因而樂觀期待在美、台等友好國家支持下，局面將大有可為，不料當印尼政府軍開始進剿後，戰況急轉直下；短短不到一個月，北蘇門答臘地區重回中央軍的控制，四月十八日位於該島中部的首府重鎮巴東（Padang）也被中央軍收復，五月初革命軍勢力被迫全部撤出該島，而革命政府的大本營也遷往西里伯斯的萬雅佬（Menado）。[90]反抗軍的敗象顯露讓蔣經國焦慮異常，評論此皆因「美國政策把握不定」所致，為了拉抬反抗軍聲勢，他開始研擬派遣國軍飛行員前往當地協助的可行性。[91]

但屋漏偏逢連夜雨，五月十八日美籍飛行員波普（Allen Pope）在協助革命軍執行轟炸任務時遭印尼政府軍俘虜，在國際間引發軒然大波。由於波普被捕，因此中央情報局無法繼續暗助革命軍，革命軍轉而全盤依賴台北並提出更多的援助要求。該月底，革命政府諸多要員連袂飛往台北求救，除了要求購買C-54運輸機與B-26轟炸機各一架，還央求台灣空軍出面協助轟炸印尼政府軍。蔣經國允肯，並指派空軍總部情報署署長、曾任蔣介石座機駕駛的衣復恩，與空軍第卅四中隊飛行員張聞驛支援此次機密任務；六月中旬，兩架轟炸機自屏東恆春飛抵菲律賓最南端的大威島（Tawi-Tawi），由菲國軍方與派駐當地的中央情報局人員補充燃料後，繼續飛往西里伯斯島，對印尼政府軍進行五次轟炸，直到所攜炸彈用盡為止。[92]此次行動成了國府遷台後，軍方極為罕見的境外作戰實例。

為何台北甘冒被指控「干涉他國內政」之大不韙，積極介入印尼內戰？在兩蔣父子看來，如果蘇卡諾決定投入共產黨陣營，則印尼北方的菲律賓與南方的澳洲、紐西蘭都將受到波及，整個亞太地區一旦出現骨牌效應，台灣勢將難以自保。國府雖盡力援助印尼反共勢力，然而當反抗軍節節敗退的消息不斷傳來，蔣經國仍不免怪罪華府缺乏堅定的立場，尤其是當美籍飛行員被捕後，即打算從印尼抽腿，溜之大吉，「美國之無能與不守信用，不但使亞洲人民失望，而且感覺討厭。」蔣又痛批幕僚對整個局勢重大誤判，未能貫徹其意志，不守工作紀律，而導致亂局無法收拾。[93]儘管如此，國府仍不願輕言放棄，六月初蔣介石下令再撥交三個營的武器裝備給印尼革命軍，然而當這批軍火運往西里伯斯海域時，由於印尼政府軍已控制萬雅佬外港，以致台灣軍艦無法靠岸，不得不折返，台灣空軍則在六月二十日至七月十四日間，向西里伯斯島上頑固死守的革命軍殘部進行四次空投，提供各類輕武器與十二萬發彈藥，直到革命軍無力支撐為止。[94]

台北公然介入印尼內戰，引發雅加達當局強烈的抗議，並埋下不久後印尼境內的排華運動與大舉清算親台僑社的近因；而內戰期間一度傳聞中共將派遣自願軍協助蘇卡諾平亂，國府立即公開表示，倘若中共部隊於南海海域現蹤影，國軍將予以攔截，蔣介石的軍事幕僚甚至規劃派遣海軍陸戰隊四個加強營的兵力來對付解放軍，並在必要時於西里伯斯島北端進行突襲登陸，支援反共革命軍作戰，國、共之間因印尼局勢

89 《蔣經國日記》，一九五八年三月一日、三月五日、三月二十二日〈上星期反省錄〉、三月二十八日；CIA Central Intelligence Bulletin, top secret, May 29, 1958, CIA/FOIA, no. 03192933.

90 State Department Bureau of Intelligence and Research, Intelligence Report No. 7902, "Rebellion in Indonesia," December 18, 1958, *O.S.S./State Department Supplement*, reel 2.

91 《蔣經國日記》，一九五八年四月五日、四月二十四日、四月二十八日。

92 《蔣經國日記》，一九五八年五月二十四日、五月二十六日、五月二十七日、五月二十八日；衣復恩，《我的回憶》，頁三六四—三六五。

93 《蔣經國日記》，一九五八年五月二十四〈上星期反省錄〉、〈本星期預定工作課目〉。

94 「王叔銘呈蔣中正」（一九五八年六月七日），〈研究支援印尼革命軍作戰有關事項〉，《國防部史政檔案》，檔號：00014382；「王叔銘呈蔣中正」（一九五八年七月二十六日），同前；State Department Bureau of Intelligence and Research, Intelligence Report No. 7902, "Rebellion in Indonesia," December 18, 1958, *O.S.S./State Department Supplement*, reel 2.

而重啟戰端的可能性，一度引來西方國家關切。[95]最後北京當局並無任何動作，而當萬雅佬的革命政府於六月二十六日垮台後，還是由台灣空軍派遣運輸機將主要成員接來台北安置，以免他們成為印尼政府的階下囚。蔣經國面對此一挫敗，無任悲憤，不料中情局台北站長克萊恩竟苦勸小蔣放手，並說到：「現在他們失敗了，沒有用處了，在政治與軍事上是只講利害，而無情感可言的。」這段話聽在小蔣耳裡心寒至極，忍不住當場向克氏直率抗議美政策的失當。然而，除了痛批美國出賣亞洲人，小蔣也只能自我安慰，認為台北對革命政府伸出援手，「雖未能救其於危亡之中，但已盡我中國人待友守信之大義矣。」[96]

此後數年蔣經國繼續和反蘇卡諾勢力保持接觸，對方人馬不時前來台北會晤，當印尼排華運動最嚴重時，小蔣甚至放話表示不排除恢復對反抗軍的援助。[97]雖然國府並未放棄暗中支持該股勢力的構想，然而華府既然已認定印尼革命軍不成氣候，並準備與蘇卡諾重修舊好，即使台北想有所作為，豈為易事？鮮為人知的是，小蔣除了與印尼革命政府往來，還曾與另一支反蘇卡諾勢力、伊斯蘭教分離主義「自由亞齊運動」（Free Aceh Movement）發生過一段插曲；此一運動由提洛（Hasan di Tiro）領導，主張以激進的手段來爭取蘇門答臘島北端的亞齊省，脫離印尼獨立建國。[98]一九五九年七月二十三日，提洛秘密來台與蔣經國會面，要求國府提供軍火並代印偽鈔以對抗蘇卡諾，小蔣對此加以婉拒，然而情報局長張炎元卻暗地裡接受提洛之請，以一萬美元的酬勞為該組織代印偽幣，小蔣事後得知勃然大怒，一度考慮把張撤職法辦。[99]

一九六五年秋天，印尼共產黨發動叛變，企圖推翻中央政府，但遭到以蘇哈托（Suharto）為首的右派軍人壓制，蘇卡諾的權力自此遭架空，兩年後他把政權移交給蘇哈托，新政府隨後發起反共大清洗，外交政策改採親西方路線，並與北京斷交。[100]印尼外交政策的轉變也讓台、印關係出現迴轉，整個七〇年代蔣經國在雙方關係上扮演主導的角色，印尼外長馬立克（Adam Malik）與其他重要內閣要員來台訪問時，皆由小蔣親自接見，為展現善意，蘇哈托特意繞過原本主導雙方關係的國民黨黨務系統，直接與小蔣建立聯繫的管道。[101]儘管印尼與北京斷交後並未與台北建立外交關係，然而彼此在軍事情報、經貿、技術各方面的交流極為熱絡，雙方典型的合作模式是由台北透過美國進出口銀行取得貸款後，輔以自身技術與人力，協助印尼推動一系列農、工基礎建設的發展。[102]中華民國退出聯合國之後，台、印互動被蔣經國視為與無邦交國建立良好實質關係的重要典範，印尼不但在全球發生能源危機時提供台灣所需原油，當台北與菲律賓、泰國邦交出現危機時，小蔣也曾透過雅加達對兩國進行勸阻。[103]有時雙方往來程度甚至超過台北在亞太地區其他邦交國。

夾在印尼與馬來西亞之間的城市島國新加坡，過去半個世紀以來與海峽兩岸皆維持密切的互動，而蔣經

95 「王叔銘呈蔣中正」（一九五八年六月七日），〈研究支援印尼革命軍作戰有關事項〉，《國防部史政檔案》，檔號：00014382；「蔣中正致王叔銘」（一九五八年六月二十七日），同前；FO 371/141369 FCN1011/1, "Annual Review for Formosa for the Year 1958," enclosed in British Consulate in Tamsui to Foreign Office, March 23, 1959.

96 衣復恩，《我的回憶》，頁三六五—三六六；《蔣經國日記》，一九五八年六月二十八日、八月十八日。

97 CIA Central Intelligence Bulletin, top secret, December 8, 1958, CIA/FOIA, no. 02998398; CIA Central Intelligence Bulletin, top secret, March 14, 1959, ibid, no. 03187388.

98 Tim Kell, *The Roots of Acehnese Rebellion* (Singapore: Equinox Publishing, 2010), pp. 97-103.

99 《蔣經國日記》，一九五九年七月二十三日、一九五九年十月一日。

100 R.E. Elson, *Suharto: A Political Biography* (Cambridge: Cambridge University Press, 2001), pp. 99-166.

101 有關七〇年代台、印高層互動，參見「馬立克（Adam Maik）往來函件」，〈文件／專著手札與講詞／手札類〉，《蔣經國總統文物》，典藏號：005010502045001；「丁合謀（Jahja Daniel Dharma）往來函件」，同前，典藏號：005010502008001；「馬達尼（Soedjono Hoemardani）往來函件」，同前，典藏號：005010502003001。

102 Memorandum of Conversation between William Casey (Chairman of the Export-Import Bank of the United States) and K. T. Li (ROC Finance Minister), September 3, 1975, William J. Casey Papers, Box 185.

103 《蔣經國日記》，一九七三年七月三日、一九七四年六月三日、十二月十八日。

國與新加坡獨立建國後首任總理李光耀（Lee Kuan Yew）之間的公私情誼，更為世人周知並津津樂道，然而小蔣私人日記內容卻也透露出兩人深厚友誼外表下，不少鮮為人知的實際情況。或許李光耀本人從未知悉的是，一九五九年夏天當他帶領「人民行動黨」投入新加坡自治邦首次大選時，兩蔣父子因忌憚其政治立場過於左傾，與馬來亞共產黨走得太近，而把他視為破壞亞太和平的一大威脅。此時馬來亞首相東姑阿都拉曼（Tunku Abdul Rahman）的立場反共，曾情緒性地批評廣大的中國民眾都是蠢蛋，才會支持中共政權。[104]在東姑阿都拉曼執政下，馬來亞半島整體的形勢有利於台北暗中支持李光耀的政敵林有福（Lim Yew Hock），及其領導的「新加坡人民聯盟」。一九五八年底，林有福密派時任新加坡教育部長周瑞麒，與東姑阿都拉曼的私人代表裕末（Mohamed Ismail Mohd Yusof）連袂訪台，會見兩蔣父子並談論「接濟」與反共合作的問題。此後數月蔣經國多次召集國安人員研析新加坡政情，並秘密派遣留俄同窗卜道明前往新加坡駐點活動，直到一九五九年六月星洲大選結束後才返台。[105]

該次大選結果，台北暗助的林有福慘敗於李光耀的手下，令兩蔣父子相當失望；老蔣認為李光耀的勝選「不僅為亞洲共黨勢力之獲得一步大躍進，貽禍無窮，而且亦為我個人援助各地反共派失敗之一大教訓」，他檢討此次執行「星洲計畫」的過程，認為「金錢消費不需多加考慮」，但對於「新加坡內部人事不作正確思考」所犯下的錯誤，必須徹底檢討。[106]小蔣也自記：「左傾之人民行動黨已經得勝，吾人所支持之林有福則失敗，此又是一次政治鬥爭之教訓。」此時他提出一個以「後見之明」而言明顯錯誤的預測，認定李光耀所領導的人民行動黨上台後「決難持久」。[107]然直至今日，該政黨在此城市島國依然屹立不搖。

一九六五年八月九日，新加坡被逐出馬來西亞聯邦，李光耀含淚宣布獨立建國，而國防安全是他心中最大的隱憂，但此時美國忙於越戰，無暇他顧，李向澳洲、印度、泰國、以色列與南韓等國家試探建立長期軍援合作的可能性，皆因種種因素而未能實現。一九六七年夏天英政府宣布將於八年內自新加坡完全撤軍，一年後又決定將撤軍行動提前於一九七一年底之前完成，一旦失去英國協防的保障，新加坡的民心士氣將受到巨大的打擊。[108]此時李光耀想到了台灣，當時國府正積極爭取對外邦誼，新加坡政府則考慮台灣同屬華人社會，氣候、文化、語言與生活習慣相近，而且蔣介石對星洲沒有領土野心，雙方合作一拍即合。該年底，時任國防部長的蔣經國親自審核擬定協助新加坡建軍方案，以及代訓部隊等議題，成為日後「星光計畫」的濫觴，兩年後台北在新加坡設立官方代表處，拓展雙方經貿合作；然而，當國府希望新加坡在外交上給予某種形式承認時，李光耀不但不願意配合，甚至在聯合國議題上投票支持北京。[109]

蔣經國與李光耀首次晤面，始於一九七三年五月李氏初訪台灣之時，據李所言，他當時接受台北國安局長王永樹的建議，親自來台考察，首次的台灣行讓李留下極佳的印象。蔣經國夫婦在松山機場親自迎接，並護送其前往下榻的圓山飯店，停留台灣四天期間國府安排一行人參觀陸、空軍與海軍陸戰隊表演，小蔣

104 PREM 11/2959, Tunku Abdul Rahman to M.H. MacMillan, June 10, 1960.

105 《蔣介石日記》，一九五八年十二月二十八日；《蔣經國日記》，一九五九年一月一日、二月十四日、五月二十六日、六月八日；「黃少谷、沈錡呈蔣中正」（一九五八年十二月二十七日），〈文件／黨政軍文卷／國際情勢與外交／外交─葉公超、周瑞麒等呈蔣中正之函件〉，《蔣經國總統文物》，典藏號：00501020500119012。

106 《蔣介石日記》，一九五九年六月二日、六月三日。

107 《蔣經國日記》，一九五九年六月一日。

108 CIA Intelligence Memorandum entitled "Singapore: Some Economic Implications of the UK Military Withdrawal," October 1968, CIA/FOIA, no. CIA-RDP85T00875R001600010081-1.

109 李光耀，《李光耀回憶錄（一九六五─二〇〇〇）》（台北：世界書局，二〇〇〇年），頁六五〇；陳加昌，《超越島國思維：李光耀的建國路與兩岸情》（台北：天下文化，二〇一六年），頁二四四─二五一。蔣經國認為台灣與新加坡的合作，「對亞洲之反共形勢而言，乃為一有利之事。」見《蔣經國日記》，一九六七年十二月八日。

1973年，李光耀（右）首次訪台，前往士林官邸拜會宋美齡。（國史館提供）

還陪同李氏夫婦前往日月潭一遊，一起參訪台北故宮博物院與陽明山等景點；李光耀回憶蔣的英語講得結結巴巴，浙江口音的普通話也不易聽懂，但可以聽懂一些英語，而李本人也可說華語，雙方因此能在無需傳譯的情況下交談，產生共鳴，進而昇華為友好的關係，李還稱彼此談得來，在於雙方反共的立場一致：中共乃兩蔣父子之敵，而馬共則是李的仇敵，「我們可說是同仇敵愾。」[110]

然而，蔣經國日記裡所呈現的卻是另一番景致，他自記當時仍在養病的蔣介石，認為李光耀是「雪中送炭」之人，囑咐他務必好好招待對方，然經過數日相處，小蔣的感想卻是：「三天來與李某相處，發覺其為一利害人物，不過如此而已，此人之政治生命似乎不會太長，非善類之人也。」又稱「李光耀之名，聞之已久，此次彼來台作私人訪問，彼此見面談話多次，發現其為一非常現實的政客，並無政治理想，不過善於運用各種矛盾以求自保而已。」[111]讓小蔣對初次見面的李光耀產生如此負面的印象，或許是因為兩人在討論東南亞地緣政治時，李提及新加坡被視為是中國大陸與台灣之外的「第三個」中國，民族、文化和語言一脈相承，他對抗馬來亞共黨的決心足以向鄰國保證，新加坡不會成為中共的「特洛伊木馬」。[112]但小蔣顯然不會忘記五〇年代李光耀剛起步時，走的正是與馬共結盟的左派路線，他更不會忘記國府最初支持的是李的政敵林有福，李光耀的政治立場在十餘年間有如此大的轉變，小蔣都看在眼裡。值得注意的是，李初次訪台也開啟日後蔣經國在兩岸政策上向他尋求諮詢之端；小蔣送走貴賓後，曾與美大使馬康衛談及李的台灣行，並主動透露他與對方深談兩岸關係並徵詢意見，還表明台北不與北京接觸的原則，當時外界謠傳

110 李光耀，《李光耀回憶錄（一九六五—二〇〇〇）》，頁六五〇—六五一。
111 《蔣經國日記》，一九七三年五月十六日、五月十八日、五月二十日。
112 李光耀，《李光耀回憶錄（一九六五—二〇〇〇）》，頁六五一。

國、共雙方正秘密接觸，美方對此也加以鼓勵，而小蔣顯然有意透過李光耀來訪的時機，向美方表達自身立場。[113]

李光耀在台時曾前往士林官邸拜會，此時蔣介石健康情況不佳，無法起身會客，宋美齡代表其夫歡迎訪賓，彼此寒暄甚為愉快，李告辭後，老蔣要妻子傳話給兒子：「新加坡要什麼，做得到的給什麼。」[114]在蔣介石強力的支持下，雙方的關係快速邁進，翌年（一九七四）年底李氏再度訪台，蔣經國又是全程陪同，禮遇至極，連李本人都承認台北對他的接待規格已等同於國家元首，此次訪台雙方還敲定台灣軍方以「星光演習」代號開始訓練新加坡的武裝部隊。[115]不過，李光耀終究是一個老練而厲害角色，懂得如何為自己爭取最大的利益，當馬來西亞於該年五月宣布與中共建交後，李務實地認定與北京公開交往的時刻已經到來，新加坡遊走在海峽兩岸將可獲利最大化。一九七五年春天，蔣經國由特殊管道得知，李光耀竟私下勸泰國政府盡速承認中共，他感到既意外又氣憤，痛批「政客以及貪圖小利[者]，莫不如是，亦不作奇。」[116]

新加坡雖奉行「一個中國」政策，然而執行與兩岸之間的等距外交，李光耀本人也決定盡早前往中國大陸訪問，一九七六年初當他再次來台時，台北已失去菲律賓與泰國的邦交，東南亞各國先後承認北京，惟有李光耀還挺得住，蔣經國對此頗為感佩，自認「彼此交情不深，但是他能於此時來訪，表明其反共之立場，實已難能可貴。」[117]同年五月，李率團首訪北京，受到中共總理華國鋒熱烈的歡迎，並見到已油盡燈枯的毛澤東；正如北京一向關注台灣與蘇聯之間的暗通款曲，此行中共高層同樣關心李光耀是否會與蘇聯發展關係，對於台灣代訓新加坡軍隊一事北京也表示關切，不過李並未示弱。[118]

誠如李光耀本人所言，從一九七三年首訪台灣直到一九八八年蔣經國去世為止，他幾乎每年都訪台一至兩次，兩國領導人往來之密切，可見一斑。[119]然從蔣經國立場而言，至少在整個七〇年代，他一直都以冷靜與務實的態度來看待兩人的關係，對於李所領導的新加坡並無不切實際的幻想，更鮮少流露出彼此往來的私人情感。一九七六年元月底，在剛送走結束訪台的李光耀之後，蔣在日記裡寫下如下一段感想，與三年前李氏初次訪台時他的看法如出一轍，並未改變：

「余與李光耀本無交情，不過他至今仍能獨立而不與馬、泰、菲一樣的與匪正式建交，已不容易，並且他一再強調自己身為中國人而自傲。共匪正在消滅中國文化，中華民國政府必須保存和發揚中華文化，但以政治而言，李是不敢反共到底的，事實上新加坡已經開始與共匪交往，希望苟安，新加坡因為馬拉格海峽的戰略地位之重要，成了美、匪、蘇必爭之地，東南亞之赤化，泰、菲承認共匪，馬來西亞之暴動不安，一旦印尼之外交如果轉向，則新加坡難以自保矣。李是一個會運用各種因素的政客。」[120]

隨著時間推進，蔣經國對李光耀的評價開始出現質變，兩人之間確有可能發展出公務之外的真誠友誼。

113 Walter McConaughy to State Department, June 8, 1973, reproduced in DDRS, no. CK3100699558.

114 陳加昌，《超越島國思維》，頁四三六—四三九。

115 李光耀，《李光耀回憶錄（一九六五—二〇〇〇）》，頁六五一—六五二；郝柏村，《郝柏村回憶錄》，頁二〇二—二〇三；《蔣經國日記》，一九七四年十二月二十二日、十二月二十六日、十二月二十七日。

116《蔣經國日記》，一九七五年五月十日。

117《蔣經國日記》，一九七六年一月二十五日。當李光耀告知蔣經國他決定首訪中國大陸時，蔣回答「應該去看一看」，見陳加昌，《超越島國思維》，頁四五一—四五三。

118 有關李光耀此次中國之行細節，參見李光耀，《李光耀回憶錄（一九六五—二〇〇〇）》，頁六七〇—六八八。又該年夏天台灣參謀總長賴名湯訪問新加坡時，李也曾與賴分享他對大陸的觀察，參見賴名湯口述，賴暋訪錄，《賴名湯先生訪談錄》，下冊，頁五九五—五九七。

119 七〇年代蔣、李兩家人之間公、私領域的熱絡互動，可從彼此往來信函窺見一般，參見「李光耀（Lee Kuan Yew）往來函件」，〈文件／專著手札與講詞／手札類〉，《蔣經國總統文物》，典藏號：005010502000042001。

120《蔣經國日記》，一九七六年一月二十八日。

一九八二年二月三日上午，蔣臨時召見時任外交部政務次長錢復，要他立刻飛一趟新加坡，當天下午即將住入榮民總醫院進行視網膜手術的蔣經國，要錢復代表他歡迎李光耀於該月中旬再次訪台，並轉告屆時因他仍在住院，將無法親赴機場迎接，向來面容嚴肅的李光耀聽聞此段話之後，突然出現難以置信的感動表情，對錢復表示：「我是真正對蔣總統的周到和友誼深受感動，請你務必轉達我衷心的祝福和謝意。」[121]當時擔任蔣經國英文秘書的馬英九也憶及，每當代蔣草擬致李信函時，他奉命必須「筆鋒常帶情感，要有personal touch（個人感受）」，以突顯兩人深厚友誼，數年後馬發現李光耀在與蔣經國通信時，對部屬也有相同的交代。[122]

或許受到蔣經國此種細膩情誼的感動，以及來自蔣本人的私人託付，在八〇年代李光耀積極於美政府面前為國府進言，設法維護台灣的立場。中央情報局解密文件顯示，一九八二年夏天，當美、中雙方即將發表對台不利的《八一七公報》之前，刻在華府訪問的李光耀，在最後一刻幾乎要成功說服雷根總統改變心意，把當時已送交鄧小平過目的公報草案「撕毀」（tear up）。[123]此種超乎尋常的私人友誼，或許可以解釋為何當「江南案」爆發後，蔣經國要安排被捲入此案的蔣孝武，前往新加坡擔任副代表，讓兒子能夠從政治暴風中暫時脫身。[124]

轉入檯面下的東南亞外交

美國在越南戰場上受挫後，其勢力難堪地從東南亞地區潰敗撤離，對台灣的直接衝擊即是邦交國紛紛轉向。馬來西亞已先於一九七四年春承認北京，終止與台北的領事級外交關係，一年後，遊走兩岸多年的菲律賓總統馬可仕（Ferdinand Marcos）決定拋棄台北改與北京建交，泰國政府目睹中南半島各國相繼赤化，憂懼中共將全力支持泰國共產黨，威脅國家內部的穩定，也於同年（一九七五）七月一日宣布承認中共並與台北斷交。數十年來與台灣關係密切的亞太鄰邦，如今一一離去，不是亡國就是斷交，對蔣經國來說無異是沉重的打擊，他曾在日記裡描繪其內心感受：「越、棉淪陷之後，寮國赤化在即，泰國恐懼混亂，必將加速其對共匪之承認，對泰之外交只能做到拖一天是一天，但是必不改變我之基本原則，菲列濱[律賓]情況同樣可慮。革命者本來就是準備過一種孤單和痛苦生活。」失去泰國邦交以及因而必須解散泰北地區的武裝據點，更被小蔣視為退出聯合國以來所遭受到的最大打擊。[125]

雖然國府與東南亞鄰邦的外交畫下休止符，然而數十年來國府在各地所累積的人脈與合作基礎，讓台北得以在「實質外交」的概念下繼續推動與各國關係，蔣經國與泰國政壇重量級人物巴博之間的互動秘辛，可為台灣如何在外交孤立下運用舊人脈維繫實質關係，提供一個觀察的註腳。前述一九六三年起攜手主導泰國政局的他儂與巴博，在位時與兩蔣父子建立深厚友誼，一九七三年秋天曼谷爆發大規模的反政府運動，兩位軍事強人雙雙辭職下台，被迫流亡海外，他儂前往美國投靠女兒，巴博一家人則選擇台北作為避難所。[126]小蔣念及舊情，同意收容，雖知此舉必將帶來困擾，但他認為「我們中國人決不會在別人危難的時

121 錢復，《錢復回憶錄》，卷二，頁八二一—八二三。

122 馬英九口述，蕭旭岑著，《八年執政回憶錄》（台北：遠見天下文化，二〇一八年），頁三七五—三七六。

123 Memorandum from David Gries to Director and Deputy Director of Central Intelligence, Subject: Beginning of the Final Act on Taiwan Arms Sales, July 22, 1982, CIA/FOIA, no. CIA-RDP83B00551R000200030004-1.

124 汪士淳，《漂移歲月：將軍大使胡炘的戰爭紀事》（台北：聯合文學，二〇〇六年），頁三六六—三七三。

125 《蔣經國日記》，一九七五年五月十一日、六月二十八日。

126 George Katsiaficas, *Asia's Unknown Uprisings Volume 2: People Power in the Philippines, Burma, Tibet, China, Taiwan, Bangladesh, Nepal, Thailand, and Indonesia* (Oakland, CA: PM Press, 2013), pp. 306-308.

候，再來使其遭受到打擊」，蔣以國家利益為重，設法避免因提供政治庇護而觸怒泰國新政府，但處理此事時仍堅持「待人之道」，準備讓巴博住一段時間後，再勸其自動離去。[127]

不料巴博一家人在台北一待就是三年，直到一九七六年夏天才秘密搭機返回曼谷，臨行前卻因消息曝光，引發大批泰國民眾走上街頭抗議，眼見政局恐將再次動盪，巴博與家人在曼谷僅待了一星期，不得已又搭機回到台灣。半年後巴博時來運轉，終於獲准返泰，臨行前他由衷感念蔣經國在落難時伸出援手，承諾將在有生之年全力做出有利中華民國的事，以圖報答；由於其在泰國軍、政界早已累積雄厚的人脈與影響力，往後的日子裡，即使台、泰雙方已無正式邦交，每當國府要員訪問曼谷時，在巴博居間聯繫下，台方人士總能與泰國高層政要晤面，維持密切往來。[128]

長期負責國軍政治作戰業務的王昇，從七〇年代起在台灣與東南亞各國於軍事情報合作上所扮演的角色，也是蔣經國推動「實質外交」的具體呈現。王昇過去因執行向亞太鄰邦輸出政戰制度，加上深獲兩蔣父子的信任，而得以在各國建立充沛人脈，台灣外交處境艱困之時，他成了小蔣推動與各國之間地下外交的重要人選。一九七九年年底，菲律賓政府邀請時任國防部總政治部主任的王昇前往訪問，王在馬尼拉見到了包括馬可仕總統在內的菲國黨、政、軍要員，馬氏除了向蔣表達誠摯問候，還慎重地對王昇表示他與菲國人民堅決反共，絕不受任何國際政治的影響；言下之意，馬氏認為彼此邦交雖不復存在，但顧及雙方利益，仍希望強化與台灣實質的合作，至於哪方面的合作，則由王昇舊識、菲國防部長恩利爾（Juan P. Enrile）與保安軍司令羅慕斯（Fidel V. Ramos）等人進一步詳告；他們希望台灣提供菲國所需的武器彈藥裝備，並展開情報合作，共同對付大批經由香港輾轉進入菲律賓的中國大陸人士。菲國軍方除了強調台、菲重要戰略地緣關聯，也要求派人來台參加政戰學校「遠朋班」，強化該國部隊的政治作戰能力。[129]

一九八二年春天，王昇應馬來西亞政府之邀前往訪問，停留吉隆坡時與包括首相馬哈地（Mahathir bin

Mohamad）在內的軍、政與情報首長廣泛交流，如同菲律賓的馬可仕一般，馬哈地也告訴王昇，馬國雖與許多共產國家維持關係，然而彼此互不干涉內政，他坦言因主、客觀因素無法恢復與台灣的官方關係，但他認為所有合作皆可在不公開的情況下大力推進。當時盤踞在泰、馬邊境活動的馬共份子是馬哈地一大難題，雖然馬國軍方對叢林剿共作戰頗有心得，卻極缺乏正規作戰的訓練與動員經驗，亟欲向台灣借鏡取經，馬氏也請求王昇協助該國建立電子作戰系統，提供後勤與退役制度經驗，並希望台灣出售無線電通訊設備、砲座與砲彈等武器裝備。[130]

以上例子顯示，外交上沒有永久的敵人或朋友，也鮮有真正的道義，彼此之間的利益仍是亞太各國處理對台關係的最大考量。再以新加坡為例，蔣經國去世後，李光耀與繼任總統的李登輝曾維持數年友好的關係，但一九九四年之後兩人漸行漸遠，據說與當時新加坡欲主導由兩岸與星洲三方共同合資的船務公司有關，易言之，李光耀希望獨攬未來兩岸航運的經營權，但不被李登輝接受。誠如台北高層所言，李氏喜好穿梭於兩岸替台北向華府與北京傳話，然其所思考與關心的仍是如何在兩岸之間尋找新加坡自身的利益。[131]

越戰落幕後，東南亞情勢的演變讓各國必須選擇北京而棄台北而去，然而國府高層過往在這些國家所建立

127 《蔣經國日記》，一九七三年十一月六日；沈克勤，《使泰二十年》（台北：學生書局，二〇〇二年），頁四八—五六。

128 台、泰斷交後擔任駐泰代表長達十四年的沈克勤，在其回憶錄裡詳述其與泰國皇室以及政府高層之間的密切互動，而參謀總長賴名湯於一九七六年夏天訪泰時，也獲安排與泰王蒲美蓬暢談，彼此互動程度，不下於斷交前的規模。參見沈克勤，《使泰二十年》；賴名湯，《賴名湯先生訪談錄》，頁六〇四—六〇六。

129 〈王昇日記〉，一九七九年十二月十八日、十二月十九日、十二月二十一日，《王昇檔案》；「王昇訪問菲律賓經過報告」，附於「宋長志呈蔣經國」（一九七九年十二月三十一日），〈主任王上將訪問菲律賓專輯〉，同前。

130 「訪問馬來西亞報告書」，（一九八二年四月三日），〈主任王上將訪問泰國及馬來西亞專輯〉，《王昇檔案》。

131 李登輝受訪、鄒景雯採訪記錄，《李登輝執政告白實錄》（台北：成陽，二〇〇一年），頁三五五—三六二。

的基礎，卻也成為蔣經國設法打破孤立、推動有實無名的「實質外交」的重要資產，此種關係模式，相當程度上繼續影響著八〇年代以後台灣的亞太外交政策。

第三篇

本土化‧民主化‧民生建設‧兩岸關係

PART.3

第八章
蔣經國眼中的台灣、台獨、本土化與民主化

「[自澎湖]回到台北與妻兒聚首，此時此地見面，更有一番感慨，我們將要長期流亡了。」[1]

「我在台灣工作生活了三十八年，也可以講，我也是台灣人了。」[2]

一九八七年七月二十七日，已是風中殘燭的蔣經國在總統府以茶會款待來自全台各地十二位本省籍耆老時，脫口說出「我也是台灣人」，他儼然將台灣視為浙江奉化之外第二個故鄉。當他說出這段話時，台灣地區剛結束長達三十八年的戒嚴令，政府決定開放黨禁、報禁，逐步自威權體制走向民主化，短短三個月後蔣又宣布開放民眾前往大陸探親，為兩岸交流奠定重要的基礎。晚年蔣經國一連串重大的決策，加上七〇年代起他致力推行本土化政策，大量提拔與延攬本省籍菁英，又推動「十大建設」，加速台灣經濟起飛，這

1 《蔣經國日記》，一九四九年五月十八日。

2 漆高儒，《蔣經國評傳》，頁二五五；李登輝，《新・台灣的主張》（新北：遠足文化，二〇一五年），頁八七—八八。

些歷史記憶，讓他在去世多年後依然在台灣民間社會享有較高的歷史評價。

蔣經國推動政治本土化工程，最終讓台灣走出威權格局，無疑是一條漫長、曲折與艱辛的道路：國府播遷來台之初，小蔣以主持國安情治的工作起步，參與「白色恐怖」政治案件，穩定國民黨在台統治；七〇年代當他取代父親主掌國政時，遭逢中華民國失去外交舞台、國民黨正當性遭受嚴重弱化、海外台獨運動與島內反威權統治的聲勢高漲，諸多因素的交錯影響，讓小蔣開啟本土化與民主化的「潘朵拉之盒」。四十年間，從壯年到老邁，蔣經國的心路歷程與轉折為何？對於他生活大半輩子的台灣與島上佔絕大多數的本省籍民眾，他的內心如何理解與認知？國際社會的壓力對他處理省籍問題、台獨、政治本土化與民主化，又扮演何種因素？本章嘗試對如上問題，尋找可能的解答。

台灣：準備長期流亡的異域

一九四七年春天二二八事件引發的動亂逐漸平息後，蔣介石指派國防部長白崇禧前來台灣視察宣慰，蔣經國奉父命隨同前往，這是他生平首次接觸涉台事務。三月十七日中午時刻，白崇禧一行專機從南京飛抵台北松山機場，小蔣也在其中，自記「初來台灣，一切都感到新奇」，短短四十八小時台島初體驗的緊湊行程包括：視察三民主義青年團台北團部、召見三青團幹部學校留台校友、接受行政長官陳儀款宴、陪同白崇禧視察基隆要塞司令部等，公務之餘他參訪基隆古砲台，前往草山（今陽明山）享受溫泉沐浴，對山上百花盛開的美景盛讚不已，有感而發地稱這裡的「一草一木，都是台灣同胞的血淚」。[3]

此時陳儀因二二八事件向蔣介石提出辭呈並獲得批准，趁蔣經國來台之時，他不斷敦促小蔣接任長官公署改組後的首任台灣省政府主席，並急著透過小蔣向南京中央提交他所推薦的省府新人事名單。三月十九日，拗不過陳儀不斷催促，蔣臨時決定提前搭機返京，在向父親報告台灣之行時，他稱陳儀確實有心在台灣闖出一番事業，無奈手下素質參差不齊，而導致民怨一發不可收拾。對於陳儀在事件後遭各界撻伐而被迫離台，小蔣頗同情其際遇，並感慨這充分證明了「政治是不留情面的」；小蔣對於來台工作毫無意願，卻無端被捲入台灣省政府主席繼任人選的爭議，他只能自認倒楣，並以「何其不幸」來形容當時處境。[4]

此後兩年內，中國大陸各地兵連禍結，國事如麻，處於邊陲一隅的台灣，並非蔣經國關注的焦點；到了一九四九年春天，隨著國共內戰進入最後階段，國民黨統治瀕臨全面潰敗，已下野回到奉化故里的蔣介石，認真考慮將一水之隔的台灣作為最後權力的根據地，蔣經國也著手將妻小送往台北安置。四月二十日，國共和談破裂，翌日解放軍大舉渡長江，攻佔首都南京，鑒於故鄉安危已受威脅，三天後小蔣把妻子與四名子女送上一架專機，由浙江飛往台北「暫住」，他自記當天並未送行，「蓋有所不忍也」，此時蔣根本料想不到，此一「暫住」竟然就是四十年漫長歲月。[5]送別妻小後的一個月時間裡，蔣隨侍父親往來奔波於上海與舟山群島之間，督導國軍滬杭甬保衛戰。五月十七日傍晚，兩蔣父子自舟山抵達澎湖，當晚小蔣迫不及待從澎湖飛台北與家人短暫團聚，這也是他生平二度踏上台灣本島。鑒於大陸局勢急遽惡化，台灣可能成為小蔣一家人最後落腳處，在台北見到蔣方良後，夫妻都無限感慨，並有心理準備將在此島「長期

3　《蔣經國日記》，一九四七年三月十七日、三月十八日。

4　《蔣經國日記》，一九四七年三月十九日。陳儀希望蔣經國接任台灣省主席之經過，另參見張炎憲等著，《二二八事件責任歸屬研究報告》（台北：財團法人二二八事件紀念基金會，二〇〇六年），頁一三一—一三三；陳儀深，《拼圖二二八》（台北：財團法人二二八事件紀念基金會，二〇一九年），頁一五九—一六二。

5　《蔣經國日記》，一九四九年四月二十四日。

流亡」了。[6]

一九四九年春、夏之際，隨著兩蔣父子在台灣與澎湖停留的時間日益頻繁，他們對於這塊二次戰後從日本人手中收復的陌生島嶼省份，也開始有較多近距離的觀察。五月二十五日小蔣陪同父親自馬公抵達高雄，下榻西子灣壽山上的高雄要塞司令部，此處背山面海，氣勢磅礴，四周林木茂益，百花盛開，他不禁讚嘆「如畫美景，思樂土也」，只不過一想到此刻解放軍可能已進逼故鄉奉化，祖先墓廬恐怕已被共產黨侵擾，如今他在海峽另一端的高雄目睹此美景，只覺「徒增感傷耳」。在壽山上，小蔣想到父子兩人這段時間居無定所，「來來去去，似無家可歸之人，心情不安定之甚矣。」[7]六月中旬，父子倆前往台灣最南端的恆春半島一遊，當抵達屏東車城一帶的四重溪時，小蔣眼見此處四面環山，山中有溪流，景色與大陸江南山水甚為相似，因此心中有感而發，稱此美景「使流亡者無限故國河山之感」，在附近村落走動小坐時，他注意到恆春當地民眾「業農漁，簡樸勤勞，飲食與生活習慣與內地大不相同，有置身異域之感」。翌日清晨，他在村中散步，看見男女老少一起床就忙著工作，一股慚愧之心竟油然而生，「自問只是消費而不事生產，無異是寄生蟲。」[8]

初來台灣與澎湖，兩蔣父子簡直是一對來到異鄉的陌生人，在澎湖馬公逗留時，當地人聽不懂江浙口音，最後還得勞駕蔣介石開口講日語，才能與對方溝通。[9]蔣經國陪同父親探訪各地民情之餘，不免也思考台灣的政治問題：二二八事件後，國民黨對台籍人士強力鎮壓，讓許多飽受驚嚇的本地菁英從此噤聲，不敢也不願再觸碰政治，遊歷南台灣各地時，小蔣內心焦慮：「本地人根本不願與問政治，對國事不關痛癢，大好山海，難道又將斷送吾人之手乎？」[10]隨著國民黨在中國大陸江河日下，敏感的小蔣注意到本省人對外省人流露出鄙視的心態：佇留馬公時，看見當地海水浴場亭子裡的牆上被民眾寫下「中國人是豬」五個大字，令他既慚愧又難受。[11]目睹日本殖民統治時的各項成就，小蔣自承為國民黨所不能及；從澎湖飛往台北與家人小聚時，座機曾短暫停留新竹機場，眼見此座日本人所建造的機場規模竟是如此龐大，他有感而發：「在台灣各地，處處可以看見日本人之用心，自問實在太慚愧了。」[12]此類感受並非單一個案，數年後蔣經國視察嘉南大圳，面對這座當時東亞規模最大的水利工程時，他對總設計師八田與一（Hatta Yoichi）流露出欽佩之意，並把這位日本人的身世研究了一番，在日記裡寫道嘉南大圳「開始設計的時候，他是卅一歲，工程完成之時是四十一歲，此種毅力、決心和智慧，實足為青年之模範。」[13]儘管情感上有濃厚的仇日情結，然而小蔣並不否認日治時期日人對台灣基礎建設的貢獻。

二二八事件後，一部分台籍人士開始推動以獨立建國為目標的政治運動，指標性人物如出身雲林西螺的廖文毅、廖文奎兄弟，他們於該年（一九四七）秋天在香港籌組「台灣再解放聯盟」，呼籲台灣先交聯合國託管，再由島民決定未來前途。一九五〇年，廖文毅東渡日本組織「台灣民主獨立黨」，並於一九五六年二月二十八日在東京成立「台灣共和國臨時政府」，自兼大統領，被奉為二次戰後台獨運動的先驅。[14]另一部

6 《蔣經國日記》，一九四九年五月十八日。

7 《蔣經國日記》，一九四九年五月二十五日、五月二十日。

8 《蔣經國日記》，一九四九年六月十四日、六月十五日。

9 朱秀娟訪談、陳秋美編輯，《點滴在心頭—四十二位身邊人談二位蔣總統》（台北：天下文化，一九九五年），頁七六。

10 《蔣經國日記》，一九四九年六月十八日〈上星期反省錄〉。

11 《蔣經國日記》，一九四九年五月二十八日〈上星期反省錄〉。

12 《蔣經國日記》，一九四九年五月十九日。

13 蔣經國還自記：「在第二次大戰中，八田易山[與一]在赴海南島船上被美機炸死，其妻聞訊之後，即在嘉南大圳送水處自殺，此亦值得記之。」參見《蔣經國日記》，一九五三年二月三日、二月四日。

14 陳銘城，《海外台獨運動四十年》（台北：自立晚報社，一九九二年），頁二一三；陳佳宏，《台灣獨立運動史》（台北：玉山社，二〇〇六年），頁一六八—一七七。

分台籍人士則把對國民黨的憤怒失望轉化為對中國共產黨的支持，他們充滿理想，滿腔熱血，願為台灣光明燦爛的前景犧牲奉獻。一九四九年前後，這批人當中有些前往大陸與中共合作，爭取「台人治台」，有些加入中共在台地下組織，進行長期抗爭，有些則轉入台灣山區進行武裝游擊戰，但不論支持台灣獨立、託管自決、或政治立場轉為「左翼」親共，五〇年代眾多與國民黨政治立場迥異的台籍菁英，皆成為當局搜捕與整肅的對象。[15]

此刻國府遭到美政府拋棄，面臨生死存亡的關頭，來到台灣後再無退路，如何協助父親穩定政局，防範敵對勢力從內部進行分化，成了蔣經國首要任務；對於持不同政治立場的個人或團體，皆採高壓的手段對付之，在國府遷台後前五年白色恐怖的高峰時期，據統計有高達四、五千人被處死，另有同樣數目的人被判處十年以上有期徒刑或無期徒刑，這其中確實有一部分隸屬中共「台灣省工作委員會」或其他地下秘密組織，企圖瓦解國民黨統治，然而也有眾多無辜受害者，在肅殺的政治氣氛中以「匪諜」論罪而蒙受冤枉。[16]來到台灣後相當長一段時間裡，蔣經國對本省人的認知與觀感，無可避免會從國安業務、鞏固其父領導威信的角度出發，可以想見，他對台籍人士的印象必然無法完全正面，而且不時夾雜著猜疑與同情等複雜情緒。

爬梳蔣經國日記的內容，吾人無從知悉他在執行冷酷的政治整肅過程中，是否曾清楚辨析那些被國民黨視為「匪諜」而肅清的大批台籍人士當中，其實各有不同的政治意識、理念與認同，無法一概而論，也許在鞏固政權與穩定內部高於一切的前提下，這類問題皆屬次要。一九五一年四月十四日，當情治機構仍在各地大肆搜捕「匪諜」之際，小蔣出席剛成立的「台灣青年文化協會」所舉辦的座談會後，他寫下感想：「在會場上聽了許多真正台灣人所講的話，在過去我們對台灣人的工作好像是在『空摸』，台灣人的不滿內地人的意見，是值得注意、反省和警惕的，總之我們離開群眾太遠了，亦可以說離開生活太遠了。」[17]雖然蔣私下承認政府對本省人的瞭解不夠，但在當時政治氛圍下，除了繼續雷厲貫徹清共、肅共政策外，他鮮有其他選擇。該年夏天國府破獲蔡堯山組織案、古瑞明案、金瓜山地下組織案、桃園「新民主主義青年團」等政治案件，數百人遭逮捕與槍決，絕大多數是台籍青年，小蔣感慨：「最近所破獲的匪諜多是年輕的台灣人，為這批青年而非常可惜，他們可能是為了救國的一般熱情，而結果走入歧途，我們未能教育他們，不能不說應負責任。」[18]縱使蔣經國心理上憐憫這些台籍青年，然而他顯然並未對國府執行這些政治案件的合理性提出質疑。

「雷震案」中的台籍政治人物

隨著大批台籍異議人士因白色恐怖而消失於政治舞台，在黨國體制內運作的本土反對勢力，逐漸與出身

15 葉石濤，《一個台灣老朽作家的五〇年代》（台北：前衛出版社，一九九一年），頁八六—八八；藍博洲，《尋訪被湮滅的台灣史與台灣人》（台北：時報文化，一九九四年），頁一三九—一六一；蘇瑞鏘，《白色恐怖在台灣：戰後台灣政治案件之處置》（台北：稻鄉出版社，二〇一四年），頁七二—一〇二。

16 此方面研究參見藍博洲，《白色恐怖》（台北：揚智出版社，一九九三年）；張炎憲、陳美蓉主編，《戒嚴時期白色恐怖與轉型正義論文集》（台北：吳三連台灣史料基金會，二〇一〇年）；陳銘城主編，《秋天的悲鳴：白色恐怖受難文集》（新北：國家人權博物館籌備處，二〇一二年）；Sylvia Li-chun Lin, *Representing Atrocity in Taiwan: The 2/28 Incident and White Terror in Fiction and Film* (New York: Columbia University Press, 2007), pp. 1-15.

17 《蔣經國日記》，一九五一年四月十四日。

18 《蔣經國日記》，一九五一年十一月三十日〈上月反省錄〉。有關此一時期諸多政治案件的研究，另參見邱國禎，《近代台灣慘史檔案》，頁二三四-二四三。

國民黨、與蔣介石唱反調的外省籍自由派人士為伍，攜手推動民主化運動，這些政治人物也成了蔣經國的眼中釘，「雷震案」即是一例。雷震祖籍浙江，一九二八年進入國民政府服務，抗戰結束後當選國大代表，並曾短暫入閣擔任行政院政務委員。國府遷台後，雷震在教育部長杭立武支持下創辦《自由中國》雜誌，成為大陸來台自由派人士重要的發言管道。一九五四年該刊物登載一篇文章，嚴詞批評蔣經國所創辦的青年反共救國團嚴重干擾學校教育，雷震因而遭國民黨開除黨籍，此後該份刊物「反動」論調節節升高，公然提倡軍隊國家化、選拔總統繼任人才及確立內閣制，雷震本人還高唱反攻大陸無望論，並公開主張成立反對黨，以制衡國民黨一黨獨大。[19]

一九五八年，雷震與兩度以黨外身分當選台北市長的高玉樹，以及台灣省議會本省籍議員郭雨新、李萬居、吳三連等人共組「中國地方自治研究會」，但遭國府當局阻撓禁止，不久後這群跨省籍政治人物公開反對蔣介石於一九六〇年「違憲」競選總統三連任，並支持副總統陳誠出馬。他們與陳誠身旁人士過從甚密，讓「護父」心切的蔣經國決定先下手為強，提前讓美中央情報局駐台人員知悉，無論如何他父親一定會繼續保持元首的職位，還私下痛批陳誠內閣為「討好內閣」：討好台灣人、討好民主人士、討好美國人，「討好是自私的弱者之所為也，必遭失敗。」[20]

這一群跨省籍菁英認定毫無實現可能的「反攻大陸」國策，已成為台灣推行民主化的障礙，因而決定透過「組黨」來打破沉悶政局。然而，看在蔣經國眼中，本土政客以代表台灣民意自居，不時向老美告洋狀，控訴國民黨專制獨裁，並與挑戰父親地位的外省人士聯手，實在令人難以忍受。[21]一九六〇年春天國民大會籌備總統選舉之際，鄰邦南韓政局陷入動盪，老美公然支持反對勢力，導致李承晚下野流亡海外，小蔣多次在日記裡憂心韓國政潮恐將鼓舞台、港兩地的「反動份子」，影響台灣政局的穩定，他斷言：「反動派認為有機可乘，必將起而對抗我政府，吾人無論在消極（拆散反動力量）或積極方面（改革政治、加強民眾組織），皆應有所準備。」[22]

一九六〇年春天，蔣介石最後以修改《動員戡亂時期臨時條款》部分條文的方式連任總統，並且打破任期限制，此一結果也加速跨省籍政治人物的結盟。四月下旬，台灣縣市長與省議員選舉結束後，雷震與李萬居、高玉樹等人立即宣布組織「地方選舉改進座談會」，跨出籌組新政黨的第一步，隨後在全台各地舉辦巡迴座談會，聲勢浩大，與執政當局呈劍拔弩張之勢。[23] 由於該次選舉有不少非黨籍台人高票當選，蔣經國反省國民黨必須適應新的政治環境，作法上應採取「外鬆內緊」的原則，面對台籍政客，他自忖「不可用壓迫的方式來解決問題，但亦決不可以為遷就即可了事。」[24]

或許蔣經國此種心態發揮一定的作用，抑或是國府當局仍需顧慮國際觀瞻，對民選議員有所忌憚，因此當該年九月四日警備總部突然以叛亂罪將雷震與《自由中國》編輯傅正等人逮捕時，並未將同樣參與籌組反對黨的高玉樹、郭雨新、李萬居等台籍人物一併法辦，而李萬居在「雷震案」爆發後公開聲稱，國民黨的作法是「威嚇大陸人今後不敢與本省人合作搞政治運動」，他堅持這種手段「嚇阻不了大陸人與本省人共

19 馬之驌，《雷震與蔣介石》（台北：自立晚報社，一九九三年），頁六〇—六二；任育德，《雷震與台灣民主憲政的發展》（台北：國立政治大學歷史學系，一九九九年），頁五二—九七。

20 《蔣經國日記》，一九五八年七月二十六日〈本星期預定工作課目〉；CIA Central Intelligence Bulletin, top secret, May 9, 1959, CIA/FOIA, no. 03153740.

21 《蔣經國日記》，一九五九年一月二十三日。

22 《蔣經國日記》，一九六〇年五月五日。

23 雷震，《雷震回憶錄之新黨運動黑皮書》（台北：遠流出版，二〇〇三年），頁三八—四八；李筱峯，《台灣民主運動四十年》（台北：自立晚報社，一九八七年），頁七四—七八。

24 《蔣經國日記》，一九六〇年四月二十八日、五月十四日。

同攜手合作，以推進民主愛國的運動」[25]。誠如當時西方駐台外交官的觀察，「雷震案」引爆島內民眾對國民黨的憤怒，讓在東京消沉多時的廖文毅與其所領導的台獨團體聲勢回漲，間接引爆隔年美政府有意核發廖文毅簽證的外交風波。[26]更重要的是，國民黨於「雷震案」抓外省人不抓本省人的結果，讓往後台灣的民主運動幾乎成為本省籍人士的一項專利，奠下台灣「民主運動」幾乎等同於「台獨運動」的總根源。

在此必須指出，蔣經國所督導的特務機關在「雷震案」中未對本土菁英動手，絕非出於他對這些人物的尊重，私底下他對高玉樹、李萬居等人的評價惡劣，除把這批人冠上「反動派」帽子外，還認定他們「存心企圖藉外力以奪權」。[27]在民主、法治與人權仍遙不可及的威權統治年代裡，小蔣把此一跨省籍反國民黨的政治結盟批評得一無是處：「海外少數政客與台灣之流氓地痞，相互利用，目前在企圖組反對黨，辦刊物，叫『民主』口號，掛『自由』招牌，從事於反政府的活動。」他視這些台籍人物為「共匪的卑賤幫凶」，認定「此批政客必將不斷的攪」，而且「政客不死，禍根不止。」[28]雷震與傅正被捕入獄後，小蔣嘲諷高玉樹、李萬居等人「唯利是圖，無惡不作，卑鄙下流」，稱他們打算以反對黨領袖自居，「實在是一種笑話，是一種罪惡。」[29]在得知海外媒體竟然讚美高、李等人為「民主鬥士」時，蔣甚為憤怒，無法理解何以「小人流氓」被捧為全民愛戴的鬥士，感慨：「此種論調，有人言之，亦有人信之，嗚呼！這即是所謂『今日的輿論』？」[30]

此時國府當局不抓本省人，或許是認定雷震等外省籍人士入獄後，台籍政客將無法再成氣候，而當時不少政壇重量級人物，如陳誠與中央研究院院長胡適等，都或明或暗地鼓勵著這些反對派人物，讓兩蔣父子有所顧忌。美方解密檔案揭示，一九六〇年秋天胡適向美大使莊萊德透露，他已和高玉樹、李萬居等人秘密會晤，晤面之前胡適曾向陳誠請示機宜，陳誠透過胡適告誡高、李等人「不要衝太快」，應設法爭取民社黨與青年黨等外省政治團體的支持。美大使則警告胡適，儘管華府認為國民黨正致力於建立一個較為開明的形象，但蔣介石絕不可能坐視反對黨公開成立，挑戰其領導威信，在美方看來，這是老蔣身為最高領導人一道不可被跨越的政治紅線。[31]

身為局外人的老美，有時似乎比一些台籍政治人物更能看透兩蔣父子的心態。對蔣經國而言，處理省籍問題時，一切都以鞏固父親的領導威信為優先考量，而兩蔣父子在處理「雷震案」時對台籍菁英的相對寬容的態度，更在短短一年後隨即消散；一九六一年夏天，國府逮捕嘉義縣民張茂鐘與雲林縣民詹益仁，兩人被控密謀佔領南台灣保警與軍事要塞，控制地方電台，伺機發動武裝革命推翻國民黨統治，為確保起義成功同時壯大聲勢，兩人秘密爭取雲林縣議員蘇東啟支持，最後卻因為事機洩漏而被捕。[32]案發後，一些國民黨人士擔心此案恐將再次引發政治風波，因而主張緩辦，然而小蔣獨排眾議，堅持嚴懲，最後警備總部一口氣逮捕三百餘人，規模之大和牽連之廣，是國府遷台後最重大的政治案之一，連外國駐台外交人員都

25 李筱峯，《台灣民主運動四十年》，頁八一—八二；U.S. Embassy in Taipei to State Department, Subject: Political Review: July-September 1960, November 1, 1960, no. 793.00/11-160, *USSD 1960-1963 Internal*, reel 2.

26 FO 371/165106 FCN1011/1, Formosa: Annual Review for 1961, enclosed in British Consulate in Tamsui to Foreign Office, January 31, 1962.

27 《蔣經國日記》，一九六〇年三月八日。

28 《蔣經國日記》，一九六〇年六月十一日〈本星期預定工作課目〉。

29 《蔣經國日記》，一九六〇年九月十五日。

30 《蔣經國日記》，一九六〇年十月二十一日。

31 Everett F. Drumright to State Department, Subject: General Discussion with Dr. Hu Shih, November 15, 1960, no. 793.00/11-1560, *USSD 1960-1963 Internal*, reel 2. 此方面討論可參見劉熙明，〈蔣中正與蔣經國在戒嚴時期「不當審判」中的角色〉，《台灣史研究》，六：二（一九九九），頁一三九—一八七。

32 林樹枝，《白色恐怖X檔案》（台北：前衛出版社，二〇一〇年），頁一九〇—二一一。

為之側目。[33]

建立新形象

自六〇年代起，蔣經國對台籍人士的觀感及實際應對，與兩個因素密不可分：一是美政府開始關注本省人未來的政治動態，亦即華府對台政策開始出現微妙的風向轉變，二是小蔣本人從幕後走向台前的轉折。一九六一至六二年間，蔣介石欲利用中國大陸發生饑荒而發起軍事行動，但遭甘迺迪總統無情的壓制，這也使他想借美國之力反攻復國的希望益加渺茫；對華府而言，以外省人為主體的國民黨政府重回大陸的可能性越來越小時，那麼人口佔絕大多數的本省籍民眾，其未來動向便值得密切關注。如前所述，一九六一年夏天美政府一度決定核發廖文毅的入境簽證，儘管國務院在最後一刻剎車，避免與蔣介石決裂，然而不少觀察家皆將此視為美方改變對台政策一項試探性的舉措。[34]

在蔣經國的認知裡，自一九四九年起美方便暗中鼓動本省勢力挑戰國民黨，不論以「民主化」之名與各方人物暗通款曲，或是「包庇縱容」當時美國境內剛萌芽的台獨運動，這些傷害國府的舉措未曾歇止。儘管如此，一九六四年對兩蔣父子而言仍屬極不尋常，該年伊始，日本首相池田勇人積極尋求改善與中共的關係，台、日外交幾乎破裂，法國政府也決定承認北京、與台北斷交，接著又發生湖口裝甲兵事件，一連串內外打擊讓台灣民心士氣跌入谷底。[35]受國民黨刻意栽培、曾是國立台灣大學史上最年輕正教授與系主任、獲得「十大傑出青年」榮銜的台籍菁英彭明敏，與他的學生謝聰敏、魏廷朝在思索台灣困境與未來出路後，決定發表《台灣人民自救運動宣言》，主張一千二百萬人民不願接受共產黨的統治，而蔣介石政權既不能代表中國，又不能代表台灣，甚至不能代表國民黨，他們呼籲本省與外省人團結一致，共同建設一個新國家，成立新政府，實行真正的民主政治，重新申請加入聯合國並與所有愛好和平的國家建交。此份宣言草稿完成後，在印製過程中遭印刷廠老闆密告，該年九月彭、謝、魏三人遭警備總部以叛亂罪逮捕，翌年初分別被判處八年至十年有期徒刑。[36]

「彭案」發生後，蔣經國主觀認定此案又是老美在幕後煽動本省人反對國民黨，然而他的猜疑並非無的放矢；該年（一九六四）稍早，自美考察歸來的國防部法規司長梅可望告訴小蔣，他在美國時曾聽聞聯邦調查局內部正流傳一種說法：華府利用「學生」推翻南韓的李承晚，利用「和尚」推翻南越的吳廷琰，現在正準備利用「台灣人」來推翻蔣介石，這番生動的描述令小蔣心生警惕，認為「此乃一種警告，吾人應有所警覺，亦必須有所準備。」[37]小蔣也注意到，此時美國朝野人士比以往任何時候都還要關注台灣的「省籍」問題，認為過去老美談論的話題總是圍繞在台灣是否會成為「警察國家」、蔣經國是否與中共謀和，而近來

33 《蔣經國日記》，一九六一年十月二日；U.S. Embassy in Taipei to State Department, Subject: Su Tung-chi Case, January 11, 1962, no. 793.00/1-1162, *USSD 1960-1963 Internal*, reel 5.

34 廖文毅赴美所引發的爭議，以及華府內部有關對台政策轉變的討論，反映在以下文件：Drumright to Dean Rusk, June 21, 1961, no. 793.00/6-2161, *USSD 1960-1963 Internal*, reel 4; U.S. Embassy in Taipei to State Department, Subject: Political Review: April-June 1961, August 7, 1961, no. 793.00/8-761, ibid; State Department memorandum of conversation, Subject: Thomas Liao, September 20, 1961, no. 793.00/9-2061, ibid

35 CIA National Intelligence Estimate, Number 43-64, "Prospect for the Government of the Republic of China," March 11, 1964, CIA/FOIA, no. 0000014178; FO 371/175980 FCN1015/4, British Consulate in Tamsui to Foreign Office, March 14, 1964.

36 彭明敏，《自由的滋味：彭明敏回憶錄》（台北：前衛出版社，一九九五年），頁一三五—一三六；王育德，《台灣・苦悶的歷史》（台北：自立晚報社，一九九三年），頁二一三—二一四。

37 《蔣經國日記》，一九六四年六月十日。聽聞台灣人可能起義推翻蔣家統治的謠言後，蔣經國的感想是：「治台最重法紀，法行而後知恩，有恩而法不彰，反啟本省人之反感與輕視。」參見《蔣經國日記》，一九六四年六月二十日〈本星期預定工作課目〉。

論調則轉為本省與外省人的互動關係，以及台灣人是否反抗外省人。九月中旬，農復會委員蔣彥士自美歸來後又面告小蔣，當他拜訪艾森豪時，這位過去相當支持蔣介石的美國前總統，竟然大多數時間都在向他探詢本省人和外省人之間的微妙關係，小蔣認定美方關注此議題「一定是不懷好意」，他還聽聞當時民間流傳一些偏激與怪異的論調，譬如稱台灣人民「有一天會在中山堂公審蔣氏全家」、「將來蔣經國想逃亦逃不掉，一定會從飛機場捉回來」，小蔣驚訝此類言論竟也能傳到他耳裡，他雖不願多加揣測與理會，然而「此時此地總有人在作如此想，可不知之乎？」[38]

警備總部將彭明敏等三人拘捕的消息傳出後，立即引發海內外廣大的關注，彭在《自救宣言》裡的主張與籲求，隨後引來美國務院對台灣法理地位、「兩個中國」與「一中一台」等構想的區別及利弊得失進行深入剖析，儘管美方檯面下對台灣地位的研究，並未立即反映在官方政策上，不過對於台灣未來情勢研判過程中「本省人」所扮演的角色，儼然已成為美方思考的重點。[39]「彭案」的發生除了讓小蔣痛恨美國「積極煽動本省人反對政府，其言論非常露骨，其行動亦很具體」，更令他對本省人的負面觀感油然而生；思索彭明敏十餘年來受國府刻意栽培，如今竟然有此主張，他不禁有感而發，認為許多台籍菁英已在政治上獲得顯著的地位，而且在經濟上擁有財富，卻往往對政府「陽奉陰違」，這些人物在緊要關頭，除了極少數忠貞人士外，其餘多不可靠，小蔣提醒自己，面對台灣人必須保持謹慎，否則將出現「判斷上的錯誤」。[40]

儘管蔣經國骨子裡對台籍人士保持高度警惕，甚至有所猜疑，然而當他逐漸脫離情報工作，從政治幕後走向台前、為日後接班而鋪路時，他也必須開始留意自己的公眾形象；易言之，不論小蔣本人喜歡與否，努力經營、打入本省籍社群，贏得廣大民眾的支持、信任與好感，已成了一門必修的課目。爬梳其日記內容，六〇年代起他確實開始注意自己在台灣人心目中的形象；一九六三年秋天，蔣經國與一位名叫劉衍的留美學生晤談時，得知某些「反動」留學生在海外台灣社團散布流言，稱他在二二八事件後自南京來台，指揮屠殺台灣人達十萬人之眾，劉衍坦白告訴蔣，此種惡意的宣傳已在北美各地逐漸發酵，小蔣聞後極為懊惱。[41]

翌年春天，蔣經國讀到美國《紐約時報》記者竇奠安（F. Tillman Durdin）一篇發表於一九四七年春天有關二二八事件的舊報導，內容提到事件發生後，南京派兵來台鎮壓，估計有一萬名以上的台灣人遭殺害。[42]檢視該篇報導的原文內容，並沒有隻字片語提及小蔣，然而他卻自記這位「反動記者」在報導中寫道，事件發生後，「蔣經國立即來台，決定採取報復政策，殺了一萬多台人。」小蔣回憶當年他奉命隨白崇禧來台撫慰，並向行政長官陳儀轉達應以寬大的態度對待台人，不可報復，而該篇報導內容卻與事實相反，他自認：「事隔多年，我幾乎已將此事[指小蔣勸陳儀應對台人寬大為懷一事]忘記，而敵人則用此事以作惡毒之反宣傳，造成台人恨蔣經國之空氣，由此亦可看出敵人的『細心』以及存心之惡。」[43]鑒於小蔣的英文閱讀能力有限，吾人無法知悉其所讀的究竟是何種譯本，但從此件小事可知，他極為在意外界如何看待他與本省人關係，如何設法改善台人心目中對他的印象，已成為蔣經國一個嚴肅的課題。

綜觀整個六〇年代，蔣經國自記他曾兩次參與本省人社團的活動，並留下深刻的印象；一九六一年九月

38 《蔣經國日記》，一九六四年九月十二日〈上星期反省錄〉。

39 State Department memorandum, Subject: "Two Chinas" Versus "One China, One Taiwan," November 25, 1964, NARA, RG 59, Records of the Department of State, Bureau of East Asian and Pacific Affairs, Subject Files（1951-1978）, Lot File 75D76, POL 32-1.

40 《蔣經國日記》，一九六四年九月二十七日、十一月二十一日〈本星期預定工作課目〉。

41 《蔣經國日記》，一九六三年十月二十六日〈上星期反省錄〉。

42 竇奠安與其妻佩姬・竇奠安（Peggy Durdin）對台灣暴動所刊出的幾篇報導，成為西方媒體披露「二二八事件」之始，參見 "Formosa Killings are put at 10,000," *New York Times*, March 29, 1947, p. 4; "Terror in Taiwan," *The Nation*, May 24, 1947.

43 《蔣經國日記》，一九六四年七月四日〈上星期反省錄〉。蔣經國在日記裡稱竇奠安為「竇丁」。

二日，他應名婦產科醫生徐千田之邀，前往徐的故鄉台南縣佳里鎮（今台南市佳里區）晚宴，當天餐會完全依照本省風俗來安排，他對所見所聞「雖感新奇，但人情味甚重，令人有親切之感，此乃我中國人的良好傳統之表現也。晚餐非常豐富，為一生來所少見，亦可以說從來沒有吃過如此講究的酒席，今後亦恐不易吃到了。」總結當天活動的心得，蔣自認「多交台籍朋友是有益處的」。[44]一九六六年農曆新年過後不久的某個週六，時任國防部長的小蔣應台籍少將師長陳守山之邀，出席台北大稻埕陳氏家族年度大拜拜的宴客，他自記這是來台十六年後的初次體驗，並再次感受到「能和本省人多來往，無論在情感與政治方面，都是有益處的」。[45]為了更深入理解台灣這塊土地，小蔣花了一番功夫自修台灣史，詳讀由古蹟史專家林衡道所監修的《台灣歷史百講》，自認「不但知道了許多從前不曉得而很有意義的事實，而且更進一步的瞭解和認識台灣歷史是一部血淚鬥爭史」。[46]

為了拉攏台籍菁英並扭轉「特務頭目」的形象，蔣經國可謂用心良苦；一九六一年春天，東京「台灣共和國臨時政府」在台地下組織被情治單位查獲，翌年初，同樣由廖文毅創立的「台灣民主獨立黨」在台地下工作委員會也遭破獲，廖的眾多親友皆遭軍法審判。[47]此時小蔣出面招撫，透過行政院政務委員蔡培火、台灣省議會議長黃朝琴、國民黨中央黨部副秘書長徐慶鐘與總統府資政丘念台等台籍人物，積極勸說廖文毅放棄台獨返回故鄉，又透過調查局向廖喊話，只要他肯回來，保證無條件釋放其親友，歸還所沒收的財產，並給予適當的職務與地位。此種心理戰逐步發生效果，一九六五年五月十四日廖文毅自東京搭機返台，離開日本前他發表聲明，「決心放棄台灣獨立組織活動，響應蔣總統反共建國聯盟號召，劍及履及，離日返台，貢獻所有力量。」[48]台北盛大歡迎廖的「悔悟歸來」，蔣介石親自召見，安排他出任曾文水庫建設委員會副主任委員，投入故鄉的基礎建設，而廖的歸來也帶給海外台獨運動沉重的打擊，隨後其他以日本為根據地的台獨人士如鄭萬福、吳振南等人紛紛回台，可見國民黨的宣傳起了極大的效益。[49]

從蔣經國如何對待《自救宣言》案幾位主角的幕後插曲，吾人可進一步窺知他多麼盼望能以開明懷柔的形象，來取台籍菁英的好感。一九六五年二月間，彭明敏、魏廷朝與謝聰敏三人入獄服刑，當時正值農曆春節，小蔣得知魏廷朝向來侍母至孝，但在監獄裡無法返家省親，於是他便暗中派人將一千元台幣送交魏母手中，不料此事被傳出去，引發一陣爭議，小蔣自問此舉完全是出於同情心，然部分政壇人士卻將他這番好意視為對台籍人士「政治收買」而加以抨擊，「余對此並未作任何辯白，一切知之於心，足矣。」[50]此刻蔣的心裡明白，以台灣內部政治而言，「如何消除本省人對政府之若干誤會，最為重要。」為了收拾民心起見，蔣認為國府應思考「大開言路，使有意作祟、混水摸魚、危言聳聽之政客買辦，無以用其伎倆，並以安定軍心為當務之最急。」[51]

在國際輿論壓力下，國府當局於同年（一九六五）秋天允許彭明敏特赦出獄，魏、謝兩人也各減刑一半，

44 《蔣經國日記》，一九六一年九月二日。

45 《蔣經國日記》，一九六六年一月二十九日、二月一日。參加陳氏家族宴五個月後，蔣經國思考未來國防部業務發展時，首次提到應多提拔本省籍優秀青年幹部，並稱「可加以逾格提拔，而起示範作用。」參見《蔣經國日記》，一九六六年六月十八日〈本星期預定工作課目〉。

46 《蔣經國日記》，一九六六年六月十一日。

47 林樹枝，《白色恐怖X檔案》，頁二一七—二二〇。

48 李世傑，《台灣共和國臨時政府大統領廖文毅投降始末》（台北：自由時代出版社，一九八八年），頁二九〇—二九三；楊天石，《找尋真實的蔣介石：蔣介石日記解讀（四）》（香港：三聯書店，二〇一七年），頁三五八—三六〇。

49 陳佳宏，《台灣獨立運動史》，頁一七七—一八〇；陳銘城，《海外台獨運動四十年》（台北：自立晚報社，一九九二年），頁九一—一一；Gary M. Davison, *A Short History of Taiwan: The Case for Independence* (Westport, CT: Praeger, 2003), pp. 82-83.

50 《蔣經國日記》，一九六五年三月三十日。

51 《蔣經國日記》，一九六五年二月二十一日。

彭被釋放後，可以在台灣各地行動並自由會客，但無法回台灣大學任教，其行動也遭嚴密監控。翌年四月二十三日，彭突然被告知將獲蔣經國召見，他在回憶此段經歷時寫道，小蔣由時任行政院青年輔導委員會委員的李煥陪同，在救國團總部裡接見他。當彭快走進小蔣辦公室時，他透過玻璃窗瞥見蔣特地從座位上站起來，小心翼翼整理衣領，雙方握手寒暄後，蔣非常親切地問候彭的家人，閒話家常，並稱：「很多人都非常關心你。」又問他：「有沒有什麼困難？有沒有什麼我們可以幫忙的？」當彭回答希望能夠再回到台大教書時，小蔣臉上閃過一絲尷尬，轉向李煥問道：「有沒有與錢（思亮）校長談過？」同樣面露尷尬的李煥支吾其詞，連忙說：「我們會與他商量這件事。」[52]

蔣經國在同一天日記裡對此次晤談的經過僅有三段話：「接見台獨案之主要犯彭明敏，談談一般問題，在政治運用上似有收穫。」[53]蔣顯然把和彭的會面視為政治上拉攏台籍菁英的一環，並自認頗有收穫，彭本人即不諱言，這三十分鐘輕鬆且不拘束的談話讓他內心感受很複雜：「蔣經國本人似乎遠不如其照片所給人的印象那麼粗鄙，他的談吐頗帶溫暖，這在其父親唐突陳腐的問話中是找不到的。」他坦承小蔣的作風平實，讓人感覺是一位比較有誠意的政治人物。[54]一九七二年夏天彭明敏的英文回憶錄在美國出版問世後，他與小蔣這段短暫的接觸與感想，曾引來美國務院官員的好奇，並以此例來分析小蔣對待台籍菁英的態度。[55]

小蔣致力於爭取廣大本省民眾認同與建立開明形象的努力，是否稱得上成功，或許見仁見智，然而在外人眼中，此番用心似乎仍無法消弭一般民眾對他的猜疑與負面觀感；美政府注意到小蔣欲以革新與效率建立個人的威望，但他設法與台籍人士交好的努力卻只能稱得上是「表面功夫」，在本省人心目中，小蔣依然是「深不可測的謎」，省籍衝突仍無法消弭。[56]當六〇年代走入尾聲時，華府還認定一般台灣人早已把蔣經國與汙穢的特務工作聯想在一起，評價他應為眾多白色恐怖中犧牲的本省菁英負起責任，小蔣在權力接班過程中可能面臨來自本土勢力的挑戰，讓國務院不敢掉以輕心；當台灣政局出現不穩時，美方如何因應的沙盤推演，成了華府一項不能說的秘密任務。[57]

蔣經國眼中的「台獨」與外國勢力

一九六七年二月的最後一天，美國務院收到一份來自台北大使館的機密電報，其內容是大使館政治參事傅嵐（Jerry Fowler）與彭明敏、衛理公會傳教士唐培禮（Milo Thornberry）與納嘉岩（Nishan J. Najarian）等人餐敘的談話紀要；彭告訴這些老美，蔣經國正與北京暗通款曲，彭的一位日本學界友人透露兩年前小蔣訪美結束取道東京返台時，曾與在日本的中共人士秘密接觸，證據確鑿，彭因而認定一旦老蔣去世，小蔣將把台灣拱手交給北京治理。彭又說他在警備總部工作的友人透露，小蔣在內部談話中直言有四類份子足以危害其權力地位，必須嚴加監控，首先是退休軍事將領，其次是受日本教育的台籍菁英，第三是流氓幫派份

52 彭明敏，《自由的滋味：彭明敏回憶錄》，頁二一七—二一八。

53 《蔣經國日記》，一九六六年四月二十三日。

54 彭明敏，《自由的滋味：彭明敏回憶錄》，頁二一八—二一九。

55 State Department memorandum, Subject: "Peng Ming-min Publishes Memoirs," August 8, 1972, NARA, RG 59, Records of the Department of State, Bureau of East Asian and Pacific Affairs, Subject Files (1951-1978), Lot File 75D76, PCL 29 (C).

56 State Department memorandum, Subject: US-Japan Policy Planning Talks: Taiwan, November 28, 1966, NARA, RG 59, Records of the Department of State, Bureau of East Asian and Pacific Affairs, Subject Files (1951-1978), Lot File 72D145; U.S. Embassy in Taipei to State Department, Subject: Summary of Recent Development on Taiwan, September 6, 1967, ibid, Lot File 72D140.

57 State Department memorandum, "U.S. Policy toward the Republic of China: A New Perspective," April 24, 1968, NARA, RG 59, Records of the Department of State, Bureau of East Asian and Pacific Affairs, Subject Files (1951-1978), Lot File 72D140.

子，最後一類彭說他已記不得；他還告訴眾人，未來台灣領導人將來自本土，而非海外台獨團體，儘管當時美、日各地台獨運動缺乏聯繫，看似一團亂，但海外獨派的存在依然重要，可以在意識型態上引導台灣民眾。[58]姑且不論彭的談話是否客觀無誤，他儼然已成為西方國家理解蔣經國動態的一個重要管道來源，與彭亦有接觸的英國駐淡水領事館在其政情報告裡即引述彭的意見指出，儘管國民黨仍掌控大局，然而未來若「台獨建國」蔚然成風，小蔣有可能在民族主義驅策下，接受北京所提的「自治」方案。[59]

美方之所以重視彭明敏的見解，在於一九六六年春天《自救宣言》傳到美國後，帶給海外台獨運動極大的鼓舞，該年六月美國境內九個地區代表在費城舉行會議，決議成立「全美台灣獨立聯盟」；當年秋天聯合國會議期間，該組織並透過主流報刊向國際社會宣傳彭的理念，此後短短兩年內，日本、加拿大與法國皆出現台獨組織，彼此於一九六九年秋天進一步整合為「台灣獨立建國聯盟」（World United Formosans for Independence），在台北仍遭國民黨監控的彭明敏，聲望水漲船高，成為海外獨派新的精神領袖。[60]此時彭本人企盼獲得國際奧援，協助他離開台灣，還曾透過一位畢業於哈佛大學的日籍友人，設法向哈佛校友、時任白宮國家安全顧問的季辛吉尋求奧援。[61]與此同時，彭在警總的友人私下向他示警，如台灣政局發生不穩，他與高玉樹、郭雨新將是三個最先被逮捕的台籍人士，在情治單位的黑名單上，彭已被列為國安最大的威脅來源，此訊息讓他不寒而顫，頓時興起逃亡念頭。一九七〇年一月三日，彭在唐培禮、日本友人宗像隆幸（Munakata Takayuki）與阿部賢一（Abe Kenichi）等人的協助下，以阿部賢一的日本護照換上自己照片，戴上一頂男性假髮，自高雄偷渡出境，再從香港前往瑞典。受到情治單位嚴密監控的彭明敏竟能逃亡海外，消息傳開後立即引起震撼，一時之間振奮了海外的台獨勢力，也讓國府顏面無光。[62]

歐美各國透過如彭明敏等台籍異議份子來理解兩蔣父子與他們的省籍觀，不無發生偏差的可能，然而兩蔣父子同樣也以極為有限、甚至錯誤的情報資訊來理解台灣人、台獨運動與外國勢力之間的關聯。蔣介石獲悉彭出逃後，一口咬定此乃「美國人為之，更證明美之由台灣人成立台灣獨立國以毀滅我政府之陰謀未已也」[63]；而蔣經國更直指彭明敏出逃事件是具情報背景的美國大使馬康衛之一項「大罪行」，但美方檔案揭示，兩大情報機構中央情報局與聯邦調查局對於彭究竟如何脫逃，皆是一頭霧水，中情局還把此案描繪為一樁只有在「神秘情境」（mysterious circumstances）下才會發生的離奇事件，並研判許多擔心人頭落地的國府情治首長，必然把矛頭指向老美在幕後指使，因為惟有將美國當作「替罪羔羊」，方能保住他們的烏紗帽。[64]聯邦調查局則是在該年底，案發將近一年、而且彭早已自瑞典轉往密西根大學任職後，才透過底特律機場海關人員所掌握一只來自瑞典的行李箱內，發現彭偷渡時所使用的假護照與男性假髮，進而設法拼湊

58 Memorandum of Conversation, February 18, 1967, enclosed in William H. Gleysteen Jr. to State Department, February 28, 1967, NARA, RG 59, Records of the Department of State, Bureau of East Asian and Pacific Affairs, Subject Files (1951-1978), Lot File 74D25, POL 29.

59 FCO 21/703 FEF1/3, British Consulate in Tamsui to Foreign Office, May 7, 1970.

60 陳銘城，《海外台獨運動四十年》，頁一〇〇—一二一；陳佳宏，《台灣獨立運動史》，頁一八〇—一八三。

61 State Department memorandum, Subject: Peng Ming-min: Political Visa Application? January 26, 1970, NARA, RG 59, Records of the Department of State, Bureau of East Asian and Pacific Affairs, Subject Files (1951-1978), Lot File 74D25, POL 29.

62 彭明敏，《逃亡》（台北：玉山社，二〇一七年），頁四六—八七。該年底彭抵美後即把偷渡逃離台灣的細節，向中國問題專家費斯勒（Loren Fessler）在內的美方友人披露，並輾轉由國務院所獲知，參見State Department Memorandum of Conversation, Subject: Professor Peng, November 25, 1970, NARA, RG 59, Records of the Department of State, Bureau of East Asian and Pacific Affairs, Subject Files (1951-1978), Lot File 75D76, POL 29 (C).

63 《蔣介石日記》，一九七〇年二月四日。

64 CIA Intelligence Memorandum, Subject: Taipei and the Nixon Doctrine, April 17, 1970, CIA/FOIA, no. CIA-RDP85T00875R001100090020-5.

起他逃離台灣的原貌。[65]

彭明敏出逃事件標誌著蔣經國過去一段時間經營與台籍人士關係的一大挫敗，但最壞局面尚未到來。一九七〇年春天他應華府之邀訪美，所到之處皆有台獨社團的抗議行動，在紐約甚至發生台獨聯盟成員刺殺未遂事件，事實上在小蔣抵美之前，美安全部門早已對其即將到訪之處進行縝密評估，華府雖核准台獨團體進行和平示威，然也嚴厲要求申請人士簽字具結，確保不會發生任何意外。[66]然而「刺蔣案」終究還是發生了，小蔣毫不猶豫地把矛頭指向美政府，批評華府玩兩面手法，一方面熱情接待他，一方面又派台獨人士向他示威與謀刺，此時海外台獨運動確實傾向激進路線，揚言以革命手段推翻國民黨，國府駐美大使館與各地總領事館不時接獲對方的恐嚇威脅，讓台北無法不懷疑其背後必有美政府包容默許。[67]

蔣經國剛結束訪美，國務院便開始斟酌是否向彭明敏核發入境簽證，然而此時密西根大學已向彭發出聘書，多位自由派重量級學者與聯邦參、眾議員皆向行政部門施壓，要求早日允許彭來美。[68]經過慎重考量後，美政府決定核發簽證，同時向台北承諾，將約束彭明敏來美後不得從事政治活動，小蔣得知此事憤怒異常，痛罵老美「卑鄙和惡毒的行為，實在已經到了忍無可忍的地步」，對於無法阻止美方決定，讓國政蒙羞，蔣自責甚深：「這是我的罪和我的過，可恥。」[69]此時準備接班的小蔣，在黨內承受一股壓力，讓他必須採取某些反制手段；該年秋天蔣主動約見美大使，告知準備對某些暗中支持台獨運動的美國在台公民「採取一些行動」，為避免雙方發生不快，特地先向美方打聲招呼，馬康衛聞後連忙表示，雖然美政府對海外公民並無約束力，但向來不樂見美國公民介入當地內政，遑論顛覆該國政府，他願意與國府密切配合，取得這些美籍人士的資訊並適時給予警告。小蔣罕見之舉令美方大吃一驚，私下回報華府坦言某些駐台記者如《紐約時報》的沙蕩（Donald H. Shapiro）與美聯社特派員普拉特（Leonard Pratt）等人，長久以來與本地台籍異議人士過從甚密，私下充當大使館耳目，馬康衛擔心這些人士的「特殊任務」一旦曝光，恐遭國府安全部門更嚴厲的監控。[70]

令美方料想不到的是，蔣經國聲稱要採取的「一些行動」，遠比想像得更加激烈：一九七一年三月初，國安局突然將唐培禮夫婦自陽明山上的台灣神學院押走，理由包括積極鼓吹台獨、主張暴力推翻國民黨、協助台獨份子製造炸彈等，並在拘禁四十八小時後將其驅逐出境。[71]小蔣顯然有備而來，國安部門將一捲唐培禮與彭明敏談話的錄音帶交給美方，其內容討論如何協助彭偷渡離台，以及出逃後唐如何與彭的親友聯

65 FBI Memorandum, Subject: Peng, Ming-min, Detroit, Michigan, December 29, 1970, NARA, RG 59, Records of the Department of State, Bureau of East Asian and Pacific Affairs, Subject Files (1951-1978), Lot File 75D76, POL 29 (C).

66 State Department Memorandum, Subject: Visit of Chinese Vice Premier Chiang Ching-kuo, April 10, 1970, NARA, RG 59, Files of Visits of Heads of Government, Dignitaries and Delegations, 1964-1969, Box 40, 250/900/30/5; Robert Stanton (National Park Service, Department of the Interior) to Lung-chu Chen (WUFI), April 10, 1970, ibid.

67 陳佳宏，《台灣獨立運動史》，頁一九三—二〇七；State Department Memorandum, Subject: Advocacy of Violence by the Taiwan Independence Movement—Preliminary Report, May 7, 1970, NARA, RG 59, Records of the Department of State, Bureau of East Asian and Pacific Affairs, Subject Files (1951-1978), Lot File 74D25.

68 State Department Memorandum, Subject: Alex Eckstein's Inquiry concerning Peng Ming-min, June 17, 1970, NARA, RG 59, Records of the Department of State, Bureau of East Asian and Pacific Affairs, Subject Files (1951-1978), Lot File 74D25, POL 29; State Department memorandum of conversation, Subject: Peng Ming-min, July 15, 1970, ibid.

69 《蔣經國日記》，一九七〇年九月十七日、十月三日。

70 State Department Memorandum, Subject: CCK's Complaint to Ambassador McConaughy on Private American Involvement with TIM Members, October 30, 1970, NARA, RG 59, Records of the Department of State, Bureau of East Asian and Pacific Affairs, Subject Files (1951-1978), Lot File 74D25; CIA Central Intelligence Bulletin, top secret, March 4, 1971, CIA/FOIA, no. CIA-RDP79T00975A018400060002-0.

71 State Department Memorandum, Subject: Ambassador Chow Shu-kai's call on you, Thursday, March 4, 1971, at 3:00 pm, dated March 4, 1971, NARA, RG 59, Records of the Department of State, Bureau of East Asian and Pacific Affairs, Subject Files (1951-1978), Lot File 75D76, POL 29 (B).

繫，國府還掌握唐培禮與阿部賢一討論如何將可製造火藥的氯酸鉀秘密帶進台灣等對話；這或可解釋，當衛理公會向美政府強烈抗議未能善盡保護海外僑民之責，要求向台北嚴厲交涉時，氣虛的國務院官員為何不但未予照辦，反而設法安撫衛理公會，謀求大事化小，小事化無。[72]另據美國主流報刊隨後的追蹤報導，除唐培禮夫婦外，當時至少還有五位具軍方背景的美國駐台人員，因暗中與台籍異議人士交往而遭國府驅逐出境。[73]

戒嚴時期致力於台灣人權與民主運動的田朝明，也是七〇年代美方私下積極接觸的台籍人士之一，馬康衛大使麾下的大使館政治組官員曾多次密訪田家，欲探悉台人對於台獨、自決與國府反攻大陸等議題的真實想法。[74]然而，在台美國外交官或公民與島內異議份子暗中往來，是否即等同於美政府官方對台獨主張給予支持背書，值得進一步推敲。一九七〇年夏、秋之際，國務院曾對台獨以及本土化議題進行一番內部討論，美駐台北大使館大膽預測，最遲在一九八四年，人口佔絕大多數的本省籍將實質掌控島內政治權力，鑒於台人傾向拒絕與大陸統一，台籍菁英掌權後極可能放棄「台北代表全中國」的立場，屆時「中華民國政府」恐不復存在，而是被一個強烈認同台灣主體性的新政權所取代；為避免美政府因與國民黨交好而自絕於廣大台灣民意之外，美大使館強烈建議華府應協助國民黨走向本土化，說服當權者接受此一無可逆轉的趨勢，等到台人全面掌權後，華府應繼續與本質上已發生蛻變的台灣新政權維持密切關係。[75]

駐台北大使館此番預測與建議，卻引來美國駐香港總領事歐斯本（David L. Osborn）強烈的質疑，他認為一旦中華民國政府消失，而華府繼續支持一個台灣主體意識所化身的新政權，恐讓美國處於險境。六〇年代曾派駐台灣多年的歐斯本，不否認大多數的本省人不喜兩岸統一，甚至願意在條件允許下支持台灣獨立，如果「獨立」後的台灣能自行抵擋中共武力的進犯，則華府樂觀其成；但如果台籍人士幻想主政甚至更改國名之後，仍可繼續享有美方的協防保障，那麼美政府有責任讓台人清楚知悉美方的立場，以免屆時遭受

「背叛」之罵名。[76]最後歐斯本的意見在國務院內「勝出」，並以備忘錄總結如下：美政府基於國家利益的考量，應避免讓台籍菁英出現不切實際的幻想，認定未來一個獨立的台灣政府，或者任何不再被稱為「中華民國」政府的新政權，都將可以繼續得到來自美方的協防承諾。[77]

當然蔣經國無從知悉華府內部有關「台獨」的政策討論，而在他主觀認知裡，美政府即是支持本省人反抗國民黨、鼓動實現台獨的幕後黑手。一九七〇年底一場「大陸問題研討會」於台北召開，密西根大學中國問題專家惠廷（Allen S. Whiting）應邀與會，時為彭明敏同事的惠廷，抵台後向主辦方要求與蔣經國單獨晤談，欲解釋該校聘任彭明敏乃基於其學術資格，而非美方想要介入敏感的政治風波，但遭到婉拒。十二月二十日小蔣宴請全體與會學者，晚宴結束後惠廷不顧外交禮儀，堅持要面見蔣並說上幾句話，小蔣面有難色勉強同意，惠廷稱彭來美後行事低調，避免出席公開活動，也從未接受媒體的訪問，他代彭求情，希望

72 State Department memorandum, top secret, April 1971, NARA, RG 59, Records of the Department of State, Bureau of East Asian and Pacific Affairs, Subject Files (1951-1978), Lot File 75D76, POL 29 (B); Edwin O. Fisher (Board of Missions of the United Methodist Church) to State Department, May 13, 1971, ibid.

73 參見《華盛頓郵報》（*The Washington Post*）（一九七一年六月一日與七月十一日）、《紐約時報》（*New York Times*）（一九七一年六月一日）、《新共和》（*The New Republic*）（一九七一年七月十七日）與《費城公報》（*Philadelphia Bulletin*）（一九七一年八月十一日），收錄於CIA/FOIA, no. CIA-RDP80-01601R000800180001-7.

74 田朝明之妻田孟淑告訴作者，時任美大使館一等秘書的李文（Burton Levin）是美方主要接觸的對象。

75 U.S. Embassy in Taipei to State Department, Subject: The Taiwanization of Taiwan, Or Can the Republic of China Survive Until 1984? July 21, 1970, reproduced in DDRS, no. CK2349695763.

76 U.S. Consulate General in Hong Kong to State Department, Subject: The "Taiwanization" of Taiwan: "Americanization" Under another Name? August 18, 1970, reproduced in DDRS, no. CK2349701912.

77 State Department memorandum, Subject: Transferability of Military Commitments from GRC to a "Taiwanized" Regime, September 24, 1970, reproduced in DDRS, no. CK2349579124.

台北能允許彭的妻小前往美國與他團聚。惠廷又代為轉達彭的訊息，他願意誠心與蔣合作，尋求國民黨與台籍人士的和解，讓一個由外省人主導的國民黨政府順利過渡到「由本省人與外省人共治、外省人仍居主導地位」的新政權。小蔣未置一詞，僅祝惠廷聖誕快樂後即迅速離去，但隨後透過幕僚質問惠廷的論調與彭明敏沆瀣一氣，是否彼此已套好招，在台北演一場雙簧？事後美大使館官員得知整個經過後不禁搖頭；惠廷一面宣稱彭在美僅從事學術活動，不帶政治目的，卻又替他傳話，大談本省人與外省人合作成立新政權，這讓國府當局如何相信彭沒有政治企圖？[78]

類似惠廷的插曲，讓蔣經國很難不懷疑台獨運動背後有美方勢力介入，然而美政府面對日益強大的台獨聲浪，又是持何種立場？一九七二年二月五日台北市發生美商花旗銀行爆炸案，涉案者為《自救宣言》案另外兩名主角魏廷朝與謝聰敏，兩人遭羈押判刑後，引發美聯邦眾議員福雷瑟（Donald M. Fraser）等人強烈的關注，要求行政部門介入此案並向台北強硬交涉，卻遭到國務院拒絕。在國務院看來，最愚蠢的事莫過於讓美政府在國民黨與台獨運動兩者之間選邊站，並為這兩個陣營各自行徑扛起不必要的責任；在美官員眼中，台獨份子乃一群「真誠卻沒出息的好人」（sincere but feckless good guys），滿腦子只想把「民主」元素注入台灣的政治體制，而國民黨則是以嚴密監控的手段加上極其笨拙的公關能力，讓「台獨運動」在世人眼中看起來，彷彿比實際情況來得更加美好，同時還要承受專制獨裁與裝模作樣的罵名。[79]如果當時蔣經國與彭明敏知道美政府這番嘲諷評價，不知會有何反應？

「本土化」與兩條路線之間的難題

在詹森總統任期最後一年，華府已深入評估台灣內部的政治結構，美方關注外省集團如何在本省人口佔百分之八十四的台灣島上，繼續保有執政的地位。不少人認為從民主原則觀之，日後台灣若發生省籍衝突，美政府理應支持人口佔絕大多數的本省人，過去二十年來出於冷戰政策所需，美方容忍以外省菁英為主體的國民黨壟斷台灣幾乎所有的政治權力，然而愈來愈多人相信美方如繼續維持此政策，無異自絕於台灣廣大的本土主流意識之外。最符合美國利益的作法，應是逐步改變國民黨內部的權力結構，在不影響經濟發展與社會穩定的前提下，促使更多本省人與外省人共享權力，讓島上的中華民國政府逐步拋棄「代表全中國」此一不切實際的想法，強化民意基礎，以達到名實相符。[80]

隨著台灣外交日益孤立，以及美、中推動關係正常化，蔣經國在接任行政院長之後便決心開啟政治「本土化」工程，藉由栽培與吸收更多本省菁英進入體制，配合政府推動重大經濟建設，來維繫國府在台統治的正當性。小蔣此一策略與六〇年代晚期美方對台灣未來政局的期待不謀而合，但並無任何跡象顯示他曾受到來自華府的壓力，而這段時期台灣內部一股革新求變的籲求，似乎扮演著更關鍵角色。[81] 一九七一年春

78 State Department Memorandum of Conversation, Subject: Whiting Discusses Peng Ming-min with Chiang Ching-kuo, December 21, 1970, NARA, RG 59, Records of the Department of State, Bureau of East Asian and Pacific Affairs, Subject Files (1951-1978), Lot File 75D76, POL 29 (C).

79 U.S. Embassy in Taipei to State Department, April 11, 1972, NARA, RG 59, Records of the Department of State, Bureau of East Asian and Pacific Affairs, Subject Files (1951-1978), Lot File 73D38.

80 State Department memorandum, "U.S. Policy toward the Republic of China: A New Perspective," April 24, 1968, NARA, RG 59, Records of the Department of State, Bureau of East Asian and Pacific Affairs, Subject Files (1951-1978), Lot File 72D140; State Department Policy Paper, "The State Department and US Foreign Policy in the Administration of President Lyndon B. Johnson," October 2, 1968, ibid, Lot File 73D38.

81 英國駐淡水領事館的政情報告指出，尼克森改變對華政策，以及華府釋放鼓勵海峽兩岸和平對話的訊息，同時被台灣的本省人與外省人視為「惡夢」，此為民意殷盼蔣經國推動改革、強化政權代表性的一項重要因素，參見FCO 21/861 FEF1/3, British Consulate in Tamsui to Foreign Office, November 4, 1971; FCO 21/863 FEF2/2, British Consulate in Tamsui to Foreign Office, June 17, 1971.

天，蔣經國對島內局勢已有相當的體悟，他坦承：「新舊兩代之間，本省人與外省人之間，政府與人民之間，都有或多或少的『矛盾』，如果處理不當，可能發生嚴重的後果。」他很清楚如果再不主動改革，「別人就要革我們的命」，畢竟執政者縱使有一番好心，若無積極的行動來配合，人民仍會反對政府；他也理解到今日的政治是現實的，已非二十年前初來台灣及推動白色恐怖時的政治環境可比擬。[82]在此種思維下，小蔣對內部安定的重視遠超過一切，反映在具體作為上，則是不願警備總部等情治單位對島內異議份子處置過當，時任參謀總長的賴名湯對他這種深怕內部發生事端的保守心態感受極深，認為與蔣介石相比，即將接班的小蔣似乎只想在台灣「維持太平的局面」。[83]

諸如賴名湯等黨政軍要員，或許認為蔣經國的作為僅在於「維穩」，然而不可否認，面對內外艱鉅的挑戰，小蔣對於政治改革確實展現出迥異於父親主政時的政治想像。一九七一年秋天聯合國大會投票前夕，蔣自記：「在政治上，組織彈性化，人事均衡化，今後立法機構代表之產生，應不拘泥於現有法律，並選擇適當之台籍人士，任必要之職務。總之，確保民心之團結與安定，實為當務之急。」[84]當台北被逐出聯合國成為事實之後，小蔣親信、外交部次長楊西崑向美大使馬康衛透露，國府務實派人士正在研擬如何將國民黨統治台灣的事實，與中共統治中國大陸加以區隔，其所考慮者包括將國名改為「中華台灣共和國」（Chinese Republic of Taiwan）。楊敦促華府主動向台北大膽提議推動務實外交，讓開明派有所憑恃、保守派有台階下，如此方能保障國民黨在台執政的基礎繼續延續下去。[85]對初掌國政的蔣經國而言，他既然不可能在「體制外」接受台獨建國，而拋棄「一中」原則又將嚴重傷害執政的法統，如此一來，擴大台人於「體制內」參政，強化國府在島內的代表性以符合廣大民意的殷盼，成了一條不得不選擇的道路。[86]

在「革新保台」的思維下，蔣經國於一九七二年春天奉命組閣後，大幅改組人事，史無前例地延攬六位台籍人士入閣，除了徐慶鐘出任行政院副院長，內政與交通兩重要部會也由台籍人士主掌，向來被蔣視為眼中釘的高玉樹，獲延攬擔任交通部長要職，台灣省政府主席則首次由台籍謝東閔出任。美方對新內閣的評價極為正面，不但令人耳目一新，台灣民眾的反應也普遍良好，並肯定「本土化」布局有助於國府凝聚內部的向心力。[87]然而，小蔣推動「本土化」的工程背後，也有不足為外人道的甘苦：「本省籍之高級人才稀少缺乏，不是不想用本省人，而實在是須要有一段時間來培養他們。」[88]而黨內大老對人事安排頻繁下指導棋、積極「建言」，特別是宋美齡欲安插孔令侃出任要職，也讓初次組閣的蔣經國深感困擾，因此部分美方官員對於他啟動「本土化」究竟能否得到保守派誠心的支持，多持保留態度。[89]

被蔣經國延攬入閣擔任政務委員的李登輝，引起華府一陣好奇；對於這位年僅四十九歲、擁有康乃爾大

82 《蔣經國日記》，一九七一年五月七日。

83 賴名湯，《賴名湯日記 II》，頁六五八—六五九。

84 《蔣經國日記》，一九七一年十月一日。

85 U.S. Embassy Taipei to State Department, Subject: Conversation of Vice Foreign Minister Yang Hsi-kun with Ambassador, November 30, 1971, NARA, RG 59, State Department Central Files 1970-73, POL CHINAT-US.

86 美方對於蔣經國面對內部改革壓力的分析評估，參見 CIA Intelligence Bulletin, top secret, December 10, 1971, CIA/FOIA, no. CIA-RDP-79T00975A020700020002-8; U.S. Embassy Taipei to State Department, Subject: Attitudes in South and Central Taiwan, January 20, 1972, reproduced in DDRS, no. CK2349692437; State Department Intelligence Note, "Republic of China: Reformist Pressures," February 15, 1972, ibid, no. CK3100689555. 有關「中華台灣共和國」的討論，參見汪浩，《意外的國父：蔣介石、蔣經國、李登輝與現代台灣》（新北：八旗文化，二〇一七年），頁一二九—一四二。

87 State Department Information Memorandum, "The Republic of China's New Cabinet—New Faces and A New Image," June 1, 1972, NARA, RG 59, Records of the Department of State, Bureau of East Asian and Pacific Affairs, Subjec: Files (1951-1978), Lot File 75D76, POL 15-1 (A).

88 《蔣經國日記》，一九七二年四月七日。

89 State Department Memorandum, Subject: Succession in the ROC, April 5, 1973, NARA, RG 59, Records of the Department of State, Bureau of East Asian and Pacific Affairs, Subject Files (1951-1978), Lot File 76D441, POL 15 (B).

學農經博士學歷，而入閣前最高經歷僅為行政院農復會「組長」的年輕技術官僚，國務院官員遍尋內部所有卷宗，竟然找不到任何相關資料，後來得知一位中文名為柯逸山（Paul E. Kovenock）的中階官員，於一九六六年以訪問學者身分前往台灣進行兩年訪學時曾與李登輝有所接觸，因而趕緊透過柯的個人回憶，來理解這位台籍政壇新秀。柯逸山說，李登輝在過去相當一段時間裡，與本省籍年輕一輩「激進份子」過從甚密，一九六八年這批台籍人士在張俊宏、張育宏兄弟的領導下創立《大學雜誌》，此後李登輝常在該刊物發表文章，參加雜誌社舉辦的讀書會，及批判政府農業政策失當。柯憶及他在台北與雜誌社編輯群往來時，深刻感受到這群知識份子皆把李視為英雄，當時李剛從康乃爾學成歸國，在農復會依然未獲重用，僅擔任資深技正，直到兩年後才被提拔為組長，而李無法在專業領域大展長才的挫折與苦悶，也被許多台籍人士視為國民黨忽視栽培本土菁英的例證。柯逸山觀察李登輝本人似乎樂意扮演一個中介角色，讓台籍菁英透過他來影響國民黨，也讓國民黨透過他來承認農業政策的錯誤；在柯看來，李有種異於常人的本事，能同時滿足本省人與外省人彼此的政治需求，讓那些向來對國民黨持批判態度的台籍菁英，逐漸被吸納至黨國體制之內。[90]中央情報局與五角大廈所屬情報部門隨後也提出報告，分析小蔣延攬李登輝入閣的主要目的，是想透過李與台籍反對勢力進行對話，特別是當時強烈鼓吹民主化與政治革新的自由派知識群體。[91]

但世人未曾知悉的是，一九七二年春天當蔣經國反覆思考組閣名單時，最初「李登輝」三個字根本不在其中，直到六月一日新內閣名單正式對外宣布的前一晚，小蔣日記裡才首次出現由「李登輝擔任政務委員」的記載。[92]其中的轉折為何，不得而知。以「後見之明」來看，李入閣的主要任務，應仍是協助行政院革新農業政策，至於美方所言，協助小蔣推動政府與本省社團之間的溝通任務，似非其首要職責。然而無可諱言，台灣經歷二十餘年威權統治之後，小蔣願意啟用一位早年出身台共、與黨外菁英往來密切的年輕技術官僚出任要職，無疑是向本省人釋出善意的訊息，同時頗有對海內外傳達國民黨願意強化台人參政、分享權力之用意。[93]

雖然蔣經國用心良苦，但在面對風起雲湧、民心思變的台灣社會，他於體制內推動「本土化」工程顯然無法完全滿足一股希望台灣政治走向「民主化」的強烈籲求。一九七一年底，台灣基督教長老教會發表一篇國是建言，提出「人民自決」的概念，強調台灣一千五百萬人民不願接受共產主義，有權決定自己未來的命運，繼而主張台、澎、金、馬地區中央民意代表全面改選，取代大陸時期所產生的民意代表，通篇聲明並未要求獨立，也未排斥外省人，更未主張以暴力革命推翻國民黨統治；反之，因為內容和平理性，論點強而有力，隨即在海內外引發廣大的迴響，為「台灣人民自決運動」推波助瀾。[94]

隨著挑戰國府法統的民主化呼聲日益高漲，蔣經國要以「革新保台」的開明形象取得民心的支持，又要設法安撫黨內頑固保守勢力的情緒，可謂費盡心思，整個七〇年代他就在「開明」與「保守」兩條路線之

90 柯逸山還指出李登輝曾向他透露，因為農復會同仁的告發，讓他多次遭安全單位調查，參見State Department Memorandum, Subject: Appointment of "T. H. Lee to the Cabinet," June 6, 1972, NARA, RG 59, Records of the Department of State, Bureau of East Asian and Pacific Affairs, Subject Files (1951-1978), Lot File 75D76, POL 15-1 (A).

91 Defense Intelligence Agency to State Department, August 8, 1972, NARA, RG 59, Records of the Department of State, Bureau of East Asian and Pacific Affairs, Subject Files (1951-1978), Lot File 75D76, POL 12.

92 蔣經國最初擬任命的七位行政院政務委員分別是葉公超、連震東、俞國華、李連春、高玉樹、崔垂言與林永樑，參見《蔣經國日記》，一九七二年四月二十五日、五月三十一日。

93 李登輝自述他出任政務委員有三大任務，包括加速農村建設、推動職業訓練與督導十大建設中的石化工業，參見李登輝，《李登輝執政告白實錄》，頁五五—五六。

94 陳南州，《台灣基督教長老教會的社會、政治倫理》（台北：永望文化，一九九一年），頁三六五—三六七；黃武東，《黃武東回憶錄》（台北：前衛出版社，一九八八年），頁三四一—三七一。

間擺盪、平衡，小心翼翼地摸著石頭過河。一九七五年《台灣政論》的停刊事件顯示了蔣所面臨的難題；該年八月黨外核心人物康寧祥、黃信介與張俊宏等人創辦《台灣政論》月刊，提倡台灣自由化、民主化與本土化，發刊之初即一鳴驚人，銷路廣、影響力強，讀者群以本省籍居多，成為《自由中國》與《大學雜誌》之後島內言論自由的重要象徵，刊物的風行也標誌著台灣社會大批新興起的本省籍中產階級，面對內外不利的形勢，對政府加速政治改革的殷切期望。[95]

然而看在部分國民黨大老眼裡，《台灣政論》走的是群眾路線，不但集結大批黨外運動的本土支持者，同時又設法拉攏年輕的外省籍族群，存心做中產階級的政治代言人，而逐漸發展成一股龐大勢力，令人難以忍受。該年十二月二十七日，行政院新聞局以該刊物第五期所發表一篇名為〈兩種心向〉的文章，內容有煽動人心反抗政府之嫌，勒令停刊一年。亦有指出當年十二月二十日增額立委選舉結果，因黨外大老郭雨新在宜蘭意外落選，而導致民心不安，出現萬人抗議指控國民黨作票，國府當局為避免黨外利用該刊物對執政黨大加撻伐，再次誘發群眾激憤，因而臨時決定封殺已在排版印刷、即將於隔年元月出刊的第六期，不讓其有機會問世。[96]

蔣經國本人僅在十二月四日的日記裡短短寫到當天他曾「處理『台灣政論』反動文字案」，可見早在增額立委投票日之前，他已有查封刊物的想法，未必是因郭雨新意外落選所致。[97]面對當年的立委選舉，小蔣內心焦躁不安、患得患失，顯示他在推動「革新保台」的過程中，對於島內同時間急遽醞釀的「民主化」，並未能夠全然釋懷與接受，不但批評民意代表選舉為「勞民傷財而無益於民主的無聊之舉」，還認為「反動份子必將乘機四出活動」，為了安定內部政局，蔣自認他不得不花許多時間和精力在選舉議題上，然而政敵們卻只想「乘機搗亂」，他的心得是政府「在表面上應以『輕』視之，在實際的工作上則以『重』為之，千萬不可處之以『急』。」[98]平心而論，蔣經國固然憂心資深中央民意代表逐漸老邁腐朽，無法執行正常的職權，甚至影響政府的合法性，然而在實際面對選舉運作時，他身為威權體制下的既得利益者，顯然又無法坦然接受民意的洗禮，以及為實現「民主」所必須經歷的諸多政治遊戲規則。立委投票日當天他在日記裡的一段話，適可反映其心態：「選舉、選舉，不知多少壞人利用選舉，做了多少卑鄙和惡毒的行為，所謂今日的『民主』、『前進』份子，美其名而已，一旦有權在手，無惡不作，危害人民和社會的，就是這些以『民意』代表而自居的敗壞份子。」[99]

該年底三十七席增額立委選舉的結果，國民黨提名的候選人皆順利當選，蔣經國等候至十二月二十一日凌晨接獲開票結果後，才安心入睡。[100]國民黨雖勝選，但對於決心對抗威權統治、推動全面民主化的反對勢力而言，卻無法心悅誠服地接受此結果，民間要求加速政治革新的強烈呼聲依然持續不斷。一九七六年秋天，停刊一年的《台灣政論》負責人康寧祥、張俊宏等人，積極籌劃復刊事宜，並約定十月十五日與新聞局官員商談細節，不料雙十節當天發生台灣省主席謝東閔遭激進份子以郵包炸彈炸傷手臂的意外事件，國府當局受此事件的影響，不但取消與康、張的會面，甚至決定撤銷《台灣政論》的登記許可證，永遠停刊，

95 有關《台灣政論》的研究，參見許瑞浩，〈《台灣政論》的初步分析：以「自由化」、「民主化」和「本土化」為中心〉，《國史館學術集刊》（台北），第二期（二〇〇二），頁二五五—三〇八；曹立新，《台灣報業史話》（北京：九州出版社，二〇一五年），頁一三一—一三二。

96 阮大仁，《放聲集（第一輯）：台灣民權與人權》，頁五八—五九。《台灣政論》所引發的政治風潮，同樣受到美、英等國的關注，參見 FCO21/1472 FE021/1, British Embassy in Washington to Foreign Office, April 2, 1976.

97 《蔣經國日記》，一九七五年十二月四日。

98 《蔣經國日記》，一九七五年十一月七日、十一月十五日、十一月十九日。

99 《蔣經國日記》，一九七五年十二月二十日。

100 《蔣經國日記》，一九七五年十二月二十一日。

此後國民黨內主張保守強硬路線的聲音，逐漸取代自七〇年代初起力持開放權力的改革派，在重大決策上後來居上。[101]

擺盪於「開明」與「保守」之間，同時糾結在「本土化」、「民主化」與維繫國民黨威權統治等錯綜複雜的因素下，一九七七年底地方選舉結束後，蔣經國的精神思緒幾乎完全崩潰。本書第三章論及該年縣市長選舉發生「中壢事件」，此後以李煥為首的國民黨開明派遭受嚴重挫敗，從小蔣日記所載，吾人進一步知悉此次選舉失利對其心理的刺激，遠超過外界所想像：「因地方選舉所遭之挫折和打擊，可以說是『深痛』而永難忘，乃是奇恥大辱。」他坦承對黨提名的候選人未深入考核，僅草率聽信黨內幹部之言，但「木已成舟，後悔莫及」。敗選以來，小蔣白天坐立不安，夜間無法入睡，開始打針與服用藥量極重的安眠藥，甚至腦中浮現輕生的念頭：「自反之後，心之深處忽生『生而受辱不如死而求心安』，確有此念，惟今日之事無法一死了之，死要比活來得容易，此在一念之差耳。」[102]他自問這些年來無私無我，為台灣人民出了不少力，頭髮也白了許多，如今選舉挫敗，勾銷了他所花的心血，並感慨「政治是多麼的殘酷無情」。令小蔣更痛苦的是，經過一番檢討並思考黨內人事調整與革新之道後，竟然不得要領，這不禁讓他情緒低沉，坦言「自己已經沒有從前那樣的奮鬥勇氣了，這是最可慮的事」。[103]

在此必須指出，蔣經國開啟政治「本土化」工程之餘，對於民主政治實踐乃至黨外謀求打破國民黨一黨獨大局面的衝撞，他在心理上很難苟同。早在一九七四年，當他必須以閣揆身分在立法院備詢時，即曾痛批「立法委員的總質詢大多注重小問題，很少能顧全大局，有的為了私利，有的為求表現，這就是所謂『民主政治』的方式。把精力時間花在這裡，對國家人民究竟有多少益處，乃很大疑問。」[104]一九七七年地方選舉投票前，蔣目睹本為國民黨員的許信良違紀脫黨參選，對於伴隨「民主化」而來的選舉制度再度尖銳批評：「各種選舉美其名曰民主，或謂為民服務，而事實上則為名利而爭也，並且為了達到目的不擇手段。

政治上最卑鄙和惡劣的方法，可以在各項選舉活動中看得最清楚。可悲！可嘆！」[105]他以自身背景與從政經歷，很難明白為何政治革新非得透過「選舉」才能達成，並自問：「難道只有選舉才算是民主政治？在安定而清明的社會中，或許選舉可以反映一般民意，但在今天重利為先的社會中，選舉反而成了勞民傷財之舉，但是又不得不辦。」[106]或許蔣經國心中理想的政治體制，應是一種父權式、漸進式的開明專制，由國民黨繼續掌舵領導台灣，同時吸納更多台籍菁英於「體制內」貢獻長才，強化政府正當性與代表性，而非一味仿效西方國家多黨競爭的民主政體。

值得注意的是，小蔣堅信黨外力量同時獲得中共與美國幕後的支持，目的在動搖國民黨在台統治的根基，他自記：「共匪利用國內之反動份子，企圖以合法之選舉活動來達成其反動的非法的目的，即所謂發動『島內革命』，手段惡毒，吾人識破其陰謀，應妥作應付，不能使敵人達到其所望。」又批評：「國內反動份子之種種活動，同時受到美國人之支持與鼓勵，對美國人之卑鄙，可笑亦可恨，可笑者笑其幼稚，可恨者恨其狠毒而不擇手段。」[107]

老美向來同情島內的反對運動，因此可以理解蔣經國何以批評美國人，至於對岸中國大陸，在父親蔣介

101 Clough, *Island China*, pp. 65-66.

102 《蔣經國日記》，一九七七年十一月二十九日、十一月三十日、〈上月反省錄〉、十二月三日〈上星期反省錄〉、十二月六日、十二月八日、十二月十四日、十二月二十三日。

103 《蔣經國日記》，一九七七年十二月十八日、十二月三十一日〈上星期反省錄〉。

104 《蔣經國日記》，一九七四年九月二十六日。

105 《蔣經國日記》，一九七七年十月二十二日。

106 《蔣經國日記》，一九七七年十一月十九日。

107 《蔣經國日記》，一九七七年十一月十四日、十一月十五日。

1979年春天，蔣經國前往李登輝（左）三芝故居作客。（胡佛檔案館提供）

石去世不久後，他接獲情報指出中共開始與旅居海外的台籍社團接觸，爭取合作共同對抗國民黨，讓他心生警惕，自認應該讓民眾理解只有國民黨才能保障大眾福祉，甚至認為如果海外台獨團體受北京支持，則未來不應避諱公開討論台獨議題，而是讓民眾知悉中共與台獨合流的危險，從而強化對國民黨的支持；易言之，如何阻止黨外受北京利用，已成為其關注焦點。[108]儘管如此，尚無證據顯示七〇年代黨外勢力與中共有直接往來，遑論接受北京實質的援助，蔣此種想法除了反映其對黨外聲勢漸大的情緒性宣洩，似乎也受早年二二八事件舊台共份子與中共地下黨員領導發動武裝抗爭此段經驗的影響，縱使中共和台共無法混為一談，然而「共匪與台獨治為一爐」儼然已成為此時情治單位對付黨外人士的一大策略。[109]

國際孤立下曲折的民主化進程

美、中建交後，蔣經國的「本土化」政策並未動搖，他努力延攬優秀台籍人才進入政府的決心也未改變；一九七九年春天，透過時任台北市長李登輝的安排，蔣特意在李的故鄉淡水三芝安排一場午宴，邀請一批他希望提攜的台籍菁英聚餐，聯絡感情，除了李登輝日後被提拔為副總統，當天另兩位受邀者梁國樹與施啟揚，也於九〇年代分別出任中央銀行總裁與司法院長。[110]另一方面，蔣經國面對體制外的抗爭舉動也有所堅持；當台、美邦交來到最後關頭之際，在得知黨外有意趁該年（一九七八）底增額中央民意代表選舉時

108《蔣經國日記》，一九七五年五月二十八日、六月二十三日、九月一日。

109 陳儀深，《認同的代價與力量：戒嚴時期台獨四大案件探微》（台北：中央研究院近代史研究所，二〇一九年），頁五〇—五一、二四三—二四七。有關舊台共份子在二二八事件所扮演的角色，另參見陳芳明，《謝雪紅評傳》，頁三〇一—三四九。

110《蔣經國日記》，一九七九年五月八日；李登輝，《見證台灣：蔣經國總統與我》，頁一七四—一七五。

組織新的反對黨，蔣寫下這段話：「處此緊要關頭，必須以始終如一的態度，貫徹以下之基本政策：一、決不與共匪妥協；二、決不與蘇俄交往；三、決不讓台灣獨立；四、決不讓反動派組成反對黨。這是救國護黨之要道。」[111]

此時蔣經國不惜以強硬的態度對付反對勢力，與來自國民黨內保守派的壓力不無關聯。他從國安部門上呈的政治情報中，知悉國民黨內CC派要員對「本土化」政策極表不滿，外省勢力認為小蔣不斷啟用台籍人士，似有意「逐步將政權轉移台灣人手中」，CC派為求自保，打算暗中與「台籍有識之士切取聯繫，以便進退自如」，並決定由立法委員齊世英與梁肅戎負責秘密聯繫工作。這群CC派要角還嚴厲批評國民黨的競選策略與宣傳工作毫無方向、軟弱不堪，不但無法有效打擊黨外，反而讓廣大的民眾對黨外運動產生同情與共鳴，令執政黨進退失據，長此以往，台灣政局終將形成一種「外省人為國民黨、本省人為反對黨」的對立態勢。[112]面對黨內保守力量的憤怒與疑慮，蔣經國勢必採取姿態與手段加以安撫化解。

國安與情治系統對於黨外勢力不斷坐大，同樣抱持戒慎與敵視的態度，並力主應以強硬的手段對付之。一九七八年十二月初國安局在一份上呈蔣經國的報告裡，明確指出該年底立委選舉「偏激份子與海外叛國份子勾聯，結合不滿現實份子，利用狹隘的地域觀念，鼓煽民心，企圖作有計畫的製造事端，爭取多數當選，成立反對黨，形成反對力量，進行政治顛覆，昭然若揭」，不待蔣下達指示，國安局即主動告知各地情治單位要妥善準備，提高政治警覺，並加強情報布建、蒐證、研判與運用，以打擊政治上的敵人。[113]也許受此類報告的影響，小蔣深信「外來勢力」正在「策動和支持國內的流氓、反動份子，利用今年的選舉機會，發動運動，企圖推翻我政府，手段陰險惡毒，來勢洶洶」。[114]小蔣在面對鄧小平主政下中國大陸逐步走向改革開放，同時又顧忌美方斷交的壓力，其內心擺盪在究竟應以強硬手段或以寬大態度來對待反對勢力，而難以抉擇。台、美斷交風暴發生前三天，他在日記裡有這麼一段話：「惡劣的形勢緊迫而來，似有非採取強壓手段不得其定，但是此路不通，亦不可走。從政者有感無愧於心而行仁政者，不可以鎮壓而作為方法，今天是我考驗『忍耐』和堅強的時刻。」[115]或許直到這一刻，他內心依然在掙扎，努力避免衝動、對國內政治採取高壓手段，然而隨後發生的劇烈外交衝擊，讓他的思維明顯轉向強硬保守。

台、美斷交後，國府緊急宣布終止該年底增額中央民意代表選舉，廣大群眾原本對政治的熱情突然轉向仇美，使得一些平素挾洋自保的黨外人士受池魚之殃，而自覺被美國出賣的執政黨人士，則與民間社會同仇敵愾，這些都助長了國府內部保守勢力的氣焰。台、美斷交後，國民黨召開國是建言座談會，與會人士義憤填膺、情緒激烈，咸認為國內社會秩序是否安定或遭到破壞，是外交、政治等一切事務成敗的關鍵，而少數黨外人士蓄意製造事端，外國勢力直接或間接暗助，係為「鐵的事實」，黨內大員除主張「嚴懲政治叛亂犯」之外，甚至建議政府擬妥一份「效力應大於法律與命令」的《反共愛國公約》，要求全體國人簽字遵守，蔣經國本人也認定政治上的陰謀分化偏激份子，「應一律以共黨份子視之，必須從嚴處理。」[116]

111 《蔣經國日記》，一九七八年十二月六日。

112 「王永樹呈蔣經國」（一九七八年十二日），〈政情／有關黨外人士活動及政情報告〉，《蔣經國總統文物》，典藏號：005010201000041004；「王永樹呈蔣經國」（一九七八年四月十二日），同上，典藏號：005010201000041013；「王永樹呈蔣經國」（一九七八年十一月十六日），同上，典藏號：005010201000041014。

113 「王永樹呈蔣經國」（一九七八年十二月十日），〈政情／有關黨外人士活動及政情報告〉，《蔣經國總統文物》，典藏號：005010201000041019。

114 《蔣經國日記》，一九七八年十二月九日〈本星期預定工作課目〉。

115 《蔣經國日記》，一九七八年十二月十二日。

116 「黃少谷呈蔣經國」（一九七九年一月十五日），〈文件／黨政軍文卷／國家安全與秩序〉，《蔣經國總統文物》，典藏號：005010206000042003；《蔣經國日記》，一九七九年六月二十五日、六月二十六日。

本書第三章論及此後所發生的數項重大政治案件，即是在台灣整體政治氛圍走向保守緊縮的情況下所發生的，以一九七九年初高雄黨外大老余登發涉嫌叛亂案被捕為例，不少國民黨人士認為此時採取行動乃「時機大好，易獲民眾支持」，主張應把握群眾的愛國情緒並採取「非常手段」。[117]翌年「美麗島」事件被告林義雄的母親與雙胞胎女兒在自宅遭不明人士刺殺身亡，震驚全台，然而當警政機關宣布以高額獎金懸賞緝捕林宅命案的兇手時，國民黨內竟有謂該案之發生，「社會上並未懷疑國民黨」，故不宜提供過高獎金，以免引起眾人猜疑之荒謬論點。當年「美麗島」大審結束後，同樣有高層人士指出軍法審判「情理法兼顧」，已經贏得廣大民眾的信服，「不論宣判結果如何，下次選舉國民黨將可獲得壓倒性勝利。」[118]由此可見此時執政黨內部政治氣氛之保守反動。

一九八四年春天，國民大會準備選舉新一任正、副總統，蔣經國基於省籍平衡而提名台灣省主席李登輝擔任副手，並有意讓政績出色、民間聲望日隆的行政院長孫運璿繼續留任，以栽培他成為未來國家的領導人，不料孫運璿突然中風病倒，被迫退出政壇，嚴重打亂蔣的人事布局；在希望維持財經內閣前提考量下，他任命中央銀行總裁俞國華繼任閣揆。[119]儘管俞內閣繼續啟用台籍人士，延續七〇年代以來的本土化工程，然在美政府看來，遲至蔣經國第一個總統任期結束之時，國民黨內部的外省保守勢力依然穩佔上風，主張開明改革的力量鮮有發揮影響力的空間，台灣的民主化進程看似將黯淡無光。在國務院與中央情報局的分析裡，接受西方教育、具有改革色彩的李登輝，於國民黨內毫無權力基礎，僅是小蔣用來制衡海外台獨勢力，以及對島內台人群體進行安撫酬庸的一顆棋子，根本無法駕馭龐大的黨國體制，連被華府劃歸為保守派的俞國華，其影響力都勝過李。[120]美方還認定警備總部、軍方與國安情治系統對「本土化」路線仍持高度的疑慮，甚至暗中阻撓，蔣經國提名李登輝任副手之後，也可能向黨內外省勢力進一步釋權，以免後者擔憂台人力量上升。種種情況都讓華府對台灣未來的政治前景不太樂觀，研判一旦蔣經國在任期內亡故，保守派必將主導全局，溫和力量將進一步下滑，屆時台灣不但沒有推動大規模改革的可能，台、美關係也將蒙受陰影。[121]

對蔣經國而言，一九八五年簡直如一場夢魘。開年之初，台北政壇即籠罩在「江南案」風暴之中，接著在農曆春節前，台北市第十信用合作社（簡稱「十信」）發生超貸、侵佔、背信與偽造文書案，國民黨籍立委蔡辰洲以「五鬼搬運」手法刻意掏空十信，影響所及，許多以吸收民間資金為業務的金融機構，相繼發生擠兌風潮，導致不少中小企業與工廠倒閉，進而引發經濟蕭條，繼「江南案」之後再次震撼台灣社會。[122]此時美國情報圈注意到，經歷一連串重大事件的衝擊後，小蔣的人事布局已無太多選擇，向來被視為開明派的國民黨秘書長蔣彥士於「十信案」前夕突然去職，改由老邁的駐日代表馬樹禮接任，此發展尤令華府

117 「王永樹呈蔣經國」（一九七九年一月二十六日），〈政情／有關黨外人士活動及政情報告〉，《蔣經國總統文物》，典藏號：005010201000041005。

118 「王永樹呈蔣經國」（一九八〇年四月十四日），〈政情／有關黨外人士活動及政情報告〉，《蔣經國總統文物》，典藏號：005010201000041015。

119 蔣經國欲栽培孫運璿為總統接班人的構想，參見楊艾俐，《孫運璿傳》，頁二六〇—二六一；郝柏村，《八年參謀總長日記》，上卷，頁五〇六；張祖詒，《蔣經國晚年身影》（台北：天下文化，二〇〇九年），頁一七七—一九三。蔣提名俞國華繼任行政院長的經過，參見俞國華口述、王駿執筆，《財經巨擘：俞國華生涯行腳》（台北：商智文化，一九九九年），頁三九三—三九四。

120 CIA Intelligence Assessment, "Political Evolution on Taiwan: Implications for the United States," January 1984, reproduced in DDRS, no. CK3100326918; James Lilley to State Department, March 8, 1984, James R. Lilley Papers, Box 8.

121 CIA National Intelligence Daily, February 16, 1984, CIA/FOIA, no. CIA-RDP87T00970R000100020055-0; CIA Memorandum, Subject: The Political Succession on Taiwan, January 1985, ibid, no. CIA-RDP86T00590R000100010001-3; CIA National Intelligence Council Memorandum, Subject: East Asia Warning and Forecast Meeting, March 27, 1985, ibid, no. CIA-RDP87S00734R000100050007-3.

122 薛化元，《戰後台灣歷史閱覽》，頁三一一—三一二；茅家琦，《蔣經國的一生和他的思想演變》，頁四〇九—四一二。

1986年9月，黨外勢力於台北圓山飯店宣布成立民主進步黨。

驚訝，認為健康狀況不佳的蔣經國，似乎正刻意讓自己置於保守派的包圍之中，這些守舊型人物壟斷外人接近蔣的管道，對黨務革新向無熱誠，與年輕一代本省籍菁英保持距離，更不被廣大台灣民眾所喜愛。中央情報局認為十餘年來「本土化」之路讓省籍問題逐漸消弭，翻轉了台灣社會結構，但此時蔣經國卻被思想落伍、害怕因改革而失去權力的保守勢力所圍繞，此種局面如持續下去，國民黨不但無法回應民意的期待，與黨外之間的衝撞也將益形劇烈。[123]

就在西方國家不看好台灣未來政局發展的情況下，蔣經國在生命的最後幾年裡，毅然推動全面的政治革新與民主化進程，對台灣日後的命運帶來深遠的影響。當時有兩大因素促使他決心走出保守氛圍，推動改革，首先是來自美國的壓力與日俱增，讓他相信如果不採取行動，台灣將益加孤立，甚至坐以待斃；「美麗島事件」前後華府即多次以民主與人權為由，透過美國在台協會對諸多「政治犯」遭到拘捕表達嚴重的

123 CIA Memorandum, Subject: Taiwan: Thoughts on Chiang's Removal, March 4, 1985, CIA/FOIA, no. CIA-RDP85T01058R000101040001-0; Directorate of Intelligence Memorandum entitled "Taiwan: Looking toward the Future," April 17, 1985, ibid, no. CIA-RDP04T00447R000201560002-9; CIA Memorandum, Subject: Taiwan: The Impact of the 10th Credit Scandal, September 6, 1985, ibid, no. CIA-RDP85T01058R000201830001-2. 美方對台灣政局日後走向的悲觀看法，可從如下例子得到佐證：一九八四年俞國華內閣上任之初，台灣社會治安有惡化趨勢，參謀總長郝柏村建議將重大治安案件與流氓整肅一律交由軍法審理，以求立竿見影，此議獲得俞的支持，由此可知當時國府內部保守強硬聲浪已是主流，遲至一九八六年秋天，面對聲勢日益強大的黨外力量，軍方內部仍研擬在必要關頭，進行全面軍事管制的應變計畫，參見郝柏村，《八年參謀總長日記》，上卷，頁六二三、下卷，頁一〇〇〇—一〇〇一。

關切，施壓國府放人，這是過去雙方仍有邦交時極罕見之事。[124]美國境內諸如「世界台灣同鄉會」、「台灣人公共事務會」與「北美洲台灣人教授協會」等反國民黨的政治團體，積極遊說華府行政與立法部門向國府施壓，而台北國安單位也掌握美駐台人員與來自國際特赦組織、國際人權協會（International Society for Human Rights）等外國勢力與黨外要員陳菊、康寧祥、姚嘉文、施明德、楊青矗等人密會的情報，談話內容涉及組織反對黨、結合境外力量爭取同情、向國際社會宣傳台灣人權情況惡化等議題。[125]

台、美斷交後，蔣經國受到來自華府行政與立法部門對於推動民主化的壓力有增無減，連多次訪台的新加坡總理李光耀都從小蔣的言談之中近距離地感受到。[126]美國的壓力有多大，從一九八二年夏天參議員愛德華・甘迺迪致康寧祥的私函可以窺見，這位美國前總統的胞弟，在信中直率批評國民黨在人權與民主化議題上「做得還不夠」（there has been too little progress），甘氏說他向來對中共侵犯人權深惡痛絕，當台灣出現類似的情況時他更將無法坐視，並要康寧祥轉告其他黨外人士，他本人已和國會參、眾議院領袖攜手合作，準備提案要求國民黨解除戒嚴令，在許多美方人士看來，戒嚴令繼續存在已嚴重削弱台灣社會面臨外部挑戰的因應能力。[127]

面對美方的壓力，蔣經國曾透過管道讓華府知悉未來四大施政方向，包括政治民主化、政府組織本土化、保障台灣經濟繁榮，以及逐步開放兩岸民間往來。[128]八〇年代深獲小蔣倚重的參謀總長郝柏村，多次揭露美方將他視為台灣走向民主化的絆腳石，嚴重關切蔣身後台灣是否會出現一個由郝所主持的「軍政府」，美方對此議題強烈關注的程度，有時甚至不近情面；一九八五年夏天，美駐台北辦事處長宋賀德（Harry Thayer）在一次晚宴中竟不顧禮儀，當面質問郝柏村是否會成為「軍事強人」，並對國民黨實權為何仍掌握在外省人手中提出強烈的質疑，最後更向郝露骨表示未來美方駐台人員會繼續與黨外人士廣泛接觸。與此同時，雷根總統又派身邊親信來台，以承諾持續對台軍售來鼓勵並敦促蔣經國早日走向民主化。[129]此種「胡蘿蔔加棍子」混用的手段，讓小蔣很難不朝美方要求的方向邁進。

台灣民主化的過程中另一個鮮少被提及的微妙因素，是來自對岸中國大陸無形的競爭壓力；美、中建交後，美國上下對鄧小平治理下中國的改革開放，充滿著高度的想像與期待；一九八五年，鄧小平在海內外依然享有如日中天的聲望，該年九月間中共十二屆四中全會確立改革開放政策持續不變，改革派人士不但繼續穩定掌權，中共黨內元老與軍方干涉政局發展的可能性也極小，此一局面和海峽另一端深陷政治醜聞、保守氛圍瀰漫的台灣，形成強烈的對比。[130]同一年秋天郝柏村訪美時，國務院東亞助卿伍佛維茲（Paul Wolfowitz）即不諱言，雖然國民黨在華府仍有不少朋友，然而如何改善美國社會與新聞媒體對其不利的形象

124 陳唐山，《黑名單與外交部長：陳唐山回憶錄》（台北：前衛出版社，二〇一六年），頁六二—七二；「美國在台協會班立德與北美事務協調委員會左紀國會談有關人權與政治犯等問題」（一九七九年十一月六日），〈文件／接待賓客／談話紀錄〉，《蔣經國總統文物》，典藏號：005010301001402；「總統接見美國前駐華大使安克志談話紀錄」（一九八〇年一月二十三日），同前，典藏號：005010303000004009。有關美方在「美麗島事件」後向台北高層表達關切的相關作為，另參見陳儀深，《認同的代價與力量》，頁二五〇—二五六。

125 「王永樹呈蔣經國」（一九八〇年十一月二十九日），〈政情／有關黨外人士活動及政情報告〉，《蔣經國總統文物》，典藏號：005010201000041016。

126 李光耀，《李光耀回憶錄（一九六五—二〇〇〇）》，頁六五五—六五六。

127 Letter from Senator Kennedy to Kang Ning-hsiang, August 13, 1982, James R. Lilley Papers, Box 7.

128 Lilley, *China Hands*, pp. 257-258.

129 郝柏村，《八年參謀總長日記》，上卷，頁三八〇、七八一—七八四、七八六、八一三—八一八；Douglas Brinkley ed., *The Reagan Diaries* (New York: HarperCollins, 2007), pp. 363-364. 有關八〇年代美立法部門以人權與民主化為題，透過法案制定向國民黨施壓的經過，另參見Bush, *At Cross Purposes*, pp. 191-214.

130 CIA Memorandum, Subject: Taiwan: All the King's Horses and All the King's Men? November 12, 1985, CIA/FOIA, no. CIA-RDP87S00734R000100020024-7; FCO 21/3261 FET014/1, Taiwan Annual Review for 1984, dated January 31, 1985.

至為重要，伍氏提醒郝，不應讓美國民眾有一種錯誤的印象，即中華民國政府不過是另一個「獨裁政府」。郝柏村在華府停留時，時任駐美代表錢復也坦言，美方認定蔣經國身邊遭保守派包圍，對鄧小平的政治繼承安排則觀感良好，普遍認定未來中國大陸將趨向安定，會出問題的反而是台灣，他還透露與副總統布希晤談時，對方竟然說道：「我講這話你不高興，十年前我在北京很苦，現在有天壤之別，他們真有進步。」錢復感慨台北如繼續宣傳中共即將崩潰，恐怕沒有人會相信，郝答允將這些訊息如實轉達給蔣經國。[131]

無庸置疑，「江南案」的爆發與蔣孝武被影射牽連其中，成了蔣經國加速民主化腳步一個重要的催化劑，促使他在一九八五年下半年數次公開宣示中華民國沒有繼承人的問題，台灣也不會出現軍政府。翌年春天，蔣提出具體的政治革新方案，提名多位開明派人士，躋身國民黨的權力核心，並任命一個由十二名中常委組成的「政治革新小組」，來研擬中央民意代表改選、省市長民選、解除戒嚴與開放黨禁，此後數月，該小組成員定期集會，逐項討論修法事宜，以配合民主改革的進程，包括副總統李登輝在內許多黨政要員也被委以與黨外人士溝通對話的重任，輿論風向開始鼓吹威權體制已行不通，國民黨必須開放政權，只不過當時李登輝目睹此一重大的政治工程，感嘆除了蔣經國本人之外，黨內其他大老並無真正改革的決心與共識，相當程度上都在敷衍，「敷衍給蔣經國看」。[132]

國民黨上下對於蔣經國是否真心推動民主化，大多觀望並心存疑慮，然而來自華府與北京直接或間接的壓力，卻從未停止。一九八六年六月，鄧小平大膽提出「政治體制改革」，並宣布成立「中央政治體制改革小組」，兩個月後美眾議院通過決議，要求國民黨擴大台灣的民主改革，開放黨禁、報禁與廢除戒嚴令，黨外人士受此鼓舞，趁勢於九月二十八日圓山飯店集會時臨時變更議程，宣布成立「民主進步黨」。[133]消息傳來，國民黨內都在等待蔣經國的態度，李登輝回憶，蔣當下指示：「此時此地，不能以憤怒態度輕率採取激烈行動，引起社會不安，應採溫和態度，以人民國家的安定為念。」[134]郝柏村也憶及蔣於翌日召見他並探詢黨外組黨的看法時，曾自嘆國民黨「太老大」，當蔣面對反對派組黨的舉措，他同樣指示應「避免衝突、冷靜處理」。[135]九天後，蔣利用接受美國《華盛頓郵報》發行人葛萊姆（Katherine C. Graham）女士專訪的時機，親口宣示台灣將解除戒嚴並開放黨禁、報禁，間接向外界宣告他將允許民進黨成立並合法化。[136]

華府對於台灣的政治發展保持密切的關注，中央情報局研判當時亞太地區形勢急遽的變化，讓蔣經國無法不採取改革的行動，強化國民黨開明形象並爭取美方好感。該年（一九八六）稍早，南鄰菲律賓發生「人民力量革命」（People Power Revolution），獨裁執政長達二十年的馬可仕遭到推翻，倉皇流亡海外，而北邊南韓的民主化運動也風起雲湧，這些都讓蔣經國心生警惕。值得注意的是，一如十餘年前小蔣推動「本土化」時美方對其前景有所疑慮，此刻華府對於小蔣是否真心希望改革、願意向黨外釋出權力，抑或只是在分化反國民黨的力量、消弭政治的緊張對立，仍有所揣測；中情局甚至大膽預言，健康狀況不佳的蔣經國極可

131 郝柏村，《八年參謀總長日記》，上卷，頁八三二—八三四。錢復於翌年返台述職時，也當面向蔣經國力陳民主化與解除戒嚴對改善台灣國際形象的重要性，參見錢復，《錢復回憶錄》，卷二，頁三六〇—三六一。

132 王作榮，《壯志未酬：王作榮自傳》（台北：天下文化，一九九九年），頁二三三—二四〇；李登輝，《見證台灣：蔣經國總統與我》，頁一五七—一五九、一六三—一六四。一九八六年國民黨與黨外人士進行溝通的經過，參見陳儀深訪問、林志晟等記錄，《從建黨到執政：民進黨相關人物訪問紀錄》（台北：玉山社，二〇一三年），頁五二—五三。

133 Shelley Rigger, *From Opposition to Power: Taiwan's Democratic Progressive Party* (Boulder CO: Lynne Rienner, 2001), pp. 15-16; 若林正丈著，洪郁如等譯，《戰後台灣政治史：中華民國台灣化的歷程》（台北：台大出版中心，二〇一四年），頁一七三—一七四；翁衍慶，《中國民主運動史：從中國之春到茉莉花革命》，頁七四。

134 李登輝，《見證台灣：蔣經國總統與我》，頁一八八—一八九。

135 郝柏村，《八年參謀總長日記》，下卷，頁九九七—九九八。

136 宋楚瑜口述歷史，方鵬程採訪整理，《蔣經國祕書報告！》（台北：商周文化，二〇一八年），頁一九〇—一九一；FCO 21/3639 FET014/1, British Embassy in Beijing to Foreign Office, Subject: Taiwan to Lift Martial Law, July 23, 1986.

能在該年年底前主動卸下總統職務，免除儀式性的任務，但仍將以國民黨主席的身分繼續握有國政的最後決策權，而毫無政治班底的李登輝一旦繼任總統，極可能是一名空頭元首，屆時政府運作的重心將落在行政院，而非總統府。華府還認定「後蔣經國時代」的國民黨，不論步入集體領導制或由李登輝取得部分權力，整體局面仍將由外省集團所掌控。[137]

與美國情報機構分析研判有所出入的是，風燭殘年的蔣經國顯然是真心想推動民主化，而非只是在拖延時間以緩和島內日趨緊張的政治態勢。一九八六年底增額立委選舉中，黨外勢力以尚未取得合法地位的「民進黨」身分參選，表現不俗，在一百名席次中取得十二席，得票率達百分之二十二。選舉後小蔣召見李登輝討論此事時，再次表示面對此結果，不要操之過急，不要用激烈的手段強力鎮壓，又稱政府最怕的就是施政只知強勢作為，毫不考慮後果。此刻他的心態和一九七七年面對地方選舉挫敗時的灰心喪志與鬱鬱寡歡，有天壤之別，儘管如此，他也流露出對黨外份子熱中以狹隘的地域觀念分化台灣社會與人民之高度憂慮。[138]

或許此刻蔣經國心中所殷盼的民主化進程，是循序漸進、一步一步穩健踏出去，而非極端與躁進，只不過推動全面政治革新的心意既定，再也沒有回頭路，在生命最後半年時光裡，他陸續推動幾項具重大指標的人事與業務安排：七〇年代在「本土化」工程中扮演要角的李煥，於一九八七年夏天被重新委以國民黨秘書長的重任，負責推動中央民意代表的全面改選、地方自治與民選、開放大陸探親等要務，接著政府宣布解除戒嚴，而當郝柏村質疑解嚴後台灣社會恐將出現「偏激雜誌報紙滿街氾濫，遊行請願示威隨時隨地可見」的亂象時，小蔣回答政治走向民主化，「好像女人生孩子會有一陣痛」，他希望絕大多數民眾未來會有成熟的民主素養。[139]

同年十月底，鄧小平早年一段重要的講話，被列入中共正在召開的第十三次全國代表大會的政治報告中，他在這段談話中表示，如不進行政治體制改革，經濟體制改革就不可能取得成功，北京領導人顯然認定推動政治體制革新的時機已趨成熟，其所研擬的議題包括黨政分離、下放權力、建立社會協商對話等。[140]此刻台海兩岸彷彿正在進行一場無聲的制度改革競賽，很難說彼此之間毫無交互影響；就在中共十三大會議結束後，國民黨宣布同意開放台灣民眾前往中國大陸探親，一九八八年元旦，台灣地區解除報禁，言論自由邁進一大步，而蔣經國逝世一年之後的一九八九年元旦，國府宣告解除黨禁，台灣的政黨政治與民主化工程至此展開新頁。[141]無可諱言，台灣雖在形式上已從威權過渡到民主，卻也埋下九〇年代李登輝所代表的本土化、全面開放式民主，與郝柏村所代表的外省統派、父權指導式漸進民主，兩條路線之爭，然而這已非小蔣生前所能掌握。

一九八七年七月二十七日，當蔣經國以茶會招待十二位台灣耆老，告訴他們「我也是台灣人」、台灣也是他的故鄉時，其內心必定百感交集。一九四九年以「流亡異鄉」的心態來台避禍，對島上的一切感到新奇，經歷五〇年代白色恐怖時期、以「國家安全」之名逮捕台籍菁英，六〇年代致力改善與台人關係，七〇年代在內憂外患中開啟「本土化」工程，以及八〇年代順應潮流，全面推動民主化，這其中或許出於無奈與被動，或許內心不時夾雜著猶疑、掙扎與路線擺盪，然而若沒有他以政治強人的高度，在生命最後的階段

137 CIA Memorandum, Subject: Taiwan: Looking Toward December Election, July 1986, CIA/FOIA, no. CIA-RDP04T00794R000200810002-7; CIA National Intelligence Estimate (NIE) 43-86, Subject: Political Succession in Taiwan, July 1986, ibid, no. CIA-RDP90T00155R001200050001-5.

138 李登輝，《見證台灣：蔣經國總統與我》，頁一九六—一九八；郝柏村，《八年參謀總長日記》，下卷，頁一〇三四—一〇三五。

139 郝柏村，《八年參謀總長日記》，下卷，頁一一五九—一一六〇。

140 鄭竹園，《轉變中的中國政經社會》（台北：五南圖書，一九九四年），頁三五—三六。

141 Taylor, *The Generalissimo's Son*, pp. 413-418; Roy, *Taiwan: A Political History*, pp. 174-179.

奮力打開新局，則其亡故後，無論誰繼承其位，都將缺乏足夠的威望與膽量來達成此目標。當蔣經國晚年脫口說出「我也是台灣人」時，除了流露出他對這片生活了四十年的土地之私人情感，以及從「異鄉人」到「本地人」的心境轉折之外，又何嘗不是國府遷台後，出身並受益於威權體制的政治強人，親手終結數十年威權統治格局、讓台灣得以走向真正民主的總紀錄。

第九章
民生與經濟建設

「近來贛州市面米價上漲，推其原因無非是政治之紛亂以及米商之從中圖利，所謂米荒，皆是人為。上午電話通知吉安縣府，請其協助購米，並請熊[式輝]主席命令吉安、吉水等處不得強扣商米。因為此事，我坐立不安，總是想去解決此種難題。」[1]

「處理糧食問題，至感困擾，由於米價上漲，余坐立不安。控制通貨與掌握物資，為處理目前經濟問題之兩大重點，至於其他問題則是枝節之事，為了小事，不宜多分我心，負責之心不可無，患得患失之心不可有。」[2]

1 《蔣經國日記》，一九四一年二月二十一日。

2 《蔣經國日記》，一九七四年二月五日。

「建設新贛南」與「上海打虎」

一九三九年春天，蔣經國奉派擔任江西省第四區（贛南）行政專員，這是他接觸地方工作之始；上任第二年他頒布一份《新贛南三年建設計劃》，內容洋洋灑灑，涵蓋教育建設、社會革新、幹部訓練與經濟政策等，然而此時中國正受到日本的侵略，抗戰前的財經秩序已遭破壞，法幣貶值，通貨膨脹嚴重，人民苦不堪言，小蔣能做的極其有限。青年時期他在俄國深受社會主義思想的洗禮，返國後他仿效蘇聯集體經濟制度的模式，在贛南行政公署內設立合作社與「交易公店」各一所，將油、鹽、米等各式民生用品加以統制，定量出售，一來打擊牟取暴利的商人，二來設法減輕民眾沉重的壓力。[3]

嚴格檢視蔣經國的贛南經歷，其實他對經濟政策與地方建設的想像力頗為貧乏，以一九四三年所擬第二次《三年（後改為五年）贛南建設計劃》為例，當時他思考新一階段所欲推動的重要議題後，竟然僅能簡單列出「增加必需品之生產」與「整管現有之建築物」兩點，別無其他。半年後，此份計劃正式出爐，內容依然不脫蘇聯色彩，以公有合作生產為經濟基礎，以義務勞動為建設基礎，從這兩方面推動贛南的發展。小蔣還以過去他在烏拉山重機械廠的工作經歷為依據，擬定創設國民經濟建設公司、農林公司、發電廠四所、農具及機器製造廠各一所、煉鋼煉鐵廠、化學工業廠等構想，最終目標要讓贛南民眾「富者不再富，而貧者則日富。」[4]

毫不意外，最終這些建廠造房等宏大規劃沒有一項能夠具體落實，這是因為國難當前，經費與資源極其匱乏，蔣經國治理贛南僅能應變救急，談不上長遠的規劃與實踐。然而，抗戰時親睹人民所遭受的苦難，以及身為地方父母官的個人經驗，強化了小蔣原本已具有的濃厚社會主義「反商」思想，以及關懷弱勢平民的精神。一九四二年春天，他自記每當在街上遇到行乞的老弱婦孺，心中即有所不忍，明知給這些乞丐錢，無法根本解決嚴重的社會問題，但如不給，事後又深感不安，「社會不公」對他心理所帶來的刺激既深且切，讓他立誓要以「打平貧富」作為一生奮鬥的目標。[5]翌年（一九四三）春天江西發生大旱，贛南地區因河水過淺導致航運不通，糧源斷絕，小蔣天天坐立不安，某日途經市區公園時，一位難民抱著小孩向他討飯，「見之心中痛如刀割」，想起自己家裡還有飯吃，而貧民卻飢餓無告，當下便指示專員公署供應處，他本人家屬與親戚皆不得額外領取米糧，並且明令民眾領取米糧時，他一家人必須排在全縣城內最後一戶。[6]這種民胞物與、先公後私的作風，在往後漫長政治生涯的各個階段不時展現出來，成為其領導風格的重要特質，甚至影響財經建設的重要決策。

一九四四年春天，在江西已經待了六年的蔣經國，一度有機會進入孔祥熙主持的財政部工作；四月十六日，宋美齡與孔祥熙、宋靄齡夫婦在重慶約見小蔣，口頭邀請他進入財政部服務，小蔣認為財經問題屬專業領域，非他個人所能適宜，但在父親鼓勵下，他改變心意，認為財政乃國家命脈，凡對國家有利者他都願意積極去做；然而，邀請小蔣進入財政部的想法，其實是當時因美元公債貪汙舞弊案而飽受各方攻擊的孔祥熙，為求自保的一種政治姿態，目的在緩和各方「反孔」情緒，並非真要延攬他進來，本來無意涉足財經領域的蔣經國，在明瞭事實之後便就此作罷。[7]八年抗戰帶給中國惡性的通貨膨脹，在日本戰敗投降後

3 漆高儒，《蔣經國的一生》，頁三六—四〇；章微寒、賈亦斌等著，《親歷者講述蔣經國》，頁七五—七六、一二五—一三二。

4 《蔣經國日記》，一九四二年九月一日、一九四三年三月三十一日〈本月大事預定表〉、九月一日、一九四四年一月一日〈民國三十三年大事表〉。

5 《蔣經國日記》，一九四二年五月十六日、九月一日。

6 《蔣經國日記》，一九四三年五月十五日、五月二十日、五月二十三日。

7 《蔣經國日記》，一九四四年四月十六日、四月二十六日、五月三十日。

曾經短暫穩定了一陣子，但不久後就因政局動盪而再度燃起；一九四七年初，隨著國共內戰激化，國府軍事開銷猛增，國內金融市場大幅度波動，各大城市出現搶購黃金風潮，民眾爭相抛出法幣購買黃金外幣，連帶引發各地物價狂飆，上海米價自抗戰勝利後上漲二十倍，其他民生物資無一不漲，五月間「反飢餓、反內戰、反迫害」運動在各大城市爆發，迫使國府著手推動一系列財經改革應急，試圖挽救危局。[8]

中國各地財經狀況急遽惡化，蔣經國本人感受至深。一九四七年秋天某日，他自外地回到杭州寓所與家人團聚，剛進家門蔣方良即向他抱怨家用浩繁，她已無力支應，而天氣逐漸轉寒，準備為兒女製作冬衣的費用仍無著落，連冬季家庭用煤開銷也大有問題，她因而提議變賣家中部分物品來貼補家用，小蔣聞後苦惱萬分。[9]一個月後，蔣自寧波搭乘輪船前往上海，不認識他的茶房瞥見他腳上穿的襪子竟然縫補過，認為是怪事一件，在船上大談特談，令蔣既羞又怒，事後感嘆這位茶房「他哪裡知道，不久前我還在賣物度日呢！」[10]人民生活痛苦，最能引發蔣經國的惻隱之心；同年十一月某日，當他步出南京國民黨中央黨部時，在路上撞見一個乞丐跪在地上，旁邊還有一隻狗也跪在一旁，當乞丐叫一聲「老爺太太救救我」，他的狗就隨之一拜，「此情此景，見之能不鼻酸？」眼見廣大民眾的生活日漸困頓，在上海卻仍有許多達官貴人過著花天酒地的奢華生活，「兩者相比，心中確有不勝危懼之感。」[11]

此一人身經驗足以解釋，一九四八年夏天當蔣經國奉命整頓上海經濟時，他心中充滿著一股濃厚仇視商賈與既得利益者的私人情緒，決心以激烈手段貫徹金融改革。當蔣思考上海經濟管制問題時，他認為欲解決此危機，前提是「政府只顧窮人的利益，而不顧富人的要求」，否則任何錦囊妙計也難挽救大局。此時滬杭甬地區米價已超過八十萬法幣，即將突破百萬大關，他自問一般貧苦人民將何以為生？如同贛南時期一樣，當他環顧四周飢寒交迫貧民慘狀時，心理每每產生莫大刺激，直言當一個人連飯都沒得吃的時候，就要被迫起而革命了。[12]只不過懷著滿腔熱血，義憤填膺、準備在上海大幹一場的小蔣，未能理解財經問題的微妙與複雜，若要蠻幹，勢必與在當地擁有盤根錯節利益糾結的孔、宋姻親，以及向來支持父親的江浙財團與地方勢力，發生嚴重衝突。

本書導論對於上海「打老虎」失敗的經過情形已有討論，在此不再贅述，值得一提的是，據曹聚仁所言，蔣經國卸任經濟特派員職位、黯然下台的前一星期，幾乎天天喝酒，「喝得大醉，以至於狂哭狂笑。」小蔣離開上海後，曾前往南京探望他的賈亦斌也說，他每日借酒澆愁，常常喝得酩酊大醉，一邊喝酒，一邊燒檔案文件，絕望情緒溢於言表。[13]如果曹、賈兩人的描述具有可信度，實不足為奇；小蔣深知上海失敗意味著國民黨與他父親在中國大陸的政治生命已日薄西山，來日無多，在美國人看來，上海經濟管制的崩盤不但讓國府失去民心支持，一水之隔的台灣更可能因此而與情勢日趨混亂的中國大陸脫鉤，在財經乃至政治上漸行漸遠。[14]二十年後，當時已進入行政院、負責規劃台灣財經建設的蔣經國，對於這段上海「打老虎」的慘痛經歷曾有一番反省，他終於理解到國家的經濟建設與財政收支皆有其自然法則，不可強制為之，也無法用政治手段來解決財經問題：「回憶卅七年之秋，我在上海所採取的經濟管制辦法，是不合經濟原理的，意氣重於理智，是無法持久和成功的。」[15]只不過這段痛苦經驗與教訓，乃至於根源於青年時期所信奉

8 Zhaojin Ji, *A History of Modern Shanghai Banking: The Rise and Decline of China's Financial Capitalism* (New York: M.E. Sharpe, 2003), pp. 227-237.
9 《蔣經國日記》，一九四七年十月十九日。
10 《蔣經國日記》，一九四七年十一月十五日〈上星期反省錄〉。
11 《蔣經國日記》，一九四七年十一月二十二日。
12 《蔣經國日記》，一九四七年十二月四日、十二月十五日、十二月十七日。
13 曹聚仁，《蔣經國論》，頁一六六；章微寒、賈亦斌等著，《親歷者講述蔣經國》，頁三二六。
14 CIA Far East/Pacific Branch, Intelligence Highlights No. 29, dated November 30, 1948, CIA/FOIA, no. CIA-RDP79-01082A000100020032-3.
15 《蔣經國日記》，一九七〇年一月十八日。

的社會主義經濟思維，又豈能輕易地從其記憶中被乾淨抹去？

退除役官兵輔導委員會：建設台灣之始

帶著上海失敗的巨大陰影，蔣經國來到台灣後，奉蔣介石之命整頓情報業務，一九五六年三月間當他的工作逐漸擺脫「軍統」舊勢力掣肘做得有聲有色之際，父親突然交辦另一項特殊任務，要他擔負退除役官兵的安置計畫。國府撤退來台時，帶來五十萬名無眷單身官兵，以及十餘萬有眷軍官和老士官，到了五〇年代中期這些外省籍官兵平均年齡已達三十八歲，無法留在部隊繼續效力，一旦退伍離開軍隊，不但缺乏謀生能力，又無家可歸，勢將為社會帶來嚴重的問題。除了隨政府遷台部隊的老化問題之外，韓戰結束後台灣接納來自朝鮮半島、滇緬邊境、越南富國島與大陳島總數達八萬名的反共義士、游擊隊與其眷屬等，除小部分被編入特種部隊繼續替國府效命外，其餘撤退來台龐大人員的安置作業，也是一項棘手的任務，蔣介石如何妥善處理此問題，各國政府都在密切關注。[16]一九五四年秋天，行政院設立「國軍退除役官兵就業輔導委員會」（簡稱「退輔會」），由台灣省政府主席嚴家淦兼任主任委員，他從台灣銀行借款五百萬台幣作為開辦會務的經費，並向美方爭取從美援款項中撥出四千二百萬美元，投入退除役官兵的安置工作。[17]

一九五六年春天，台灣省政府由台北遷往南投縣中興新村，嚴家淦分身乏術，無法兼顧退輔會業務，蔣介石決定由其子出任代理主任委員一職，負責推動實際會務，蔣經國對此項新任務信心滿滿：「任何工作，凡父親認為有必要而交辦者，必將接受而且努力以赴之。」[18]就個人政治生涯發展而言，小蔣接掌退輔會有幾項重要的意義；首先，此位置提供一個平台，讓他得以跨出隱蔽神秘的特務圈，結交中央情報局以外的其他美國駐台人員，對於消弭老美對其背景疑慮、進一步認識這名頭號「謎樣人物」有所助益。小蔣自記接掌退輔會不久，因業務需要而前往美國國際合作總署駐華共同安全分署（International Cooperation Administration, Mutual Security Mission to China）拜會署長卜蘭德（Joseph L. Brent）時，竟是國府遷台七年以來，他首次踏進美國大使館之外的其他美方在台機構，可見彼此間的嚴重疏離。[19]為審核退輔會各項計畫及預算，美方委託一家「福瑞」（George Fry）顧問公司處理相關業務，在與「福瑞」美籍顧問往來後，小蔣得知美駐台各單位彼此之間存在著許多矛盾與人事糾葛，過去以為只有國民黨自己有複雜的人事問題，如今知悉「洋人問題」也不少，他頗感有趣；不論如何，蔣自認接掌退輔會後，「對於各方面的中外人士將有很多的機會，互相認識與往來，此為今後事業開展中之重要因素與條件。」[20]

其次，退輔會工作讓蔣經國有機會接觸美援經費實際運作的情形，並瞭解財政預算制度以及中央與地方經濟建設等相對陌生的領域，對於他日後主持台灣經建大計與決策當有所啟發，只是退輔會時期這段摸索學習的經歷並非總令他感到愉快。韓戰爆發後，美援的到來穩定了台灣社會，大幅促進島內經濟建設的發展，一九五一年至一九六五年間台灣平均每年獲得約一億美元的經濟援助，其中還不包括超過此數字三倍以上的軍事援助。[21]大陸時期國府為妥善運用美援，在行政院設立「美援運用委員會」（美援會）與「中國

16 State Department Office Memorandum, November 2, 1954, no. 794A.5-MSP/11-254, *Formosa 1950-1954*, reel 6; FO 371/120864 FC1011/3, Formosa: Annual Review for 1955, enclosed in British Consulate in Tamsui to Foreign Office, March 9, 1956; Rankin, *China Assignment*, pp. 275-276.

17 "China (Formosa) P.L. 480 Title I Program," State Department Bureau of Far Eastern Affairs, September 20, 1955, reproduced in DDRS, no. CK 2349599327.

18 《蔣經國日記》，一九五六年三月二十日。

19 《蔣經國日記》，一九五六年五月一日。

20 《蔣經國日記》，一九五六年五月四日、五月五日〈上星期反省錄〉。

21 Neil H. Jacoby, *U.S. Aid to Taiwan: A Study of Foreign Aid, Self-Help, and Development* (New York: Praeger, 1967), pp. 40-41; 段承璞主編，《台灣戰後經濟》（台北：人間出版社，一九九二年），頁一〇九—一一一。

農村復興聯合委員會」（農復會），遷台後除了上述單位繼續運作之外，又於行政院設立「經濟安定委員會」（經安會）來協調美援與政府預算的配合，相較於其他內閣部會，以上三個單位擁有極大自主性，其預算與所屬中方官員薪資甚至直接來自美援相對基金。[22]雖然美政府重新恢復對蔣介石援助，然而為避免重蹈大陸失敗之覆轍，其對台北的監督與管控力道極強，不斷施壓國府建立一套合理預算制度，制定可行的經濟政策，讓每一分錢都能有效地投入於改革建設，而這些名義上隸屬於行政院的部會，即是美方施加影響力與管控國府預算的「白手套」；華府還透過美援會在台成立一個總帳戶，由經安會授權後撥款用於國府各項建設，老美在內部文件中毫不避諱談論如何透過這些部門向蔣介石施壓，達到美方所認可的美援目的。[23]

蔣經國接掌退輔會後，便開始領教到美方對其業務的強硬態度。在小蔣認知裡，安置退除役官兵非一朝一夕之事，而是具有長遠性，為長治久安計，他擬從兩方面著手，一是開築東西橫貫公路，藉由打通台灣山脈東西兩端的浩大工程，讓退除役官兵龐大的勞動力可以獲得紓解利用；二是安置退除役官兵的就業、就養與就學，具體作為包括在各地開闢新農場、牧場、林場、漁池與果園，協助榮民轉業以自給自足，並於台北石牌興建一座榮民總醫院，提供高品質的醫療服務，最後在台灣各地設置多處「榮民之家」，讓日漸老邁的官兵得以安享天年。[24]蔣經國認定這些長期性工作必須先在經費上妥善籌劃，因而向安全分署要求將美方已答允的四千二百萬美元援助款項中尚未動用的部分，依匯率計算差額後，一次性以新台幣撥付退輔會成立一個安置就業基金，如此可確保日後經費來源無虞。美方對此卻頗有疑慮，一來該援助款項原本準備用於協助台灣進口計畫的器材，以及進口物資並出售，透過外匯儲存以發行台幣；二來美國本身並無協助退役軍人就業輔導制度，無法理解小蔣的構思與規劃，美方又對退輔會所提各項醫院、榮院與農牧場等大型興建計畫，以嚴格把關的態度百般刁難，遲遲不願核撥經費，讓亟待能有一番作為的小蔣為之氣結，倍感挫折。一九五六年春、夏之交，雙方溝通已出現嚴重的障礙，蔣曾多次在日記中抱怨他受盡洋人之氣，難以忍受。[25]

該年八月的某個夜晚，小蔣應邀出席一場由卜蘭德主持的工作會報，介紹退輔會各項計畫並尋求美方的支持，不料竟遭出席的安全分署人員公開嘲諷、指責與批評，令他下不了台，氣氛尷尬。小蔣遭老美難堪的侮辱後，當晚因過於氣憤而未得安眠，令他更為光火的是，他發覺美方對他羞辱，背後竟有美援會秘書長王蓬等中方人士煽風點火，憤怒之餘，他多次痛罵王為「洋奴」、「流氓」與「卑鄙無恥」，而美方對於退輔會業務的控制與干涉，也不禁讓蔣感慨國與國之間只有利害，毫無道義可言。[26]為何此時美方會有如此不友善態度？卜蘭德在向華府呈送的報告裡，批評台方所提重大建設的計畫多由政府主導，此類由官方掌控的經建方案，實有礙行政效率的提升，而且管理監督成本將佔去美援中可觀的比例，無法真正達到協助

22 Jacoby, *U.S. Aid to Taiwan*, pp. 60-64; 趙既昌，《美援的運用》（台北：聯經出版社，一九八五年），頁四七；瞿宛文，《台灣戰後經濟發展的源起：後進發展的為何與如何》（台北：聯經出版社，二〇一七年），頁二三四。

23 Karl Rankin to State Department, top secret, January 10, 1953, no. 794A.5-MSP/1-1053, *Formosa 1950-1954*, reel 4; Activity Report from Month of November 1953, prepared by MAAG Formosa, December 24, 1953, no. 794A.5-MSP/2-2453, ibid, reel 6; Rankin to State Department, Subject: Appraisal of Effects of United States Aid and Technical Assistance to Formosa, October 14, 1954, no. 794A.5-MSP/10-1454, ibid.

24 行政院退除役官兵就業輔導委員會編，《十年來之輔導工作》（台北：行政院退除役官兵就業輔導委員會，一九六四年），頁三一六；何智霖、薛月順編，《蔣經國與台灣：相關人物訪談錄》（台北：國史館，二〇一〇年），第二輯，頁一一〇—一一一。

25 《蔣經國日記》，一九五六年五月三十日、六月十一日。美援與退輔會之間的複雜關係，另參見趙既昌，《美援的運用》，頁二二三—二三九；林炳炎，《保衛大台灣的美援（一九四九—一九五七）》（台北：作者出版，二〇〇四年），頁三一二—三一三。

26 蔣經國遭美國安全分署人員批評的記載，參見《蔣經國日記》，一九五六年八月二十一日、八月二十二日、八月二十三日、八月二十七日、八月三十一日〈上月反省錄〉、九月五日、九月八日、九月九日、十月三十一日〈上月反省錄〉。

台灣整體經濟發展與轉型的戰略目標。[27]美大使藍欽也指出，理想的美援模式應當是能夠鼓勵本地、外國與海外華僑前來台灣私人投資，由此帶動自由經濟制度，而非一味依賴美援來推動由政府主導的大型建設計畫，畢竟美援將有結束之日。[28]美方對於退輔會所提各項方案的猶疑態度，並不令人意外。

除了台、美雙方在經濟發展模式與理念上的歧異之外，此時還有一個更為現實的問題；從英國駐淡水領事館向倫敦拍發的電報顯示，一九五六至一九五七年間美政府正著手縮減全球性範圍的經援額度，台灣也被列入美援削減名單之中，此一發展讓嚴家淦、王蓬等財經技術官僚如坐針氈，一旦美援遭刪減，勢將對接受美援的國府各相關部門產生嚴重資源排擠效應。[29]在此氛圍下，退輔會向美方所提的大型計畫遭美方以放大鏡檢視刁難，不難想像當時確實可能出現部分國府人士私下給小蔣「穿小鞋」、說壞話的情況，蔣本人即曾自記一九五六年春天之時，對財經政策極具影響力、於翌年出任經濟部長的楊繼曾，對於退輔會不斷採取「破壞的態度」，蔣自認與楊素無往來，更未曾得罪過他，不知為何楊如此不友好，「確實是一件怪事。」[30]

自一九五七年起，退輔會與安全分署之間的磨合逐漸改善，美方對該會所提各案的細節雖多所質疑，然而在小蔣多次陪同美方人員上山下海、前往橫貫公路等地視察後，老美開始理解這些建設的重要性，以及國府在經費使用上並無不當之處。坦白說，退輔會業務既然有求於美方，彼此發生溝通不良或認知差距實在所難免，安全分署對各計畫著重審核，步驟細密，按部就班，執行過程中經常檢討，事後又嚴密稽核考查，雖讓中方人士心生不耐，然而每當蔣經國心情平靜下來後，也自認對方許多批評並非無的放矢。[31]從推動退輔會業務的過程中，小蔣也領悟到爭取預算時應避免主觀與本位主義；一九五八年秋天，美方不願具體承諾是否提供完成橫貫公路所需剩餘經費，小蔣在情急之下，轉而向台灣省政府與行政院爭取預算，此刻他才理解國家財政困難與政府施政之不易，每一分錢的運用都必須從整體考量，無法偏好某一部會。[32]多年之後，當蔣本人成為台灣財經總舵手時，他還將進一步體會到僚屬之間各自從本位主義出發、彼此爭執不下所帶來的苦惱。

八年退輔會工作對蔣經國政治生涯第三個重要意義，在於這段經歷提供意想不到的機會，使他得以踏遍全台灣各角落，親身體驗這塊島嶼的自然與人文風情，也讓他可以「接地氣」、聆聽人民的心聲，從而深刻理解並開始愛上這片土地，此經歷可說是三〇年代贛南時期擔任父母官時悲天憫人情懷的延續，也是七〇年代塑造親民愛民、民胞物與形象的重要起點。一九五六年五月十日是個星期四，這一天對小蔣而言極為特別，當日上午他按行程前往基隆暖暖視察退除役官兵檢定中心，現場一群老兵見到他之後紛紛湧向前來，對他流淚哭泣，小蔣一時也情緒激動，這群老兵身經百戰，許多都已白髮蒼蒼且傷痕累累，甚至病痛纏身，對前途感到茫然惶恐，蔣自記：「從他們對余的語言態度和表情中，可以看出不但待我親切，而且抱一種希望。自己有一種慚愧感，同時又有責任感。」一些流著淚、對退役後無所適從的老兵，經他耐心解說後心情逐漸開朗起來，也有一些老兵咬緊牙根，有苦卻說沒有苦處，讓他覺得「這些士兵們實在太可愛

27 Report on Foreign Economic Policy Discussions between United States Officials in the Far East and Clarence B. Randall and Associates: Taiwan, by Joseph Brent, December 1956, reproduced in DDRS, no. CK 2349279746.

28 "United States Economic Policy toward Free China," by Karl Rankin, December 1956, reproduced in DDRS, no. CK 2349599327.

29 FO 371/127489 FCN1102/15, A.A.E. Franklin (British Consul in Tamsui) to Foreign Office, November 19, 1957; FCN 1102/16, Franklin to Foreign Office, December 3, 1957.

30 《蔣經國日記》，一九五六年五月三十日、六月十一日。

31 趙既昌，《美援的運用》，頁二三七—二三八。

32 《蔣經國日記》，一九五六年九月二十三日、一九五八年九月二十日、九月二十二日、九月二十七日、十二月十一日、十二月十五日。

蔣經國向蔣介石夫婦簡報橫貫公路。（國史館提供）

了」，坦言「此日所受的感動之深，決非筆墨所能形容。」這大概是來台六年來、大多數時間浸淫於冷酷無情特務工作的蔣經國，首次感受到來自底層人民的熱烈情緒與對他的殷殷期盼，接連數日，那群老兵的面目與表情，一直深刻烙印在他腦海裡，揮之不去。[33]

率領榮民開鑿橫貫公路，以及退輔會在各地推動各項基礎建設，讓蔣經國得以踏入台灣最偏遠的地方，將觸角深入社會最底層的角落，體察民隱，瞭解民之所需，同時也反省自己的處境。開鑿橫貫公路，除了打通台灣東西兩部的便捷交通線此一國防意義外，還有其他經濟考量：在國府的規劃裡，公路開通後可促進沿線農、林、牧、礦業、蠶桑、水力與灌溉等發展，並有助於大批參與開鑿的除役官兵日後屯墾安置。[34]從一九五六年夏天政府決議由退輔會主導此案，直到一九六〇年五月九日橫貫公路正式開通為止，三年又九個月施工期間，在當年交通與生活條件極度不便的情況下，小蔣曾二十一次前往實地考察，尤其在施工最初兩年的艱困階段，他平均每一個半月就從台北深入中央山脈，與數千名榮民、工程師與技術人員在克難環境下一起作息，意外的收穫是讓他得以一窺人煙罕見的秘境；一九五六年夏天，小蔣率隊自台中谷關入山進行首次探勘，他沿著碧綠、合歡兩溪抵達關原大草地，再沿立霧溪向東步行，最後從花蓮太魯閣出山，這九天與世隔絕的旅程，險象環生，幾次遇到大坍方，也經歷斷水之苦，並曾在一日之內步行危險山路二十五公里，卻也因此親睹他所讚嘆「來台後所看見的最美之風景」。[35]

33 《蔣經國日記》，一九五六年五月十日、五月十一日、五月十二日〈上星期反省錄〉、五月十三日。

34 行政院退除役官兵輔導委員會編，《台灣省東西橫貫公路開發紀念集》（台北：行政院退除役官兵輔導委員會，一九七二年），頁二一—三。

35 《蔣經國日記》，一九五六年六月二十九日、六月三十日、七月一日、七月二日、七月三日、七月四日、七月五日、七月六日、七月七日。

數次勘察之後，蔣經國不禁愛上了隱居深山、與榮民一起生活的清靜日子，並對台北政壇的一切心生厭惡，在一九五七年春天「劉自然事件」的反美暴動後，小蔣成了眾矢之的，此後他更把視察公路業務當作遠離政治喧囂、舒緩精神壓力的良方。該年七月下旬他在山裡視察時，與六百多位以「生產作業總隊」為名義前來支援工程的監牢犯共處一地，對他們講笑話，舉辦晚會同歡，並到各處慰問「待他熱情有如家人」的築路榮民，他自記山中六日接觸到用機器修路的榮民、養肺病的退役官兵、即將入山的救國團團員、在工廠裡做工的大陳義胞、協助背運行李的原住民、公路局的工程師與測量人員，以及協助築路的犯人，「他們在過最痛苦的生活，在做最有意義的工作，我多同他們接觸一次，多認識一分人間之真情，亦多得到一次教訓，亦是我最大的一次收穫。」每當結束視察準備返回台北時，心中即開始生起煩惱苦悶，彷彿有如「從自然的天地開始進入一個人間的罪惡世界。」[36]直到他當上總統，此種思緒依然沒有改變。

一九五九年十一月一日，遠東地區規模最大的榮民總醫院正式落成啟用，翌年五月九日東西橫貫公路也正式通車，此二者被視為蔣經國退輔會任內最重要的成就，其他諸如福壽山農場、棲蘭山林場、花蓮東部開發處所轄各墾區、農場與職訓中心等，也因成果顯著而成為訪台外賓與僑胞參觀的焦點行程，無形中對提升小蔣聲望有所助益，而他本人不諱言，曾多次在視察各單位時因受到民眾真誠的歡迎而感動：造訪彰化蛤蠣場時，當地榮民與漁民為歡迎他，特地在前一晚下海捕捉名貴的「跳魚」給他品嘗；在天祥的西寶農場，當地居民特地為他燒了一碗他喜愛的香肉，令他雀躍不已；在花蓮玉里榮民精神病醫院探視病人時，他看見一名病患正在畫室習畫，一時興起，坐下來與那位病人合畫一幅墨竹；在巡視屏東龍泉醫院時，因親見許多重病殘疾者與痲瘋病患得到妥善照顧，面帶笑容歡迎他，令他深感欣慰。[37]國際間的反應頗為正面，英國駐台外交官對橫貫公路予以評價，認為此路開通後勢將為台灣過去許多未開發地區，帶來新的經濟發展與機會；[38]美國安全分署為表示善意與敬意，也於一九六一年主動告知未來退輔會援助款項手續一切從簡，與美方對其他接受美援單位的嚴格審查態度形成強烈的對比，更與小蔣主事之初的不友善有著天壤之別。[39]

微妙的是，儘管退輔會對台灣各地的建設做出不少貢獻，獲得許多掌聲，但這些成果與付出終究未能扭轉老美的主觀偏見；易言之，不論蔣經國如何努力推動建設，在美方眼裡他依然被歸類為國民黨保守威權勢力，不但掌控情治大權，還是父親反攻大陸國策最忠實的擁護者，堅持國府應繼續維持龐大的國防預算。此種形象與主張改革、務實推動經濟建設而有助於降低國府「軍事性格」的技術官僚，形成鮮明的對比。[40]美方此種評價是否公允，見仁見智，然而冷戰高峰時期華府對台政策目標本身即帶有某種矛盾性，一方面積極提供軍援，將台灣打造為亞太地區圍堵共產勢力的堅實堡壘，另一方面又鼓勵國民黨務實派掌權，藉由推動經濟發展來降低台海之間的軍事風險。一九五四年夏天，財經背景出身的俞鴻鈞出任閣揆，不少美方欣賞與熟識的財經專家紛紛入閣，美政府掩不住欣喜，相信愈多具有處理美援經驗的技術官僚進入政府體系，對台灣整體的發展就愈正面。[41]到了一九五七年春天，華府決策圈雖已注意到執行援台政策過

36 《蔣經國日記》，一九五七年七月二十三日、七月二十四日、七月二十七日〈上星期反省錄〉、一九五八年四月二十二日。

37 《蔣經國日記》，一九六一年九月二十日、九月二十一日、七月二十七日、一九六二年三月三日〈上星期反省錄〉、十一月十八日、十一月二十四日〈上星期反省錄〉、十二月十一日。

38 FO 371/158461 FCN1011/1, Formosa: Annual Review for 1960, enclosed in British Consulate in Tamsui to Foreign Office, January 27, 1960.

39 《蔣經國日記》，一九六一年十二月二十三日。

40 Craft, *American Justice in Taiwan*, pp. 20-23; Clough, *Island China*, pp. 42-43.

41 "Report on the Mutual Security Program in Formosa, First Half of 1954," July 21, 1954, no. 794A.5-MSP/7-2154, *Formosa 1950-1954*, reel 6. 有關美政府透過經援強化對台政策掌控與培植「親美」技術官僚的討論，參見文馨瑩，《經濟奇蹟的背後：台灣美援經驗的政經分析（一九五一—一九六五）》（台北：自立晚報社，一九九〇年），頁二一八—二三〇。

程中此種矛盾性，但對於如何化解此種矛盾卻莫衷一是；到了六〇年代以後，美政府此種鍾情於財經技術官僚治理台灣，藉以沖淡國府軍事色彩的傾向持續不變，凡與以陳誠為首的務實派官僚體系唱反調者，幾乎無可避免地被美方歸類為「保守派」，視其為妨礙台灣穩定與長遠發展的絆腳石。[42]

持平而論，國府遷台初期，縱使蔣經國個人偏好具有濃厚社會主義色彩的計劃經濟，傾向由政府主導國家經濟發展，反對經濟自由化，但他終非參與台灣財經議題的核心人物，而美方對財經技術官僚的主觀偏好，卻讓蔣內心深感不平，從其日記內容可知，他甚至情緒化地遷怒與美方關係密切的中方財經官員，對這些人的言談作風心生厭惡。一九五九年春天，財政部長嚴家淦、經濟部長楊繼曾，以及「美援會」副主任委員、以提出「計劃式自由經濟」理論而甚具影響力的尹仲容等人，在陳誠鼎力支持下推動一波較為自由開放的經貿政策，利用降低關稅、放寬進口管制與改革匯率等措施，鼓勵出口並吸引外資，此政策受美方高度讚賞，然而小蔣卻心懷不滿，私下批評尹仲容「驕傲狂妄」，以及楊繼曾「得意忘形，處處發表高談闊論，目中無人」。[43]

同年秋天，小蔣聽聞政壇上流傳一種說法，認為今後台、美之間各種農業生產計畫的推動，退輔會最好不要出面，否則將不易獲得美援，他原本不相信此傳言，後來證實確有其事，既驚又怒，當下決定拒絕再接受任何美方的援助，怒氣沖沖的小蔣不忘再次批評部分財經官員存著「做買辦」、「借外力以自重」的心態，「此批吃洋飯而受過高等教育的人，論其人格，實不如小販與清道夫也。」[44]這些插曲除突顯美政府始終不把小蔣所主持的各項退輔會建設計畫，置於陳誠、嚴家淦等「務實改革派」的脈絡下來看待，同時也讓小蔣內心對於涉及美援的國府技術官僚之鄙視，清楚地呈現出來，影響所及，七〇年代當他主持國政後，對於一些從陳誠時代即嶄露頭角且精明幹練的財經專家，依然心存主觀且負面的偏見。

一九七〇年代經濟建設再思考

一九六四年夏天，蔣經國卸下退輔會主任委員的職務，轉任國防部副部長，並於翌年元月升任部長。在他四年半部長任內正是越戰最高峰，美國深陷中南半島泥沼，自顧不暇，小蔣對於台灣究竟能否僅靠本身的力量來實現光復大陸的國策，心裡已有了譜。國際局勢風起雲湧，特別是美國對華政策風向急遽翻轉，似可解釋一九六九年夏天當蔣出任行政院副院長並兼任前身為「美援會」的「國際經濟合作發展委員會」（簡稱「經合會」）主任委員職務後，他對台灣未來出路的思維也出現劇烈的轉變，從冷戰高峰時期「反攻大陸」國策堅決擁護者的角色，成為以「建設台灣」為優先考量的務實領導人。

小蔣對台灣未來走向的看法出現變化，部分是迫於政治現實。一九六九年七月，當他首次以副閣揆身分列席行政院院會時，他驚訝地發現各部會所提的問題與方案，竟然沒有一項與「反攻復國」有關，散會後他自嘆：「好像要在台灣永留下去，此種氣氛和表現，乃是最危險的現象。」[45]行政院自一九六三年起在嚴家淦的主持下，諸如反攻大陸此類「軍事性格」濃厚的決策事項已大幅減少，更多著重於台灣內部建設的

42 U.S. State Department Bureau of Intelligence and Research, Intelligence Report No. 7513, "Attitudes toward US aid programs in Vietnam, Taiwan, and Korea," May 27, 1957, *O.S.S./State Department Supplement*, reel 7; Briefing Information for President Eisenhower's Far Eastern Trip: Economic Development of Taiwan, June 6, 1960, reproduced in DDRS, no. CK 2349005811; CIA Office of Central Reference, Biographical Register, "Ch'en Ch'eng," July 1961, in Kesaris ed., *CIA Research Reports: China: 1946-1976*, reel 1.

43 《蔣經國日記》，一九五九年二月二十二日。

44 《蔣經國日記》，一九五九年十月五日、十月六日、十月七日。有關退輔會推動東部開發與西部海埔新生地計畫，參見呂芳上總纂，《中華民國近六十年發展史》（台北：國史館，二〇一二年），上冊，頁一八二—一八七。

45 《蔣經國日記》，一九六九年七月十一日。

發展，連小蔣本人也很快地感染到這股務實之風，思慮出現變化；就在如上行政院會短短一個月後，他思考台灣的未來前途時寫下這段話：「今後吾人之反共立場不變，但是在方法上，不宜限用傳統的政治和軍事方法，而應注重於經濟建設，一面充實國家的力量，一面改善人民的生活。一個反共的國家應當是進步的國家，反共的群眾應該是具有現代知識和現代生活的國民。」[46]值得一提的是，當時美國剛實現太空人登陸月球的歷史壯舉，人類科技的高度發展與日新月異，對蔣經國的心理帶來巨大衝擊，他認為科技不斷進步，知識領域愈來愈廣，未來任何事業如無精細分工與密切合作，則無成功的希望，因而認定未來國家發展的重點在於加速政治革新、推動經濟建設、振興教育與發展科學，在他看來，強化軍事戰備固然重要，但不應再置於國家施政優先順序之首位。[47]

蔣經國進入行政院擔任副閣揆並兼掌台灣經濟政策規劃，應是蔣介石與嚴家淦特意安排的結果，希望在他全面接掌國政之前，能有一段歷練與學習的過渡期。一九六四年夏天，當時把精力投入於國防業務的蔣經國，讀了服務於經合會的年輕經濟學家王作榮所撰的《台灣經濟發展之路》，自認對思考經濟問題帶來重大啟發，王提倡行政改革，強調財政與金融是政府執行經濟政策與控制經濟活動的兩把巨鉗，主張政府必須適度管制外匯貿易，其論點符合小蔣向來所偏好的統制經濟理念。[48]而在三年行政院副院長任內，他費盡心力對向來陌生的財經領域加緊「補課」，在半年內苦讀兩本不同版本的《經濟學研究》，與翻譯自英文的《美國國家安全管理學概論》、《國防決策之現代設計》、《工作研究概論》等專業書籍，還深入研究新加坡政經建設的成果，希望在這些新知識萃取的過程中理出一些脈絡與靈感，並逐漸發展出對台灣未來經貿發展的看法。[49]

一九七〇年，台灣的經濟發展已取得不錯的成績，出口擴張政策帶動生產，並大幅增加與出口貿易快速成長，勞力密集的輕工業產品也逐漸取代農產品與農產加工品，成為台灣外銷產品主力；然而，同時也出現若干問題，最顯著者有二，一是農業陷入困境，二是基礎設施嚴重落後，限制了整體經濟的發展。值此之際，台灣農作物的增長率已出現嚴重停滯，農產品與農產加工品在對外出口貿易中的地位不斷下降，從一九六五年以前百分之五十以上的高比例，下滑至一九七〇年的百分之二十一．四，兩年後小蔣接任行政院長時，比例更降至一九四九年以來的最低點（百分之十六．七），農產品的價格偏低，導致農民的收入普遍低於其他社會階層。[50]為紓解農業困局，小蔣召集幕僚研究後從兩方面著手改善，一是以機械化與大規模的經營方式，設法提高農業生產並節省農業人力，將過剩農業人口釋放出來，投入於未來新興工業的發展，二是致力於減少農民負擔，具體作法包括減輕田賦、放寬農貸、推廣農業技術、改革農產運銷制度、廢除肥料換穀、改採保證價格收購稻穀制度等。[51]

以上種種構想在蔣經國接任行政院長後陸續獲得實施；一九七二年秋天政府宣布九大項的《加速農村建設重要措施》，決定自翌年起六年內投入兩百億新台幣預算來推廣多達一千四百四十項的農業新方案，小蔣

46 《蔣經國日記》，一九六九年八月三日。

47 《蔣經國日記》，一九六九年八月三十一日〈本月大事預定表〉、十月四日〈本星期預定工作課目〉。

48 《蔣經國日記》，一九六四年七月二日；王作榮，《壯志未酬》，頁三六五—三六六。

49 《蔣經國日記》，一九六九年七月二十七日、九月六日〈上星期反省錄〉、九月十三日〈上星期反省錄〉、九月二十七日〈上星期反省錄〉、九月三十日〈上月反省錄〉、〈本月大事預定表〉、十月十一日、十二月六日、十二月十日。

50 U.S. Department of Agriculture, *Taiwan's Agricultural Growth During the 1970s: Supply, Demand, and Trade Projections for Selected Agricultural Projects* (Washington D.C.: U.S. Department of Agriculture, 1971); Thomas Pei-fan Chen, *Economic Growth and Structural Change in Taiwan, 1957-1972: A Production Function Approach* (New York: City University of New York, 1976), pp. 45-52.

51 《蔣經國日記》，一九六九年八月四日、一九七〇年一月九日、三月十日、六月六日〈上星期反省錄〉、八月八日、九月十六日、〈本星期預定工作課目〉；張炎憲主編，《李登輝總統訪談錄二：政壇新星》（台北：允晨文化，二〇〇八年），頁二七—二八。

本人也將農業發展成敗視為和今後台灣經濟建設及內部政治安定密不可分的關鍵因素，他對政府未能及早注意此一問題感到遺憾，但有信心亡羊補牢且有所作為。[52]回顧歷史，七〇年代國府推動農業改革的成效毀譽參半，雖然以財政支援農業和以工業（科學技術）發展農業的政策取得一定的成果，但對台灣整體的農業生產結構並未帶來全面性改造，反而逐漸製造出兩極化的農民結構：仰賴國家資源挹注的小農／糧食農，以及高資本、高投入、高風險的商品農，論者有謂此一農民結構反而讓日後台灣農地的利用出現更多危機。[53]

在工業方面，台灣經過二十餘年發展，到了七〇年代同樣出現許多瓶頸，並限制了產業進一步升級。當時島上各港口、運輸與通訊等基礎設施都已呈現吃緊的狀態，高雄與基隆南、北兩大港口的碼頭擁擠不堪，船舶等待卸貨的時間不斷延長，既有的鐵路、公路交通運輸系統已不堪負荷，全台唯一的國際機場——台北松山機場的空運量也超過負荷。除此之外，發展經濟所需的大量石化、鋼鐵等工業原料自產不足，進口劇增，然而台灣每年自身造船能力只有三十萬噸，大量原料物資的進口多需經由外國輪船來運載。至於電力，當時工業用電額佔每年總發電量的百分之八十以上，水力發電往往因枯水期而供給不穩，火力發電又面臨島內天然能源缺乏，而所需燃料必須大量進口的窘境，發電量不充足與不穩定，成為台灣工業提升的重大阻礙。[54]

蔣經國進入行政院服務後，無時無刻不在苦思如何解決上述難題，為突破經濟發展的瓶頸而絞盡腦汁。如將兩蔣父子一九六九年秋天的日記內容相互對照，吾人將可發現，隨著蘇聯KGB特務路易斯破天荒訪問台灣，老蔣每天幾乎都在幻想如何與俄國人進行軍事與外交合作，共同發起「倒毛（澤東）」行動，早日光復大陸，班師回朝；而同一時刻小蔣則把大多數的精力花在思索如何解決台灣財經建設與社會民生的問題，此時他心中的強烈信念是：「要安定社會，先要安定經濟。」[55]此番務實理念卻與朝思暮想能夠在有生之年回到大陸故土的蔣介石，出現本質上的差異，父子兩人對於重大國政議題的關注焦點已出現分歧。

蔣經國自承他對財經議題基本常識的貧乏，實與「文盲」無異，因而願意「不恥下問」，多次向俞國華、費驊、周宏濤、李國鼎等僚屬請益和深談。[56]儘管他自認不懂經濟，然而在眾人集思廣益與腦力激盪下，小蔣透過經合會平台，對於未來經濟建設的宏偉藍圖，有了較為具體的構想。一九六九年八月，他初步擬定以石油發展、核能發電、建築新港口、造船廠、煉鋼廠、高速公路與國際機場，作為未來政府優先推動目標，並於翌年（一九七〇）年初的經合會上獲得全體委員通過，同年夏天經合會決議再將「高架鐵路」（「鐵路電氣化」的原始用語）與建造蘇澳、花蓮之間新鐵路列入施政目標，此時「十大建設」已初具雛型。[57]隨著中華民國退出聯合國、尼克森訪問大陸，內外處境日趨險惡，蔣經國深切體認到發展經濟與改善民生對安定社會的迫切性。一九七三年秋天中東爆發戰事，阿拉伯各產油國大幅提高石油價格，短短三個月內國

52 《蔣經國日記》，一九七〇年九月十六日、一九七一年三月十日、一九七三年三月二十五日。有關七〇年代蔣經國的農業政策利弊得失，另參見陳守雲，《解密蔣經國》（台北：秀威資訊，二〇一一年），頁八九—九二；黃俊傑訪問、記錄，《中國農村復興聯合委員會訪問紀錄》（台北：中央研究院近代史研究所，一九九二年），頁七一—七二。

53 董建宏，〈站在台灣農業發展的十字口：一九七〇年代台灣農業政策轉變對農地與農業、農村發展之衝擊〉，《跨界：大學與社會參與》（台北），第二期（二〇一二年），頁五六—七六；Sophia Wu Huang, "Structural Change in Taiwan's Agricultural Economy," in *Economic Development and Cultural Change*, 42:1 (1993), pp. 43-65.

54 Ching-yuan Lin, *Industrialization in Taiwan, 1946-72: Trade and Import-Substitution Policies for Developing Countries* (New York: Praeger, 1973), pp. 13-26; Wei-Bin Zhang, *Taiwan's Modernization: Americanization and Modernizing Confucian Manifestations* (London: World Scientific Publishing, 2003), pp. 117-135.

55 《蔣經國日記》，一九七〇年七月二十五日。

56 《蔣經國日記》，一九六九年七月十二日、十月二十八日、十月三十日。

57 《蔣經國日記》，一九六九年八月九日、八月十六日、八月二十日、八月三十日、八月三十一日〈本月大事預定表〉、一九七〇年一月九日、八月八日。

際原油價格上漲四倍之多，引發世界性石油危機，缺乏天然資源的台灣首當其衝，十一月十二日小蔣正式宣布將於五年內完成包括社會基礎建設與重化工業兩大類在內的「九項建設專案」（隨後增加興建核能發電廠），成為一九七四年起開始大力推動的「十大建設」。[58]

當蔣經國宣布推動「十大建設」之時，台灣對外正面臨著石油危機、退出聯合國與美國改變對華政策等巨大衝擊，內政上一般人民的所得仍偏低，要在此情況下推動如此大規模的公共工程，必須冒極大的風險，其中一個立即且直接的問題是，在預估五年內至少需動用五十億美元的前提下，他該如何籌措如此龐大的經費？爬梳其私人日記，吾人可知當時他心中似無明確的答案，只能走一步算一步。宣布推動「十大建設」之後數日內，小蔣研究財務問題，自記「經費雖大，但如作分類和分期處理，必可得到適當之解決」，其初步構想是每一個項目指定專人負責監督，確保所有的工程如期完成，如果這些建設無法順利推動，他預言台灣整體經濟的發展將遭到極大阻礙，至於細節如何做，他似乎並未深思，而各相關部會首長也有自身立場與難處，紛紛向他訴苦；財政部長李國鼎即抱怨小蔣宣布「十大建設」時，部裡上下竟然一無所知，如政府又決意排除同步加稅來籌措經費，則「十大建設」就只能落得「好大喜功」的虛名。連蔣本人也坦承，他與各部會首長「越談越多，亦越談越嚴重」，因此他必須不斷提醒自己，考慮重大政策之前務必冷靜沉著，蔣也不禁感慨：「對於政府所遭遇到的困難和意圖，連官員都不瞭解和諒解，則何求於民眾？」[59]

為籌措「十大建設」所需經費，國府發行各種公債之外，還設法向國外爭取貸款。一九七四年夏天，蔣經國派李國鼎前往沙烏地阿拉伯，獲得費瑟國王同意撥借第一筆兩千萬美元的貸款，同年十月李國鼎訪美後又爭取到美國進出口銀行首批兩億美元的貸款，對方還承諾一筆總額高達九億三千餘萬美元的貸款，用於各項建設之所需，部分計畫如鐵路電氣化工程所需外匯，則由國外承包商協助提供，就這樣逐步解決經費的難題。[60]為何此時小蔣願意咬緊牙根，排除萬難推動這些重大建設案？也許從一九七五年夏天他思索越戰心得可窺知一二；與台灣有唇齒相依關係的南越亡國後，帶給蔣極深的刺激，領悟到西貢政權僅求依賴美國而不知自立自強，在經濟崩潰、民不聊生、政治與社會分崩離析時，如此國家面對外來威脅，不但無法長久生存，一旦經濟衰退，勢將無法支撐國防與軍事需求，他由此想到在國際間同樣風雨飄搖的台灣，必須先鞏固內部的團結，而欲達成此目標，如不加速發展經濟建設，創造社會均富，無異緣木求魚。[61]無庸置疑，當全球發生石油危機、台灣民生物價上漲、民間投資意願低落時，蔣經國毅然推動大規模的公共建設，對於緩和經濟停滯、擴大內需、增進就業機會、改善基礎建設，乃至帶動日後經濟復甦與成長，都有重要的意義。

58 此十項建設包括：中山高速公路、鐵路電氣化、北迴鐵路、台中港、蘇澳港、桃園國際機場、煉鋼廠、石油化學工業、造船廠、核能發電廠。有關「十大建設」的利弊得失，參見李國鼎口述，劉素芬編著，《李國鼎：我的台灣經驗：李國鼎談台灣財經決策的制定與思考》（台北：遠流出版社，二〇〇五年），頁四二六—四三一。

59 《蔣經國日記》，一九七三年十一月二十二日、十一月二十三日；康島綠，《李國鼎口述歷史：話說台灣經濟》（台北：卓越文化，一九九三年），頁二一六—二一七。

60 Briefing memorandum for William Casey, Subject: Your Meeting with K.T. Li, August 30, 1975, William J. Casey Papers, Box 185;《蔣經國日記》，一九七四年八月十九日、九月二十八日、十月十三日；茅家琦主編，《台灣三十年（一九四九—一九七九）》（開封：河南人民出版社，一九八八年），頁二六九—二七四。

61 《蔣經國日記》，一九七五年八月十五日、八月十六日、八月二十三日。

贛南與上海的陰影

七〇年代蔣經國大力推動台灣經濟建設的這段歷史，至今仍為世人津津樂道，成為許多人懷念他的一大主因，然而細究此時其經濟思想，吾人發覺仍不脫其自青年時期即深植於心的計劃經濟思維，依然堅信應運用政府力量與財政手段來主導國家經濟發展的方向，同時對外國投資、民營企業與自由（市場）經濟持保留與懷疑的態度，而其早年在蘇聯社會主義制度下生活十餘載，以及在俄國農村與工廠基層的鍛鍊，也讓他無法抹去對資本主義剝削農民與勞工的主觀認定；因此，自認「不懂經濟」的小蔣對台灣經濟應何去何從，有著個人的堅持與定見。首先，蔣對於當時的財經專家主張進一步鼓勵開放外人來台投資，抱持非常保留的態度，認為與其獎勵外人投資，不如由政府向國外借貸更為合算；在他看來，利用借款興辦企業，最終企業仍屬國家所有，政府身為借款者，又負監督營建管理之責，如妥善處理，必有助於企業的鞏固與發展，反之如吸引外人來台投資，則台灣將「永遠處於被剝削境況」。[62]此種思維不但根源於其早年在蘇聯所受到的意識型態養成教育，以及大陸時期與孔、宋資本主義家族交手的慘痛經歷，不無延續著五〇年代他對尹仲容等財經官僚倡導自由化經濟政策所持的批判態度。

又如蔣經國雖反省過去上海「打虎」失敗的經驗，承認以政治手段處理經濟問題的錯誤，然而當他開始主導台灣經建大計時，在實際工作中又顯然無法避免強調政治對經濟活動的重要性；蔣體悟到經濟發展過程中，有「推」（內在發動）與「拉」（外在誘因）兩股力量，此兩種力量一方面發之於政府，一方面來自於民間，雖然他認為民眾積極參與乃經濟發展的引擎，能使任何事物化為可能，但更為關鍵的卻是政府的角色，要能使民眾將經濟發展視為每個人的責任，其結論是「經濟是不能分離政治的」。[63]在此種思維下，為加速台灣經濟發展，他堅信必須先精簡政府的開支，控制人口增殖率，增加公私儲蓄，轉移資源於再投資。在其設想裡，政府應透過財政政策鼓勵人民增加儲蓄來進行重點投資，民間如消費過多，造成浪費，自難期望經濟能迅速成長。蔣認為要避免因過度消費而造成貧富不均，導致風氣衰退，那麼「政府對物價、工資、通貨利息等，均應直接參與決定，以影響國民財富分配」，堅持「吾人為求經建之繼續發展，非走此途不可。」[64]在一九七〇年夏天一場與工商界人士交流的座談中，小蔣要求企業界應配合政府整體計畫行事，以免各行各業之間發生衝突，在他眼裡，一切經濟建設都應當是「計劃與配合為設計之主題」[65]。其所流露出強烈的管制經濟思維，與贛南及上海時期實無二致。

早年留俄及治理贛南與上海「打老虎」兩段工作經歷，讓七〇年代的蔣經國極端重視社會基層的感受，對「貧富不均」與「平抑物價」異常敏感，甚至近乎偏執；每當主持會議時，他屢次強調施政應以做到「均富均足」為原則，不可使民間貧富差距過於懸殊，對於社會經濟結構，則要求各部門重視生產與消費之間關聯，勿使彼此失調。[66]他拍板決定增加對農村財政補助、提升農民生活等，皆是此類思維下的反映，然平心而論，在計劃經濟體制下其實很難真正實現「均富」，只能採取某些措施，設法縮小民間貧富差距，如果欲以政治力量強制達到「均富」，其結果只會破壞社會生產力。蔣經國傾向把經濟政策與實踐放在「道德」天秤上來衡量，讓他與麾下若干財經大員之間出現分歧，其中幾次較嚴重的爭議，都與被世人尊為「台灣科技之父」的李國鼎有關。

62 《蔣經國日記》，一九六九年七月二十六日。
63 《蔣經國日記》，一九六九年八月二十一日、八月二十二日。
64 《蔣經國日記》，一九六九年九月四日、九月十三日、九月十六日。
65 《蔣經國日記》，一九七〇年八月八日、九月十九日。
66 《蔣經國日記》，一九七〇年一月十八日。

1970年代，李國鼎（中）陪同印尼外賓拜會蔣經國。（國史館提供）

蔣經國初接任經合會主任委員時，李國鼎以財政部長身分兼任經合會副主任委員，等於是他的副手，然而兩人共事之初即出現不愉快，李認為台灣雖缺乏天然資源，人力資源卻極豐富，力主政府及早做好人力規劃，因此建議在經合會組織架構下增設「人力規劃處」，不料此案上呈小蔣之後遭到否決，李極為不悅，據以力爭，蔣最後勉強同意，但把李提議的處級單位降編，改以「人力規劃小組」之名隸屬經合會「綜合計畫處」之下，李雖不再堅持，但仍不滿意，此段摩擦讓小蔣私下出現這段評語：「李國鼎頗有才能，但是驕傲自大，甚為可惜。」[67]一九七六年秋天，財政部調漲民生用鹽價格，因事前未向行政院報備，向來對民生物價波動極為敏感的蔣經國，聞後大發雷霆，財政部從次長以下到糧鹽司長皆遭免職，李國鼎前往行政院找蔣理論，兩人發生嚴重爭吵，李怒氣沖沖地離開蔣的辦公室，同時提出辭呈，蔣亦氣憤難抑，將手上的公文夾往桌上一擲稱：「財政部長不是李國鼎一個人能做，別人也能做啊！」[68]

七〇年代蔣經國確實在日記裡多次批評李國鼎，認為他「政治慾望過強」、「驕傲而不能與人合作」、「個性偏激衝動，且喜功好名，甚難共處」、「本位主義太重」等，除了彼此的理念之爭，似乎也隱含著小蔣自五〇年代起對財經官僚普遍反感厭惡的主觀情緒。[69]然而兩人之間的爭論，蔣經國並非永遠是對的；一九七八年底，為了台灣省立銀行的第一、華南與彰化三商銀是否民營化，蔣、李又再次鬧得不愉快，向來提倡

67 《蔣經國日記》，一九六九年七月五日、八月十八日；何智霖、薛月順編，《蔣經國與台灣》，第二輯，頁二四四—二四五。

68 此段往事出自葉昌桐的口述回憶，葉當時任職於行政院長辦公室，親眼目睹兩人爭執經過，參見何智霖、薛月順編，《蔣經國與台灣》，第二輯，頁二四三—二四四。李國鼎本人回憶此事時寫道，蔣經國把過去贛南時期民眾無鹽可食的慘痛經驗搬到台灣來提，然而當時台灣製鹽技術已有改善，整體環境也與大陸時期無法同日而語，見李國鼎，《李國鼎：我的台灣經驗》，頁四四一—四四四。

69 《蔣經國日記》，一九七〇年六月十一日、一九七二年四月一日、一九七四年二月一日、八月十九日。

金融國際化、自由化與效率化的李國鼎，提出建言稱三商銀如不及早民營化，待未來銀行開放民營後，公立銀行受到各種限制，將缺乏競爭力，對整體財經發展極為不利，其建議卻遭當時已擔任總統的蔣經國嚴厲反對，在蔣認知裡，公營事業屬於全民所擁有的國家資產，一旦民營化之後，最終恐將落入財團之手，造成社會貧富不均的嚴重後果。[70]小蔣嚴厲節制私人資本的做法，當然與他內心深層的社會主義思維，以及把財政金融改革「道德化」傾向密不可分，然而他遲遲不願改革公營企業的堅定立場，卻也讓八〇年代以後的台灣付出可觀代價。

一九七三年秋天全球能源危機爆發，影響台灣經濟與民生甚鉅，經濟成長率短短一年內竟從百分之十一・九暴跌至百分之零點六，嚴重性可見一斑。前一年（一九七二）秋天當經濟狀況仍佳之時，蔣經國曾向社會宣示一年內不會調整民生物價，並於數月後的農曆春節時再度重申，而能源危機發生前幾個月，為平抑早已蠢蠢欲動的物價，他指示經濟部盡速擬妥穩定物價措施，準備對數十種民生用品採取議價與限價，同時強制維持油電的價格，此種以人為方式壓抑物價、違反自由市場經濟理論的作法，立即引來財經官員反彈與民間學者的批評。一九七三年六月二十日在行政院院會上，蔣經國對於經濟部長孫運璿與財政部長李國鼎兩人不肯直接對民生物價議題負責，發了他擔任閣揆以來最大的脾氣，痛罵：「官僚的作為實在太可惡了。」對於經濟學者的非難，他則嗤之以鼻，批評這些專家「重理論而不切實際，知其一不知其二，更不明政治之意義與道理。」[71]

事實上，孫、李兩人心裡明白，物價波動很難以政府的力量來操控，果不其然，政府穩定物價的方案推出後，並無法遏止民生大宗物資的價格持續飆漲，尤其黑市價格的漲勢更是凶猛驚人。這時蔣經國的腦海裡彷彿再次浮現早年在俄國無以為食的飢餓生活，以及管制上海經濟失敗的恐怖夢魘；十月初，民間米價與蔬菜價格齊漲，日用品嚴重缺貨，市面上一元硬幣與五元輔幣的流通皆告欠缺，嚴重影響政府的信譽，他深信這波物價波動的背後有一隻「敵人的黑手在操作指揮」，此種負面想法不斷在腦中纏繞，令他坐立難安，夜不成眠，他坦言對大事從不驚慌，甚至生命受到威脅時也不在乎，「但是不知何故，對於小事之來，則往往非常憂慮而放心不下，其中以有關百姓生活者為更甚。」俄國、贛南與上海等地的沉痛經歷著實令他無法忘懷，也讓他不由自主「痛民之痛」，以「百姓之痛為切身之痛」，情感顯然早已壓過理智。[72]拖到了該年底，花蓮縣政府向他報告黑市的水泥價格已上漲到嚴重影響工商業發展的地步，財政部也向他說明銀行實質利率已因物價上漲而呈現負成長，這時小蔣才勉強決定調整油、電價與民生物價，直到此刻他彷彿大夢初醒，坦承對於物價問題的看法「實在太幼稚了，亦看得太容易了」[73]。

一九七四年一月二十七日，蔣經國頒布了《穩定當前經濟措施方案》，限制全台石油供應與民生用電，同時大幅提高各類油價、電價與交通運輸的價格；在財政金融方面，蔣也決定提高菸酒價格與地價，發行更多政府公債並提高銀行存放款利率，希望這些應變措施能在積極方面達到充裕財政以支援發展，消極方面阻止通貨膨脹、協助金融穩定的雙重目標。然而，此波物價調整的衝擊實在太強烈，當年全台物價的波動竟高達百分之四十七，以致民怨四起，政府的公信力受到重創。[74]雖然蔣經國苦民所苦，希望延緩民生物價上漲，減輕民眾的不便，但他並不理解市場反應無法以人為因素壓制，結果出現最壞的結果，他本人也懊

70 李國鼎先生紀念活動推動小組編，《李國鼎先生紀念文集》（台北：李國鼎科技發展基金會，二〇〇二年），頁三一六。

71 《蔣經國日記》，一九七三年六月二十日、六月三十日。

72 《蔣經國日記》，一九七三年十月九日、十月十一日、十月十三日、十月十六日、一九七四年四月四日。當時物價飛漲的混亂情形，另參見楊艾俐，《孫運璿傳》，頁一二三—一二四；李國鼎口述，《李國鼎：我的台灣經驗》，頁四三七—四四〇。

73 康綠島，《李國鼎口述歷史》，頁二一二；《蔣經國日記》，一九七三年十二月二十七日。

74 何智霖、薛月順編，《蔣經國與台灣》，第二輯，頁二五三—二五四；康綠島，《李國鼎口述歷史》，頁二一二—二一三。

惱萬分，坦言這是接任行政院長以來「對於國民無法交代而感苦痛者」[75]。

小蔣在學到這次教訓後，對民生物價問題的認知已有轉變。當一九七九年第二次石油危機爆發、民生物價又在蠢動時，他毅然接受幕僚的建議，對民生用油採取以價制量的政策，讓油價隨時反映成本，以達到抑制能源的效果，結果全台物價上漲情況遠比一九七四年和緩許多，連原先預期小蔣本性難移、不會接受部屬建言的李國鼎也感到意外。[76]只不過在小蔣身上有些事是永遠不會改變的；一九七六年五月二十八日是一個星期五，當晚他在官邸沐浴後躺在床上休息讀報，當天的《自立晚報》社論談論米價的問題，讀後他認為言之有理，立即起身更衣，趕回行政院處理此案。當時台灣各地米價出現波動，小蔣認為這攸關許多低收入戶的日常生計，在政府仍存有大量糧食的情況下糧價竟然會波動，可見官員不負責任，甚至可能有官商勾結，因而決定徹查嚴辦並設法平抑米價。[77]

翌年（一九七七）春天，全台發生嚴重旱災，天不下雨，影響農民稻秧作業，為此他數個星期每天憂心忡忡，甚至晚上作夢還會夢見下雨，醒來後才發現是空歡喜一場，直到五月中旬起全台普降甘霖，他才感到寬心，不料此後南台灣竟豪雨成災，農作物損害甚大，他因而又難過得數夜失眠，不知如何幫助災民，自謂：前幾個月看到太陽就擔憂，近日則聽到雨聲就害怕，不論是旱災或水災，皆對民眾大不利，「民心之痛，可想而知，我亦為之而痛」，並感慨：「天下矛盾衝突之事，不知幾多。從天旱之災到豪雨成災，不過一月先後之別，萬物變化難料。」[78]當他在日記裡寫下這些感想時，是否曾憶起一九四三年春天那場令他同樣坐立難安的江西大旱？不論如何，此種憂民所憂的情懷，從三〇年代的贛南到七〇年代的台灣，四十年歲月過去了，依然少有改變。

成就、挑戰與衝擊

隨著台灣經濟建設的快速發展，蔣經國內心應當充滿喜悅。一九七四年初夏某日，他輕車簡從，從宜蘭向北沿著濱海公路前行，然後再走山路，經福隆、瑞芳、金瓜石、八堵等地回到台北市區，沿途所見，一片繁榮景象是過去所未見，令他雀躍不已。該年秋天他前往南台灣視察，飛機降落前他從天空遙見高雄市區工廠林立，高雄第二港口也即將完工，同樣讓他欣喜不已。十二月初，蔣在前往新竹湖口基地視察途經桃園、新竹時，目睹省道兩旁工廠林立，路上車水馬龍，他深刻感受到台灣經濟活力正不斷上升。[79]兩年後的一九七六年十月底，蔣經國再次前往中、南部各地視察，高雄、屏東、台南與台中各地的進步繁榮令他驚訝萬分，沿路所見，新廠房和新住宅有如雨後春筍般地冒出，當他巡視高雄市中心地下街建築、參觀「大新」與「遠東」兩大百貨公司時，所到之處人山人海，讓他對一般民眾強大購買力留下深刻的印象。在視察即將啟用的台中新港時，小蔣眺望一整排全新貨櫃倉庫與新購的裝卸機具，不禁想起數年前當他首次前來察看地形時，只見一片汪洋，幾條破舊漁船和風沙如今已蛻變成一國際港，他不由得感慨「天下確可由

75 《蔣經國日記》，一九七四年二月四日。
76 何智霖、薛月順編，《蔣經國與台灣》，第二輯，頁二五四—二五五。
77 《蔣經國日記》，一九七六年五月三十日。
78 一九七七年春、夏台灣接連發生乾旱與水患時蔣經國的內心感受，參見《蔣經國日記》，一九七七年三月十六日、三月二十日、三月二十五日、四月二十二日、五月九日、五月十日、五月十五日、六月七日、六月九日、六月十日。
79 《蔣經國日記》，一九七四年六月七日、九月二十日、十二月九日。

於人的作為，可以無中生有也。」[80]

不只蔣本人，來台訪問的貴賓也同樣對台灣的快速發展驚艷不已。八〇年代前來拜會蔣經國的外國舊友最常提及的就是台灣社會快速現代化，曾於六〇年代派駐台北、後來擔任中央情報局東亞情報官的葛里斯（David D. Gries），在一九八二年秋天舊地重遊之後，他向中情局長凱西（William Casey）盛讚台灣的進步繁榮已非昔日落後的模樣，他稱台北市的生活水準與民眾所得不下於美國密西西比州，而高雄則簡直有如一座繁忙的日本城市，一切見聞皆煥然一新。[81]

自認對財經領域並非在行的蔣經國，對台灣整體經濟發展的基本政策方向有其看法與堅持，然而在專業技術領域上，他還是願意放手讓專家來推動，其中七〇年代的幾項重要決定措施，影響日後台灣發展至為深遠。一九六九年底，剛接任經濟部長的孫運璿應邀訪問韓國，在拜訪首爾的科技研究院時，他對韓國政府以優於公務員兩、三倍薪水的待遇，不受法規限制招攬海外人才回流，留下了深刻的印象；返台後他立即著手催生成立類似機構，將原隸屬經濟部的幾個研究單位合併改組為財團法人，期盼以更彈性的方式吸納海外人才回台服務。經過一番波折，《工業技術研究院（簡稱「工研院」）設置條例》在一九七三年獲得立法院通過，接著孫運璿思考如何推進工研院製造積體電路的技術，以利工業升級；一九七四年二月某個星期日上午，他邀行政院秘書長費驊，以及服務於「美國無線電公司」（RCA）擔任微波研究室主任的旅美學人潘文淵三人一起吃早餐，暢談一小時後，孫、費兩人便下決心讓台灣朝製造積體電路之途邁進。[82]

蔣經國本人對於電子高科技產業所知甚為有限，就在四年前（一九六九）台北首次舉辦電子產品展覽時，他曾特地前往參觀，對眾多展示中的電子新產品甚感興趣，但坦承「實在不知其所以然」，當下覺得時代不斷進步，而他本人卻遠遠落後，自嘲雖非文盲，卻有如「科盲」。[83] 如今孫運璿與費驊決心推動台灣科技的革新，此一大膽構想引起眾人反對，大多數的意見認為台灣工業僅停留在裝配階段，想要一舉攀登科技階梯，簡直癡人說夢、自不量力。雖然出現不少質疑的聲浪，但在蔣經國拍板支持下，國府決定投資一千萬美元來推動台灣半導體的研發，事實上小蔣私下對此案的成敗並無把握，視其為「未知數」，一切「亦只有盡我之心力耳」。[84]此後三年中，孫運璿、費驊、潘文淵等人不斷努力，一方面積極招募培訓年輕工程師出國進修，同時在美國尋覓合作的對象，蔣的態度也從最初不確定能否成功，轉變為毫無懸念、全力支持；一九七六年八月上旬某個星期日，蔣犧牲假日，約孫運璿一同前往新竹市郊十八尖山視察，此時他已決定在該處打造全台首座科學園區，並暗下決心：「此一具有重大價值之計劃，余將親自督導完成，以利今後科學之加速發展。」希望藉此帶動資本和技術密集工業全方位的發展。[85]蔣同時在行政院設立「應用科技研究發展小組」，邀請他眼中「驕傲自大」的李國鼎擔任召集人，讓理工科背景出身的李能放手一搏、發揮所長，協助推動台灣高科技產業。[86]

80 《蔣經國日記》，一九七六年十月二十七日、十月二十八日。

81 「總統接見前美軍駐華協防司令貝善誼談話紀錄」（一九八〇年五月十四日），〈民國六十九年蔣經國約見外賓談話紀錄（一）〉，《蔣經國總統文物》，典藏號：00501030300003004；「總統接見前美國紐約時報專欄作家竇奠安談話紀錄」（一九八〇年六月十一日），同前，典藏號：00501030300003012；Memorandum from David D. Gries to CIA director William Casey, Subject: November Visit to Taiwan, November 23, 1982, CIA/FOIA, no. CIA-RDP83M00914R003000090014-9.

82 楊艾俐，《孫運璿傳》，頁一二六—一二九；王振寰，《追趕的極限：台灣的經濟轉型與創新》（台北：巨流圖書，二〇一一年），頁一六五—一六六。

83 《蔣經國日記》，一九六九年十一月二十六日、十一月二十七日。

84 楊艾俐，《孫運璿傳》，頁一二九—一三〇；《蔣經國日記》，一九七四年三月二日。

85 《蔣經國日記》，一九七六年八月十二日、九月十三日。

86 茅家琦，《李國鼎與台灣財經》（福州：福建人民出版社，一九九八年），頁九〇—九一。

一九七七年秋天，全台首座積體電路示範工廠於新竹落成，在美方合作夥伴RCA數年來技術轉移的協助下，台灣的積體電路技術逐漸純熟，晶片生產的品質不斷提升，成了全球少數有能力製造晶片的新興經濟體，整體電子技術也邁入新紀元，並為日後包括台積電在內的高科技產業奠定堅實的基礎。此時蔣經國思索未來經濟長遠規劃，認為必須在技術、人才與組織等三方面向下扎根，為了讓經濟永續發展，使經濟建設、技術引進、資源開發與人力運用相互協調，他決定將經合會與行政院財經小組合併改組為「經濟建設委員會」，成為規劃與推動國家整體經濟建設最高主管機關。[87]一九七八年初，蔣在卸下行政院長的職務前，公開宣示未來科技發展的三大目標是改善人民生活、促進經濟發展、達到國防自立。為達此目標，他推動一系列重要措施，其中最具影響者包括成立新竹科學工業園區、延攬海內外學人、建立科學顧問制度，並將機械、電子、電機與運輸工具列為「策略性工業」。[88]蔣經國從未把自己視為「科技人」，但他在七〇年代中、晚期所推行的諸項策略，對往後三十年台灣高科技產業的蓬勃發展有不可磨滅的貢獻，也為改革開放後中國大陸遍地開花的科學園區與高新技術開發區，提供了示範性的標竿。

論者有謂七〇年代台灣經濟出現急遽的轉型，乃因當時世界產業的結構調整所致，美、日等先進工業化國家為降低成本、提高競爭力，紛紛將勞力密集型與資本密集型的產業所需人力加工部分的工序，轉移至包括台灣在內的低工資地區，因此造就了台灣經濟與基礎建設的快速發展，而兩次國際石油危機則進一步促使極端缺乏天然資源的台灣，在七〇年代末期走向產業結構的自我調整，從發展耗費能源的重化工業逐步轉型為發展節省能源和原材料的技術密集型新產業；易言之，國際經濟形勢與大時代背景，塑造了蔣經國主政時代台灣經濟的格局。[89]若無決策者審度時勢、把握機運，提出相應對策與可行方向，則台灣能否在八〇年代一躍成為「亞洲四小龍」之一，仍不無疑問。

然而，蔣經國終非萬能，雖然台灣在其主政下經濟迅猛起飛之際，他對某些政策的堅持立場，卻也為八〇年代的台灣所面臨的衝擊挑戰，播下了不利的種子。出口擴張政策加速了台灣對外出口貿易，但國際貿易卻離不開全球化與自由化的概念，正好與蔣向來偏好由政府主導、保護色彩濃厚的計劃經濟思維，在本質上發生了衝突。一九七六年夏天，當他為台灣單月份出口額突破八億美元、中央銀行外匯存底總額高達二十八億美元歷史新紀錄而感到欣慰之時，其實內心對「自由經濟」概念仍極鄙視：「所謂自由經濟乃是『不聽話』的經濟，所以政府務必注意到計劃指導，這是須要智慧和高度的責任感。」[90]

此種處處應由政府出面管控與指導財經活動的政策氛圍，讓台灣經濟在進入八〇年代之後出現幾個方面的重大問題。首先，在政府外匯管理體制下，龐大的外貿出超讓貨幣供給量以每年數千億金額的擴張，由於台灣經濟高度依賴國際市場，此種驚人的貨幣供給成長率，雖未讓蔣經國最擔心的通貨膨脹一夕爆發，卻因政府嚴密管控整個台灣社會的資本流通管道，而讓泛濫的資金四處流竄，造成八〇年代房地產市場、股市與民間賭博活動出現狂飆現象。誠如經濟學者馬凱所言，此局面讓擁有資金者對生產性投資失去興趣，根本上動搖了促進台灣經濟奇蹟的基礎力量。[91] 一九八五年二月因國泰集團蔡萬春家族大量投資房地產、違法超貸，而導致「十信金融案」的發生，一定程度上即是此種現象所帶來的災難性後果，並被華府

87 《蔣經國日記》，一九七七年九月十一日、九月十三日、九月十四日；高淑媛，《台灣工業史》（台北：五南圖書，二〇一六年），頁二四二—二四三。

88 劉映仙、修春萍，《台灣經濟總覽》（北京：中國財政經濟出版社，一九九六年），頁二二一—二二四；李博志，《競爭力概念、策略與衡量》（台北：麗文文化事業，二〇〇六年），頁一三〇—一三一。

89 高淑媛，《台灣工業史》，頁二四四—二五〇；Thomas B. Gold, *State and Society in the Taiwan Miracle* (New York: M.E. Sharpe, 1986), pp. 74-121; Edwin A. Winckler and Susan Greenhalgh eds., *Contending Approaches to the Political Economy of Taiwan* (New York: M.E. Sharpe, 1988), pp. 179-187.

90 《蔣經國日記》，一九七六年八月九日。

91 馬凱主編，《台灣經濟研究論叢（第一輯）：經濟發展與政策》（台北：中華經濟研究院，一九九一年），頁一一五—一四九。

視為繼一九七四年民生物價危機以來，台灣民眾對蔣經國是否有能力處理財經議題，再次出現信任危機。[92]

其次，蔣經國向來把公營企業視為全民資產、主張節制資本而遲遲不願推動民營化，他在八〇年代面臨輿論強烈質疑公營企業效益普遍低落時，卻堅持其主觀意志，不願啟動改革，而致使台灣的國營企業民營化腳步晚了十年，遲至九〇年代李登輝主政時期才開始。一九八三年夏天，台北《聯合報》批評經濟部所屬十五家國營企業的總效率，竟然比不上王永慶的一家台塑公司，一九八六年初《中國時報》的社論也數次指出國營企業的危機與缺點，包括享受公營特權、缺乏民間企業的精神等，並批評公營事業的腐化與無效率。[93]此時「公營事業民營化」的思潮已成為國際社會主流，國府當局雖屢次強調會著手「整頓」公營事業，但蔣對此一大趨勢卻無動於衷，這不禁讓美方研判，除了其根深柢固的統制經濟思想仍在作祟之外，國民黨高層似乎還把「省籍問題」納入企業改革考量之中，換句話說，小蔣無法不思考向來由外省人主導的國營企業系統，與本省人經營的民營企業，兩者之間該如何在整體經濟發展過程中取得一個平衡。[94]

第三，八〇年代台灣龐大的外貿出超與高外匯累積，特別是對美貿易出現巨額順差，讓台北面臨來自華府沉重的談判壓力。自七〇年代起，台灣內外市場在政府高度干預性的管制下，形成封閉的壟斷市場，國府一方面利用國際市場的榮景大量出口外銷，另一方面又以操控關稅與匯率的手段，杜絕外國競爭品進入，藉以保護本地企業。[95]嚴重的貿易逆差引起美國行政與立法部門高度不滿，小蔣卻始終信奉不渝、由政府主導的計劃經濟思維與各項保守舉措，到了八〇年代便成為衝擊台、美關係的一大因素。[96]在華府的壓力下，財經背景出身的俞國華於一九八四年六月擔任行政院長後，立即宣示將推動台灣貿易自由化、國際化與制度化「三化」政策，強調尊重市場價格機制，減少對各種經濟與金融活動不必要的干涉與阻礙，把台灣經濟納入國際經濟體系，擴大開放內部市場，並制定一套合理法規，以法制調節來控制經濟運行。此「三化」政策的幕後擘畫者為趙耀東，他在「十大建設」推行時擔任中鋼公司董事長，在八〇年代初接掌經濟部長之後，便不遺餘力地提倡經濟自由化，而深獲老美的欣賞與敬重，美政府自五〇年代起對國府技術官僚的偏愛，又再次表露無遺。[97]

俞國華的「三化」宣示雖為台灣面臨美國沉重壓力下的對策，但看在蔣經國眼裡卻仍有所保留；一九八四年秋天，蔣主持國家財經會談時，當場要求行政院在「三化」方針之外，更要繼續把握穩定與成長並重的政策原則，言下之意，他並不樂見台灣整體經濟政策出現大幅度的轉變。[98]此番談話後，俞國華的態度立即出現變化，從原本一副準備大舉推動自由經濟的態勢，退縮到七〇年代由政府主導的保守計劃政策，甚至私下改口表示，台北不應直接與美方談判匯率操作與貿易逆差的議題，因而導致華府政治圈對俞的評價甚差，並將他歸類為國民黨「守舊強硬派」（conservative hardliner）。[99]蔣經國對「三化」的保留態度，不僅讓

92 CIA Memorandum, Subject: Taiwan: The Impact of the 10th Credit Scandal, September 6, 1985, CIA/FOIA, no. CIA-RDP85T01058R000201830001-2.

93 王振寰、溫肇東，《百年企業．產業百年：臺灣企業發展史》（台北：巨流圖書，二〇一一年），頁二五八—二五九；茅家琦，《蔣經國的一生和他的思想演變》，頁三七六—三八二。

94 CIA Memorandum, Subject: The Political Succession on Taiwan, January 1985, CIA/FOIA, no. CIA-RDP86T00590R000100010001-3. 有關八〇年代公營事業民營化爭論，參見朱雲鵬，《台灣經濟的探索》（台北：帕米爾書店，一九八九年），頁一〇七—一三二。

95 CIA Memorandum, Subject: Taiwan: Strategies for Development, dated August 28, 1981, reproduced in DDRS, no. CK 3100529825.

96 CIA Memorandum, Subject: Taiwan: The Impact of the 10th Credit Scandal, September 6, 1985, CIA/FOIA, no. CIA-RDP85T01058R000201830001-2.

97 劉玉珍，《鐵頭風雲：趙耀東傳奇》（台北：聯經出版社，一九九五年），頁八三—九六；陳添壽，《台灣政治經濟思想史論叢》（台北：元華文創，二〇一七年），頁三八九—三九〇；CIA Memorandum, Subject: Taiwan: New Leaders and New Policies, February 1982, CIA/FOIA, no. CIA-RDP83B00227R000100040006-9; James Lilley to AIT Washington, Subject: Comments on Weekly Report No. 242, April 20, 1984, James Lilley Papers, Box 8.

98 蔣經國先生全集編輯委員會編，《蔣經國先生全集》（台北：行政院新聞局，一九九一年），第十九冊，頁五六八。

99 錢復，《錢復回憶錄》，卷二，頁五八七；CIA Memorandum, Subject: Taiwan: All the King's Horses and All the King's Men? November 12, 1985, CIA/FOIA, no. CIA-RDP87S00734R000100020024-7.

台灣經貿自由化與國際化的進程延宕多年，也讓他在生命最後一段時間裡，必須不斷面對來自美政府要求降低關稅、開放市場與調整新台幣匯率的強大壓力。一九八七年夏天，台北終於解除外匯管制，但對華府要求展開匯率談判仍有抗拒；直到翌年一月蔣去世之前的一段時間裡，肇因於其早年社會主義經濟思維所引燃的台、美經貿摩擦，是當時已油盡燈枯、病魔纏身的他心裡一道無法克服的難題。[100]

回顧歷史，蔣經國對台灣經濟建設發展的思維與作為，實與一九四九年之前的個人經驗密不可分。早年他在蘇聯接受社會主義思想的洗禮，並將其應用於治理贛南與上海經濟管制，而且成敗互見；他自認不懂財政經濟，五〇年代退輔會工作的歷練提供他涉獵與學習的機會；進入行政院之後，他努力吸收這方面的知識，願意聽從幕僚的建議並用人唯才，卻也為某些深信不疑的基本原則與價值，近乎頑固地堅持己見；「十大建設」與台灣經濟起飛，讓蔣經國留名於世，但他對部分財經議題的堅定立場，讓八〇年代的台灣面臨許多壓力與難關。過去一段時間裡，台灣媒體輿論曾經對蔣經國究竟懂不懂經濟有所討論，經由本章的分析與梳理，或許讀者從大歷史的脈絡下，能夠有一番判斷的依循。

100 有關台、美貿易與匯率談判，參見錢復，《錢復回憶錄》，卷二，頁五六一—五九〇；高淑媛，《台灣工業史》，頁二三四—二三五；Robert E. Baldwin, Tain-Jy Chen, Douglas Nelson, *Political Economy of U.S.-Taiwan Trade* (Ann Arbor: University of Michigan Press, 1995), pp. 25-49.

第十章
兩岸關係

「端節日約〔宋〕長志飛金門，到達時天氣爽涼，身心為之一快，有如處身於另一天地之感（倘使與久居台北之情況相比較）。中午乘快艇至復興嶼和官兵共餐閒談，觀四海，望祖國河山，沉念深思，身負重責，何時得重踏故土，憂痛至極。此時此地我更瞭解，為何屈原既愛國憂國而又下決心投江以了一生，其間並無矛盾不順之處，在適當而又有必要的時機，我亦可能如此為之。」[1]

一九五〇年一月二十四日傍晚，蔣介石召來蔣經國，指示他飛一趟西昌，鼓舞當時死守大陸川康邊區國府最後據點的八千名國軍部隊之士氣，並轉告指揮部隊的胡宗南務必保住西昌，將西昌打造成最後的反攻基地，以便日後捲土重來。[2] 兩天後，小蔣從台灣經海南島飛抵西昌，當地著名的邛海與瀘峰景色美不勝

1 《蔣經國日記》，一九七九年六月十七日、六月十八日、六月十九日。

2 《蔣經國日記》，一九五〇年一月二十五日。

收，但他卻無心欣賞，擔憂駐守該地的國府軍政要員多已抱持「一走了之」的悲觀想法，處處表示大勢不可為，還要求台北空投更多武器裝備。在西昌待了三個晚上後，一月二十九日早晨小蔣座機經海南島折返台灣，途經雷州半島上空時遭到地面解放軍的高射炮擊，險象環生。[3]蔣經國奉命穩住西昌國軍的努力起不了任何作用，兩個月後胡宗南在解放軍進入西昌前數小時，匆忙登上最後一班飛機逃往海南島，國府從此失去中國大陸上最後一塊根據地。

在國府高層眼中，西昌撤守並非意外，倒是蔣經國最後一次踏上大陸時的內心感受為何，值得一探；他自記抵達西昌後，「好像是出門很久的遊子，從海外乘輪船回到家鄉一樣的快樂。」雖然在當地沒有任何親戚，「但在感覺上，好像是到了親人家中一樣。」[4]此時共軍尚缺乏渡海攻台的能力，倉皇遷台的國府自顧不暇，遑論反攻大陸，因而注定了國、共之間隔海對峙的大勢已定，此後近四十年光陰，蔣經國從壯年走向暮年，多次在日記裡流露出對故土濃郁的懷念之情；從西昌回來不久後，他與家人首次在台灣度農曆年，想起一年前在家鄉奉化溪口過年的熱鬧景致，如今卻客居異鄉，不禁心生無限煩惱感傷，自謂對過節「已不發生任何興趣」。[5]

三十年後的一九七九年農曆除夕，即將邁入人生七十古來稀的蔣經國，依舊感歎：「年暮歲寒，念家鄉之心深切至極，不知此生尚有相見之日乎？」[6]對於追隨國民黨來台的外省退除役榮民，其內心懷有強烈的歉疚之意：「他們自大陸隨政府來台已三十年，年齡平均已七十以上，政府所能照顧的，亦不過是夠吃夠穿，可以住，他們的精神是孤苦寂寞，我實在覺得對不起他們。」[7]一九八七年秋天，蔣在生命最後時刻裡，決定開放讓在大陸有親屬的民眾返鄉探親，這何嘗不是他本人苦嘗思鄉之情，將心比心，體恤在台外省同胞感受之後的重大決定？然而回顧歷史，國府領導人濃郁的思鄉懷土情感，卻未必能夠立即轉化為有利於兩岸關係的政策。本章聚焦一九四九年以來蔣經國在兩岸關係演變過程中的角色與心路歷程，還原四十年來國、共雙方擺盪於敵對與緩和之間的複雜經過，以及美國在兩岸關係發展的各個階段裡所具有之特殊地位。

再探「國共密使」傳聞

嚴格而論，在一九四九年台海分治之後相當長一段時間裡，兩岸關係的本質是「國共關係」，國民黨與共產黨所領導的兩個政權與政治實體，在軍事、外交、社會制度與意識型態上相互對峙，皆以消滅對方、完成統一大業為最高目標，一海之隔，彼此進行著一場零和遊戲。即使在冷戰最高峰、東西陣營劍拔弩張的緊繃態勢下，台海之間仍不時傳出國、共暗中接觸的消息，引發國際高度關注，在諸多此類的傳聞中，蔣經國總是被各界認為扮演著神秘又關鍵的角色，但實情又是如何？

一九五五年春天，中共總理周恩來出席印尼萬隆首屆亞非峰會時，向西方伸出橄欖枝，表達以和平方式解決亞洲問題，並與美方直接談判的意願，此宣示促成該年夏天美、中在日內瓦（後移至華沙）建立起大使級會談機制。[8]隨著北京與華府之間的關係有所緩和，台海軍事對峙的氣氛得以緩解，中共也開啟兩岸分

3 《蔣經國日記》，一九五〇年一月二十七日、一月二十八日、一月二十九日；胡宗南，《胡宗南先生文存》（台北：台灣商務印書館，二〇一六年），頁三六二—三六四。

4 《蔣經國日記》，一九五〇年一月三十一日〈上月反省錄〉。

5 《蔣經國日記》，一九五〇年二月十六日、二月十八日〈上星期反省錄〉。

6 《蔣經國日記》，一九七九年一月二十六日。

7 《蔣經國日記》，一九七九年十二月十四日、十二月十五日。

8 Chen Jian, *Mao's China and the Cold War* (Chapel Hill: The University of North Carolina Press, 2001), pp. 167-171.

治以來首波對台統戰攻勢。該年下半年，於贛南時期與蔣經國有公私情誼、一九四九年後旅居香港的曹聚仁，寫了三封私函給小蔣，此時曹受北京之託，扛起兩岸和平工作信使的角色，他利用與小蔣之間的舊情誼，主動邀請台北派員前來香港，由他本人簡報中國大陸的情況與中共對台政策，藉以調解國、共之爭。小蔣稱他收到曹聚仁私函後，極感困擾，痛批對方是一名政治掮客，「以空賣空」來打擊其名譽，並挑撥台、美關係，為避免美方起疑心，小蔣主動將這三封信拍照後交予美方參考，日後華府情報單位曾仔細分析曹的舉措與動機，認定此乃國府遷台後兩岸之間首次函件接觸，政治意義重大。9

與此同時，國際社會對於國共接觸開始出現諸多揣測，英國報章廣泛報導國、共已派代表在香港進行秘密接觸，一九五六年初美國《生活》（*Life*）雜誌記者奧斯本（John F. Osborne）在台北專訪蔣經國時，主動向他求證，是否曾密派浙江同鄉、自蘇聯返國後擔任其國語教師、在贛南時期為其得力幕僚的黃寄慈，前往香港與曹聚仁接洽並尋求與北京調解？奧斯本又追問黃寄慈是否還曾於前一年（一九五五）十二月奉命前往東京，與當時在日本訪問的毛澤東御用學者郭沫若有所接觸？小蔣對美方記者一連串的質疑感到意外、離譜與難堪，而對於當時台北政壇私下竟也流傳此類謠言，他同樣感到不可思議。10

然而無風不起浪，美國記者敢大膽直率詢問，似非空穴來風，台北層峰對於來自北京試探是否完全置之不理，也不無疑問。一九五六年春天，蔣介石收到來自中共政協委員章士釗的私函，章是民國初年最有影響力的政論家之一，備受敬重，也是一九四九年國、共和談時為國民黨代表之一，此信由北京委託曹聚仁透過國民黨駐港人員轉交台北，內容提議國、共進行第三次合作，完成統一大業，台灣政務除外交由北京接管外，其餘軍政大權與人事安排仍由蔣介石繼續主導，章還在此函結尾處寫道：「奉化之墓廬依然，溪口之花草無恙。」對老蔣發動溫情攻勢。據曹聚仁家屬說，老蔣收到此函後即秘密派員與曹接觸，轉達他不排除與北京溝通的可能性，並要曹本人親自走一趟大陸，搞清楚中共方面的真正意圖；蔣經國也自記，該年三月二一日當天所召開的國民黨中常會中，曾經認真討論是否由監察院長于右任具名致函毛澤東，並準備稱對方為「先生」，作為對中共實施心戰的嘗試，此時兩岸之間有所往來，確屬可能。[11]

細查一九五六年春、夏之際蔣介石日記所載，吾人可以進一步感受到一股不尋常的氣息：五月六日他寫道「香港游離與中立份子之組織，使之從事大陸情報工作或進入大陸潛伏」；六月十四日則記載他向小蔣面授機宜，「指示經兒派員進入匪區之各種具體計畫」；六月二十九日，老蔣透過情報掌握周恩來在中共人大會議上的發言內容，期待兩岸和平談判解決爭端，他原本打算對周「要求與台灣言和」的論點置之不理，「但為對內對外心理關係，而又不能不研究對策也」；七月十日曹聚仁與周恩來在北京會晤前，蔣又寫下「研究派人進入大陸生根之計畫，實為發動大陸反共革命運動之基本條件。」[12]該年夏天，曹自大陸回到香港後，曾將考察報告透過管道傳給台北，八月八日至十一日連續四天時間，蔣介石浸淫於這些來自中國大陸的第一手情報，自記：「審閱今春共匪歡迎港澳前往大陸匪區參觀時之回港各種報告五、六件，對我甚為有補益。」「終日審閱大陸視察報告，最為有益。」「午課後審閱回大陸視察報告，迄今已詳閱卅餘件，甚覺有益。」[13]曹聚仁受台北之託前往大陸的傳聞，似非憑空而來。

9 《蔣經國日記》，一九五六年一月七日、一月八日、一月十一日；CIA Intelligence Report, "Peking-Taipei Contacts: The Question of a Possible 'Chinese Solution'," RSS No. 0055/71, December 1971, CIA/FOIA, no. CIA-RDP85T00875R001000010045-7,（以下簡稱"Peking-Taipei Contacts"）, pp. 2-4.

10 《蔣經國日記》，一九五六年一月七日。

11 楊渡，《穿梭兩岸的密使》（台北：平氏出版有限公司，一九九五年），頁一二三—一二五；《蔣經國日記》，一九五六年三月二十一日。

12 《蔣介石日記》，一九五六年五月六日、六月十四日、六月二十九日、七月十日。

13 李偉，《曹聚仁傳》，頁三〇〇—三〇二；《蔣介石日記》，一九五六年八月八日、八月九日、八月十一日。

該年七月十六日，周恩來在北京頤和園宴請曹聚仁，並要曹向台北傳話：北京對台灣絕非招降，而是彼此商談，只要政權統一，其他一切議題皆可坐下來商量安排。曹帶著周恩來的許諾，返回香港後除透過管道向台北轉交其考察報告之外，還以《頤和園一夕談—周恩來會見記》為題，將此次頤和園會面的詳細內容刊於八月十四日的新加坡《南洋商報》，藉此向外界傳遞國、共可能開啟第三次合作訊息。[14] 此後北京進一步強化對台統戰的力道，九月間天津市政協副秘書長黃逖非以私函致其胞兄、時任國府行政院副院長黃少谷，除邀請國民黨派員前往大陸考察交流外，還向其兄透露曹聚仁只是北京的工作對象之一，層級並非最高，毛澤東對台整體的戰略目標已超越曹聚仁的規格與層次，黃逖非希望其兄能安排他經香港前來台灣，讓兩岸建立起直接接觸的管道，但此議遭蔣經國拒絕，他除說服老蔣應堅持立場外，也再次把黃的信函影本轉交中情局的駐台人員。[15]

黃逖非來台之請雖遭拒絕，然而有關國、共雙方秘密接觸的消息早已傳遍國際社會，蔣經國自記，從東京、香港到緬甸，皆有「國共和談即將開始」的報導，言之確鑿地指出發起與主持和談者「為蔣經國與周恩來」[16]。北京顯然見識到此類傳言所帶來的統戰效應，因此該年十月間毛澤東親自召見曹聚仁，並要他轉告台北，若台灣回歸祖國，一切制度照舊，台灣可實行三民主義，只要蔣介石斷絕與美國的關係，還可派代表參加中共人大與政協。曹詢問台灣回歸後中共將如何安排蔣介石，毛回答他不會讓蔣做地方長官，要由中央來安排，而蔣經國可以安排在人大或政協，陪同會見的周恩來補充說，如果陳誠也願意回北京，其職位將不下於時任水利部長的前國民黨將領傅作義。[17]

或許毛澤東期待蔣介石將有所回應，隨後派章士釗前往香港，準備隨時與來自台北的密使商談；蔣雖未派遣親信赴港，然而該年（一九五六）章前後停留香港四個月期間，確實與一些在當地活動的國民黨人士有所接觸，譬如十一月間，章曾與國民黨籍立法委員劉百閔兩度晤談，劉曾於抗戰時期奉蔣介石之命於四川樂山創立復興書院，一九四九年前去香港之後，與錢穆等人籌建新亞書院，章詢問在何種條件下兩岸才有接近的可能，劉稱中共如做三件事，雙方或許可以接近：一、恢復中華民國國號；二、恢復青天白日滿地紅國旗；三、對過去屠殺的兩千萬人血債有所交代。章回稱前兩點毛澤東應不難接受，至於第三點，中共只承認犧牲了兩百七十萬人，而且這些人都已經死了，要如何交代？此時劉建議章士釗，如欲真心推動兩岸和平，他應及早脫離中共，展現獨立的人格，並敦促章留在香港不要回去，但未被接受，章坦言毛澤東現在還願意聽他幾句話，一旦離開中共他將無法發揮作用，最後並語重心長地說，中共對台和平談判的重點仍在美國，「美國答應了，台灣不能不和，美國不答應，同台灣談也是白費唇舌。」與章士釗會談後，劉百閔數次與國民黨在港《香港時報》社長許孝炎面商對策與因應之道，並如實將整個狀況向台北報告，此時老蔣有意透過與章交情匪淺的金融實業界大老束雲章（時任立法委員、中國紡織建設公司董事長），爭取章「起義來歸」，在反統戰宣傳上予以反擊。[18]

毛澤東在北京與曹聚仁晤面後，台北層峰似曾提出要求，讓曹能前往浙江奉化一遊，查看蔣氏故居與祖墳是否一切完好，不論實情如何，曹本人確實於一九五七年初專程前往奉化溪口，住進當年蔣介石的寓居

14 毛磊、范小方主編，《國共兩黨談判通史》（蘭州：蘭州大學出版社，一九九六年），頁六五二—六五三。

15 《蔣經國日記》，一九五六年十月八日、十月十一日；CIA Intelligence Report, "Peking-Taipei Contacts," pp. 7-9.

16 《蔣經國日記》，一九五六年八月十八日〈上星期反省錄〉。

17 毛磊、范小方主編，《國共兩黨談判通史》，頁六五三—六五四；李偉，《曹聚仁傳》，頁二九一—二九三；當代中國研究所編，《中共關於「解放台灣」的文件集（一九四九—一九七一）》（香港：當代中國研究所，一九七二年），頁一五—一八。

18 「抄許社長孝炎四十五年十二月七日來函」（一九五六年十二月七日），極機密，《有關「自由人」三日刊之函稿（三）》，檔號T01-03-0012；「抄許孝炎同志十二月九日來函」（一九五六年十二月九日），極機密，同上。

豐鎬房，向蔣母王太夫人墓園「慈庵」致祭，所到之處皆拍照保存，並在回香港後透過管道將經過情形與照片轉交台北。[19]老蔣究竟是否曾向曹聚仁請託，至今仍是個謎，但可以知悉的是，連當時人還在香港的章士釗，都深信曹已獲得兩蔣父子的充分授權，以至於國民黨駐港人士不得不提醒台北高層，切勿讓小蔣身旁人士繼續與曹聚仁私通信函，如此方能杜絕造謠之口實。[20]

面對一波波來自對岸統戰的攻勢，蔣經國本人心生警惕，在權力攀升的路上他必須戰戰兢兢，以免各方政敵炒作話題來打擊他，小蔣也憂心美國各界將因兩岸接觸傳言，讓他本來就被貼上的「親共」標籤更無從洗刷。這或可解釋，當曹聚仁把訪問奉化的照片以〈溪口訪問記〉為文，於一九五七年二月十日刊載於香港《大公報》之後，小蔣情緒激動，痛批該文「目的在於引誘我們的情感，不過共匪的作法實在太愚笨了，像我們這種人難道還會上他們的當嗎？」又稱「讀完此文，增加深了痛恨共匪之心。匪我不共戴天，誓滅仇敵以慰祖先之靈。」[21]然而，年邁的父親卻禁不起思鄉之情，在同一天日記裡，老蔣對故鄉關懷之情溢於言表：「今晨經兒來談香港匪報登載故鄉近情頗詳，余急取觀之，感慨無已。」[22]小蔣的憤怒與老蔣的感傷，恰形成一個微妙對比，頗引人遐想。

平心而論，當時連台北最重要的靠山美國都透過華沙管道與北京直接對話，如果彼此淵源遠比美國人更深厚的國、共兩黨真的透過一些舊友信使在檯面下傳遞訊息、互探虛實，其實並不令人意外。一九五七年上半年，有關兩岸進行穿梭接觸、積極推動和談的消息，不時見諸西方報章，引起歐洲各國的好奇與美國輿論的嚴重關切，這些報導都無意外地將小蔣視為國民黨方面主導此事的要角，影響所及，海內外各界開始嚴重質疑小蔣是否繼續堅持反共的態度。[23]其中香港僑界的反應尤為激烈，曾任國民大會主席團主席的青年黨精神領袖左舜生，在《自由人》發表〈關於和謠〉專文，以曹聚仁與蔣經國秘密往來為題，公開質疑小蔣的反共立場，此文一出立即引發台北高層的震動，小蔣氣急敗壞，國民黨宣傳部門也極力闢謠，甚至考慮停止對這份香港反共刊物的財政補貼。[24]

蔣介石研判北京不斷對台提出和平的試探，是因為其內部發生嚴重的問題，他自記：「共匪內部破綻百出，無法掩飾其崩潰立待之形勢，所以他只有製造對我之和謠，以安定大陸人心與維繫其偽政權之一法。」[25]微妙的是，老蔣私下批評中共「和謠」的伎倆，同時卻暗自反覆思索，如何善用這波兩岸秘密接觸的傳聞，將其轉化為對美外交的有利運用，讓華府因擔憂國、共之間可能進行談判，而強化對他支持的力道；一九五七年二月九日他自記中共方面「和謠益烈，美國輿論已引起重大注意，是否能促成美國對我反攻必要之同情耶？」數日後，他又思考北京的和平試探「對於美國之心理與作用如何，應加研究，是否以此為促進我反攻大陸理由之一種？」這段期間老蔣幾乎每天研究「反攻與和謠」的關聯與應用，謀思如何利用此一態勢，讓華府不再阻撓反攻大陸行動。[26]

19 毛磊、范小方主編，《國共兩黨談判通史》，頁六五五—六五六；李偉，《曹聚仁傳》，頁二九六—三〇〇。

20 「雷嘯岑致黃少谷函」（一九五七年二月七日），《雷嘯岑、黃少谷往來信函》，檔號T01-03-0018(1)；「黃少谷復雷嘯岑」（一九五七年二月十四日），同上。

21 《蔣經國日記》，一九五七年二月十日。

22 《蔣介石日記》，一九五七年二月十日。

23 「駐紐約總領事館呈外交部有關共匪和謠事」（一九五七年二月二日），〈中共和謠〉，《外交部檔案》，檔號0046/405.1/2；許瑞浩等編，《蔣經國手札》，頁五五六；FO 371/127276 FC1022/3G, Foreign Office to British Embassy in Washington, February 21, 1957; FO 371/127450 FCN1015/1, British Consulate in Tamsui to Foreign Office, December 31, 1957.

24 《蔣經國日記》，一九五七年二月十六日、三月二日〈上星期反省錄〉；「關於『自由人』等刊物問題之處理意見」（一九五七年一月十九日），《報告事件原稿》，檔號T01-03-0013。

25 《蔣介石日記》，一九五七年二月二十八日。

26 《蔣介石日記》，一九五七年二月九日、二月十三日、二月十六日、二月二十三日。

一九五七年三月間，曹聚仁在一封致黃少谷的信函裡，寫道：「去秋，王兄返港，知我兄垂注弟個人生活，至為感謝。」透露出台北高層似曾透過某位王姓人士，居間與曹聯繫。[27]曹在函中告訴黃少谷，中共已同意如下條件：一、基於國、共兩黨對等地位，擇地商談；二、雙方停止軍事行動；三、台灣自治，台方黨軍政原盤不動，一切由蔣介石作主，如由蔣經國擔負台灣全責，則陳誠可前往北京任職；四、中共與美國可建立新的友好關係；五、國共雙方商談就緒後，台方派遣代表駐北京，並推選代表參加各種政治機構；六、北京方面擔負台灣的軍政經費，一如美援之額數。曹聚仁建議台北，為求知彼知己，不妨先派人前往大陸考察後再決定下一步。他又在信上寫道，北京已同意由黃少谷或蔣經國代表台方與中共會談，然而考慮現實困難，曹本人建議台北派遣前中央社秘書梁乃賢，取道香港前往大陸遊歷，較不易引人矚目。曹聚仁在文末強調其信中所言全係事實，要黃少谷不必公開談論，除兩蔣父子外也勿向他人提及，他並轉達前國府要員邵力子與張治中等人對黃的問候。[28]

兩岸之間的往來傳言，透過此類函件繪聲繪影的敘述，其內容竟然可以詳細至如此地步，實在很難不引發各方揣測，美國僑界尤其大受震動，一些原本立場傾向國民黨的僑社，認定台北向來所持堅定反共立場已鬆動而出現騷動不安，也有見風轉舵的僑領，開始在報章鼓吹國共之間應進行新一輪的「和平合作」，其中以紐約中華公所主席梁聲泰所提兩岸合作的「基本條件」最引人矚目，包括：國民黨繼續統治台灣；中共統轄長江以北省份；解放軍退至長江以北地區；華南各省由海外僑胞與自由人士治理；國、共與自由派三方共組臨時政府，在一年半內舉行全國普選，組織新的中央政府與議會。連《紐約時報》也向國府駐美大使董顯光求證這些傳聞是否屬實，而台北則掌握訊息，稱美情報單位傾向於相信兩岸和談之嘗試「確有其事」。[29]

在一九五七年夏天後，北京這波對台統戰運作，因「反右運動」、政治氛圍的變化而趨緩，然而此後兩岸之間或明或暗的接觸傳聞卻從未歇止，該年秋天即曾發生一件怪事：國民黨籍立法委員胡秋原，以聯合國代表團顧問的身分在紐約開完會後，竟轉往倫敦與中共駐英外交官晤面並接受招待，此事曝光後，胡回到台北卻未因「通匪」罪名而受法律制裁，甚至連黨紀處分都不了了之。[30]曹聚仁的家屬也言之確鑿地指出，蔣經國曾在一九五七年七月、九月、十二月與一九五八年一月，四次派遣「王濟慈」（黃寄慈）前往港澳地區與曹密談，內容觸及美國對台政策、台灣內部政經與社會情況、以及國民黨內的權力關係，即使在一九五八年秋天第二次台海危機發生期間，北京依然透過曹向台北傳達訊息，告知共軍即將停止炮轟金門一週，讓國軍對金門進行運補，前提是美軍艦艇不得協助護航。[31]

27 曹聚仁家屬指出該名「王君」是蔣經國贛南時期秘書「王濟慈」，但查遍所有相關線索，並無「王濟慈」這號人物，而此人極可能是黃寄慈，或者黃以「王濟慈」之名與對方接觸。

28 《蔣經國日記》，一九五七年三月十日、三月十一日、三月十三日、三月十九日。當時美、英、日等地皆傳出國、共秘密接觸消息，參見「駐美大使董顯光致外交部電」（一九五七年二月七日），〈中共和謠〉，《外交部檔案》，檔號：11-07-02-04-01-004；「駐日本長崎領事館致外交部電」（一九五七年二月十一日），同前；「外交部呈行政院簽呈：共匪和謠事」（一九五七年二月二十日），同前；FO 371/127276 FC1022/3G, Foreign Office Far Eastern Department Minutes, May 10, 1957.

29 「董顯光致外交部」（一九五七年四月二十四日），〈中共和謠〉，《外交部檔案》，檔號：11-07-02-04-01-003；「駐紐約總領事館呈外交部電」（一九五七年四月二十二日），同前；「駐紐約總領事館呈外交部電」（一九五七年五月十一日），同前；「中央通訊社央秘參（四十六）第一一四〇號」（一九五七年八月六日），同前。

30 「張厲生等呈蔣介石檢舉胡秋原言行反黨叛國應予懲處案」（一九五七年十一月十日），〈特交檔案/黨務/中央報告〉，《蔣中正總統文物》，典藏號：002080300027005；秦孝儀編，《總統蔣公思想言論總集》，卷二十七，頁三三三—三三五。

31 曹景滇，〈拂去歷史的煙塵：讓真實的曹聚仁從後台走出來〉，《新文學史料》（北京），第四期（二〇〇〇），頁三二—三九；中共中央文獻研究室編，《周恩來年譜（一九四九—一九七六）》（北京：中央文獻出版社，一九九七年），中卷，頁一六八；「毛澤東同曹聚仁談話紀要」（一九五八年十月十三日），轉引自逄先知、金沖及主編，《毛澤東傳：一九四九—一九七六》（北京：中央文獻出版社，二〇〇三年），上冊，頁八八〇—八八一。

極具反諷意味的是，當兩岸在金門外島展開激烈炮戰的危急時刻，卻是傳聞國共之間即將接觸談判最熾盛之時。曹聚仁奉北京之命致函國府要員，建議兩岸關係的開展可先從互派使團做起，北京可在台北派駐一個正式代表團並由宋慶齡任團長，其他代表團人選還可包括張治中、邵力子、屈武等前國民黨要員，而台灣駐大陸代表團員則可包括梁乃賢、張愷等來自奉化老鄉、知名度不高卻為兩蔣父子所信任者。[32]蔣經國閱讀信函後，依慣例將影本轉交美方駐台情報人員參考，然而他與副總統陳誠對於中共「舊把戲新作」不敢大意，認為必有政治上複雜的因素，如處置不當，北京恐將進行宣傳戰，達成瓦解台灣民心士氣與挑撥台、美關係的雙重目的。[33]事實上，此次台海危機確實引起國際間對於國府重兵駐守外島的高度質疑，為此美國務卿杜勒斯於十月二十一日飛抵台北，與蔣介石討論外島危機的解決方案，杜氏抵台兩天後曹聚仁又致函台北高層，提議推動國、共關係三項具體步驟：

一、國、共雙方就地停戰，金馬台澎仍由蔣介石領導，國民政府的名義依舊，迄蔣任期滿為止。如蔣精神健實，願繼任三任總統，台方可修改憲法，再行推選蔣連任。如蔣意在傳賢，則陳誠自可當仁不讓。國、共雙方結束內戰後，中共建設中國大陸，台方建設台澎及離島地區，雙方在建國大道上爭先。關金、馬為雙方物資交換地區，人民自由往來，金、馬駐軍留守或撤退，完全由蔣介石決定，中共不予干涉。假定第一步驟為一年，雙方除停止軍事攻擊外，並停止政治性的攻擊，重建新的友誼。

二、蔣介石如認為中共政權尚未穩定，內部恐有叛亂情事，台方可先派軍事代表團由曹聚仁陪同前往考察，待該團作報告後，再作一切決定。如蔣對中共建議不合理想，台方自可另提方案，以三民主義為根據，在台灣作試驗，中共當局絕不加以干涉。

三、休戰一年後，雙方彼此諒解，再進行改善國際外交步驟，一切放在圓桌上去研究。[34]

北京為展現談判決心與誠意，立即再次派遣章士釗趕赴香港，準備隨時啟動與台灣代表的談判，國民黨在港機構《香港時報》總編輯雷嘯岑於十月底回報台北，他已先行與章士釗身旁要員晤談，得知毛澤東甚至承諾只要蔣介石切斷與美關係，北京願意將大陳島歸還台北。[35]中共這波和談策略，確實達到了效果，在美方的壓力與猜忌之下，蔣介石不得不下令當時準備以特使身分、經香港轉機前往羅馬參加新教宗若望二十三世（John XXIII）就職典禮的外交部長黃少谷臨時改變行程，以免國際間揣測黃將與章士釗在港接觸。[36]為進一步闢謠，陳誠奉蔣介石之命大動作地接受媒體專訪，公開澄清國府並無與對岸談判接觸的意向，並向外界表示過去一段時間台北高層確實收到中共來函，要求雙方舉行和談，但已遭台北嚴拒，中華民國政府將繼續堅守民主陣容，不會與對岸和談。[37]

32 《蔣經國日記》，一九五八年九月二十八日、十月五日；陳誠，《陳誠先生日記》（台北：國史館，二〇一五年），第二冊，頁九四七—九四八；CIA Central Intelligence Bulletin, top secret, October 27, 1958, CIA/FOIA, no. 06232623.

33 《蔣經國日記》，一九五八年九月二十八日、九月二十九日。

34 《蔣經國日記》，一九五八年十月二十五日、十月二十六日；十月三十一日〈上月反省錄〉、十一月十二日、十一月二十八日；CIA Central Intelligence Bulletin, top secret, October 29, 1958, CIA/FOIA, no. 06232625; CIA Intelligence Report, "Peking-Taipei Contacts," pp. 15-18.

35 《蔣經國日記》，一九五八年十月二十五日。

36 《蔣介石日記》，一九五八年十月三十一日。

37 陳誠，《陳誠先生日記》，第二冊，頁九六五—九六六；「中央通訊社央祕參（四十七）第一八六〇號」（一九五八年十一月十九日），〈中共和謠〉，《外交部檔案》，檔號：11-07-02-04-01-003；CIA Central Intelligence Bulletin, top secret, November 4, 1958, CIA/FOIA, no. 06232630.

形勢變遷下兩岸關係的演進

兩岸之間透過香港或其他第三地進行似有若無的接觸傳聞，在一九六六年中國大陸發生文化大革命之前，從未間斷，蔣經國在日記裡多次提及曹聚仁來函，而陳誠、黃少谷等黨政要員也都收到來自對岸周恩來、張治中、傅作義等人的私函，內容涵蓋國共第三次合作、外島停戰、北京援台、雙方換俘以及台灣派團前往大陸交流等，其中較值一提的是，包括一九五八年十一月曹聚仁代表北京向台北提議，以一九四九年被中共俘虜的前國民黨將領黃維、杜聿明與康澤等十人，交換遭蔣介石軟禁的張學良，以及中共以兩億美元購買在台故宮文物。[38]

一九六二年，當蔣介石積極反攻備戰的風波過去後，國、共雙方在香港與廣州兩地有不少「工作階層」的接觸，甚至傳出兩岸已達成初步協議，重點包括：在蔣介石有生之年雙方不再採取軍事行動；二十年後台灣將被納入中華人民共和國統轄的一個「自由區」，仍由國民黨治理；金、馬外島成為兩岸的緩衝區、雙方定點通航等。華府情報單位無從知悉這些互動是否獲得台北與北京最高當局的授權，但研判若老蔣確實有意增加與對岸接觸的頻率，應該與當時兩蔣父子與陳誠之間的權力競逐有關，同時也在於抵銷華府與北京之間，因擴大華沙會談接觸的力道所帶來的負面影響。[39]中共方面的資料證實，一九六二年起台北曾透過各種名義派遣許多人前往大陸，有一次一口氣派了四個人，一位留在香港，三位輾轉來到北京，而毛澤東與周恩來也會見了其中一些人；儘管中共一時之間分不清這些所謂的國府「密使」究竟是真是假，及其所攜訊息是否準確，但北京願意「以假當真，假戲真做，最後弄假成真」。[40]陳誠日記也佐證，國府駐港人士確曾與一九四九年後留在大陸的前國民黨人士接觸，互相傳話，然而其中也不乏部分在港人士藉機牟取個人的政治利益，而冒充台北代表、偽造兩岸和談條件的荒唐現象。[41]

在冷戰東、西方對峙之際，或許國府高層認定適當且技巧性地運用國、共接觸的傳聞，在當時華府圍堵共產黨的大戰略下，有助於台灣施展對美外交，而一旦國際環境發生結構性的轉變，兩蔣父子如欲再操作「兩岸（國共）關係」這張牌，不但將失去效果，甚至可能引火自焚。七〇年代美國對華政策出現質變，尼克森訪中之後，推動美、中關係正常化已是華府既定方針，在此情況下華府甚至鼓勵兩岸直接對話，以解決雙方的歧見。[42]一九七一年上半年，隨著聯合國席次保衛戰進入最後時刻，國府法理與權力正當性受到空前挑戰，已二十餘年未被公開提出來談論的「台灣地位未定論」，突然又成為熱門議題；四月二十八日上午，美國務院發言人布雷（Charles Bray）在記者會上公開宣稱，台、澎主權歸屬乃「尚未解決的問題，有待日後國際間議決」（an unsettled question subject to future international resolution），這番談話讓太平洋另一端的台北高層震驚不已；布雷的發言正值台北時間二十八日晚上，當時蔣經國正在主持一場晚宴，與會的美外交官發

38 《蔣經國日記》，一九五八年十一月二十九日；陳誠，《陳誠先生日記》，第二冊，頁一〇〇二。有關來自北京的各種和談統戰試探，另參見《蔣介石日記》，一九五九年四月三十日、一九六二年七月二十二日；《蔣經國日記》，一九五九年一月十三日、五月二日、一九六〇年三月六日、五月二日、一九六一年七月二十四日、七月二十七日、七月二十八日；「副總統陳誠接見克萊恩談話紀要」（一九六一年七月二十五日），〈忠勤檔案／中美關係（二）〉，《蔣經國總統文物》，典藏號：005010100056006。

39 CIA Intelligence Report, "Peking-Taipei Contacts," pp. 28-29; FCO 371/170729 FCN103110/62, Foreign Office Memorandum entitled "China and Formosa," July 16, 1963. 此時兩岸透過香港進行接觸情形，另參見「駐美大使蔣廷黻致外交部」（一九六二年八月十二日），〈中共和謠〉，《外交部檔案》，檔號：11-07-02-04-01-003；陳誠，《陳誠先生日記》，第三冊，頁一〇七九。

40 童小鵬，《風雨四十年》（北京：中央文獻出版社，一九九六年），第二部，頁二七七—二七八。

41 陳誠，《陳誠先生日記》，第三冊，頁一七〇〇、一七六一、一八六二。

42 Hanhimäki and Westad eds., *The Cold War*, pp. 505-506; Evelyn Goh, *Constructing the U.S. Rapprochement with China, 1961-1974: From "Red Menace" to "Tacit Ally"* (Cambridge: Cambridge University Press, 2005), pp. 194-197.

現宴客時小蔣五次失禮離席，接聽高層人士撥來的緊急電話，而當夜外長周書楷為了處理此事，而只睡了兩小時。[43]

七月初，國務院回覆總部位於巴黎的「台灣獨立建國聯盟」來函詢問台灣地位時，再次重申美政府對於「台灣法理地位尚未獲得解決」的立場始終未變，儘管美方認知海峽兩岸的國、共雙方皆反對此一論點。[44]台北退出聯合國後，英國政府內部分析指出，全球主要已開發國家如美、法、加拿大、澳洲、日本、義大利等國，皆傾向台灣主權地位尚待國際最後確定，唐寧街十號的決策人士不禁好奇，實際統治台、澎、金、馬地區的國民黨政府，如今既已失去聯合國的中國代表權，未來又將何去何從？[45]

在七〇年代以前，國、共領導人互視對方為仇敵而欲殲滅之，但在海峽兩岸「同屬一中」的立場上，彼此並無懸念。然而，隨著國府的外交地位一落千丈，國民黨宣稱代表全中國的論述不再具有說服力，而本省人的民意歸向遂成為兩岸關係中一項重要因素。一九七二年夏天，年僅三十歲的台籍律師張政雄獲選美政府「領袖計畫」前往華府交流，這位在三十年後出任中華民國中央選舉委員會主任委員的年輕律師，在國務院內的一席談話讓美方留下深刻的印象：他認為台灣若要避免未來數年內遭對岸統一，唯一的出路是要讓所有民眾深信，島上刻在執政的這個政府具有充分的正當性，是真正屬於台灣人民所擁有的政府，欲達此目的，惟有讓本省人當家作主，才能不再受到外省集團的打壓與歧視。[46]

張政雄的看法足以代表台籍菁英的心聲，此時初掌國政的蔣經國不可能沒察覺到一股不可逆轉的政治海嘯已經到來，當他著手推動本土化工程之際，也開始默默形塑台灣「有別於中國大陸」的主體性，藉以尋求打破國際孤立，爭取更多民心的支持。一九七一年夏天，眼見美政府已著手改變對華政策，小蔣密派親信王昇，與中央情報局台北站長葛瑞康（Conrad LaGueux）會晤，除了要求華府應設法保住台北在聯合國的席位，以免中華民國一夕之間成了「非法」的存在，並希望美方堅守中共不以武力攻擊台、澎、金、馬的底線，美方立即注意到王昇的談話似在微妙傳遞蔣經國希望維持台海「現狀」的強烈意願，不再如過去一般堅持反攻大陸，或者強調「台北代表全中國」的立場。[47]

此後數年，蔣經國即使未拋棄「漢賊不兩立」的原則，卻也逐漸以更務實的態度，推動與東歐共產集團在內無邦交國之間全方位的「實質」關係。美政府觀察到小蔣有意藉由彈性的作法，讓在台灣的「中華民國」維持著有別於大陸「中華人民共和國」的政治實體與認同，讓「中華民國」這塊招牌在逆境中能夠繼續生存下去。縱使小蔣不可能對「光復大陸」的基本國策做出根本性的改變，但在面對國際空間不斷遭受壓縮的不利態勢，他除了在法統上繼續堅持「一個中國」之外，也必須讓理論上涵蓋著廣袤三十五行省與西藏、外蒙古的「秋海棠」中華民國，與現實上僅統轄台、澎、金、馬的「海島」中華民國，兩者之間進行概念

43 U.S. Embassy in Taipei to State Department, May 17, 1971, NARA, RG 59, Records of the Department of State, Bureau of East Asian and Pacific Affairs, Subject Files (1951-1978), Lot File 75D76, POL 32-1.

44 State Department to WUFI (Paris), July 8, 1971, NARA, RG 59, Records of the Department of State, Bureau of East Asian and Pacific Affairs, Subject Files (1951-1978), Lot File 75D76, POL 32-1.

45 FCO 21/864 FEF2/6, Foreign Office Far Eastern Department Minutes, "Status of Taiwan," December 22, 1971.

46 State Department Memorandum of Conversation, July 25, 1972, reproduced in DDRS, no. CK2349689566. 七〇年代與國民黨台籍要員謝東閔、連震東等交好、時任中華語文研習所所長的何景賢，在與美大使館官員晤談時，也直指國府外交逆流讓許多本省民眾猜疑，蔣經國是否會與對岸密謀統一，參見 State Department Memorandum of Conversation, Subject: Current Political Situation on Taiwan, January 13, 1972, ibid, no. CK2349579126.

47 State Department Memorandum from Conrad LaGueux to Walter P. McConaughy, August 30, 1971, NARA, RG 59, Records of the Department of State, Bureau of East Asian and Pacific Affairs, Subject Files (1951-1978), Lot File 75D76, POL 27 (b); McConaughy to State Department, September 16, 1971, ibid; State Department to McConaughy, October 5, 1971, ibid.

上的區隔，強調台灣自身與對岸在政治社會、經濟制度、核心價值與意識型態等各方面的差異。[48]

縱觀整個七〇年代美、中、台三方的互動，可知國府正在經歷著「正統」地位被移至「偏房」的過程，對小蔣而言，這無疑是一段痛苦的煎熬，他曾私下感慨：「美國政府的心目之中，早已沒有我們中華民國的存在，美國政府的要員，只怕接近我們而得罪共匪。」[49]微妙的是，當北京在外交上有所斬獲之時，卻也是海峽兩岸的政治實體彼此的「異質性」被進一步突顯的時刻；一九七三年春天，美、中互設聯絡辦事處，彼此的關係邁進一大步，台北在發表嚴正抗議之餘，蔣經國特地召來美大使馬康衛談話，強調他絕不會與中共接觸，美方注意到小蔣極不尋常地花了許多精力向馬康衛解釋，從歷史經驗、傳統價值、意識型態與人權等各方面的差距來看，若此刻國、共之間進行談判，是不可想像之事，恐將引發台人強烈的反彈，破壞內部安定，蔣似乎在向華府強烈暗示，不要因美、中關係有所進展而逼迫台灣坐上與對岸統一的談判桌。蔣經國首次將台灣人的意志、態度與反應，作為思考兩岸關係中重要的一環，並透過官式接見的場合公開向美方提出。[50]

在美、中關係正常化的過程中，北京領導人不斷堅持「台灣問題」為內政問題，不欲外人插手，然而在華府與台北仍有正式邦交與協防條約的情況下，美方在兩岸議題上注定要繼續扮演關鍵的第三者角色。一九七四年秋天，國務卿季辛吉在北京訪問時向中方直言，如果彼此無法就台灣問題達成共識的話，美方將不惜以既定的步驟行事，推遲雙方建交的進程。[51]此時中共正經歷著文革結束前最後一波權鬥高潮，政策上的反覆不定，也對台海情勢增添許多撲朔迷離；該年雙十節當天，在抗戰時期擔任國府駐美軍事代表團團長的商震，自日本前往北京與中共領導人晤面時，大談國、共合作與兩岸統一，令台北高層極為尷尬。[52]翌年初，中共四屆二中全會與第四屆全國人大會議結束後，鄧小平復出並著手整頓內部極左浪潮，在政治向右轉的氛圍下，四月初北京宣布釋放十位遭俘虜的前國民黨將領，這批將官隨後被送往香港，等待台北允許讓他們入境，四月五日蔣介石去世後，中共又呼籲國府讓他們前往台北向老長官弔喪致意。蔣經國對於北京的統戰策略謹慎異常，堅拒兩岸之間發生任何形式的接觸，這批老將領不得其門而入，無奈之餘只好回到大陸，其中曾任甘肅河西警備司令的張鐵石，因過度失望而在香港自殺身亡，北京則痛批國民黨缺乏人道精神，台北在這波宣傳戰中受到重創。[53]

該年（一九七五）秋天中共又有大動作，一口氣釋放一百四十四名被捕入獄的原國府敵後人員，同意他們返台與家人團聚，由於這些俘虜過去皆效命於蔣經國所主持的國安情報部門，小蔣面臨來自內部極大壓力，要求接納這些舊同志，最後國府決定在金門設立「接待中心」接收被遣返者，並在一番篩選之後，允許其回到台灣本島。遲至一九七六年初，約有六十名前往金門報到，其中不乏直接從廈門搭船前往，也有

48 McConaughy to State Department, Subject: The ROC's International Position, March 26, 1973, reproduced in DDRS, no. CK3100699547; Leonard Unger to State Department, August 15, 1974, *Gerald R. Ford and Foreign Affairs*, reel 4; Unger to State Department, Subject: US China Policy and the GROC's Options regarding Its International Status, September 24, 1974, ibid.

49 《蔣經國日記》，一九七四年十月五日。

50 McConaughy to State Department, June 8, 1973, reproduced in DDRS, no. CK3100699958.

51 Memorandum from Brent Scowcroft to President Ford, November 27, 1974, reproduced in DDRS, no. CK3100126195.

52 CIA Intelligence Memorandum, "Trends in Communist Propaganda," October 17, 1974, CIA/FOIA, no. CIA-RDP85T00875R000300070043-1.

53 《蔣經國日記》，一九七五年四月一日、七月八日；郝柏村，《八年參謀總長日記》，上卷，頁六八八；FCO 21/1408 FEF1/1, British Embassy in Peking to Foreign Office, May 9, 1975; CIA Staff Notes: Chinese Affairs, top secret, October 4, 1975, CIA/FOIA, no. CIA-RDP79T00865A001900280001-2.

三員獲邀出席福特總統訪問北京時的歡迎晚宴，中共又一次在統戰與宣傳工作中打了勝仗。[54]

北京利用「釋俘」對台統戰，如同五〇年代「密使」運作一般，對國府當局帶來沉重的壓力，部分友台美方人士開始鼓勵蔣經國應嘗試與北京接觸，以免美方輿論怪罪國府的態度過於執拗。[55]正當小蔣感到力有未逮之際，中共內部的權力變化讓兩岸氣氛再度出現轉折；一九七六年春天，中共總理周恩來去世三個月後，北京天安門廣場上出現大規模以悼念為名的群眾運動，「四人幫」極左勢力藉機整肅批鬥鄧小平，並於四月七日召開的中央政治局會議上撤銷其所有職務。在政治風向轉回極左激進路線後，北京對台政策也從前一年的和平基調轉為強硬的「武統」，七月初美國參議員史考特（Hugh Scott）訪問北京時，接見他的國務院副總理張春橋發表了美、中開啟關係正常化協商以來最強硬的談話，聲稱美方期盼以和平方式解決台灣問題是不可能的，最可靠的辦法仍是透過武力解決，揚言美國如不設法早日解決此問題，那麼就讓「解放軍來代勞」，雙方晤談在激烈的爭辯下不歡而散。[56]幾在同時，《紐約時報》專欄作家葛柏（Leslie Gelb）應中共駐美官員之邀參加一場晚宴，席間中方不斷提及台灣問題，強調非以武力無法解決，態度之嚴厲前所未見，當葛柏詢問對方何以至此，中方回答「向來如此」，當他進一步表示此種立場無益於美、中建交時，對方竟回答「這是你們美國人的事」。[57]

中共在兩岸議題上的強硬發言，讓白宮國安團隊研判是左派人士為爭取軍方支持而故作姿態，未必影響美、中關係正常化的進程。[58]然而一九七六年的夏天，台灣海峽確實不太平靜，汕頭與廈門之間的解放軍不尋常地動員，七月三日清晨福建共軍向金門外海一座無人島發射三十八枚砲彈，砲陣地有三十四門砲脫下砲管，進入備戰狀態，蔣經國自記這是「八二三炮戰」以來的第一次，研判中共可能藉由炮擊金門或者佔領東沙島來困惑美、蘇兩大強權，打擊台灣民心，同時轉移內部的注意力。[59]儘管尋求連任的美國總統福特並不樂見中共的權力更迭影響了雙方建交的進程，然而即使是最熱中發展與北京關係的華府要員，都悲觀地認為北京似乎已失去耐心，不惜以武力解決台灣問題。[60]就在眾人對前景感到黯淡之際，一九七六年十月初、距離毛澤東去世短短不到一個月時間，華國鋒、葉劍英與汪東興發動「懷仁堂政變」，逮捕「四人幫」，並宣布文化大革命結束了，政治風向再度出現大轉變。巧合的是，中共極左勢力被消滅後不久，又再次出現國、共雙方派人進行秘密談判的消息，並透過日本報刊在國際社會流傳。[61]在此充分呈現了兩岸關係的詭譎多變。

54 FCO 21/1483 FE054/1, British Embassy in Peking to Foreign Office, January 5, 1976; FCO 21/1483 FE054/1, C.D.S. Drace-Francis (Colonial Secretariat, Hong Kong Government) to Foreign Office, February 6, 1976; CIA Staff Notes: Chinese Affairs, top secret, October 4, 1975, CIA/FOIA, no. CIA-RDP-79T00865A001900280001-2.

55 《蔣經國日記》，一九七六年九月十一日。

56 U.S. Liaison Office in Peking to Henry Kissinger, Subject: Senator Scott Meeting with Vice Premier Chang Chun-chiao, July 13, 1976, *Gerald R. Ford and Foreign Affairs*, reel 9; Kissinger to U.S. Liaison Office in Peking, July 17, 1976, ibid.

57 National Security Council memorandum for Bren Scowcroft, Subject: Chinese Continue to Promulgate Line on Taiwan, July 22, 1976, *Gerald R. Ford and Foreign Affairs*, reel 8.

58 National Security Council Memorandum for President Ford, Subject: Toughening of Peking's Position on Taiwan, July 29, 1976, *Gerald R. Ford and Foreign Affairs*, reel 8; National Security Council memorandum for President Ford, Subject: Leadership Struggle in China, Impact on Foreign Policy, October 2, 1976, ibid.

59 《蔣經國日記》，一九七六年六月二十八日、七月七日；National Security Council memorandum for Scowcroft, Subject: Assessment of Chinese Activity in the Taiwan Strait, July 7, 1976, *Gerald R. Ford and Foreign Affairs*, reel 3.

60 U.S. Liaison Office in Peking to State Department, Subject: Wang Hai-jun on Sino-US Relations, July 29, 1976, *Gerald R. Ford and Foreign Affairs*, reel 9; U.S. Liaison Office in Peking to State Department, Subject: Some Thoughts on the "Chang Chun-chiao Line," July 31, 1976, ibid.

61 蔣經國自記當時日本《朝日新聞》報導台北派出三名特使，前往北京與中共談判兩岸關係，重點有三：「一、我方政治表示將不變動，二、我方以自治權姿態為政，三、軍事形勢不變。」該篇報導還寫道，北京對台方所提的第三點不表同意。參見《蔣經國日記》，一九七六年十一月十四日、十二月三日。

台、美斷交後中共對台統戰

一九七九年的元旦迎來美、中建交，在這一刻到來前數年，蔣經國早有心理準備，檢視其日記所載，與其說他時時刻刻擔憂華府是否終將背棄中華民國，不如說他更在意華府與北京一旦建交，在台灣的中華民國是否能夠繼續維持有別於中國大陸的政治實體地位，不因外來壓力而喪失自主性與前途發展。一九七七年春天，小蔣接獲美政府正在研擬與北京建交策略的訊息後，自忖美、中如建交，或者華府對北京做出片面的外交承認，則「我將仍以『獨立中華民國』生存發展，即使遭遇到危險，亦在所不惜。」他堅信中華民國「可以在各種不同情況下死亡，而決不屈服」。[62]該年秋天，美大使安克志轉達華府關心台灣的人民福祉，並希望兩岸透過協商達成和平，蔣經國則明白表示，在任何情況下他都不會與對岸開啟任何形式的談判，此政策也將永遠不變，當天夜裡他在日記裡痛批「美國人不到黃河心不死」，認定台灣只有自立自強，才能得救。[63]

儘管國府領導人反對與對岸正式接觸的態度極為堅決，然而隨著鄧小平於一九七八年春再度復出政壇，以務實路線與開明形象獲得廣泛支持，甚至允許民眾針砭時政，容忍「民主牆」與大、小字報重新在北京出現，這都讓蔣經國感受到來自對岸有形與無形的沉重壓力。[64]該年夏天，鄧小平接見來訪的美國會議員時，公開表示國、共之間可以進行第三次合作，由中國人自行解決台灣問題，甚至與老美們大談他與小蔣早年留俄的同窗情誼，藉此爭取美方支持北京對台立場，讓台北背負起不願和平解決兩岸問題的責任，對於北京當局採取如此靈活彈性的對外政策手法，小蔣不得不坦言此一形勢對台灣至為不利，內心感受到極大的壓力。[65]

美、中關係正常化，標誌著自七〇年代開始「中國」法統由台北轉移至北京過程中，最後一塊拼圖的完成，也對國府權力的正當性再次帶來衝擊；面對美國終止邦交、對岸和平統戰，以及自身中央民意機構缺乏代表性、民心強烈要求政治革新等艱鉅挑戰，國府領導階層出現了嚴重的集體焦慮。[66]台灣失去美國外交承認與協防之後，部分西方國家將台灣政治地位的現狀出現重大轉變，視為一種可能，英國外交部當時一份標題為《台灣地位變化的可能性》（Possibilities of change in the status of Taiwan）的卷宗，因內容過於敏感，至今仍被鎖在倫敦的國家檔案館內，暫時無法對外公開。[67]

弔詭的是，美、中建交後，北京對台拋出一連串理性務實的和平統戰宣示，某種程度上反倒挽救了國民黨的正當性，避免其在國際社會化為一縷政治「幽魂」而消散無影。一九七九年元旦中共發表〈告台灣同胞書〉，除了不再提「解放台灣」，還展現幾項前所未有的特點，包括願意在統一過程中考慮與尊重台灣的「現實情況」，表明中共與台灣當局存在著「共同的立場」，承認國民黨在台「執政地位」，並期待透過國、共兩黨協商謀求兩岸的最終統一，提議雙方先推動「三通」（通郵、通航、通商）與「四流」（文化、體育、

62 《蔣經國日記》，一九七七年五月三十一日。

63 《蔣經國日記》，一九七七年十一月二十六日。

64 有關一九七八—七九年北京西單「民主牆」，參見翁衍慶，《中國民主運動史：從延安王實味爭民主到西單民主牆》（台北：新銳文創，二〇一六年），頁二一三—二三二。

65 Guangqiu Xu, *Congress and the U.S.-China Relationship, 1949-1979* (Akron, OH: University of Akron Press, 2007), pp. 525-526;《蔣經國日記》，一九七八年七月二十七日、八月三十一日。

66 「動員戡亂時期國家安全會議簽呈」（一九七九年一月十五日），〈文件／黨政軍文卷／國家安全與秩序〉，《蔣經國總統文物》，典藏號：005010206000042003；「政治外交小組作業程序簡報」（一九七八年十二月），極機密，《政治外交小組有關資料》，檔號T01-03-3001；「陳履安呈黃少谷簽呈」（一九七八年十二月二十六日），同前。

67 該份文件檔號為FCO 371/127276，暫定解密年份為二〇二五年。

學術與科技交流）；配合這篇文告，解放軍同時宣布停止砲轟金門外島，兩岸數十年來的軍事對峙至此告一段落。[68]翌年秋天，中共人大常委會委員長葉劍英又提出九條對台方針（簡稱「葉九條」），將「特別行政區」、「高度自治權」、「保留軍隊」等五、六〇年代兩岸之間密使傳話的內容加以具體化，三年後這些概念透過中共最高領導人鄧小平的宣示，成為「一個中國，兩種制度」，直到今日「一國兩制」依然是北京對台政策的最高指導原則。[69]

在私人層面的親情攻勢上，北京也有積極的作為；一九八〇年春天，一位自稱是蔣經國堂妹蔣元翠幼子的宋體章，自紐約寄了一封文情並茂的私函給素未謀面的「舅舅」蔣經國，傾訴中共曾對奉化溪口蔣家族人的迫害，並請求能允許他來台探親，蔣收信後親自批示「一切皆應依照法規處理，不得例外」。另一位與蔣介石同輩、蔣經國應稱呼「表姑」的孫雅蓮女士，獲准入境來台後，其子王某同樣欲申請自港來台，結果遭警備總部以具有「統戰」之嫌而拒絕。[70]翌年春天，北京透過早年與宋美齡、蔣經國有私人交情的廖承志（國民黨元老廖仲愷之子），由陳納德將軍遺孀陳香梅轉達私函給當時在紐約的宋美齡，表達宋慶齡對妹妹的思念之情，此時宋慶齡健康狀況極差，希望在有生之年見妹妹最後一面，北京熱忱歡迎宋美齡前來探親。一九八二年夏天，廖承志又發表一封措辭懇切的公開信，提醒小蔣「外人巧言令色，意在圖我台灣，此世人所共知者，當斷不斷，必受其亂，願弟慎思。」廖又謂「偏安之局，焉能自保？有識之士，慮已及此，事關國民黨興亡絕續，望弟再思」，呼籲國、共雙方盡早推動第三次合作。[71]

兩岸分治以來，中共以「反國民黨」為目標的對台政策，基本上是從「反美帝」延伸而來，如今美、中建交，北京對台宣傳的策略也必須隨之調整，然而台北政壇上自蔣經國、行政院長孫運璿，下至負責國防、外交、黨務等各級機關與主其事者，無一例外將這波和平統戰視為洪水猛獸。在得知〈告台灣同胞書〉內容與北京宣布停止砲擊金門的消息後，小蔣無任憂慮，自記中共「此一手段比戰爭更為惡毒」[72]；孫運璿則嚴正聲明，稱來自對岸的提議與行動皆是「和平的謊言」，目的在迷惑國際社會、鬆弛台灣戰志、影響民心士氣，為日後中共犯台創造有利條件，國府高層並於該年（一九七九）春天以「三不政策」（不妥協、不接觸、不談判）來回應對岸的和平統戰。[73]不可諱言，美、中、台三角關係出現重大翻轉之際，台北與北京之間高分貝進行的一連串文宣戰與政策喊話，特別是當中共釋出仍以國民黨作為日後交手的對象之時，無形中也讓國民黨繼續主導台灣政局，而且未來獨掌國政方針的形象得到加分效果，不因失去美國的外交承認，以致權力正當性受創而被進一步弱化。

在此必須指出，美、中建交發生前後的一段時間裡，中共曾在「繼續以國民黨為交手對象」、或者改為支持結交「體制外」的台灣本土政治勢力，兩種策略之間有所思考和抉擇。自七〇年代起，北京開始強化對海外台人社團的工作，原先負責對日工作的大陸台籍人士紛紛被調至對台工作部門，在一九七三年夏天中共召開第十次全國代表大會時，首次出現由台籍共產黨員所組成的「台灣省代表團」，接著連續四年北京皆舉辦紀念「二二八」週年座談會，鼓勵台灣人民從事「反蔣愛國鬥爭」，並設法運用因「保釣運動」而對國

68 王功安、毛磊主編，《國共兩黨關係通史》（武漢：武漢大學出版社，一九九一年），頁一〇六九—一〇七四；郭立民編，《中共對台政策資料選編（一九四九—一九九一）》（台北：永業出版社，一九九二年），上冊，頁三二八—三三三。

69 張讚合，《兩岸關係變遷史》，頁二四八—二五五；Richard C. Bush, *Untying the Knot: Making Peace in the Taiwan Strait* (Washington D.C.: Brookings Institution Press, 2005), pp. 22-24; Alexander V. Pantsov and Steven Levine, *Deng Xiaoping: A Revolutionary Life* (Oxford: Oxford University Press, 2015), pp. 377-393.

70 「宋體章致蔣經國函」（一九八〇年四月三日），〈文件／黨政軍文卷／其他〉，《蔣經國總統文物》，典藏號：005010208000040006。

71 陳香梅，《留雲借月》，頁二七九—二八〇；沈誠，《兩岸密使祕聞錄》（台北：商周文化，一九九五年），頁六四—欺侮；魏承思，《兩岸密使五十年》（香港：陽光環球出版香港有限公司，二〇〇五年），頁一〇四—一〇九。

72 《蔣經國日記》，一九七九年一月八日。

73 楊艾俐，《孫運璿傳》，頁二一一—二一三。

府不滿的海外台灣留學生，結合台獨份子來推動「島內鬥爭」，推翻國民黨，以達到兩岸統一的目的。[74]美、中建交後，中國大陸第一個台胞組織「浙江台灣同胞聯誼會」於一九八〇年秋天成立，翌年「台聯會」也在北京設立，由台籍林麗韞擔任首任會長，全方位推動對台籍人士的統戰工作。[75]

高雄「美麗島」事件爆發後，美中央情報局注意到北京報章強烈批評國民黨「無辜迫害」台灣同胞的「愛國民主運動」，呼籲早日釋放被捕人士，並表示願與島內民主運動人士攜手並肩，為爭取台灣早日回歸祖國而共同奮鬥，直到中共研判蔣經國應可繼續控制全局，同時又擔憂台獨運動恐將日益茁壯，才改變其支持黨外的口徑，然而北京向台人示好之意十分明顯。[76]一九七七年黨外大老郭雨新前往美國，並於台、美斷交後成立「台灣民主運動海外同盟」，中共也積極經營與郭的關係，力邀他訪問中國大陸，令郭相當心動，一九八二年夏天他公開表示準備前往北京會晤鄧小平，但在眾人勸阻下，到最後一刻才打消念頭。[77]除此之外，華府也掌握「美麗島」事件後遭國府拒絕返台而滯留美國的許信良，在八〇年代初期同樣成為中共積極拉攏的對象，郭和許的例子讓美情報單位斷定，儘管北京仍以國民黨為交手對象，然而從長遠看來，爭取廣大台人的支持，拉近彼此的距離，同樣具有迫切性。[78]

面對來自對岸的統戰攻勢，以及北京成功塑造處理兩岸問題的開明形象，蔣經國自承他感受到空前的壓力。[79]儘管兩岸在官方層級或黨對黨的接觸仍看不到可能性，但在非官方或半官方國際舞台上，台北的立場卻已悄悄地轉變；一九七九年夏天，在美國邁阿密舉辦的國際天文學會年會（International Astronomy Union）與加拿大蒙特婁國際科學總會（International Council of Scientific Unions）所轄生化學年會上，兩岸代表私下有第一類接觸，儘管國府的官方政策依然是「漢賊不兩立」，但也不乏持務實立場者，爭取在平等自尊原則下，設法保留台灣會籍及參與活動的權利。[80]同年十月，國際奧林匹克執行委員會於日本名古屋召開，討論北京入會與台北會籍等議題，時任台方代表團顧問的沈君山在行前獲蔣經國召見，沈當面建議政府採取「三不政策」之餘，與對岸的接觸談判應可更彈性些，蔣聞後僅短短回答「政府還是不接觸、不談判」，言下之意，似未反對「非政府」性質的交流。隨後沈在名古屋私下與北京奧會代表團晤面，就兩岸共同參加奧會等議題密集溝通，特別是台灣未來留在奧會幾個可能的名稱選項進行反覆斟酌，最後初步達成Chinese Taipei的共識，並於一九八一年春天台北與國際奧會簽署的協議中獲得正式確認。[81]

此後數年間，兩岸在非官方國際專業活動的領域上持續互動並展現善意，在一九八二年國際圍棋聯盟（International GO Association）的年會上，北京首次同意"Chinese Taipei"中文譯名為「中華台北」而非「中國台北」，比奧會模式中文名稱爭議的解決提前了七年；而一九八四年秋天義大利國際物理學（International Union

74 翁衍慶，《統一戰線與國共鬥爭》（台北：中共研究雜誌社，二〇〇六年），頁一一六—一一七。

75 本田善彥著，堯嘉寧譯，《台灣人的牽絆》，頁二三九—二五二。

76 CIA Interagency Intelligence Memorandum, Subject: Taiwan: Midterm Prospects, February 1981, CIA/FOIA, no. CIA-RDP84B00049R000701970017-5.

77 「王永樹呈蔣經國」（一九八〇年二月二十日），〈政情／有關黨外人士活動及政情報告〉，《蔣經國總統文物》，典藏號：0050102010004102；陳儀深、許文堂、張文隆訪問，《郭雨新先生行誼訪談錄》（台北：國史館，二〇〇八年），頁三三八—三三九、四〇四—四〇五。

78 National Intelligence Council Memorandum entitled "China and Taiwan: Attitudes, Policies, and Options," November 1982, CIA/FOIA, no. CIA-RDP89T01029R000200280002-0; Memorandum of Meeting, Subject: Discussion between PRC Representative and AIT/Taipei Director, June 7, 1983, ibid, no. CIA-RDP85M00364R001201890010-3.

79 《蔣經國日記》，一九七九年三月二十四日〈本星期預定工作課目〉。

80 當時參與談判接觸的沈君山回憶，兩岸原本已達成不使用正式國號、僅使用「城市」名稱共同出席年會的共識，但是中方不願接受台北所提"Chinese Astronomical Society ***at*** Taipei"，而北京所堅持的"Chinese Astronomical Society ***of*** Taipei"又不被大會所接受，最後北京決定延遲入會，參見沈君山，《浮生後記：一而不統》，頁一〇二—一〇九。

81 沈君山，《浮生後記：一而不統》，頁一〇〇—一二七；王銘義，《波濤滾滾：一九八六—二〇一五兩岸談判三十年關鍵秘辛》（台北：時報文化，二〇一六年），頁八四—八五；FCO 51/480 RRF010/1, "Taiwan: Annual Review for 1980," July 1981.

of Pure and Allied Physics）年會上，在台方代表團與對岸人士極力溝通爭取下，鄧小平親自拍板，允許在北京入會與台北維持會籍的正式協議上，出現「大陸和台灣都是中國的一部分」的措辭，而非中方原本堅持的「台灣是中國的一部分」。[82]

國府當局為爭取國際生存空間而調整策略的作法，引起海內外關注，蔣經國默許擴大與對岸人士的非正式接觸，允許學術界為因應外交劣勢而出現如政治學者魏鏞所提「多體制國家」、「雙重承認」等大膽且極富創意的論點，行政院甚至主動邀請海內外學者來台，關起門來辯論國府政策路線，這些作為都令西方國家為之矚目，英國外交部即評論此乃一項「創舉」（a real departure），將其比擬為小蔣與對岸所進行的一場「和平競賽」，欲以台灣經貿發展的優勢，在政治上建立起更大的信心。[83]華府也樂見兩岸此種「和平共存」的狀態，認為彼此皆有意「異中求存」，即使沒有任何跡象顯示台北將接受北京的談判提議，但美政府也不預期台海地區將再次兵戎相向，並預期兩岸將走向某種妥協與默契。[84]

美國對台軍售與兩岸關係

為避免國際生存的空間進一步遭受擠壓，國府當局在學術、體育等非官方領域展現出較為務實的態度，但在重大外交議題上，兩岸之間的激烈爭鬥卻有增無減，美國對台軍售案即是一例。台、美協防條約失效之前，國府曾提出一項軍火採購清單，卡特政府對清單上的部分軍品如鷹式防空飛彈、海欉樹飛彈、MK75-76戰車砲與拖式飛彈發射器等同意放行，對於台北殷盼取得的F-4、F-16與F-18L等高性能戰機則明確反對，至於美空軍最新型F-5G（後改名為F-20）戰機，華府以該型戰機尚未量產而表示無法提供。[85]一九八一年初雷根就任總統後，台北政壇樂觀期待，認為雷根在競選時曾表示當選後將恢復與兩國邦交，一定不會讓台灣人民失望，國府隨即以強化台海防禦能力為由，正式向美方提出取得F-5G與F-16/79等高性能戰機的要求——統稱為「FX案」。[86]

雖然雷根本人對台灣友好，但國務院內上自國務卿海格（Alexander Haig），下至主管兩岸事務的東亞助卿何志立（John Holdrigde），皆強烈主張美國應與中共保持密切的關係，共同對抗蘇聯，在此戰略考量下，不應向台灣出售高性能戰機。當時荷蘭國會剛批准協助台灣建造兩艘潛艇，北京反應激烈，不惜宣布雙方外交關係降級，讓華府心生警惕，深怕一旦通過FX案，恐將賠上兩國關係倒退的沉重代價。[87]

除了國務院主其事者的心態不利於台北，還有兩項因素影響了美方對台軍售的立場。一是北京對台和平統戰策略確實在國際間帶來可觀的效應，從當時部分美方人士態度的微妙轉變即可窺知。五、六〇年代與兩蔣父子交好、於七〇年代維護台美邦誼不遺餘力的前中央情報局副局長克萊恩，自恃與國府高層數十年的深厚交情，他在八〇年代觀察政治風向後，竟打起「兩岸和平掮客」的盤算，憤怒的蔣經國便與他斷絕

82 沈君山，《浮生後記：一而不統》，頁一二七—一四五、一四九—一六五。

83 FCO 21/1782 FET020/1, Memorandum by Lawrence Freedman to Foreign Office, October 29, 1979; FCO 21/2003 FET020/2, Foreign Office Far Eastern Department Minute Paper, August 21, 1981.

84 National Intelligence Council memorandum, "China and Taiwan: Attitudes, Policies, and Options," November 1982, CIA/FOIA, no. CIA-RDP89T0129R000200280002-0.

85 Memorandum from Cyrus Vance to President Carter, August 29, 1979, reproduced in DDRS, no. CK3100515475; Memorandum from Richard Armitage to John Holdridge, Subject: Taiwan Arms Sales—Packaging Options, May 20, 1982, ibid, no. CK3100552305.

86 The White House Special Situation Group Briefing, Subject: Taiwan and the FX, January 1, 1982, CIA/FOIA, no. CIA-RDP84B00049R000601460014-5.

87 Memorandum from Alexander Haig to President Reagan, Subject: Downgrading US-China Relations: US Interest, December 1, 1981, reproduced in DDRS, no. CK3100474926.

往來。[88]同樣出身中央情報局、於八〇年代駐節台北任內竭盡所能捍衛台灣利益的李潔明，在一九八二年春天與錢復的私人晤談時，竟也鼓勵台北應大膽「西進」，利用地利之便與經濟優勢，打開台灣與閩、粵之間的發展新局，推動經貿等各層次交流，不應再死守僵化的「三不」政策。[89]而北京堅決反對美對台軍售的關鍵理由是：既然美、中雙方皆主張和平解決台海問題，而且中共已向國府提出許多友善的方案，華府實無必要提供台灣更多先進武器，讓兩岸出現不必要的緊張情勢。

另一個讓雷根政府對於FX案感到為難的因素，在於此時華府情報圈強烈關注以鄧小平為首的中共務實派能否長久穩固掌權，在美方看來，如果鄧與他刻意栽培的胡耀邦、趙紫陽等改革派大員能繼續主政，持續推動開放路線，不但可確保中方「聯美制蘇」大方向不會改變，而美、中關係的未來走向也將更具可預測性，當美方以「不危害鄧小平在中共黨內地位與路線」為優先考量，那麼任何對鄧小平的影響力帶來不利的決策，特別是敏感的對台軍售案，都應當被排除。[90]對蔣經國而言，將中共因素置於美、台關係發展之上的思維已屬不利，更不幸的是，在國務院強力背書之下，上述情報部門的觀點最終獲得雷根採納，美軍方部門也只有服從；當此決策形成之時，美參謀首長聯席會議主席瓊斯（Charles Jones）正在香港訪問，他在第一時間將美方政策轉告港督麥理浩（Murray MacLehose），對於當時以維護香港安定繁榮為優先考量的英國人而言，美方冷卻與台灣軍事上的連結，不啻為一個好消息。[91]

一九八二年初，白宮正式宣布不對台灣出售FX高性能戰機，僅同意延長台灣空軍主力F-5E戰機的合作生產線，作為補償措施。[92]蔣經國得知訊息後，態度顯得沉著低調，他指示軍方研擬空軍現存F-5E戰機的汰換率與需求量，設法透過非正式渠道向美方爭取其他武器彈藥與戰機性能的改進技術，參謀本部則與位於華府的「大福公司」（Braddock Dunn & McDonald）簽約，低調聘用一批美籍退役軍官以「私人顧問」名義來台服務，藉以強化對美軍事的聯繫。[93]儘管台灣輿論對美方否決FX案感到失望，蔣卻指示外交部發表聲明「歡迎」並

「感謝」美政府持續對台出售F-5E戰機，台北的高度克制與忍耐令華府頗為訝異，國務卿海格立即致電駐台北辦事處長李潔明表達謝意，認為蔣願意採取低姿態，李功不可沒。[94]

令台北與華府意外的是，北京對於美政府否決FX案非但不滿意，反而進一步以強硬的態度要求美方須承諾逐年減少對台軍售，而且必須提出一個「最終結束」軍售的日期。一九八二年春天，國務院將數年前早已決定出售台灣一批總值六千萬美元的裝備案提交國會核准，消息傳出後立即引來中共的強烈抗議，五月中旬副總統布希訪問北京時，特別攜帶雷根的三封私函給中共領導人，以示安撫，布希回美後，國務院已

88 八〇年代曾是「劉少康」成員的學者魏萼，指出克萊恩奉雷根政府之命，設法破壞兩岸接觸，才不再受到蔣經國歡迎，參見魏萼，〈中國的迷惘與出路：北京「釣魚台」的故事〉（二〇〇四），未刊稿，《魏萼檔案》。然美方解密文件卻顯示，克氏有意遊走兩岸扮演掮客的企圖，在一九八三年夏天由美駐台北辦事處長李潔明在華府親口轉告中共駐美公使冀朝鑄，並稱克氏與陳香梅等過去與台北親近的人士，皆因希望扮演兩岸信使角色而不再受蔣經國歡迎。參見Memorandum of Meeting, Subject: Discussion between PRC Representative and AIT/Taipei Director, June 7, 1983, CIA/FOIA, no. CIA-RDP85M00364R001201890010-3.

89 "Discussion with Fred Chien on Taiwan Straits Development," May 6, 1982, James R. Lilley Papers, Box 8; Lynn White to Lilley, December 22, 1981, ibid.

90 CIA National Foreign Assessment Center memorandum, Subject: Deng Xiaoping and the Taiwan Question, March 27, 1981, CIA/FOIA, no. CIA-RDP-84B00049R000701970010-2; CIA memorandum, Subject: China's View of Relations with the New US Administration, June 1981, ibid, no. CIA-RDP03T02547R000100180001-2.

91 Memorandum from Haig to President Reagan, December 1, 1981, reproduced in DDRS, no. CK3100474926; FCO21/2004 FET020/3, MacLehose to Foreign Office, December 19, 1981.

92 Memorandum from Gries to William Casey, Subject: Limited Arms Sales and the Taiwan Relations Act, January 7, 1982, CIA/FOIA, no. CIA-RDP83T00951R000100010008-8.

93 郝柏村，《八年參謀總長日記》，上卷，頁三四—三五、七八、一一五；黃克武等訪問，周維朋等記錄，《蔣經國先生侍從與僚屬訪問記錄》（台北：中央研究院近代史研究所，二〇一六年），上篇，頁六一。

94 Haig to Lilley, January 22, 1982, James Lilley Papers, Box 8.

就美、中之間有關美國對台軍售議題草擬一份聯合公報，台北高層透過管道獲知此訊息後憂心不已。[95]隨後李潔明致函白宮幕僚長貝克（James Baker），告以國府自年初以來遭遇來自美方一連串「意外」的打擊後，自信心已逐漸流失，他敦促貝克在白宮發揮一些影響力，讓此刻行政當局已嚴重傾向於北京的外交天秤能夠適時擺回到台北這一邊。[96]

雖然雷根總統認可美、中雙方發布有關對台軍售的新公報，但他本人堅決反對任何對台灣實質傷害的舉措，其私人日記揭示，整個一九八二年春天他數次阻擋國務院希望盡速在軍售議題上與北京達成妥協的籲求，還私下批評海格對中共的讓步已構成對台灣的「背叛」（betrayal）。[97]該年七月五日海格離開國務卿職位之前，雷根又否決其所草擬聯合公報內容中有關美方同意「最終停止對台軍售」的字眼，在正式發布公報之前，雷根更決定透過非公開管道，向蔣經國提出六項保證，內容包括：

一、美方無意設定對台軍售期限；

二、美方不與北京協商對台軍售；

三、美方不調停國共和談；

四、美方不修改《台灣關係法》；

五、美方未改變有關台灣主權之立場；

六、美方堅持以和平方法解決台灣問題。[98]

一九八二年七月十四日下午四時，李潔明奉命謁見蔣經國，如實轉達雷根一封載明如上保證的私函，並希望台北方面切實保密，李同時也告知美、中雙方將以共同聲明的方式，闡述美對台軍售的數量與質量將維持在台、美斷交後最初數年的標準，並在相當一段時間內逐漸降低，前提是中共需以和平方式解決台灣問題。蔣聞後表示，雷根總統保證無意對軍售設定一個結束時程表，此點最為重要，但仍堅決反對美、中發表公報，在蔣經國看來，這將給予外界「雙方已就台灣問題達成共同決定」的負面印象，對台灣的民心士氣帶來嚴重後果。[99]兩天後，美方把對台六項保證內容告知鄧小平等中共高層，北京在第一時間並無激烈反應，倒是台北政壇在獲知即將出現一份新的美、中公報後，瀰漫著悲觀情緒，對此蔣經國指示部屬勿對外多發言，他稱「三十年來一切危機都靠團結化解，相信自己的國民，一切問題在自己，危機可帶來轉機。」[100]

華府既已決定發表第三份美、中聯合公報，行政部門則設法讓台灣所受衝擊降至最低，五角大廈決定利用國府的軍方代表團來美進行軍售磋商時，向國會告知台、美正式啟動共同生產F-5E戰機的合作案，如中共對台採取軍事行動，美方準備隨時提供台灣防衛所需裝備。[101]八月十六日，新上任的國務卿舒茲（George Shultz）電令李潔明，盡速會見蔣經國並轉告隔日即將發表的《八一七公報》全文內容，同時再次重申美方對台六項保證以及雷根以下的私人訊息：他本人對台灣安全與人民福祉的堅定承諾將不會有任何動搖，雖

95 FCO 21/2360 FET020/3, British Embassy in Washington to Foreign Office, Subject: US Relations with Taiwan, October 14, 1982; 錢復，《錢復回憶錄》，卷二，頁二〇九—二一三。

96 Lilley to James Baker, July 22, 1982, James Lilley Papers, Box 7.

97 Brinkley ed., *The Reagan Diaries*, pp. 75, 83.

98 Memorandum from Gries to Casey, Subject: Update on Taiwan Arms Sales Issue, July 6, 1982, reproduced in DDRS, no. CK3100536884; Memorandum from Francis J. West to Robert McFarlane, July 8, 1982, ibid, no. CK3100679480; 錢復，《錢復回憶錄》，卷二，頁二一四—二一五。

99 錢復，《錢復回憶錄》，卷二，頁二一五—二一七；郝柏村，《八年參謀總長日記》，上卷，頁一三八—一三九。

100 Memorandum from Gries to Casey, Subject: More on Taiwan Arms Sales, July 16, 1982, CIA/FOIA, no. CIA-RDP83B00551R000200030012-2; 錢復，《錢復回憶錄》，卷二，頁二一七—二一八；郝柏村，《八年參謀總長日記》，上卷，頁一四〇—一四一。

101 錢復，《錢復回憶錄》，卷二，頁二一九—二二〇；Lilley, *China Hands*, pp. 245-248.

然他理解台北反對這份公報，但也深信唯有美、中建立起深厚的關係，方能確保台灣問題能夠獲得和平解決。[102]根據錢復的回憶，蔣經國在七海官邸接見李潔明時態度異常平靜，並未對即將發布的公報多所談論，反而當場詢問李氏，是否讀過《紐約時報》駐北京特派員包德甫（Fox Butterfield）的新書《苦海餘生》（*Alive in a Bitter Sea*）？這本書批判中共統治下荒謬的制度，並揭發中共專制的本質，當李回答尚未讀過時，蔣竟從座位起身，親自上樓拿一本送給他，用意似乎在提醒美方，切勿被中共改革開放的華麗外表所迷惑。[103]

《八一七公報》於北京與華府兩地同步公告後，無可避免地對台北帶來又一次的嚴重傷害，然而當中共在國際舞台上敲下一扇大門、有所斬獲之時，整體形勢的演變總會為中華民國的生存與發展留下另一小片窗。雖然北京從這份公報取得美方逐步減少對台軍售的承諾，然而白紙黑字的文字表述卻也讓兩岸關係進一步地被「國際化」；在華府的默許下，台北外交部嚴正聲明此公報對中華民國全屬無效，並將美總統對台六項保證予以公開陳述，台方唯一未揭露的是七月十四日雷根致蔣經國的私函，僅表示白宮是透過「適當途徑」向台北傳遞其保證，翌日外交部的聲明獲美國務院公開證實。[104]為平衡兩岸政策，華府在公報發表後第三天即安排台灣副參謀總長葉昌桐與美方舉行會談，台方所提四十項軍售案中，獲得美方十一項同意，否決九項，允予考慮者二十項，重要成果包括六十架F-5E合作生產案，西德轉運台灣二十三架F-104戰機交易案，以及台方與美國蓋瑞公司（Garrett）合作研發飛機引擎案等，其中最後一項合作案還為台灣日後取得IDF戰機與新式高級教練機的關鍵技術，奠定了重要的基礎。[105]

《八一七公報》雖在短時間內滿足北京對美外交的需求，但長期而言，一紙公報不但未能讓華府終止對台軍售，反而強化美國對兩岸事務最終解決模式所扮演的「仲裁者」角色，華府也得以繼續主導界定兩岸關係狀態的詮釋權，長達三十年之久，這或許是北京領導人始料未及的。雷根總統在公報發表當天的日記裡，即認為華府其實堅定站在台灣這一方，而中共為了一紙公報，已實質上做出重大讓步。[106]翌年（一九八三）春天，返回華府述職的李潔明曾與中共駐美公使冀朝鑄進行一番晤談，此刻中方依然無法理解，在兩岸兵戎相向已是不可想像之時，為何美方卻仍認為對台軍售有其必要，李回答任何對台灣產生巨大影響的決策，也將對兩岸關係的平衡帶來嚴重損害，台北獲得安全保障，是維持島內政局穩定的關鍵因素；李建議中方應深入了解台灣內部結構性的問題，甚至開了冀朝鑄一個幽默，說他這樣一個老外竟然可以給冀朝鑄如此資深的外交官，上一堂有關台灣民眾心理的課，令他感到有趣。[107]兩岸關係的曲折複雜，在李、冀這段鮮為人知的私人交流中，被深刻地呈現出來。

「一國兩制」的衝擊與大陸政策的轉折

美國總統雷根因《八一七公報》而向蔣經國提出的六項保證，稍微穩住了台灣的民心士氣，然而隨著中國大陸開明改革的形象與經濟的快速發展，來自北京持續不斷且有系統的促統和談壓力，在八〇年代中期

102 George Shultz to Lilley, August 16, 1982, James Lilley Papers, Box 8.

103 錢復，《錢復回憶錄》，卷二，頁二二二。

104 郝柏村，《八年參謀總長日記》，上卷，頁一六二—一六三；錢復，《錢復回憶錄》，卷二，頁二二三—二二四；Anthony Kubek, *Ronald Reagan and Free China* (Tampa, FL: Hallberg Publishing Corporation, 2002), pp.105-110.

105 郝柏村，《八年參謀總長日記》，上卷，頁一七〇；華錫鈞，《雲漢的故事：IDF戰機引擎研發過程剖析》（台北：中國生產力中心，一九九七年），頁七五—七八。

106 Brinkley ed, *The Reagan Diaries*, p.98.

107 Memorandum of Meeting, Subject: Discussion between PRC Representative and AIT/Taipei Director, June 7, 1983, CIA/FOIA, no. CIA-RDP-85M00364R001201890010-3.

中、英於北京簽署香港聯合聲明。

達到高峰。一九八三年六月，鄧小平在接見旅美華裔學者楊力宇時，提出一些對兩岸和平統一的「設想」，除重申數年前「葉九條」內容外，他首次提到台灣可保留「司法獨立」，根據楊本人披露，鄧還表示未來台灣回歸後可繼續採購武器軍火，保有某種獨立外交自主運作的權力，以及在一個中國的原則下，繼續保有其獨立的旗幟，不必論及中華人民共和國。[108]兩個月後鄧會見陳香梅時，託她運用其在共和黨內的影響力，說服美方支持北京對台的和平方案，陳返美後立即將鄧的想法轉知雷根總統。[109]翌年（一九八四）二月鄧接見布里辛斯基時，談及台灣與香港的統一問題是「一個中國，兩種制度」，經過內部一番審慎研究，在該年六屆人大二次會議上，由中共總理趙紫陽正式提出「一國兩制」的表述。趙談話後不久，金門國軍在一次中方漁船接近警戒水域的驅離砲擊行動中造成一死二傷的意外事件，北京立即發布消息宣稱中方努力克制並未還擊，頓時產生了北京致力台海和平、台北卻惹事「好戰」的鮮明效果。[110]

當時中、英雙方正在就香港回歸問題開啟一連串談判，北京「一國兩制」的聲明格外引發國際社會的高度關注。一九八四年九月二十六日，中、英雙方達成協議，英政府同意將香港主權移交中華人民共和國，鄧小平則答允在香港實行「一國兩制」、「港人治港」，成立特別行政區。香港問題經由和平談判順利落幕，為台北帶來沉重的壓力，北京志得意滿，採取軟硬兩手策略，一方面在國際上倡言「一國兩制」模式可行

108 中共中央文獻編輯委員會編，《鄧小平文選：第三卷》（北京：人民出版社，一九九三年），頁三〇—三一；FCO 21/2402 FET020/3, British Embassy in Peking to Foreign Office, Subject: Future of Hong Kong, Taiwan, August 1, 1983.

109 Letter from Anna Chennault (Vice Chairman of the President's Export Council) to President Reagan, September 22, 1983, CIA/FOIA, no. CIA-RDP85M00364R002404760018-3.

110 郝柏村，《八年參謀總長日記》，上卷，頁五六六；FCO 21/2928 FET020/4, Foreign Office Memorandum entitled "Reports of Shelling in the Taiwan Strait," July 12, 1984.

性，另一方面藉由鄧小平接見外賓的時機釋放訊息，稱國府如拒絕接受和平統一條件，則解放軍有能力封鎖台灣海峽；此話一出，蔣經國與黨、政、軍各方都高度震驚，連忙研擬反封鎖策略並強化軍事備戰。[111] 十二月十九日，鄧利用英國首相柴契爾夫人（Margaret Thatcher）前來北京簽署聯合聲明的時機，託她向雷根總統傳話，希望美、中兩國能在台灣問題上多加合作，向蔣經國施加更大的壓力，促成台北接受「一國兩制」。由於中共向來堅持台灣問題是內政問題，不容外人插手，而柴契爾代替鄧小平向美方傳話，著實令美方高層感到驚訝。[112]

從台北情治單位的機密報告內容，可以清楚感受到中共強力推銷「一國兩制」，對國府所帶來的焦慮感；一九八四至八五年間，北京領導人除利用各種場合推銷對台統戰的新模式，還透過不少指標性的華人進行遊說，因「台大哲學系事件」被迫離台前往美國的陳鼓應、湯鳳娥夫婦，向來友台的陳香梅與定居香港的胞妹陳香桃，以及香港「船王」、環球航運集團主席包玉剛等人，都曾受中共之託，向中外人士遊說「一國兩制」適用於台灣，連當紅歌手鄧麗君也是北京積極統戰的對象。[113] 北京所具備的優勢，在於此刻兩岸的形勢發展已達到相當的基礎，有利其操作；美、中建交後，中方為展現善意，在浙江、福建與廣東沿海地區設立多個「台灣漁民接待站」，招待海上遇險的台灣漁民；一九八三年時，前往這些接待站的台方漁船已達數千艘，漁民的人數高達六千人次，根本已非單純地前往避風雨，而是帶了大筆美金或台幣前往購買大陸商品，易言之，此刻兩岸地下貿易往來已有相當的規模。在不少西方經濟學家眼中，中國大陸東南沿海深圳、珠海、汕頭與廈門等四個經濟特區人力充沛、工資低廉、勞動力安定，對外資極具吸引力，假以時日，沿海地區與台、港、澳之間在經貿上進一步整合，實非妄想，儘管看在台北國安高層眼中，此類構想簡直是不折不扣的「經濟統戰」。[114]

北京在對英談判成功收回香港的主權之後，自信心大增，國際聲望也顯著提高，相形之下，此時台北深陷「江南案」、「十信風暴」與「煤礦災變」等內憂外患當中，影響所及，國府的外交與兩岸政策皆趨向緊縮、沉寂與保守，過去數年兩岸在非官方領域所展現的務實作風也消失了，美情報單位判斷中、英協商香港問題進展順利，成為刺激台北政策轉向保守的重要因素，香港問題談判獲致成功，讓蔣經國感受到一股最終必須被迫坐上談判桌、接受「一國兩制」的沉重壓力。[115]為抵銷國際社會、特別是來自華府暗示或鼓勵接受對岸和談條件的壓力，國府高層透過各種渠道讓美方人士理解，台灣在政治與社會等各方面有別於中國大陸，應當要繼續允許其存在的重要意義，而台灣的生存與茁壯，實有利於確保北京在未來繼續讓香港保持繁榮景致，國際社會不應強迫台北接受「一國兩制」，而是讓兩岸之間透過良性的競爭方式，比較兩種

111 郝柏村，《八年參謀總長日記》，上卷，頁六二四；FCO 21/3261 FET014/1, "Taiwan Annual Review for 1984," January 31, 1985.

112 FCO 21/3635 FET020/5, British Embassy in Washington to Foreign Office, Subject: Deng Xiaoping's Message to President Reagan, January 15, 1985; British Embassy in Peking to Foreign Office, February 4, 1985; Foreign Office to British Embassy in Peking, February 13, 1985.

113 法務部調查局第四處編印，《重要敵情參考資料》，第〇〇一號，編號：一一八六（一九八四年十一月一日）；第〇〇三號，編號：一二〇三（一九八四年十二月一日）；第〇〇五號，編號：一一七七（一九八五年一月一日）；第〇〇六號，編號：一一七八（一九八五年一月十六日）；第〇〇九號，編號：一一七七（一九八五年三月一日）。

114 法務部調查局第四處編印，《重要敵情參考資料》，第〇〇三號，編號：一二〇三（一九八四年十二月一日）；第〇〇六號，編號：一一七八（一九八五年一月十六日）；第〇〇七號，編號：一一七五（一九八五年二月一日）；第〇〇八號，編號：一一七七（一九八五年二月十六日）。兩岸間接貿易額在一九八四年達到五．六億美元的驚人數字，而且以每年百分之一百五十七繼續成長，令西方國家為之側目，參見 FCO 21/3273 FET121/3, Foreign Office Memorandum entitled "Taiwan/PRC: Trade," August 2, 1985; British Embassy in Peking to Foreign Office, August 12, 1985.

115 CIA Memorandum, Subject: Taiwan Abandoning Low Key Diplomacy, November 14, 1984, CIA/FOIA, no. CIA-RDP85T00287R001001050001-6; CIA Memorandum, Subject: Thoughts on Chiang's Removal, March 4, 1985, ibid, no. CIA-RDP85T01058R000101040001-0; CIA National Intelligence Council Memorandum, Subject: East Asia Warning and Forecast Meeting, March 27, 1985, ibid, no. CIA-RDP87S00734R000100050007-3.

不同的制度與價值孰優孰劣。[116]

一九八四年秋天「江南案」的發生，加速台灣威權體制走向終結，開啟全面民主化之路，而在外交與兩岸政策上，國府內部也經歷一段激烈的路線之爭，「亞洲開發銀行」（Asian Development Bank，簡稱「亞銀」）的會籍爭議，把台北當時的糾結清楚地展露出來。亞銀在一九六六年設於菲律賓首都馬尼拉，中華民國是創始會員國之一，因不隸屬聯合國所轄組織，因此台北退出聯合國後，北京無法自動取代會籍，八〇年代起中共積極運作加入亞銀，美政府無法反對北京入會，卻希望保住台北的會籍，因而主動協商，希望國府比照奧會模式，在參與名分上彈性處理，譬如改以「台灣．中國」（Taiwan, China）的名義參與，換取北京不堅持台北必須除籍或降級。[117]

一九八五年初，國府駐美代表錢復向台北請示機宜，此刻台灣正飽受內外風暴的夾擊，籠罩在一股濃厚的保守氣氛之中，對於華府期待以務實的態度處理亞銀會籍的籲求無動於衷。該年春天的亞銀年會上雖未討論北京入會案，然而美方持續要求台北調整策略，七月間美、中雙方就北京加入亞銀達成初步協議，北京不反對台北以「台北．中國」（Taipei, China）或者「台北．台灣．中國」（Taipei, Taiwan, China）的名義留下來，在雷根總統拍板的支持下，美方向國府建議「台北．中國」的選項，認為此名稱暗示台北是全中國首都之意，與「香港．中國」（Hong Kong, China）具有地方性政治矮化的意涵不同，不會產生「一國兩制」的顧慮。[118]華府為爭取此方案能直達台北層峰，一度考慮由與蔣經國交好的聯邦眾議員坎普（Jack Kemp）與新加坡總理李光耀，親自前往台北遊說，甚至暗示若此模式行得通，未來台灣有可能重返一些已退出的重要國際組織。儘管如此，台北外交部立場依舊強硬，堅持「漢賊不兩立」的政策，不願屈服壓力更改名稱。[119]

此時台灣民意多主張以務實的立場打破國際孤立，如錢復等有識之士也向蔣經國力陳彈性處理亞銀會籍的重要性，最後在一九八五年秋天，經過一番激辯角力，國府內部保守派與務實派才勉強達成妥協：台北將以「不退出亞銀、不接受更名、不參與亞銀活動」的「新三不政策」來回應中共入會，華府雖不認同國府消極抵制亞銀活動，但對於其最後一刻願意留在亞銀而不主動退出感到欣慰，只不過美方也注意到極力主張亞銀新模式的錢復，因為此案而得罪了保守派大老、時任總統府秘書長的「外交教父」沈昌煥，為其未來仕途擔憂。[120]一九八六年春天，北京正式加入亞銀，台北則連續兩年未出席年會，也不參加相關活動，直到李登輝上台後的一九八八年春天，才在「抗議中」重回亞銀會場。

國府「漢賊不兩立」的政策因亞銀會籍案而出現「賊來漢不走」的情況，接著在一九八六年春天發生的意外事件，進一步讓蔣經國所提不妥協、不接觸、不談判的「三不政策」開始鬆動；五月三日一架華航波音七四七貨機自曼谷飛往原定降落的香港啟德機場時，突然偏離既定航線，朝北飛行，這架漆有青天白日

116 郝柏村，《八年參謀總長日記》，上卷，頁六一八—六一九、六四八—六五〇、八三二—八三五；錢復，《錢復回憶錄》，卷二，頁三四五—三五一；CIA Memorandum, Subject: China-Taiwan: Strategy for Reunification, May 1985, CIA/FOIA, no. CIA-RDP87T00495R000900940021-6; FCO 21/3643 FET020/3, British Embassy in Washington to Foreign Office, June 30, 1986.

117 Lilley to AIT Washington, Subject: Renewed Chinese Demarche on the Asian Development Bank (ADB), May 11, 1984, James Lilley Papers, Box 8; FCO 21/2925 FET020/1, British Embassy in Washington to Foreign Office, Subject: US/Taiwan Relations, December 18, 1984.

118 錢復，《錢復回憶錄》，卷二，頁五四一—五四三；State Department to U.S. Embassy in Peking and AIT Taipei, Subject: Approach on ADB, August 23, 1985, James Lilley Papers, Box 8.

119 Shultz to U.S. Embassy in Peking and AIT Taipei, Subject: China/Taiwan and the ADB, August 23, 1985, James Lilley Papers, Box 8; Shultz to U.S. embassies in Peking and Singapore, and AIT Taipei, Subject: China/Taiwan and the ADB: Possible Singapore Assistance, September 13, 1985, ibid; Shultz to U.S. Embassy in Peking and AIT Taipei, Subject: PRC Membership in ADB, September 17, 1985, ibid.

120 AIT Taipei to AIT Washington, Subject: China/Taiwan and the ADB, October 9, 1985, James Lilley Papers, Box 8; Memorandum from Paul Wolfowitz to Shultz, Subject: Status of PRC Membership in the Asian Development Bank, January 29, 1986, ibid; AIT Taipei to AIT Washington, Subject: Taiwan and the ADB: A "Three No" Policy Confirmed, March 17, 1986, ibid.

滿地紅國旗的華航貨機，在廣州白雲機場降落後，機長王錫爵公開要求「在祖國大陸定居」，還稱「我很想念大陸的山河和親人」。對於致力於對台統戰與兩岸接觸的中共高層而言，這不啻是天上掉下來的禮物，於是北京立即要求台北華航總公司盡速派員前來商談貨機處理，欲藉由此事件促成兩岸直接談判，中共國務院副總理田紀雲接見王錫爵時聲稱，北京主張兩岸三通，中國人自己的事由中國人自己解決為佳，他又說，如果同機抵達的其他兩位華航組員想回台灣，北京將充分尊重其意願，然而華航與中國民航彼此派員討論飛機、貨物如何處理的「業務性問題」，總是應該的。[121]

華航貨機的叛逃案，為國府堅守多年的兩岸政策原則帶來巨大考驗，蔣經國第一時間的反應傾向採取務實立場，以人道關懷與救人為優先考量，蔣在與郝柏村討論此事時，對於曾為「黑貓中隊」U-2機優秀飛行員的王錫爵為何會叛逃，表示實在無法理解；郝則指出「三不政策」僅止於政府與官方階層，民間則是採取不迴避、不退讓與不妥協的政策，而且過去國際體育活動已有先例，必要時政府應當出面談判，蔣經國表示認可。[122]五月十三日，台北一改原本堅持由第三方協助處理此案的態度，宣布由華航香港分公司代表就近與中國民航洽談交還貨機與機員事宜，北京則由身兼中共中央對台工作領導小組組長的國家主席楊尚昆，親自擔任指導談判最高總指揮。為安撫國民黨內的保守勢力，同時回應民間質疑政府的大陸政策是否已轉變，行政院再度重申「三不政策」的基本立場不變，並警告中方不要利用單一飛航事件來政治勒索，儘管如此，兩岸之間因為此一談判而進行歷史性的接觸，成為各方矚目的焦點。[123]

蔣經國願意著手建構「官民分離」的模式，讓具有準官方色彩的華航與對岸中國民航直接談判，除中方佔盡優勢、台北居下風之外，似乎還與不久前兩件看似獨立的事件有所關聯。該年（一九八六）二月初，日本京都地方法院完成一件訴訟案判決，判定台、日斷交前國府駐日大使館所擁有的京都留日學生宿舍「光華寮」，其產權歸台北所有，判決出爐後，當時據有「光華寮」的中國大陸留學生不服，因此提出上訴，結果大阪高等法院維持原判，創下國府在無邦交國家成功爭取國有財產之首例，其政治意義重大；而北京反應強烈，多次施壓日本政府以行政命令影響司法判決，但遭到拒絕。[124]接著在四月下旬，中共總書記胡耀邦接受華府智庫專訪時聲稱國府政權擁有「正當性」（legitimate），因為是透過台灣當地合法選舉所組成，一個有民意基礎的國民黨若與北京展開談判，將具有重要的意義。此番談話引起國際關注，時任副總統的李登輝立即注意到此事，並向蔣經國彙報。[125]或許在蔣看來，雖然這兩件個案有助於強化台北面對北京的信心，但也可能引發兩岸之間不必要的誤解，因此可藉由同意雙方派員直接交涉華航貨機，技巧地緩和國共關係。不論如何，歷史性的兩航會談於當年五月十七日至五月二十日在香港舉行，最後以簽訂《兩航會談紀要》，雙方就地交接人員與飛機而宣告落幕。[126]

過去論及華航貨機「叛逃」時，有謂該事件為日後兩岸接觸與談判模式開啟新局，然而平心而論，遲至

121 FCO 21/3640 FET020/1, British Embassy in Peking to Foreign Office, May 7, 1986; 王銘義，《波濤滾滾》，頁六八—七五。

122 郝柏村，《八年參謀總長日記》，下卷，頁九二三—九二五；黃克武等訪問，周維朋等記錄，《蔣經國先生侍從與僚屬訪問記錄》，上篇，頁八九—九二。

123 FCO 21/3640 FET020/1, Hong Kong Government to Foreign Office, May 14, 1986; Hong Kong Government to Foreign Office, May 20, 1986; British Embassy in Peking to Foreign Office, May 22, 1986; 李松林、祝志男，《中共和平解決台灣問題的歷史考察》（北京：九州出版社，二〇一二年），頁五九—六一。

124 李登輝，《見證台灣》，頁二四四—二四五；林代昭，《戰後中日關係史（一九四五—一九九二）》（北京：北京大學出版社，一九九二年），頁二八二—二八三。

125 FCO 21/3640 FET020/1, British Embassy in Peking to Foreign Office, Subject: China/Taiwan, May 5, 1986; 李登輝，《見證台灣》，頁一六九。

126 FCO 21/3640 FET020/1, Hong Kong Government to Foreign Office, May 24, 1986; 許家屯，《許家屯香港回憶錄》（台北：聯經出版社，一九九三年），下冊，頁三四五—三四六。

一九八七年春天，並無證據顯示蔣經國已準備大幅度改變大陸政策；在該年五月二十七日國民黨中常會上，蔣發表重要談話，此時解除戒嚴令已是既定目標，然而黨外勢力正快速膨脹，街頭抗議的活動層出不窮，蔣最在意的仍是被他視為「生存發展根本」的國家安全與社會安定，在其認知裡，「隔海中共無日不想消滅我們，如何確立我不敗之地，首須不予敵以可乘之隙。」直到此刻，「三不政策」似乎仍是蔣經國的核心堅持。[127]然而當時台灣經濟正快速起飛，一旦政治也全面走向民主化與本土化，北京便有充分理由懷疑國民黨是否「另有企圖」，開放民間層次的大陸探親與交流，因而成了蔣經國試圖緩解對岸的疑慮、化解台海緊繃的形勢而打出的一張王牌。

一九八七年九月十六日，國民黨中常會決議開放大陸探親，而兩岸之間不進行政治接觸、談判與妥協，依然被奉為圭臬，這也是蔣經國平衡黨內開明與保守兩股勢力的手段。[128]微妙的是，在蔣生命最後幾個月裡，隨著台北明顯放寬兩岸民間交流的限制，兩岸高層之間透過私人管道進行溝通傳話，似乎又熱絡了起來。如同父親蔣介石晚年因思鄉心切，而曾經對台灣與蘇聯合作反攻大陸有不切實際的幻想，晚年蔣經國同樣因為思鄉之情，也在思考如何早日回到中國大陸；擔任總統官邸廚師長達三十年的楊煥金回憶，該年十月十五日行政院正式宣布開放台灣民眾赴大陸探親的前三天，他奉蔣經國之命，攜帶一封私人信函前往上海轉交中共有關人士，臨行前蔣特地交代部屬，此次上海之行不需申報。楊煥金抵達上海後，中方派兩部車前來迎接，送他前往某處傳遞蔣的私函，他本人也在中方安排下，回到江蘇故鄉探望親人。[129]一九八八年元月蔣經國去世後，鄧小平在同年秋天接見台灣學者魏萼時親口證實，蔣生前曾透過管道帶口信給他，提出六點有關中國前途的看法，其中包括中國國民黨未來在大陸發展的可能性，鄧還公開肯定蔣主張兩岸未來應和平統一。曾任蔣經國機要秘書的沈誠也指出，一九八七年底蔣確實準備派遣國民黨人士，前往北京與對岸討論統一問題。[130]

從一九五〇年初那一趟驚險的西昌之行最後一次踏上中國大陸，直到一九八八年年初撒手人寰前夕決定開放兩岸探親，近四十年來蔣經國在兩岸關係議題上的心路歷程極為錯綜複雜；他親身經歷冷戰時期「兩岸密使」的虛虛實實，以及隨之而來的國共心理與宣傳攻防戰，還有諸多此類傳聞對他本人所帶來的政治傷害；他也親睹七〇年代在其主政下美、中、台三邊關係的消長起伏，以及此段過程帶給台灣的痛苦；八〇年代以後，他更對鄧小平的改革開放與香港回歸的談判成功所引發對台和平統戰的壓力有切身感受。思索兩岸關係時，蔣經國始終冷靜務實地以台灣安全與內部穩定為優先考量，儘管如此，他本人卻也從未失去對故土鄉情濃郁的思念與情感。

蔣經國晚年時放寬與大陸接觸的決策，或許有台灣即將走入民主化、藉此緩和兩岸態勢的深層考量，也可能是面對國際潮流的急遽變化與中國大陸內部的快速發展雙重壓力下的結果，不論如何，一九四九年兩岸分治以來，在彼此長期處於敵對狀態，甚至數次兵戎相向的情況下，他終究以政治強人的高度開啟了封閉達四十年之久的兩岸交流之窗，更為九〇年代以後台北更趨務實的兩岸政策奠定深遠的基礎。回顧這段歷史過程，或許今日兩岸的領導人可以從中得到一些正面的啟發。

127 郝柏村，《八年參謀總長日記》，下卷，頁一一三八。

128 蔣經國在決議前，特地召來郝柏村與主管意識型態的總政戰部主任許歷農，告知此決定純為民間私人行為，政府不與中共接觸的政策沒有改變，參見郝柏村，《八年參謀總長日記》，下卷，頁一一二〇。

129 黃克武等訪問，周維朋等記錄，《蔣經國先生侍從與僚屬訪問記錄》，下篇，頁六三三。

130 魏萼，〈中國的迷惘與出路：北京「釣魚台」的故事〉（二〇〇四），未刊稿，《魏萼檔案》；沈誠，《兩岸密使祕聞錄》，頁三二一三—三二四。

結語 如何評價台灣時期的蔣經國？

本書以十個章節的篇幅，從軍事情報、政工、白色恐怖、外交、台獨運動、民主化、本土化、民生與經濟建設、兩岸關係等全方位視角，剖析一九四九年中華民國政府播遷台灣後的蔣經國與其政治生涯，這段歷史過程呈現了國府於國共內戰中潰敗、自大陸倉皇撤退播遷來台之後，如何在風雨飄搖中站穩腳跟，並利用冷戰國際兩極對抗態勢，維持在台統治之正當性。本書同時也揭示七〇年代起，當國際政治格局發生根本性轉變、國府失去代表「中國」之正統地位後，台灣如何從威權統治逐步走向政治本土化與民主化的曲折進程；在一定程度上，一九四九年後蔣經國的從政經歷與權力之路，未嘗不是二次戰後中華民國在台灣各方面發展的一個縮影。在本書結語部分，筆者利用一些篇幅來探究蔣經國是一個怎樣的領導人物，其政治性格如何被形塑，接班人選議題，以及吾人應當如何評價台灣時期的蔣經國。

權力路上的政治特質

蔣經國在台灣的權力之途，時間上可約略以一九七〇年前後、亞太地區國際政治格局出現劇烈變化之際作為分水嶺。在此之前，全球冷戰的邊界穿越了台灣海峽，把台灣劃入「自由世界」陣營裡；拜東、西方冷戰對抗之賜，台北代表全中國的正當性，基本上獲得以美國為首全球反共陣營的支持與認可。外交上，國府退守海島一隅，卻得以維持著「聯合國五強」的虛幻表象；內政上，在強人體制運作下，蔣介石把中國傳統「皇朝經驗」與「家天下」概念，由大陸帶到海島來，有限度的民主機制運作，僅是維持「自由中國」所需的點綴品。這段時期蔣經國在父親的庇蔭與栽培下，得以在國安情報、大陸工作、退除役官兵輔導、外交與國防等各領域獲得歷練，甚至被允許有出差錯的空間，一九五七年「劉自然事件」與六〇年代初期屢試屢敗的敵後工作，即是鮮明的例子。

到了七〇年代之後，情況出現了大逆轉。華府與北京所發表的《上海公報》，把台灣視為中國領土之一部分，然而在本質上卻已隱然否定「台北代表全中國」此一命題，美政府逐步放棄國府並改承認北京，成為既定目標。就在此時，蔣經國取代老邁的父親開始主導國政，不論內政或外交，他主政後所面對的是一個與過去二十年截然不同的景象，面對內外艱困挑戰，不論蔣經國本人喜歡與否，他在心態上與實際作為進行大幅度調整，不但迫切而且必要。

對於一位成長且受惠於黨國威權體制的政治人物而言，蔣經國主政後在心理與決策上的轉折，注定是一段苦澀的經歷。吾人無法全然視之為理所當然，君不見古今中外多少獨裁或者威權統治者，因無法適應內外局勢轉變，而進行必要之轉型，最終走向被推翻或者自我毀滅之路。那麼蔣經國的政治性格從何而來，又如何轉變？耶魯大學冷戰史專家文安立（Odd Arne Westad）研究中國近代史時曾評論，蔣介石領導北伐完成國家初步統一，率領軍民進行八年對日艱苦抗戰，獲得最終勝利；在他一生中各個時期，他總是必須不斷說服自己「我本人就是中國」（Chiang had come to believe that he *was* China），若非如此，在國家遭逢內憂外患、主客觀條件極端惡劣的情況下，他恐怕難以撐到最後一刻。文安立認為老蔣在這方面政治性格的展現，與二次大戰領導「自由法國運動」對抗納粹德軍的戴高樂，實有異曲同工之妙。[1] 這或可解釋，蔣介石縱橫馳騁於中國政壇沙場數十載，在黯然敗退來到台灣彈丸之地後，心態上仍將自己視為至高無上領袖，擁有最尊貴的威望與最絕對的權力，無法容忍任何人挑戰其地位，遑論實踐民主化。

然而，蔣經國雖貴為「太子」，卻毫無父親在大陸時期各種顯赫的黨政軍經歷，來台之後甚至無法與推行土地改革有功、深受台灣本省人愛戴的陳誠相比。儘管權力之路上有蔣介石庇蔭，然他不但無法將父親身上的威望全盤吸收，直接轉化為個人的政治養分，其特殊身分反倒是一種累贅，讓他不時成為海內外政敵與外國政府攻擊的人形箭靶，動輒得咎，加諸於其身上的名號，從「潛在的獨裁者」、「台灣人的劊子手」到「阿里山之虎」，無奇不有。小蔣自己也很清楚他所面臨的難題，一九五八年農曆過年前在一封給父親的家書裡，他寫道：「今日所處環境為大人所深知，恐難分大人之憂勞，而適成大人之累贅，且彼輩以『家天下』一詞眩惑視聽、鼓動暗潮者，已有相當影響，更恐以兒而累及大人之盛望。」他稟告父親，此時如退避政治上應負的責任，良心將感到不安，然如參與其中，則心中苦痛，「反覆思維，真不知如何自處？」[2] 小蔣的日記內容也顯示，七〇年代接任閣揆之前，在國民黨內講究排序論輩的官僚體制下，他不但在各項重要議題上須聽命於蔣介石最終的裁決，還不時受制於父執輩黨國大老們的意見，遑論隨時要面對黨、

1　Odd Arne Westad, *Restless Empire: China and the World since 1750* (New York: Basic Books, 2012), p. 261.

2　許瑞浩等編，《蔣經國手札》，頁六三三—六三四。

1962年蔣經國陪同陳誠（左）巡視空軍基地，右為衣復恩。

政、軍不同派系人馬、黨外人士、以及包括美國與對岸中共等境外勢力對他明批暗鬥，令他內心痛苦萬分。台灣時期陳誠與蔣經國之間的緊張關係未曾歇止，陳誠多次在公開場合嚴厲批評小蔣所負責的軍隊政工、救國團與國安情報業務，讓小蔣恨得牙癢癢，私下把父親的二把手視為「做人不應當這樣做」的反面教材。[3]兩人之間乃至兩派人馬彼此的衝突與矛盾，在一九五四年陳誠被選為副總統之後，出現一波高峰，陳在海內外普遍被視為六年後蔣介石的接班人，小蔣的政治行情則一度被嚴重看扁，令其追隨者焦慮萬分。雙方的權鬥在一九六〇年老蔣準備打破憲法規定競選三連任前後，達到最高點，此後情況依然鮮有改善。一九六二年夏天，老蔣因身體出狀況臥病在床時，最放不下的仍是兒子與副手的不睦：「昨發熱至卅九度二時，乃覺生死莫卜，對國對民未盡職責，最感不安外，對政府之處理，甚望辭修與經國能為我之容忍，彼此互諒互助，徹底合作，亦能為我與他二人者，則余之反攻復國事業，仍可繼續完成也。」[4]直到翌年秋天陳誠因肝病惡化辭去行政院長兼職後，彼此之間的權力槓桿才明顯傾向於小蔣這一端。

早年在中國與蘇聯的生活與學習經驗，讓蔣經國成了傳統儒家文化與馬列社會主義的怪異綜合體。成年後他回到中國，開始學習擁抱三民主義與黨國體制，對於西方民主、法治與人權等概念，似乎也僅是一知半解，這樣一種特質，加上一九四九年後權力接班過程中，同時面對具有無上威嚴的父親，以及來自黨內黨外諸多挑戰，讓小蔣必須在黨國教條主義與意識型態，以及以「績效」為取向的實用主義，兩端之間求取平衡；而在政治性格上所展現出來的，則是彈性、務實與技巧。在信奉黨國與反共教條之餘，他也相信

3　《蔣經國日記》，一九五五年七月七日。陳誠之子陳履安告訴作者，其父親因推動土地改革與多項基礎建設有功，在台灣民間聲望崇高，蔣經國無法與之比擬，然其身旁人馬卻難以服氣。

4　《蔣介石日記》，一九六二年七月二十二日。

為了顧及國家利益與達到最後目的，必須注重現實，不可偏向理論與各種抽象的想法，甚至自責在處理大事時「不夠現實」，提醒自己「今天不是講道義的時代，而是『不是你死就是我死』的世界。」[5]微妙的是，小蔣此種意識型態與務實傾向相互鎔鑄的政治特質，在相當長一段時間裡，讓海內外觀察家視他為一號「謎樣人物」，令人難測。且看一九六八年秋天美國務院一份機密備忘錄，是如何描繪蔣經國：

圍繞著蔣經國的爭議總是不斷地發生，他可以同時被視為一名「共產黨員」（communist）、「親共人物」（pro-communist）或者「狂熱反共者」（fanatically anti-communist）；他在組織策略上可以採納蘇聯共產黨極具效率的手腕，而不必然被劃歸為「親蘇份子」；他可以利用完全不符合「民主」概念的手段來處理內政事務，而不必然被貼上「反民主」標籤。他可能而且可以同時展現「親蘇」與「反蘇」，或者「親美」與「反美」。他深知中華民國在軍事、經濟與外交上倚賴美國援助甚深，然而他又和父親蔣介石一樣，對於美國不願真心支持反攻大陸而感到不快。他內心深處對美國有諸多怨言，但同時卻能夠和許多美政府要員，維持真誠友誼。[6]

因為務實，所以往往呈現出多重樣貌；因為走實用主義，所以可以暫時擱置意識型態的堅持，調整內外政策與步伐。這讓台灣時期的蔣經國同時經歷著表面上看似相互矛盾的不同業務；他可以同時處理台灣與美國、亞洲各鄰邦乃至敵對陣營蘇聯之間相關事務，在主導對抗中共的敵後工作之餘，也可以涉及兩岸之間似有若無的秘密接觸。依照此種邏輯，國民黨在台灣的威權治理格局，到了蔣經國當家、風起雲湧的七〇年代，本土化政治工程、民主化運動、各項重大經濟建設，乃至八〇年代兩岸關係的融冰，皆成為他口袋裡的可能選項。

吾人必須理解，遷台初期蔣經國所處的時代背景，和今日實大不相同；直到九〇年代全球冷戰結束之前，民主、自由與人權等觀念在這個地球上絕大多數角落，仍未形成普世價值。當美、蘇兩大超級強權相互對峙之時，雙方各自陣營裡在意識型態與外交路線上所反映出來的「政治正確」，往往更勝於盟邦內部究竟是否推行民主或者在乎人權；一九五七年初，美國駐台北大使館掌握一份情報，顯示過去一年來約有一百三十名政治犯遭國府當局處決，另有七百九十五名遭監禁，美方內部評估後竟認為「在當時情況下，此一數字屬於正常」（the figures are "normal" for the situation）。[7]這或許可以解釋，當蔣經國以台灣安全為最優先考量來處理白色恐怖政治案件時，同時又無從參照今日普世價值的條件情況下，他發自內心真正認為自己是在做一件正確的事。當吾人回顧與評價過往歷史時，如何避免以今日之價值觀，想當然耳般地投射到半個多世紀之前的時空情境，確實值得進一步深思。

一九四九年後台灣在美國協防的保護傘下，成為亞太地區對抗共產黨的前哨站，這使得蔣介石得以利用威權手段穩定對台治理，執政地位鮮少因內外挑戰而被撼動，也讓日後接班的蔣經國處於一個相對有利的環境。儘管如此，當冷戰走向盡頭，而民主與法治逐漸成為核心價值時，已步入晚年的蔣經國能夠認清大勢，明知國民黨可能丟失執政權的情況下，依然決定開放黨禁，著手終結威權統治與強人政治，並開啟民主化進程，著實需要一番智慧與勇氣。國府失去美國外交與軍事協防承諾之後，雖然在《台灣關係法》架構下繼續得到來自華府有限度支持，但若無台灣自身經濟的耀眼發展與啟動政治革新，讓這塊土地的存

5 《蔣經國日記》，一九六四年四月七日。

6 State Department Policy Paper, "The State Department and U.S. Foreign Policy in the Administration of President Lyndon B. Johnson," October 2, 1968, NARA, RG 59, Records of the Department of State, Bureau of East Asian and Pacific Affairs, Subject Files (1951-1978), Lot File 73D38.

7 參見U.S. Embassy in Taipei to State Department, Subject: Subversive activity on Taiwan, January 24, 1957, no. 793.52/1-2457, *PRC Internal 1955-1959*, reel 26.

與民同樂的蔣經國。(胡佛檔案館提供)

在、成長與茁壯，在地球公民村的發展脈絡下依然有其價值，或許台灣早已被當時國際社會對中國大陸改革開放、那股懷有高度期待憧憬的巨大洪流所淹沒。直至今日，中華民國在台、澎、金、馬得以屹立不搖，蔣經國的功勞無可抹滅。

父親的陰影與人格雙面性

無可諱言，蔣經國從踏入政壇之始，就活在父親巨大光環與陰影之下，甚至到蔣介石去世為止，仍揮之不去。一九五三年當他首次應邀訪美時，全美主流報章標題皆以「蔣介石之子」（Chiang's Son）來稱呼這位具有蘇聯背景的神秘人物；到了一九七〇年他最後一次訪美，將近二十年時間過去了，美國各主流媒體對他的稱呼依然沒有改變：「蔣介石之子會見尼克森」（Chiang's Son Sees Nixon）與「蔣介石之子是個現實主義者」（Son of Chiang Is a Realist）等報導不斷出現在各大報章，連他在紐約遇刺的消息傳出後，《紐約時報》與《華盛頓郵報》還是以「蔣介石之子在此遭槍擊」（Chiang's Son Shot at Here）、「蔣介石之子於紐約幾遭暗殺」（Chiang's Son Saved From N.Y. Assassin）為題加以報導。[8]小蔣顯然沒有父親所享有的國際知名度，但從另一角度觀之，或許正因為缺乏老蔣早已被定了型的「反共強人」之刻板印象，以及伴隨而來的頑固形象與政治包袱，小蔣在接班後反而在政策上可以有相對彈性的操作空間，為台灣的務實外交、八〇年代台灣終結一

8 "Chiang's Son Sees Nixon," *The Washington Post*, April 22, 1970, p. A9; "Son of Chiang Is a Realist," *Los Angeles Times*, April 21, 1970, p. A8; "Chiang's Son Saved from N.Y. Assassin," *The Washington Post*, April 25, 1970, p. A1; "Chiang's Son Shot at Here But Is Saved by a Detective," *The New York Times*, April 25, 1970, p. 1.

黨獨大、邁向民主化與開放兩岸關係，創造出相對有利的條件。

在蔣經國私人日記公開後，吾人得以窺探其內心世界，從字裡行間我們注意到他的性格在同一段時間點上，往往呈現出陰沉與開朗兩種截然不同特質，這裡舉出幾個例子。一九七九年初，當他正為台、美斷交後的艱辛談判而耗費心神時，自記對於部分黨政人物與黨內派系利用國難爭權奪利，深惡痛絕：「小政客利用老政客，主張召開國是會議或反共救國會議，此乃所謂CC派的一種『爭奪』手法，余堅拒之。國家多難，正是政客混水摸魚之時，主政者要小心上當。」[9]儘管因國事如麻而心煩意亂，然而只要念頭一轉想到人民，他就立即流露出鐵漢柔情；因忙於國政而無法抽身下鄉探訪民情，他內心至感不安，自記：「自從中美關係發生變化之後，就沒有離開過台北，好久沒有見到我愛好的平民了，我非常想念他們，不和民眾在一起，就會失去樂處。」[10]

同年春天，蔣經國冷眼觀察台灣內部政情日趨複雜，自嘆：「小政客為了滿足私欲，學會了共產黨一套陰狠手法，在我內部興風作浪，從事破壞工作，乃是很大的隱憂。外傷易療，內傷難治，須要想出一套處理內部政治問題的辦法，以求安定。」[11]就在同時，當他終於有機會暫時放下手邊工作，離開台北前往宜蘭、花蓮等地探訪民情，與民眾互動，那股發自心底的愉悅與欣喜，相信任何有機會讀到日記之人都能深刻感受到：「沿蘇花公路抵達東沃，見路旁小學正在開運動會，入內參觀，有學生觀眾約千餘人，多為山胞，受到他們熱烈的歡迎，有一種說不出來的親切和愉快。當我離開的時候，男女老少圍繞著我高唱『梅花』送別，後有青山，前有海洋，此情、此景和此心，難以筆墨形容出真情。」[12]

蔣經國性格上呈現出雙面特質，當與其早年的蘇聯經歷有關。滯留俄國十二年，他是一名工人，是蘇聯共青團成員，也是命懸一線的人質。年輕時他深受馬列思想洗禮，幾度面臨生死交關，除了對共產主義有切身體會之外，更養成沉默寡言，謀定後動，堅毅、冷酷、強烈的敵我意識，以及喜怒不形於色的深沉性格。另一方面，早年蘇聯那段磨難與刻苦經歷，也讓他比一般從政者對民間疾苦有更深一層體悟，多年後他回顧此段經歷，自述：「在俄期間，我曾經在極端的苦痛中過活，亦接觸了無數可憐的貧窮的人們，所以在實際的生活中，養成了同情社會上窮苦人群的習性。」[13]這就為他輕車簡從、體察民瘼、親民愛民形象的塑造奠定重要基礎，蔣經國既尖銳冷酷又感性親民的兩極化特質，似乎由此可以得到一個合理的解釋。[14]

接班人之謎

至今仍有不少人對蔣經國晚年為何選擇李登輝擔任副手而感到好奇，由於他在一九七九年十二月三十一日以後即停筆不再寫日記，吾人無從得知一九八四年春天當他思索副總統人選時，內心想法究竟為何。儘管如此，從現今所能取得的有限資料中，我們仍可設法對蔣經國「接班人」此議題進行一番探討。首先，蔣確實對李具有好感；一九七二年春天，李登輝被延攬入閣擔任政務委員，六月二日行政院新內閣上任第二天，蔣經國在辦公室召見李之後，於當天日記裡寫道兩人「談得很投己[機]」，為一優秀之科學人才」，雖

9 《蔣經國日記》，一九七九年一月十七日。
10 《蔣經國日記》，一九七九年一月十四日。
11 《蔣經國日記》，一九七九年五月二十六日〈上星期反省錄〉、〈本星期預定工作課目〉。
12 《蔣經國日記》，一九七九年五月二十九日、五月三十日。
13 《蔣經國日記》，一九六六年十一月十九日〈上星期反省錄〉。
14 Taylor, *The Generalissimo's Son*, pp. 210-213; 曹聚仁，《蔣經國論》，頁三九－七八；江南，《蔣經國傳》，頁〇四九七－五〇九；茅家琦，《蔣經國的一生和他的思想演變》，頁四四六－四五一。

1979年的孫運璿（左）。（胡佛檔案館提供）

僅是一小段記載，卻可見他對李的賞識。[15]一九七五年春天小蔣在慈湖守父靈並獨自思考培養未來領導人時，曾提出以下條件：年齡應小他十歲左右、省籍問題不重要、黨的歷史不宜過長，還有和軍方需有相當之關係，除最後一項之外，李登輝顯然符合其他三條件。[16]翌年春天，台灣與南非共和國的關係有所突破，雙方決定互設大使館。蔣經國對此極為重視，打算派李登輝擔任首任大使，替台灣拓展外交，但最後因外交部態度有所保留而作罷。[17]

一九七八年春天，當蔣經國被國民黨提名為總統候選人之後，他開始思考副手人選與內閣人事案，此時不少黨國大老都在爭取副總統職位，令蔣深感困擾。[18]他最後選擇了台灣省主席謝東閔，成為首位台籍人士出任副總統一職，蔣自認提名謝乃「完全為黨國計，為公而無絲毫私心」，然而此一人選決定卻遭美國方面與部分國內人士批評。[19]儘管出現雜音，但在推動本土化的時空背景下，謝的出線顯然是蔣經國平衡省籍考量下的產物。此例一開，未來只要外省籍人士繼續任總統，副手則由本省籍出任，即成為慣例。

除了副總統人選外，另外兩個重要人事案是行政院院長與台灣省主席，蔣經國在倪文亞、孫運璿、李國鼎與俞國華四人之中，選擇從政經歷最資淺的孫運璿擔任閣揆，至於省主席一職，蔣竟考慮由當時仍擔任

15 《蔣經國日記》，一九七二年六月二日。
16 《蔣經國日記》，一九七五年五月二十六日。
17 錢復，《錢復回憶錄》，卷一，頁三三〇。
18 當時私下動作最頻繁的兩人，是總統府國家安全會議秘書長的黃少谷，與總統府秘書長鄭彥棻，參見《蔣經國日記》，一九七八年五月八日、六月十六日。
19 《蔣經國日記》，一九七八年二月十六日、二月二十日。

政務委員、毫無地方行政經驗的李登輝，以搭雲霄飛車的速度空降接掌省政府。[20]此一大膽構想最後並未實現，蔣決定讓李先出任首都台北市長，再於一九八一年底接任省主席，比原本他對李的仕途規劃要遲了三年半時間。無論如何，整個七〇年代蔣經國對李登輝的賞識與拔擢乃出於真誠，蔣當上總統後，對不少黨政軍要員私下皆有所批評，惟獨對李讚譽有加，稱他「有工作熱情，又有新的科學觀念，可以培植的一位人才」，甚至還曾破例臨時邀請擔任台北市長的李登輝，與諸位黨國要員一同搭乘軍艦前往外島視察軍事戰備，對李的近距離觀察、考核與栽培之意，不言可喻。[21]

蔣經國對李登輝的賞識與栽培是事實，然而這是否即等同於選定李做為未來接班人，仍不無疑問，甚至連李登輝本人生前也無法百分之百肯定。[22]西方國家開始關注小蔣接班人的議題，是始於老蔣去世一年後的一九七六年春天。當時美、英雙方在進行例行外交諮商時，國務院官員主動告訴英國駐華府外交官，據他們觀察，蔣經國似乎已暫時選定一名技術官僚準備培養為接班人，美官員拒絕透露此人姓名，只稱該名人士既無軍方背景，亦無黨政人脈與基礎，因此在華府看來是一個「不甚理想」（unsatisfactory）的接班人選。[23]從事後諸葛角度觀之，此人應是兩年後被小蔣任命為閣揆的孫運璿。一九八四年春天當蔣經國以省籍考量提名李擔任副手，並希望孫繼續留任行政院長時，他心中或許考慮的是讓孫運璿，而非李登輝，成為六年後的總統人選。此種看法在當時一度也在西方國家廣為流傳；一九八三年秋、冬之際，台北政壇一度傳出蔣因健康因素，翌年可能不會尋求連任，如此一來，孫運璿極可能接班，而王昇被放逐南美洲，也被各方解讀為是在替孫的接班掃除一大障礙。[24]

無怪美、英各國在得知李登輝被提名為副手之後，反應一片驚訝；倫敦當局不認為李具備「充分資格」（sufficient credentials）擔任蔣的接班人，政壇上比李資深的林洋港在各方面條件似乎都來得更好，英國外交部還研判李登輝的出線，將讓國民黨的外省勢力認定未來對政局更加容易操控，甚至讓被放逐海外的王昇與其保守舊勢力有反撲的機會。[25]美國中央情報局則觀察，當孫運璿因健康因素意外退出政壇後，蔣經國並無積極培植其他特定接班人的跡象；在華府看來，於國民黨內毫無權力基礎的李登輝，根本無法駕馭龐大的黨國機制，一旦小蔣突然身故，國民黨將無可避免地走向集體領導模式。[26]持平而論，或許蔣經國本人對自己的健康狀況過於自信，完全沒料到自己竟然無法撐完第二任總統任期。

一九八一至一九八四年之間擔任美國駐台北辦事處長的李潔明，是首位預言並看好李登輝將成為蔣經國繼承人的外國人士。早年出身中央情報局的李潔明，對於前來台灣服務有著一股莫名的熱忱，一九八一年夏天，他甚至不惜遊說老長官、時任美國副總統的布希替他爭取到派駐台北的機會。[27]三年後，在他即將任

20 《蔣經國日記》，一九七八年四月一日〈上星期反省錄〉、四月九日。據李登輝言，國民黨部分人士質疑李的政治經驗不夠，面對省議會恐怕無法招架，因而極力阻撓反對，蔣經國才作罷，參見李登輝，《李登輝執政告白實錄》，頁五八。

21 《蔣經國日記》，一九七九年三月十三日、九月二十四日。

22 周玉蔻，《李登輝的一千天》（台北：麥田出版，一九九三年），頁二三—二四。

23 FCO 21/1472 FE021/1, British Embassy in Washington to Foreign Office, April 2, 1976.

24 郝柏村，《郝總長日記中的經國先生晚年》，頁一三—一四；王力行、汪士淳，《寧靜中的風雨》，頁一二九—一三〇；FCO 21/2552 FET014/2, Foreign Office Memorandum, Subject: Taiwan Internal, October 4, 1983; Foreign Office Memorandum, Subject: Political Change in Taiwan, November 30, 1983.

25 FCO 21/2924 FET014/1, Foreign Office Memorandum entitled "A New Vice-President Elect for Taiwan," February 22, 1984; Foreign Office Memorandum entitled "The KMT Central Standing Committee," March 12, 1984, ibid.

26 CIA Memorandum, Subject: Taiwan's Succession Politics and the Recent Kuomintang Plenum, March 22, 1984, CIA/FOIA, no. CIA-RDP04T0036R000201400001-6; CIA National Intelligence Council memorandum, Subject: East Asia Warning and Forecast Meeting, March 27, 1985, ibid, no. CIA-RDP87S00734R000100050007-3.

27 Memorandum from James Lilly to Richard Allen, Subject: Taiwan Assignment, August 3, 1981, Richard V. Allen Papers, Box 46; Memorandum from Vice President Bush to Allen, August 4, 1981, ibid.

滿、離台返美前夕的一九八四年一月六日和七日兩天，李潔明應時任台灣省主席李登輝之邀，兩家人結伴進行一場環島旅遊，這讓李有了近身觀察李登輝的機會。在隨後拍發回華府的觀察報告裡，李潔明稱此趟旅行充分見識到李登輝的本土政治性格，兩人私下交談時，李登輝反對北京所提一國兩制方案，並多次提及日本殖民台灣的過往經歷，而且毫不避諱談論當時島內方興未艾的黨外運動。在李潔明眼中，李登輝充滿著豐富的想像力，而且興趣廣泛，他還展現出超強的親和力，沿途與民眾握手、合影、話家常，甚至即興地抱起幼兒親吻，其作風與拘謹的國民黨外省政治菁英顯然有著不小差異。一個多月後李被提名為副總統候選人，李潔明在第一時間向華府報告，儘管「副總統」一職無足輕重，但考量小蔣身體狀況不明朗，這位健康且精力充沛的台籍人物，必將成為下一任中華民國總統。[28]

一九八八年一月十三日下午蔣經國於七海官邸突然大量吐血，因急救無效而撒手人寰，消息傳出後，立即引發國際關注。在日本沖繩的中央情報局遠東總部，美情報人員評論蔣經國的辭世，同時標誌著一個「時代」（era）與一個「朝代」（dynasty）的終結。[29]在華府，雷根總統獲報後立即在白宮與幕僚討論，並考慮敦請前總統福特率領重量級代表團前往台北悼唁。[30]在倫敦唐寧街十號，由首相柴契爾夫人主持的內閣會議上，英國眾官員咸認為蔣經國的去世，標誌著一股舊力量在台灣的結束，預言國民黨在台的權力結構將從根本上被翻轉，並在民意壓力下逐漸蛻變成為一本土性政黨，強化自身認同，甚至務實地放棄對中國大陸統治權主張。[31]這些預測果真在九〇年代一一實現，向來對政治風向判斷精明老練的英國人，依然有著極敏銳的洞察力。

同時接受中國傳統文化與蘇聯社會主義洗禮的蔣經國，其治理台灣的風格，與父親蔣介石時代所呈現的那種皇朝制度崩解後，舊式軍閥專權色彩濃厚的統御術有所不同，也與他身後本省籍李登輝、陳水扁所代表的「皇民化」與「去中國化」政治性格，有著天壤之別。其早年在中國與蘇聯的特殊經歷，隨著大時代的洪流，在因緣際會下於一九四九年以逃難者的心態，來到受日本殖民統治長達半世紀之久的台灣海島，在人生最精華階段投入最大的精力於這塊土地上，最終將其打造為兩岸四地有別於共產黨與英、葡殖民統治、獨一無二的華人社會。蔣經國終其一生未能全然與對岸的中國共產黨一笑泯恩仇，但在血緣與民族情感上，於海島度過餘生的他，卻始終無法切斷對中國大陸的故土情懷。大歷史的脈絡告訴我們，「蔣經國的台灣時代」將是獨特且難以被複製的。

今日不少人將兩蔣父子視為威權統治與強人政治的表徵，欲以消除這對父子在台灣的歷史記憶與圖騰，來建構並強化一股有別於中國大陸的政治與歷史認同。在此一過程中，蔣經國往往被貼上白色恐怖執行者、特務頭目與殘害民主人權獨裁者的標籤；另一方面，也有許多過去受到蔣經國施政恩澤者，緬懷其清廉、勤政與愛民，以及他對台灣經濟建設發展的卓越成就，視他為歷來對台灣最具貢獻的領導人。不論哪一種評價，某種程度上都不免流於主觀的個人經驗與感受。二〇〇六年蔣介石日記於胡佛檔案館對全世界公開後，讓老蔣同時走下「神壇」與「祭壇」；在台灣，他不再是威權時代萬民擁戴的民族偉人與萬歲總統，在中國大陸，他也不再是千夫所指的頭號罪犯與民族罪人。隨著蔣經國日記的公開，以及全球各角落相關史料紛紛解密，我們有理由相信未來有關蔣經國的歷史研究與書寫，能夠脫離意識型態束縛，更趨理性、客觀與成熟。如果本書的問世，能夠在這方面的努力發生一點拋磚引玉的效果，透過對蔣經國的認

28 Lilley to AIT Washington, February 15, 1984, James Lilley Papers, Box 8. 李潔明在其回憶錄裡指出，此次旅行乃蔣經國特意安排，用意在於讓兩人建立起私人友誼，見Lilley, *China Hands*, pp. 261-262.

29 CIA Memorandum, Subject: Monthly Report, Okinawa Bureau-January 1988, February 5, 1988, CIA/FOIA, no. CIA-RDP91O1355R000400110011-2.

30 Brinkley ed., *The Reagan Diaries*, p. 567.

31 CAB 128/89/2, Minute of cabinet meeting, January 21, 1988.

識，引導吾人思索台灣這塊土地的過去、現在和未來，那將是作者感到欣慰之事。

謝辭

過去十餘年來，筆者的研究興趣始終環繞於一九四九年後中華民國在台灣的歷史，本書的構思與籌劃始於二〇一四年，當時本人先後完成《台海・冷戰・蔣介石：解密檔案中消失的台灣史（一九四八－一九八八）》以及《意外的國度：蔣介石、美國、與近代台灣的形塑》（*Accidental State: Chiang Kai-shek, the United States, and the Making of Taiwan*）兩部書稿，對研究工作片刻也閒不住的我，迫不急待想要接續這兩本書的脈絡，繼續拓展有關一九四九年以後台灣內政、外交與兩岸關係的新課題，同時著手構思各項歷史題材與蒐集相關史料。接下來數年間，我在美、英、日、台等地蒐集、閱讀與消化史料的過程中，發掘出不少與蔣經國有關的最新解密檔案，其內容呈現出許多鮮為人知的歷史秘辛，對於理解國府遷台直到八〇年代台灣走向民主化的這段歷史有莫大裨益，寫作方向也因此逐步轉變，從過去以蔣介石為研究中心的視角，改為嘗試以蔣經國為主角，並著手進行環繞其個人相關主題之探索。而蔣經國私人日記於二〇二〇年初正式對外公開，除讓這本書長達六年的構思、研究與撰寫，得以完成最後一塊拼圖，也讓自己對於中華民國在台灣的這段歷史有更深刻的理解。

此書之完成，筆者首先要感謝敝人所服務的史丹佛大學胡佛研究所。所長、同時也是美國第六十六任國務卿萊斯（Condoleezza Rice）以其在全球學、政界以及國際關係與公共政策研究領域的崇高地位，致力於將敝所打造成為全球頂尖的智庫與學術重鎮，她在本書撰寫過程中所惠予的鼓勵和支持，以及她對東亞問題、兩岸三地乃至台灣民主化研究的高度重視，筆者將永誌難忘；胡佛第一副所長暨檔案館館長魏肯（Eric Wakin）多年來對筆者行政與研究工作的鼎力支持，同樣讓我銘謝在心。

歷史研究離不開檔案史料，來自日本國際共同研究基金（Fund for the Promotion of Joint International Research）的研究經費贊助，讓筆者得以前往華府、倫敦與東京等地進行檔案蒐集與研究，在此謹申謝忱。蔣經國日記得以向外界公開，是兩蔣日記訴訟案的三方，國史館、蔣友梅女士與蔣孝嚴先生，尊重學術研究、排除成見的成果，筆者要向國史館館長陳儀深與蔣家家屬成員致上最高的敬意與謝意。本人也要感謝如下機構，在史料蒐集過程中所提供的專業服務：美國國家檔案館、史丹佛大學總圖書館手稿部門、史丹佛大學胡佛檔案館、英國國家檔案館、東京大學東洋文化研究所圖書館、東京東洋文庫、國史館、中央研究院近代史研究所檔案館、國防部史政編譯室。

過去數年來，以下學者與學友的交流與啟發，對此書之構思與完成有莫大助益：奧斯特曼（Christian F. Ostermann）、常成、陳純一、陳紅民、陳翠蓮、陳欣之、陳小冲、陳儀深、陳忠純、川島真（Kawashima Shin）、馮琳、福田圓（Madoka Fukuda）、高棣民（Thomas Gold）、戈迪溫（Steven Goldstein）、郭岱君、郭威廷、黃克武、黃清龍、黃俊凌、黃自進、康培莊（John F. Copper）、廖文碩、劉維開、劉曉鵬、李細珠、呂芳上、蒙志成、阮大仁、山口信治（Shinji Yamaguchi）、沈志華、史奈德（Daniel Sneider）、松田康博（Yasuhiro Matsuda）、宋仲虎、宋曹琍璇、蘇聖雄、藤井元博（Motohiro Fujii）、萬德煦（Eric Vanden Bussche）、王憲群、吳啟訥、吳景平、吳遇、蕭新煌、肖如平、楊善堯、葉科銘（Charles Kraus）、張力、趙相科、朱雲漢。家父林文輝對本書三十餘萬字的初稿曾多次細讀，並提出許多修改意見，以及妻子徐海蕾在漫長寫作過程中所給予的精神鼓勵與支持，在此也要向這兩位家人表達我最誠摯的感謝之意。

本書部分內容曾在以下學術機構，以專題演講或者會議論文的形式發表，筆者感謝主辦者以及與會人士所提出的寶貴批評意見：史丹佛大學胡佛研究所、史丹佛大學國際關係學院、華府威爾遜國際學者中心（Woodrow Wilson International Center for Scholars）、加拿大西門菲沙大學（Simon Fraser University）歷史系、山姆休士頓德州州立大學（Sam Houston State University）歷史系、日本防衛省防衛研究所、韓國慶南大學（Kyungnam University）亞太核歷史研究所、台北國史館、中央研究院近代史研究所、政治大學國家發展研究所、政治大學人文中心、成功大學政經研究所、北京清華大學、北京中國歷史研究院近代史研究所、廈門大學台灣研究院、浙江大學蔣介石研究中心、復旦大學歷史系、上海華東師範大學周邊國家研究院。最後，請允許我誠摯感謝讀書共和國出版集團創辦人暨社長郭重興，對本書的強烈興趣與支持，以及遠足文化出版社總編輯龍傑娣女士與其團隊，在出版過程中付出的巨大努力與心血。

林孝庭

二〇二一年二月二十日於胡佛研究所

蔣經國大事年表

一九一〇年四月二十七日　出生於浙江省奉化縣溪口鎮，父親蔣介石，母親毛福梅。
一九一六年三月　進入奉化縣溪口鎮武山小學就讀。
一九二二年　轉入上海萬竹高等小學就讀。
一九二四年　進入上海浦東中學就讀。
一九二五年六月　轉入北京「海外補習學校」學習俄語。
一九二五年十月　由上海搭乘貨輪前往海參崴，改搭火車轉往莫斯科。
一九二五年十一月　進入莫斯科中山大學就讀，學習西方革命史、政治學和經濟學。
一九二七年四月　自中山大學畢業，旋入蘇聯紅軍第一師擔任學員。
一九二八年五月　進入列寧格勒托爾馬喬夫軍政學院（Central Tolmatchev Military and Political Institute）就讀。
一九二九年十二月　成為蘇聯共產黨候補黨員。
一九三〇年五月　自托爾馬喬夫軍政學院畢業，旋赴蘇聯各地參觀建設。
一九三〇年十月　進入莫斯科狄拿馬電械工廠（Tinama Electrical Plant）擔任學徒。
一九三一年十二月　轉往莫斯科郊區石可夫農場（Shekov Village）勞動。

一九三三年一月　轉往中亞阿爾泰山（Altai）金礦場做工。

一九三三年十一月　轉往烏拉山史范托爾夫斯克（Sverdovsky）重機械廠做工。

一九三五年三月　與白俄女子法伊娜·瓦赫列娃（Faina E. Vahaleva，後改名為蔣方良）結婚，同年十二月長子孝文誕生。

一九三六年十二月　成為蘇聯共產黨正式黨員。

一九三七年三月　偕妻小離開莫斯科，經海參崴返回中國上海。

一九三八年一月　任江西省政府保安處副處長。

一九三八年二月　長女孝章誕生。

一九三九年六月　任江西省第四區行政督察專員兼保安司令暨贛縣縣長。

一九三九年十二月　母親毛福梅於浙江奉化遭日軍轟炸身亡。

一九四二年三月　章亞若於桂林生產雙胞胎，命名孝嚴、孝慈。

一九四三年十二月　任江西省政府委員。

一九四四年一月　任三民主義青年團中央幹部學校教育長。

一九四四年十二月　任青年遠征軍政治部主任。

一九四五年四月　次子孝武誕生。

一九四五年十月　任外交部駐東北特派員。

一九四五年十二月　以蔣介石特使身分赴莫斯科會晤史達林。

一九四七年一月　任國防部預備幹部管理局局長。

一九四八年八月　任行政院經濟管制委員會委員，督導上海地區經濟管制。

一九四八年十月　三子孝勇誕生。

一九五〇年　任國防部政治部（後改稱總政治部）主任、政治行動委員會秘書、總統府機要室資料組主任、國民黨中央改造委員會委員。

一九五二年十月　任中國青年反共救國團主任。

一九五三年九月　應邀首次赴美訪問。

一九五四年十月　任總統府國防會議副秘書長。

一九五七年六月　任行政院退除役官兵就業輔導委員會主任委員。

一九五八年七月　任行政院政務委員。

一九六三年九月　二度赴美訪問。

一九六五年一月　任國防部長。

一九六五年九月　三度赴美訪問。

一九六六年四月　應邀赴韓訪問。

一九六七年十一月　應邀赴日訪問。

一九六九年二月　應邀二度赴韓訪問。

一九六九年三月　奉派赴美參加艾森豪前總統追悼會。

一九六九年五月　應邀赴泰國訪問。

一九六九年七月　任行政院副院長。

一九七〇年四月　五度赴美訪問。

一九七一年十月　中華民國退出聯合國。

一九七二年二月　美國總統尼克森訪問中國，美、中發表《上海公報》，雙方決定致力於關係正常化。

一九七二年六月　任行政院院長。

一九七二年九月　日本宣佈承認中共，與中華民國斷交。

一九七五年四月　任中國國民黨主席。

一九七八年五月　任中華民國第六任總統。

一九七八年十二月十六日　美國宣佈承認中共，與中華民國斷交。

一九七九年十二月　高雄「美麗島」事件爆發。

一九八〇年二月　林義雄「林宅滅門血案」爆發。

一九八一年七月　陳文成命案爆發。

一九八二年八月　美、中發表《八一七公報》，華府承諾將逐年減少對台軍售。

一九八四年五月　任中華民國第七任總統。

一九八四年十月　作家劉宜良在美國舊金山遭暗殺，「江南案」爆發。

一九八六年五月　華航貨機叛逃至廣州，兩岸於香港進行歷史性「兩航會談」。

一九八六年九月二十八日　民主進步黨宣布成立。蔣經國隨後宣示台灣將解除戒嚴，並開放黨禁、報禁。

一九八七年十月　政府宣布開放台灣民眾赴大陸探親。

一九八八年一月十三日　病逝於大直七海寓所。

參考文獻

一、原始檔案、史料、文庫

National Archives and Records Administration, College Park, Maryland, USA（美國國家檔案館，簡稱NARA）

RG 59, Records of the Department of State, Central Decimal Files（國務院中央十進位分類檔案）

RG 59, Records of the Department of State, Subject-Numerical Files（國務院主題／數字檔案）

RG 59, Records of the Department of State, Bureau of East Asian and Pacific Affairs Subject Files, 1951-1978（國務院東亞暨太平洋事務局主題檔案，一九五一－一九七八年）

RG 59, Policy Planning Staff Files, 1969-1976（國務院政策計畫室檔案，一九六九－一九七六年）

RG 218, Records of Admiral Arthur W. Radford, 1953-1957（海軍上將雷德福檔案，一九五三－一九五七年）

The National Security Archives, George Washington University, Washington D.C., USA（美國國家安全檔案館，簡稱NSA）

Collections（檔案匯編）：

1.Nuclear Non-Proliferation（防止核擴散）

2.Weapons of Mass Destruction（大規模殺傷性武器）

3.U.S. Intelligence and China: Collection, Analysis, and Covert Action（美國情報工作與中國）

4.Kissinger Telephone Conversations（季辛吉電話會談紀錄）

Electronic Briefing Books（電子簡報文件匯編）：

1.The United States and Taiwan's Nuclear Program, 1976-1980（一九七六－一九八〇年美國與台灣核武計畫）

2.U.S. Intelligence Eyes Chinese Research into Space-Age Weapons（美國情報監控中國研發太空武器）

3.Taiwan's Bomb（台灣核彈）

Central Intelligence Agency（CIA）, McLean, Virginia, USA（美國中央情報局）

CIA Electronic Freedom of Information Act（FOIA）Reading Room, Records obtained by the Freedom of Information Act request（依據美國《信息自由法案》取得之中央情報局解密檔案，簡稱CIA/FOIA）

Manuscripts and Archives, Sterling Memorial Library, Yale University, New Haven, Connecticut, USA（美國耶魯大學總圖書館手稿與檔案部門）

William C. Bullitt Papers《蒲立德檔案》

Manuscripts Division, Green Library, Stanford University, Palo Alto, California, USA（美國史丹佛大學總圖書館手稿部門）

James R. Lilley Papers《李潔明檔案》

Hoover Institution Archives, Stanford University, Palo Alto, California, USA（美國史丹佛大學胡佛研究所檔案館）

Richard V. Allen Papers《理察．艾倫檔案》

William J. Casey Papers《威廉．凱西檔案》

Chiang Kai-shek Diaries《蔣介石日記》

Chiang Ching-kuo Diaries《蔣經國日記》

Sung Feng-en Papers《宋鳳恩檔案》

Tang Fei Papers《唐飛檔案》

Wang Sheng Papers《王昇檔案》

Wei E Papers《魏萼檔案》

James Wei Diaries《魏景蒙日記》

National Archives, London, United Kingdom（英國國家檔案館）

Cabinet Office Files 內閣檔案（簡稱CAB）

Colonial Office Records 殖民部檔案（簡稱CO）

Foreign Office Records 外交部檔案（簡稱FO）

Foreign and Commonwealth Office Records 外交暨國協事務部檔案（簡稱FCO）

Prime Minister's Office Files 首相辦公室檔案（簡稱PREM）

Tōyō Bunko--The Oriental Library, Tokyo, Japan（日本東洋文庫）

《一九五七年台灣反美運動文件》

Contemporary Taiwan Collection, Institute for Advanced Studies on Asia Library, Tokyo University, Tokyo, Japan（日本東京大學東洋文化研究所現代台灣文庫）

李直夫，《經營南洋計畫大綱》，一九五一年。

《有關「自由人」三日刊之函稿（三）》，一九五六年。

《雷嘯岑、黃少谷往來信函》，一九五七年。

《報告事件原稿》，一九五七年。

國防部總政治作戰部，《我突擊隊突擊福建連江鹵獲之匪方文件》。台北：國防部總政治作戰部，一九六四年。

《中國國民黨政治外交小組有關資料》，一九七八—一九七九年。

法務部調查局第四處編印，《重要敵情參考資料》，一九八四—一九八五年。

台北國史館藏

《蔣中正總統文物》

《蔣經國總統文物》

台北國防部史政編譯室藏

《國防部史政檔案》

台北中央研究院近代史研究所檔案館藏

《外交部檔案》

南昌江西省檔案館藏

《贛縣蔣經國關於就代理四區專員職的電》

《江西省贛縣縣長蔣經國關於平定物價案乞將各項辦法賜下的代電》

《蔣經國關於贛南數戰敗退深感愧疚特離贛職務的電》

二、出版史料、微捲檔案

Davis, Michael ed. Confidential U.S. State Department Central Files Formosa, Republic of China 1950-1954（一九五〇—一九五四年美國務院機密檔案台灣卷，簡稱*Formosa 1950-1954*）. Frederick, MD: University Publications of America Inc., 1986, microfilm.

Kesaris, Paul ed. *CIA Research Reports: China: 1946-1976.*（一九四六—一九七六年中央情報局中國研究報告）. Frederick, MD: University Publications of America, 1982, microfilm.

—— ed. *O.S.S./State Department Intelligence and Research Reports VIII: Japan, Korea, Southeast Asia, and the Far East Generally: 1950-1961 Supplement*（一九五〇—一九六一年戰略服務處與國務院亞太地區情報研究補充文件，簡稱*O.S.S./State Department Supplement*）. Washington D.C.: University Publications of America Inc., 1977, microfilm.

Kesaris, Paul and Robert E. Lester eds. *President John F. Kennedy's Office Files, 1961-1963*（一九六一—一九六三年甘迺迪總統文件，簡稱*JFKOF*）. Frederick, MD: University Publications of America, 1989, microfilm.

Lester, Robert E. ed. *The Lyndon B. Johnson National Security Files, Asia and the Pacific: National Security Files, 1963-1969*（一九六三—一九六九年詹森總

統亞太地區國家安全文件，簡稱 *LBJ 1963-1969*）. Frederick, MD: University Publications of America, 1987, microfilm.

—— ed. The Lyndon B. *Johnson National Security Files, 1963-1969. Asia and the Pacific: First Supplement*（一九六三—一九六九年詹森總統亞太地區國家安全增補文件，簡稱 *LBJ 1963-1969 Supplement*）. Bethesda, MD: University Publications of America, 1996, microfilm.

United States Department of State ed. *Foreign Relations of the United States*（美國政府外交文書，簡稱*FRUS*）. Washington D.C.: Government Printing Office, 1861-.

—— ed. *Records of the Office of Chinese Affairs 1945-1955*（一九四五—一九五五年國務院中國事務司檔案，簡稱*ROCA*）. Wilmington, DE: Scholarly Resources Inc., 1989, microfilm.

—— ed. Confidential U.S. *State Department Central Files China: People's Republic of China Internal Affairs 1955-1959, Part I*（一九五五—一九五九年國務院有關中華人民共和國內政機密文件，簡稱*PRC Internal 1955-1959*）. Frederick, MD: University Publications of America, 1987, microfilm.

—— ed. Confidential U.S. *State Department Central Files China: 1960-January 1963, Internal Affairs*（一九六〇—一九六三年一月國務院有關中國內政機密文件，簡稱*USSD 1960-1963 Internal*）. Bethesda, MD: University Publications of America, 1998, microfilm.

—— ed. Confidential U.S. *State Department Central Files China: 1960-January 1963, Foreign Affairs*（一九六〇—一九六三年一月國務院有關中國外交機密文件，簡稱*USSD 1960-1963 Foreign*）. Bethesda, MD: University Publications of America, 1998, microfilm.

—— ed. Confidential U.S. *State Department Central Files China: February 1963-January 1966: Part I: Political, Government, and National Defense Affairs*（一九六三年二月—一九六六年一月國務院有關中國政治、政府與國防事務機密文件，簡稱*USSD 1963-1966*）. Bethesda, MD: University Publications of America, 2001, microfilm.

—— Declassified Documents Reference System（美國政府解密檔案參考系統，簡稱DDRS）. Farmington Hills, MI: Gale, 2011-.

Gerald R. *Ford and Foreign Affairs, Part I: National Security Adviser's Files, Section 1: Presidential Country Files for East Asia and the Pacific*（福特總統亞太地區國安與外交文件，簡稱*Gerald R. Ford and Foreign Affairs*）. Woodbridge, CT: Primary Source Media, 2009, microfilm.

陳誠，《陳誠先生日記》。台北：國史館，二〇一五年，第二、三冊。

郭立民編，《中共對台政策資料選編（一九四九—一九九一）》。台北：永業出版社，一九九二年，上、下冊。

郝柏村，《八年參謀總長日記》。台北：天下文化，二〇〇〇年，上、下冊。

黃杰，《留越國軍日記》。台北：國防部史政編譯局，一九八九年。

賴名湯，《賴名湯日記 I：民國五十二—五十五年》。台北：國史館，二〇一六年。

——《賴名湯日記II：民國五十六—六十年》。台北：國史館，二〇一六年。

王世杰，《王世杰日記》。台北：中央研究院近代史研究所，二〇一二年，上、下冊。

許瑞浩等編，《中華民國政府遷台初期重要史料彙編：蔣經國手札（民國三十九年—五十二年）》。台北：國史館，二〇一五年。

中共中央文獻編輯委員會編，《鄧小平文選：第三卷》。北京：人民出版社，一九九三年。

周美華、蕭李居編，《蔣經國書信集：與宋美齡往來函電》。台北：國史館，二〇〇九年，上、下冊。

總統蔣公哀思錄編纂小組編，《總統蔣公哀思錄》。台北：總統蔣公哀思錄編纂小組，一九七五年。

三、口述歷史訪談

陳履安，中華民國副總統陳誠之子、前中華民國監察院長。

翁衍慶，前國防部軍事情報局副局長。

田孟淑，台灣人權與民主運動先驅田朝明之妻。

王玉麒，德國軍事顧問團「明德小組」成員。

沈克勤，前中華民國駐泰國代表。

魏小蒙，中華民國總統府國策顧問魏景蒙之女、《英文中國郵報》前社長。

四、專著與論文

白建才，《「第三種選擇」：冷戰時期美國對外隱蔽行動戰略研究》。北京：人民出版社，二〇一二年。

本田善彥著，堯嘉寧譯，《台灣人的牽絆：搖擺在台灣、大陸與日本間的「三顆心」》。台北：聯經出版社，二〇一五年。

卜幼夫，《從博愛路一二六號到介壽路二號：外交史話》。台北：御書房，二〇〇四年。

曹聚仁，《蔣經國論》。台北：一橋出版社，一九九七年。

曹景滇，〈拂去歷史的煙塵：讓真實的曹聚仁從後台走出來〉，《新文學史料》（北京），第四期（二〇〇〇），頁二三—三九。

曹立新，《台灣報業史話》。北京：九州出版社，二〇一五年。

陳芳明，《謝雪紅評傳：落土不凋的雨夜花》。台北：前衛出版社，一九九一年。

陳紅民、趙興勝、韓文寧，《蔣介石的後半生》。杭州：浙江大學出版社，二〇一〇年。

陳鴻獻，《反攻與再造：遷台初期國軍的整備與作為》。香港：開源書局，二〇二〇年。

陳鴻瑜，《中華民國與東南亞各國外交關係史（一九一二—二〇〇〇）》。台北：鼎文書局，二〇〇四年。

陳加昌，《超越島國思維：李光耀的建國路與兩岸情》。台北：天下文化，二〇一六年。

陳佳宏，《台灣獨立運動史》。台北：玉山社，二〇〇六年。

陳立夫，《成敗之鑑：陳立夫回憶錄》。台北：正中書局，一九九四年。

陳銘城，《海外台獨運動四十年》。台北：自立晚報社，一九九二年。

陳銘城主編，《秋天的悲鳴：白色恐怖受難文集》。新北：國家人權博物館籌備處，二〇一二年。

陳南州，《台灣基督教長老教會的社會、政治倫理》。台北：永望文化，一九九一。

陳鵬仁，《近代中日關係史論集》。台北：五南圖書，一九九九年。

陳榮成，《我所知道的四二四事件內情：一九七〇年紐約刺蔣案》。台北：前衛出版社，二〇一五年。

陳守雲，《解密蔣經國》。台北：秀威資訊，二〇一一年。

——《走進蔣經國》。台北：秀威資訊，二〇一二年。

陳唐山，《黑名單與外交部長：陳唐山回憶錄》。台北：前衛出版社，二〇一六年。

陳添壽，《台灣政治經濟思想史論叢》。台北：元華文創，二〇一七年。

陳香梅，《留雲借月：陳香梅回憶錄》。台北：時報文化，一九九一年。

陳儀深，《認同的代價與力量：戒嚴時期台獨四大案件探微》。台北：中央研究院近代史研究所，二〇一九年。

——《拼圖二二八》。台北：財團法人二二八事件紀念基金會，二〇一九年。

陳儀深、許文堂、張文隆訪問，《郭雨新先生行誼訪談錄》。台北：國史館，二〇〇八年。

陳儀深訪問、林志晟等記錄。《從建黨到執政：民進黨相關人物訪問紀錄》。台北：玉山社，二〇一三年。

陳永發，《中國共產革命七十年》。台北：聯經出版社，一九九八年，上、下冊。

陳祖耀，《西貢往事知多少：揭櫫「中華民國駐越軍事顧問團」的秘辛》。台北：黎明文化，二〇〇〇年。

——《王昇的一生》。台北：三民書局，二〇一〇年。

程玉鳳，〈一九五〇年「沈鎮南資匪案」探析〉，《東海大學文學院學報》，第四十七期（二〇〇六年），頁二三五—二七四。

當代中國研究所（香港）編，《中共關於「解放台灣」的文件集（一九四九—一九七一）》。香港：當代中國研究所，一九七二年。

蔣經國，《風雨中的寧靜》。台北：黎明文化，一九七四年。

——《我的父親》。台北：黎明文化，一九七五年。

——《五百零四小時》。台北：正中書局，一九八八年。

蔣經國先生全集編輯委員會編，《蔣經國先生全集》。台北：行政院新聞局，一九九一年。

蔣孝嚴，《蔣家門外的孩子：蔣孝嚴逆流而上》。台北：天下文化，二〇〇六年。

蔣永敬，《國民黨興衰史》。台北：台灣商務印書館，二〇一六年。

蔣永敬、劉維開，《蔣介石與國共和戰（一九四五—一九四九）》。台北：台灣商務印書館，二〇一三年。

戴天昭著，李明峻譯，《台灣國際政治史》。台北：前衛出版社，二〇〇二年。

當代中國研究所，《中華人民共和國史稿》。北京：當代中國出版社，二〇一二年，全五冊。

《滇邊風雲錄》編輯委員會編，《滇邊風雲錄》。台北：賀南聯誼會，二〇〇五年。

董建宏，〈站在台灣農業發展的十字口：一九七〇年代台灣農業政策轉變對農地與農業、農村發展之衝擊〉。《跨界：大學與社會參與》（台北），第二期（二〇一二），頁五六—七六。

范疇，《台灣會不會死？一個火星人的觀點》。新北：八旗文化，二〇一三年。

逢先知、金沖及主編，《毛澤東傳：一九四九—一九七六》。北京：中央文獻出版社，二〇〇三年，上、下冊。

風雲論壇編輯委員會，《蔣經國浮雕》。台北：風雲論壇社，一九八五年。

高淑媛，《台灣工業史》。台北：五南圖書，二〇一六年。

顧維鈞著，中國社科院近代史研究所編譯，《顧維鈞回憶錄》。北京：中華書局，一九八六年。

谷正文口述，《白色恐怖秘密檔案》。台北：獨家出版社，一九九五年。

國防部軍事情報局編，《本局歷史精神》。台北：國防部軍事情報局，二〇〇九年。

國防部總政治作戰部編，《血的教訓：『共匪和平統戰陰謀』的史實》。台北：國防部總政治作戰部，一九七九年。

郭岱君，《台灣往事：台灣經濟改革故事（一九四九—一九六〇）》。北京：中信出版社，二〇一五年。
郭冠麟主編，《高空的勇者：黑貓中隊口述歷史》。台北：國防部史政編譯室，二〇一〇年。
郭乃日，《失落的台灣軍事秘密檔案》。基隆：高手專業出版社，二〇〇四年。
寒山碧，《蔣經國評傳》。香港：東西文化事業出版公司，一九八八年。
郝柏村，《郝柏村回憶錄》。台北：天下文化，二〇一九年。
郝柏村著、王力行採編，《郝總長日記中的經國先生晚年》。台北：天下文化，一九九五年。
何智霖、薛月順編，《蔣經國與台灣：相關人物訪談錄》，第二輯。台北：國史館，二〇一〇年。
華錫鈞，《雲漢的故事：IDF戰機引擎研發過程剖析》。台北：中國生產力中心，一九九七年。
黃俊傑訪問、記錄，《中國農村復興聯合委員會訪問紀錄》。台北：中央研究院近代史研究所，一九九二年。
黃克武等訪問，周維朋等記錄，《蔣經國先生侍從與僚屬訪問記錄》。台北：中央研究院近代史研究所，二〇一六年。
黃武東，《黃武東回憶錄》。台北：前衛出版社，一九八八。
黃自進訪問，簡佳慧記錄，《林金莖先生訪問紀錄》。台北：中央研究院近代史研究所，二〇〇三年。
胡為真，《美國對華「一個中國」政策之演變》。台北：台灣商務印書館，二〇〇一年。
胡宗南，《胡宗南先生文存》。台北：台灣商務印書館，二〇一六年。
簡江作，《韓國歷史與現代韓國》。台北：台灣商務印書館，二〇〇五年。
江南，《蔣經國傳》。台北：前衛出版社，一九九七年。
金信著，林秋山校編，《翱翔在祖國的天空：韓國臨時政府主席金九之子金信回憶錄》。台北：藍海創意文化，二〇一五年。
康島綠，《李國鼎口述歷史：話說台灣經濟》。台北：卓越文化，一九九三年。
賴名湯口述，賴暋訪錄，《賴名湯先生訪談錄》。台北：國史館，二〇一一年，上、下冊。
賴樹明，《走過聯合國的日子：薛毓麒傳》。台北：希代出版社，一九九四年。
藍博洲，《白色恐怖》。台北：揚智出版社，一九九三年。
——《尋訪被湮滅的台灣史與台灣人》。台北：時報文化，一九九四年。
雷震，《雷震回憶錄之新黨運動黑皮書》。台北：遠流出版社，二〇〇三年。

李博志，《競爭力概念、策略與衡量》。台北：麗文文化事業，二〇〇六年。

李登輝，《見證台灣：蔣經國總統與我》。台北：國史館，二〇〇四年。

李登輝受訪、鄒景雯採訪記錄，《李登輝執政告白實錄》。台北：成陽，二〇〇一年。

——《新‧台灣的主張》。新北：遠足文化，二〇一五年。

李光耀，《李光耀回憶錄（一九六五—二〇〇〇）》。台北：世界書局，二〇〇〇年。

李國鼎口述，劉素芬編著，《李國鼎：我的台灣經驗：李國鼎談台灣財經決策的制定與思考》。台北：遠流出版社，二〇〇五年。

李國鼎先生紀念活動推動小組編，《李國鼎先生紀念文集》。台北：李國鼎科技發展基金會，二〇〇二年。

李世傑，《台灣共和國臨時政府大統領廖文毅投降始末》。台北：自由時代出版社，一九八八年。

李松林、祝志男，《中共和平解決台灣問題的歷史考察》。北京：九州出版社，二〇一二年。

李偉，《曹聚仁傳》。南京：南京大學出版社，一九九一年。

李筱峯，《台灣民主運動四十年》。台北：自立晚報社，一九八七年。

李錟生、蔡登山主編，《吳國楨事件解密》。台北：獨立作家，二〇一四年。

林炳炎，《保衛大台灣的美援（一九四九—一九五七）》。台北：作者出版，二〇〇四年。

林代昭，《戰後中日關係史（一九四五—一九九二）》。北京：北京大學出版社，一九九二年。

林樹枝，《白色恐怖X檔案》。台北：前衛出版社，二〇一〇年。

林桶法，《戰後中國的變局：以國民黨為中心的探討（一九四五—一九四九年）》。台北：台灣商務印書館，二〇〇三年。

林孝庭，《台海‧冷戰‧蔣介石：解密檔案中消失的台灣史（一九四九—一九八八）》。台北：聯經出版社，二〇一五年。

——《意外的國度：蔣介石、美國、與近代台灣的型塑》。新北：遠足文化，二〇一七年。

林蔭庭，《追隨半世紀：李煥與經國先生》。台北：天下文化，一九九七年。

劉鳳翰訪問，李郁青記錄，《溫哈熊先生訪問紀錄》。台北：中央研究院近代史研究所，一九九七年。

劉映仙、修春萍，《台灣經濟總覽》。北京：中國財政經濟出版社，一九九六年。

劉玉珍，《鐵頭風雲：趙耀東傳奇》。台北：聯經出版社，一九九五年。

劉熙明，〈蔣中正與蔣經國在戒嚴時期「不當審判」中的角色〉。《台灣史研究》，六：二（一九九九），頁一三九—一八七。

龍中天，《蔣經國的死後生前》。台北：新梅出版社，一九八八年。
呂芳上等著，《蔣介石的親情、愛情與友情》。台北：時報文化，二〇一一年。
呂芳上總纂，《中華民國近六十年發展史》。台北：國史館，二〇一二年。
馬凱主編，《台灣經濟研究論叢（第一輯）：經濟發展與政策》。台北：中華經濟研究院，一九九一年。
馬英九口述，蕭旭岑著，《八年執政回憶錄》。台北：遠見天下文化，二〇一八年。
馬振犢，《國民黨特務活動史》。北京：九州出版社，二〇〇八年。
馬之驌，《雷震與蔣介石》。台北：自立晚報社，一九九三年。
毛磊、范小方主編，《國共兩黨談判通史》。蘭州：蘭州大學出版社，一九九六年。
茅家琦，《台灣三十年（一九四九－一九七九）》。開封：河南人民出版社，一九八八年。
——《李國鼎與台灣財經》。福州：福建人民出版社，一九九八年。
彭明敏，《自由的滋味：彭明敏回憶錄》。台北：前衛出版社，一九九五年。
——《蔣經國的一生和他的思想演變》。台北：台灣商務印書館，二〇〇三年。
漆高儒，《蔣經國的一生：從西伯利亞奴工到中華民國總統》。台北：傳記文學出版社，一九九一年。
——《蔣經國評價：我是台灣人》。台北：正中書局，一九九八年。
彭哲愚、嚴農，《蔣經國在莫斯科》。香港：中原出版社，一九八六年。
——《逃亡》。台北：玉山社，二〇一七年。
錢復，《錢復回憶錄》。台北：天下文化，二〇〇五年，上、下卷。
——《廣角鏡下的蔣經國》。台北：黎明文化，二〇〇一年。
秦孝儀編，《總統蔣公思想言論總集》。台北：中國國民黨黨史會，一九八四年。
覃怡輝，《金三角國軍血淚史一九五〇－一九八一》。台北：聯經出版社，二〇〇九年。
邱國禎，《近代台灣慘史檔案》。台北：前衛出版社，二〇〇七年。
瞿宛文，《台灣戰後經濟發展的源起：後進發展的為何與如何》。台北：聯經出版社，二〇一七年。
任育德，《雷震與台灣民主憲政的發展》。台北：國立政治大學歷史學系，一九九九年。
阮大仁，《放聲集（第一輯）：台灣民權與人權》。台北：學生書局，二〇一〇年。

——，《放聲集（第二輯）：蔣中正日記中的當代人物》。台北：學生書局，二〇一四年。

若林正丈著，洪郁如等譯。《戰後台灣政治史：中華民國台灣化的歷程》。台北：台大出版中心，二〇一四年。

沈誠，《兩岸密使祕聞錄》。台北：商周文化，一九九五年。

沈劍虹，《使美八年紀要：沈劍虹回憶錄》。台北：聯經出版社，一九八二年。

沈君山，《浮生後記：一而不統》。台北：天下文化，二〇〇四年。

沈克勤，《使泰二十年》。台北：學生書局，二〇〇二年。

——，《孫立人傳》。台北：學生書局，二〇〇五年，上、下冊。

沈志華主編，《俄羅斯解密檔案：中蘇關係：第一卷（一九四五年一月—一九四九年二月）》。上海：東方出版中心，二〇一五年。

司法行政部調查局編印，《台灣光復後之「台共」活動》。台北：司法行政部調查局，一九七七年。

宋楚瑜口述歷史，方鵬程採訪整理，《蔣經國祕書報告！》。台北：商周文化，二〇一八年。

蘇格，《美國對華政策與台灣問題》。北京：世界知識出版社，一九九八年。

蘇瑞鏘，《白色恐怖在台灣：戰後台灣政治案件之處置》。台北：稻鄉出版社，二〇一四年。

孫家麒，《蔣經國竊國內幕》。香港：自力出版社，一九六一年。

童小鵬，《風雨四十年》。北京：中央文獻出版社，一九九六年，上、下部。

涂成吉，《克萊恩與台灣：反共理想與理性之衝突和妥協》。台北：秀威資訊，二〇〇七年。

王丰，《蔣介石父子一九四九危機檔案》。台北：商周出版，二〇〇八年。

——，《刺殺蔣介石：美國與蔣政權鬥爭史》。台北：時報文化，二〇一五年。

王功安、毛磊主編，《國共兩黨關係通史》。武漢：武漢大學出版社，一九九一年。

汪浩，《意外的國父—蔣介石、蔣經國、李登輝與現代台灣》。新北：八旗文化，二〇一七年。

王鍵，《戰後美日台關係史研究（一九四五—一九九五）》。北京：九州出版社，二〇一三年。

王金海、佐恩，《蔣經國全傳》。長春：吉林人民出版社，一九八九年。

王良卿，《三民主義青年團與中國國民黨關係研究（一九三八—一九四九）》。台北：近代中國出版社，一九九八年。

王力行、汪士淳，《寧靜中的風雨：蔣孝勇的真實聲音》。台北：天下文化，一九九七年。

王銘義，《波濤滾滾：一九八六—二〇一五兩岸談判三十年關鍵秘辛》。台北：時報文化，二〇一六年。

汪士淳，《忠與過：情治首長汪希苓的起落》。台北：天下文化，一九九九年。

——《漂移歲月：將軍大使胡炘的戰爭紀事》。台北：聯合文學，二〇〇六年。

王育德，《台灣．苦悶的歷史》。台北：自立晚報社，一九九三年。

王振寰，《追趕的極限：台灣的經濟轉型與創新》。台北：巨流圖書，二〇一一年。

王振寰、溫肇東，《百年企業．產業百年：臺灣企業發展史》。台北：巨流圖書，二〇一一年。

王作榮，《壯志未酬：王作榮自傳》。台北：天下文化，一九九九年。

王正華，〈蔣介石與一九六一年「蒙古人民共和國」入會案〉，《國史館館刊》，第十九期（二〇〇九年），頁一三七—一九三。

魏承思，《兩岸密使五十年》。香港：陽光環球出版香港有限公司，二〇〇五年。

文馨瑩，《經濟奇蹟的背後：台灣美援經驗的政經分析（一九五一—一九六五）》。台北：自立晚報社，一九九〇年。

翁台生，《ＣＩＡ在台活動秘辛》。台北：聯經出版社，一九九一年。

翁衍慶，《統一戰線與國共鬥爭》。台北：中共研究雜誌社，二〇〇六年。

——《林彪的忠與逆：九一三事件重探》。台北：新銳文創，二〇一二年。

——《中國民主運動史：從延安王實味爭民主到西單民主牆》。台北：新銳文創，二〇一六年。

——《中國民主運動史：從中國之春到茉莉花革命》。台北：新銳文創，二〇一六年。

——《中共情報組織與間諜活動》。台北：新銳文創，二〇一八年。

吳建國，《破局：揭秘！蔣經國晚年權力佈局改變的內幕》。台北：時報文化，二〇一七年。

吳密察主編，《台灣史小事典》。台北：遠流出版社，二〇一二年。

肖如平，《蔣經國傳》。杭州：浙江大學出版社，二〇一二年。

行政院退除役官兵就業輔導委員會編，《十年來之輔導工作》。台北：行政院退除役官兵就業輔導委員會，一九六四年。

——《台灣省東西橫貫公路開發紀念集》。台北：行政院退除役官兵輔導委員會，一九七二年。

熊式輝著，洪朝輝編校，《海桑集：熊式輝回憶錄（一九〇七—一九四九）》。香港：明鏡出版社，二〇〇八年。

許狄村，《蔣經國系史話》。台北：群倫出版社，一九八九年。

許家屯，《許家屯香港回憶錄》。台北：聯經出版社，一九九三年，上、下冊。

許介鱗，《戰後台灣史記》。台北：文英堂，一九九六年。

許瑞浩，〈《台灣政論》的初步分析：以「自由化」、「民主化」和「本土化」為中心〉。《國史館學術集刊》（台北），第二期（二〇〇二），頁二五五—三〇八。

徐宗懋，《二十世紀台灣精選版：民主篇：閱讀台灣》。台北：台灣古籍出版公司，二〇〇七年。

薛化元，《戰後台灣歷史閱覽》。台北：五南圖書，二〇一〇年。

楊艾俐，《孫運璿傳》。台北：天下文化，一九八九年。

楊渡，《穿梭兩岸的密使》。台北：平氏出版有限公司，一九九五年。

楊瑞春，《國特風雲：中國國民黨大陸工作秘檔（一九五〇—一九九〇）》。台北：稻田出版社，二〇一〇年。

楊書育，《蔣介石的方舟》。台北：作者自印，二〇一四年。

楊天石，《找尋真實的蔣介石：蔣介石日記解讀（三）》。香港：三聯書店，二〇一四年。

——《找尋真實的蔣介石：蔣介石日記解讀（四）》。香港：三聯書店，二〇一七年。

葉石濤，《一個台灣老朽作家的五〇年代》。台北：前衛出版社，一九九一年。

衣復恩，《我的回憶》。台北：立青文教基金會，二〇一一年。

尹載福，《異域英雄血淚：滇邊孤軍，西盟風雲》。台北：作者自印，二〇一一年。

俞國華口述、王駿執筆，《財經巨擘：俞國華生涯行腳》。台北：商智文化，一九九九年。

袁南生，《史達林、毛澤東與蔣介石》。長沙：湖南人民出版社，一九九九年。

岳正武口述，鄭義編註，《反攻大陸・空降青海》。香港：自由出版社，二〇一一年。

曾瓊葉編，《越戰憶往口述歷史》。台北：國防部史政編譯室，二〇〇八年。

翟強，《冷戰年代的危機和衝突》。北京：九州出版社，二〇一四年。

張海鵬、陶文釗主編，《台灣史稿》。南京：鳳凰出版社，二〇一五年，上、下卷。

張同新、李家泉，《中國國民黨歷史事件・人物・資料輯錄》。北京：解放軍出版社，一九八八年。

張維斌，《快刀計畫揭密：黑貓中隊與台美高空偵察合作內幕》。台北：新銳文創，二〇一二年。

章微寒、賈亦斌等著，《親歷者講述蔣經國》。北京：中國文史出版社，二〇一〇年。

張炎憲等著，《二二八事件責任歸屬研究報告》。台北：財團法人二二八事件紀念基金會，二〇〇六年。
張炎憲主編，《李登輝總統訪談錄二：政壇新星》。台北：允晨文化，二〇〇八年。
張炎憲、陳美蓉主編，《戒嚴時期白色恐怖與轉型正義論文集》。台北：吳三連台灣史料基金會，二〇一〇年。
張玉法，《中華民國史稿》。台北：聯經出版社，二〇〇九年。
張振江，《冷戰與內戰：美蘇爭霸與國共衝突的起源（一九四四—一九四六）》。天津：天津古籍出版社，二〇〇五年。
張祖詒，《蔣經國晚年身影》。台北：天下文化，二〇〇九年。
趙既昌，《美援的運用》。台北：聯經出版社，一九八五年。
鄭佩芬，《近看兩蔣家事與國事：一九四五—一九八八軼事見聞錄》。台北：時報文化，二〇一七年。
鄭竹園，《轉變中的中國政經社會》。台北：五南圖書，一九九四年。
中共中央文獻研究室編，《周恩來年譜（一九四九—一九七六）》。北京：中央文獻出版社，一九九七年。
——《鄧小平年譜（一九七五—一九九七）》。北京：中央文獻出版社，二〇〇四年。
周宏濤口述，汪士淳撰寫，《蔣公與我：見證中華民國關鍵變局》。台北：天下文化，二〇〇三年。
周玉蔻，《蔣經國與章亞若》。台北：聯經出版社，一九九〇年。
——《李登輝的一千天》。台北：麥田，一九九三年。
——《誰殺了章亞若》。台北：麥田，一九九三年。
朱秀娟訪談、陳秋美編輯，《點滴在心頭：四十二位身邊人談二位蔣總統》。台北：天下文化，一九九五年。
朱雲鵬，《台灣經濟的探索》。台北：帕米爾書店，一九八九年。
Accinelli, Robert. *Crisis and Commitment: United States Policy toward Taiwan, 1950-1955*. Chapel Hill: The University of North Carolina Press, 1996.
Albright, David and Corey Gay. "Taiwan: Nuclear Nightmare Averted." In *The Bulletin of the Atomic Scientists*, 54:1 (1998), pp. 54-60.
Albright, David and Andrea Stricker. *Taiwan's Former Nuclear Weapons Program: Nuclear Weapons On-Demand*. Washington D.C.: Institute for Science and International Security, 2018.
Baldwin, Robert E., Tain-Jy Chen, Douglas Nelson. *Political Economy of U.S.-Taiwan Trade*. Ann Arbor: University of Michigan Press, 1995.
Basrur, Rajesh M. *South Asia's Cold War: Nuclear Weapons and Conflict in Comparative Perspective*. London: Routledge, 2008.
Bellows, Thomas J. "Taiwan's Foreign Policy in the 1970s: A Case Study of Adaptation and Viability." In *Asian Survey*, 16:7 (1976), pp. 593-610.

Brands, H. W. *The Wages of Globalism: Lyndon Johnson and the Limits of American Power.* Oxford: Oxford University Press, 1995.

Brinkley, Douglas ed. *The Reagan Diaries.* New York: HarperCollins, 2007.

Brzezinski, Zbigniew. *Power and Principle: Memoirs of the National Security Adviser 1977-1981.* New York: Farrar, Straus and Giroux, 1983.

Bullard, Monte R. *The Soldier and the Citizen: The Role of the Military in Taiwan's Development.* New York: M.E. Sharpe, 1997.

Burr, William ed. *The Kissinger Transcripts: The Top Secret Talks with Beijing and Moscow.* New York: The New Press, 1998.

Bush, Richard C. *At Cross Purposes: U.S.-Taiwan Relations Since 1942.* New York: M.E. Sharpe, 2004.

—— *Untying the Knot: Making Peace in the Taiwan Strait.* Washington D.C.: Brookings Institution Press, 2005.

Buzo, Adrian. *The Making of Modern Korea.* Second Edition. London: Routledge, 2008.

Cambone, Stephen A. *A New Structure for National Security Policy Planning.* Washington D.C.: Center for Strategic and International Studies Press, 1998.

Carter, Jimmy. *Keeping Faith: Memoirs of a President.* New York: Bantam Books, 1983.

Chen, Jian. *Mao's China and the Cold War.* Chapel Hill: The University of North Carolina Press, 2001.

Chen, Thomas Pei-fan. *Economic Growth and Structural Change in Taiwan, 1957-1972: A Production Function Approach.* New York: City University of New York, 1976.

Christopher, Warren. *Chances of a Lifetime: A Memoir.* New York: Scriber, 2001.

Cline, Ray S. *Secrets, Spies and Scholars: The Essential CIA.* Washington D.C.:

Acropolis, 1976.

—— Chiang Ching-kuo. *Remembered: The Man and His Political Legacy.* Washington D.C.: United States Global Strategy Council, 1989.

Clough, Ralph N. *Island China.* Cambridge, MA: Harvard University Press, 1978.

Cohen, Marc J. *Taiwan at the Crossroads: Human Rights, Political Development and*

Social Change on the Beautiful Island. Washington D.C.: Asia Resource Center, 1988.

Conboy, Kenneth and James Morrison. *The CIA's Secret War in Tibet.* Lawrence, KS:

University Press of Kansas, 2011.

Craft, Stephen G. *American Justice in Taiwan: The 1957 Riots and Cold War Foreign Policy.* Lexington, KY: The University Press of Kentucky, 2016.

Davison, Gary M. *A Short History of Taiwan: The Case for Independence.* Westport, CT: Praeger, 2003.

Dean, David. *Unofficial Diplomacy: The American Institute in Taiwan: A Memoir.* Bloomington: Xlibris, 2014.

Dikötter, Frank. *The Cultural Revolution: A People's History, 1962-1976.* New York, Bloomsbury Press, 2017.

Divine, Robert A. *Eisenhower and the Cold War.* Oxford: Oxford University Press, 1981.

Dumbrell, John. *The Carter Presidency: A Re-evaluation.* Manchester: Manchester University Press, 1993.

Dunham, Mikel. *Buddha's Warriors: The Story of the CIA-backed Tibetan Freedom Fighters, the Chinese Invasion, and the Ultimate Fall of Tibet.* New York: Jeremy P. Tarcher/Penguin, 2004.

Elson, R. E. *Suharto: A Political Biography.* Cambridge: Cambridge University Press, 2001.

Fitzpatrick, Mark. *Asia's Latent Nuclear Powers: Japan, South Korea and Taiwan.* London: Routledge, 2016.

Gardner, Paul F. *Shared Hopes, Separate Fears: Fifty Years of U.S.-Indonesia Relations.* Boulder, CO: Westview, 1997.

Gate, Millicent Anne and E. Bruce Geelhoed. *The Dragon and the Snake.* Philadelphia: University of Pennsylvania Press, 1986.

Gibson, Richard Michael and Wen H. Chen. *The Secret Army: Chiang Kai-shek and the Drug Warlords of the Golden Triangle.* Singapore: Wiley, 2011.

Gillin, Donald H. and Ramon H. Myers eds. *Last Chance in Manchuria: The Diary of Chiang Kia-ngau.* Stanford: Hoover Institution Press, 1989.

Gold, Martin B. *A Legislative History of the Taiwan Relations Act: Bridging the Strait.* New York: Lexington Book, 2017.

Gold, Thomas B. *State and Society in the Taiwan Miracle.* New York: M.E. Sharpe, 1986.

Goh, Evelyn Goh. *Constructing the U.S. Rapprochement with China, 1961-1974: From*

"Red Menace" to "Tacit Ally." Cambridge: Cambridge University Press, 2005.

Hanhimäki Jussi M. and Odd Arne Westad eds. *The Cold War: A History in Documents and Eyewitness Accounts.* Oxford: Oxford University Press, 2003.

Harding, Harry. *A Fragile Relationship: The United States and China since 1972.* Washington D.C.: The Brookings Institution Press, 1992.

Holdridge, John H. *Crossing the Divide: An Insider's Account of the Normalization of U.S.-China Relations.* Lanham, MD: Rowman & Littlefield, 1997.

Hood, Steven J. *The Kuomintang and the Democratization of Taiwan.* Boulder, CO: Westview, 1997.

Huang, Sophia Wu. "Structural Change in Taiwan's Agricultural Economy." In *Economic Development and Cultural Change,* 42:1 (1993), pp. 43-65.

Isaacson, Walter and Evan Thomas. *The Wise Men: Six Friends and the World They Made.* New York: Simon & Schuster, 2013.

Jacoby, Neil H. *U.S. Aid to Taiwan: A Study of Foreign Aid, Self-Help, and Development.* New York: Praeger, 1967.

Ji, Zhaojin. *A History of Modern Shanghai Banking: The Rise and Decline of China's Financial Capitalism.* New York: M.E. Sharpe, 2003.

Kalb, Marvin and Deborah Kalb. *Haunting Legacy: Vietnam and the American Presidency from Ford to Obama.* Washington D.C.: Brookings Institution Press, 2011.

Kaplan, David E. *Fires of the Dragon.* New York: Atheneum, 1992.

Karnow, Stanley. *Vietnam: A History.* New York: The Viking Press, 1983.

Katsiaficas, George. *Asia's Unknown Uprisings Volume 2: People Power in the Philippines, Burma, Tibet, China, Taiwan, Bangladesh, Nepal, Thailand, and Indonesia.* Oakland, CA: PM Press, 2013.

Kell, Tim. *The Roots of Acehnese Rebellion.* Singapore: Equinox Publishing, 2010.

Khoo, Nicholas. *Collateral Damage: Sino-Soviet Rivalry and the Termination of the Sino-Vietnamese Alliance.* New York: Columbia University Press, 2011.

Kim, Hyung-A. *Korea's Development under Park Chung Hee.* London: Routledge, 2005.

Kissinger, Henry. *Diplomacy.* New York: Simon & Schuster, 1994.

—— *On China.* New York: Penguin Book, 2011.

Kubek, Anthony. *Ronald Reagan and Free China.* Tampa, FL: Hallberg Publishing Corporation, 2002.

Laine, Evan. *Nixon and the Dragon Lady: Did Richard Nixon Conspire with Anna Chennault in 1968 to Destroy Peace in Vietnam?* Champaign, IL: Common Ground Publishing, 2015.

Levine, Norman D. and Yong-Sup Han. *Sunshine in Korea: The South Korean Debate over Policies toward North Korea.* Los Angeles: RAND, 2002.

Li, Laura Tyson. *Madame Chiang Kai-shek: China's Eternal First Lady.* New York: Grove Press, 2006.

Li, Mingjiang. *Mao's China and the Sino-Soviet Split: Ideological Dilemma.* London: Routledge, 2012.

Lilley, James. *China Hands: Nine Decades of Adventure, Espionage, and Diplomacy in Asia.* New York: PublicAffairs, 2004.

Lin, Ching-yuan. *Industrialization in Taiwan, 1946-72: Trade and Import-Substitution Policies for Developing Countries.* New York: Praeger, 1973.

Lin, Sylvia Li-chun. *Representing Atrocity in Taiwan: The 2/28 Incident and White Terror in Fiction and Film.* New York: Columbia University Press, 2007.

Litwak, Robert S. *Détente and the Nixon Doctrine: American Foreign Policy and the Pursuit of Stability, 1969-1976.* Cambridge: Cambridge University Press, 1986.

L thi, Lorenz M. *The Sino-Soviet Split: Cold War in the Communist World.* Princeton: Princeton University Press, 2008.

Mann, James. *About Face: A History of America's Curious Relationship with China: From Nixon to Clinton.* New York: Alfred A. Knopf, 1999.

Marks, Thomas A. *Counterrevolution in China: Wang Sheng and the Kuomintang.* London: Frank Cass, 1998.

Nahm, Andrew C. and James E. Hoare. *Historical Dictionary of the Republic of Korea.* Lanham, MD: Scarecrow Press, 2004.

Nixon, Richard. *The Memoirs of Richard Nixon*. New York: Simon & Schuster, 1990.

Pakula, Hannah. *The Last Empress: Madame Chiang Kai-shek and the Birth of Modern China*. New York: Simon & Schuster, 2009.

Pantsov, Alexander V. and Steven Levine. *Deng Xiaoping: A Revolutionary Life*. Oxford: Oxford University Press, 2015.

Pincher, Chapman. *Treachery: Betrayals, Blunders, and Cover-ups: Six Decades of Espionage against America and Great Britain*. New York: Random House, 2009.

Prados, John. *Safe for Democracy: The Secret Wars of the CIA*. Chicago: Ivan R. Dee, 2006.

Ranelagh, John. *The Agency: The Rise and Decline of the CIA*. London: Weidenfeld & Nicolson, 1986.

Rankin, Karl L. *China Assignment*. Seattle: University of Washington Press, 1964.

Ricklefs, M. C. *A History of Modern Indonesia, c.1300 to the Present*. Stanford: Stanford University Press, 1993.

Rigger, Shelley. *Politics in Taiwan: Voting for Reform*. London: Routledge, 1999.

—— *From Opposition to Power: Taiwan's Democratic Progressive Party*. Boulder CO: Lynne Rienner, 2001.

Ross, Robert. *Negotiating Cooperation: The United States and China, 1969-1989*. Stanford: Stanford University Press, 1995.

Rothkopf, David. *Running the World: The Inside Story of the National Security Council and the Architects of American Power*. New York: PublicAffairs, 2005.

Roy, Denny. *Taiwan: A Political History*. Ithaca: Cornell University Press, 2003.

Schmitz, David F. *Richard Nixon and the Vietnam War: The End of the American Century*. Lanham, MD: Rowman & Littlefield, 2014.

Share, Michael. *Where Empires Collided: Russia and Soviet Relations with Hong Kong, Taiwan and Macao*. Hong Kong: The Chinese University Press, 2007.

Stone, Olive and Peter Kuznick. *The Untold History of the United States*. New York: Gallery Books, 2012.

Tanner, Harold M. *The Battle for Manchuria and the Fate of China: Siping, 1946*. Bloomington: Indiana University Press, 2013.

Tanzer, Sharon, Steven Dolley, and Paul Leventhal eds. *Nuclear Power and the Spread of Nuclear Weapons: Can We Have One without the Other?* Dulles, VA: Brassey's, Inc., 2002.

Taylor, Jay. *The Generalissimo's Son: Chiang Ching-kuo and the Revolutions in China and Taiwan*. Cambridge, MA: Harvard University Press, 2000.

—— *The Generalissimo: Chiang Kai-shek and the Struggle for Modern China*. Cambridge, MA: Harvard University Press, 2009.

Thomas, Evan. *The Very Best Men: The Daring Early Years of the CIA*. New York: Simon & Schuster, 2006.

Totrov, Yuri. "American Intelligence in China." In *Far Eastern Affairs*, 2002 (No. 2), pp. 100-116.

Tubilewicz, Czeslaw. *Taiwan and the Soviet Bloc, 1949-1991*. Baltimore University of Maryland School of Law, 2005.

Tucker, Nancy B. *Taiwan, Hong Kong, and the United States, 1945-1992*. New York: Twayne Publishers, 1994.

—— ed. *China Confidential: American Diplomats and Sino-American Relations, 1945-1996*. New York: Columbia University Press, 2001.

U.S. Department of Agriculture. *Taiwan's Agricultural Growth During the 1970's: Supply, Demand, and Trade Projections for Selected Agricultural Projects*. Washington D.C.: U.S. Department of Agriculture, 1971.

Vance, Cyrus. *Hard Choices: Critical Years in America's Foreign Policy*. New York: Simon & Schuster, 1983.

Wachman, Alan. *Taiwan: National Identity and Democratization*. New York: M.E. Sharpe, 1994.

Weiner, Tim. *Legacy of Ashes: The History of the CIA*. New York: Doubleday, 2007.

Westad, Odd Arne. *Restless Empire: China and the World since 1750*. New York: Basic Books, 2012.

Winckler Edwin A. and Susan Greenhalgh eds. *Contending Approaches to the Political Economy of Taiwan*. New York: M.E. Sharpe, 1988.

Xu, Guangqiu. *Congress and the U.S.-China Relationship, 1949-1979*. Akron, OH: University of Akron Press, 2007.

Yager, Joseph. *Nonproliferation and U.S. Foreign Policy*. Washington D.C.: Brookings Institution, 1980.

Yeh, Wen-Hsin. *The Alienated Academy: Culture and Politics in Republican China, 1919-1937*. Cambridge, MA: Harvard University Asia Center, 2000.

Yu, Peter Kien-Hong. *The Second Long March: Struggling against the Chinese Communists under the Republic of China (Taiwan) Constitution*. New York: The Continuum International Publishing Group Inc, 2009.

Zhai, Xiang and Ruping Xiao. "Shifting Political Calculation: The Secret Taiwan-Soviet Talks, 1963-1971." In *Cold War History*, 15:4 (2015), pp. 533-556.

Zhang, Wei-Bin. *Taiwan's Modernization: Americanization and Modernizing Confucian Manifestations*. London: World Scientific Publishing, 2003.

國家圖書館出版品預行編目資料

蔣經國的台灣時代：中華民國與冷戰下的台灣 / 林孝庭作. -- 初版. -- 新北市：遠足文化事業股份有限公司, 2021.04
面； 公分. -- (遠足新書)
ISBN 978-986-508-094-5(平裝)
1.中華民國史 2.臺灣史
733.292 110005260

特別聲明：
有關本書中的言論內容，不代表本公司／出版集團的立場及意見，由作者自行承擔文責。

遠足文化

讀者回函

遠足新書 17

蔣經國的台灣時代：中華民國與冷戰下的台灣
The Chiang Ching-kuo Era: The Republic of China on Taiwan in the Cold War

作者・林孝庭｜**責任編輯**・龍傑娣｜**責任編輯**・龍傑娣｜**校對**・楊俶儻｜**封面設計**・林宜賢｜**出版**・遠足文化第二編輯部｜**社長**・郭重興｜**總編輯**・龍傑娣｜**發行人兼出版總監**・曾大福｜**發行**・遠足文化事業股份有限公司｜**電話**・02-22181417｜**傳真**・02-86672166｜**客服專線**・0800-221-029｜**E-Mail**・service@bookrep.com.tw｜**官方網站**・http://www.bookrep.com.tw｜**法律顧問**・華洋國際專利商標事務所・蘇文生律師｜**印刷**・崎威彩藝有限公司｜**排版**・菩薩蠻數位文化有限公司｜**初版**・2021年4月27日｜**初版六刷**・2023年6月｜**定價**・550元｜**ISBN**・978-986-508-094-5